한국어의 기원

한국어의 기원

김승곤 지음

머리말

글쓴이는 학생들에 대하여 우리말의 어원에 관한 기본적인 지식을 갖게 하고자 재임시에 『한국어의 기원』을 간행한 바 있다.

그러나 그 내용에 있어서 미흡한 데가 발견되어 고심하던 끝에 양정섭 이사에게 말씀드렸던바, 그 수정증보판을 간행해 주겠다는 승인이 있어서 포페의 『알타이어 입문』과 김사엽 교수의 『기기만요노 죠셍고』를 비롯하여, 람스테트의 『한국어의 어원』 및 평소에 필자가 생각했던 점, 그리고 필자의 논문 등에서 학생들이 쉽게 읽을 수 있는 것을 모아 이 책을 엮었다.

제1장, 제2장, 제3장은 포페의 책에서, 제4장은 람스테트의 책에서, 그리고 제5장은 김사엽 교수의 책에서 번역 전재하였고, 제6장은 필자의 논문으로 이 책을 엮었다.

이 책에서 번역은 완역이 아니고, 그저 내용만 통할 수 있도록 되어 있으므로 완벽하지 못한 점은 양해 바란다.

첨언할 것은 이 책이 이 방면을 연구하는 분들에게 조금이라도 길잡이가 된다면 그 이상 기쁜 일이 없을 것으로 생각한다.

끝으로 어려운 이때에 이 책의 간행에 힘써 주신 양정섭 이사를
비롯하여 제작에 애쓰신 여러분께 감사하는 바 크다.

2018년 7월
글쓴이 삼가 씀

차례

제2장 알타이 언어들

제3장 알타이어에 관한 이론 ········ 145

제4장 한국어에 대한 학자들의 견해 ------- 187

제5장 한국어와 알타이 제어와의 비교 연구 ------- 239

제6장 한국어의 어원 357

제1장

알타이어 연구의 역사

알타이어에 관한 연구가 처음 시작된 것은 17세기부터다. 그런데 지금까지 한국어를 알타이어로 보고 있는 대표적인 서구의 학자는 람스테트(G. J. Ramstedt)와 포페(Nicholas Poppe) 두 사람인 데 반해, 미국 기술언어학자들 대부분은 한국어의 어원을 모르는 언어로 다루었다.

그러면 알타이어의 어떠한 연구 결과에 의해 한국어를 알타이어 족의 한 분파로 단정하게 되었는가에 관하여 포페의 알타이어 입문에서 그 역사적 과정을 살펴보고 그 계보를 한 번 더듬어 보기로 하겠다.

알타이어 연구는 오랜 역사를 가지고 있는데, 각 개별 언어에 관한 첫 번째 연구가 시작된 것은 17세기였다. 그러나 여기에서 옛날에 씌어진 대부분의 연구논문들이 쓸모없는 것이 되어 버렸다는 사실은 물론, 알타이어 연구의 역사에 대하여 너무 자세한 부분까지 말한다면, 그것은 단지 역사적 관심거리에 불과할 것이고, 필요 이상의 언급이 될 것이다. 그러므로 여기서는 알타이어 연구 가운데 이정표가 될 만한, 아직도 이용 가치가 있는, 연구 업적에 대해서만 말하고자 한다.

1. 몽고 언어학의 역사

알타이어 연구는 몽고어 문법 연구로부터 시작되었다.

최초로 『몽고어 문법서』(1672)를 낸 사람은 멜치세데츠 데베놋(Melchisédech Thévenot)이었는데, 1835년에는 알렉산더 보브로브니코프(Alexander bobrovnikov)에 의해서도 몽고어 문법이 출간되었다. 그러나 이 두 문법서는 학문적 가치가 별로 없는 것으로, 참다운 학문적 가치가 있는 몽고어 연구는 이삭 야콥 슈미트(Issac Jacob Schmidt, 1779~1847)에 의해 비롯되었다. 슈미트는 네덜란드 암스테르담 출신으로 러시아에서 살면서 상트페테르부르크(Saint Petersburg)에 있는 제정 러시아 과학원의 회원이기도 했다. 슈미트는 물론 그의 선학들과 후학들은 몽고의 글말(written language), 즉 필사본으로 된 몽고어를 연구했다.

어떤 예외적인 경우에 있어서는 입말(spoken language)에 대한 자료가 수집되어 있었는데도 불구하고, 입말에 대해서는 전혀 주의를 기울이지 아니하였다.

여왕 캐더린 대제(The Empress Catherine the Great)의 명에 의해 여러 언어들에 대한 비교 사전이 1789년에 피터 시몬 팔라스(Peter Simon Pallas)에 의해 출판되었는데, 그것은 몽고어의 입말에서 온 자료들을 포함하고 있다.

그러나 대개는 문자에 의해 기록된 알타이어들이 연구되기 시작하였으므로 몽고어의 초기 역사는 글말에 관한 연구였다고 말할 수 있다. 다음에서 그 몇몇 학자들을 소개하기로 한다.

1.1. 슈미트(Issac Jacob Schmidt, 1779~1847)

슈미트는 몽고어와 티벳어에 관한 많은 연구 업적들을 출간하였는데, 가장 중요한 출판물은 '사강 세첸(Sayang Sečen)의 연대표'였다 (1662). 슈미트는 이것을 독일어로 번역했을 뿐만 아니라 주석을 달아 풀이하기도 했다. 슈미트의 두 개의 언어학적 연구는 몽고의 '글말 문법'과 '사전'이다. 이것은 지금은 낡은 것이 되었지만, 당시는 물론 다음 몇 십 년 동안 영향을 미친 업적이었다.

1.2. 코발레브스키(Kowalewski, 1801~78)

슈미트의 업적은 코발레브스키에 의해 계승되었다.

발레브스키는 폴란드의 대학자로 뛰어난 언어학자인 동시에 문헌학자였다. 빌나(Wilna)대학교에서 문학과 고전문헌학을 연구했다. 학생 소요사건에 참가한 탓으로 러시아 당국에 의해 카잔(Kazań)으로 추방되었는데, 거기에서 동양의 언어를 연구하여 후에 카잔 대학의 교수가 되었다.

코발레브스키의 간행물은 72가지에 이르지만, 그 중 가장 중요한 업적은 동양학 연구의 역사에 있어서 가장 위대한 존재의 하나로 만든 '몽고어 글말 사전'이다. 이것은 슈미트가 발행한 것보다도 훨씬 뛰어난 것이었으며, 용어풀이가 딸린 '명문집'은 언어 연구를 위한 좋은 원문이 실려 있다.

세 권으로 된 '몽고어-러시아어-불어 사전'은 탁월한 것으로 남아 있을 뿐만 아니라 몽고어 불교문학의 독자들에게는 아직도 가장 좋은 사전으로 손꼽히고 있다.

1.3. 골춘스키(Konstantin Fedorovič Golstunskiĭ, 1831~99)

코발레브스키의 문법은 고전적 업적으로 인식되는 알렉세이 보브로브니코프(Alekseĭ Bobrovnikov)의 문법에 의하여 그 지위를 빼앗기고 말았다. 보브로브니코프의 문법은 가장 훌륭하고 믿을 만한 몽고 글말 문법으로서 거의 100년 동안이나 그 지위를 확보하게 되었다.

코발레브스키의 사전은 뒤에 골춘스키의 '몽고어 글말 사전'에 의해 대치되었는데, 골춘스키의 것이 더 좋아서가 아니라 코발레브스키의 사전이 절판되었기 때문인데, 불이 나서 인쇄소에 있던 원고의 대부분을 태워버려 출판을 계속할 수 없었다.

골춘스키는 러시아 출생인데 카잔 대학의 몽고어 교수였다가 나중에 상트페테르부르크대학의 교수가 되었다. 주된 업적은 석판으로 된 '몽고어-러시아어 사전'이었는데, 코발레브스키의 사전보다 어휘 수는 더 많았으나 불교학자도 아니었으며, 산스크리트어와 티벳어를 몰랐다는 사실은 물론이거니와 문헌학적인 견지에서 볼 때도 코발레브스키의 사전보다 뒤떨어지는 것이었다.

골춘스키의 다른 주된 업적은 오이랏(Oirat)어를 다룬 것인데, 중요한 것은 러시아어로 번역하고, 주석이 딸린 『오이랏 법률』(1640)을 출간한 일이다. 그리고 또 한 가지는 '러시아-오이랏어 사전'인데, 즈빗크(Zwick)의 사전이 나온 뒤에 출판된 것으로 즈빗크의 사전보다는 우수하다.

1.4. 포즈네예프(Alexei Matveevich Pozdneyev, 1851~1920)

포즈네예프는 몽고어 분야에서 잘 알려진 학자로 상트페테르부르크대학의 교수(1884~1899)였다가, 후에 블라디보스토크에 있는 동양연구소 소장이 되었다.

포즈네예프는 몽고를 두루 여행한 탐험가요, 민요수집가이며, 역사가이자 언어학자였다. 정치적 사회적 태도에서 보수적이었으므로 동료 교수들과 학생들에게 미움을 많이 샀으나, 학문적 업적은 부정할 수 없을 만큼 위대했다. 언어 연구에 관한 다음 업적은 언급할 만한 가치가 있다고 생각한다.

그 첫째가 많은 읽을거리를 포함하고 있는 '몽고어 명문집'을 출간한 일인데, 그 중에는 전에 알려지지 않았던 매우 희귀한 몽고어 문헌이 내포되어 있다.

또 하나의 귀중한 업적은 '칼묵(오이랏) 명문집'인데, 그 안에는 오이랏 글말로 된 원문이 매우 훌륭하게 수집되어 있다.

또 '오리랏-러시아어 사전'은 아직도 유명하다.

다른 두드러진 업적은 상트페테르부르크대학에서 행한 강의—불행히도 석판으로 나오기는 했지만—인 '몽고 문학사'가 될 것이다. 하지만 그 제목은 잘못된 것이다. 그것은 실은 문학사가 아니라 위구리어(Uighuric) 필사본과 파사파(hP'ags-pa) 문자로 된 옛날 책의 원문을 수집한 것으로 러시아어로 해석하고 문헌학, 언어학적 주석을 붙여 만든 것이다.

1.5. 카스트렌(Alexander Matthew Castrén, 1813~52)

핀란드 출신인 카스트렌은 알타이어 연구의 역사에서 위대한 학자 중 한 사람이었다. 많은 우랄어, 즉 핀노-위구리-사모이어와 알타이 언어들을 연구하였고, 1845년에서 1849년 사이에 시베리아를 여행하면서 그때까지 알려지지 않았던 입말에 관한 귀중한 자료들을 모았다.

카스트렌은 위대한 몽고어 학자요, 터어키어 학자이며, 퉁구스를 여행한 탐험가였다. 그리고 알타이어 학설을 새로운 방향으로 발전시켜 알타이 언어학사에서 새로운 중심인물이 되었다. 핀노-위구리어학과 사모이어학 및 북유럽 러시아와 시베리아의 인류학 분야에 있어서의 업적은 제쳐놓고라도 알타이어학자로서 그를 평한다면, 그의 가장 위대한 공적은 과거에 아주 무시되었던 입말에 대한 연구라고 할 수 있다. 몽고어의 입말, 즉 부리앗(Buriat)에 관하여 주의를 기울인 최초의 언어학자였다. 카스트렌의 '부리앗 문법'은 50년 이상 부리앗어 유일한 학문적 문법으로서의 지위를 가졌던 아주 훌륭한 업적이었다.

카스트렌은 '부리앗은 단일어가 아니라 많은 방언으로 구성되었다'는 사실을 알았다. 그래서 방언들에 대해 분명하게 구별을 하고 있었다. 카스트렌의 연구에는 코리(Khori)와 다른 방언들이 반영되어 있기는 하지만, 구별된 방언은 주로 니즈네우딘스크(Nižneudinsk)와 셀렌가(Selenga)였다.

카스트렌은 터어키어인 카라카스어(Karagas)와 코이발어(Koibal)에 관한 뛰어난 문법을 쓰기도 하였다. 코이발어는 이미 사멸하였고, 카라카스어는 겨우 이삼백 명의 사람들이 사용하고 있었다. 이

업적은 시베리아에 있는 두 가지 입말에 대한 첫 번째 문법들 중의 하나였을 뿐 아니라 더 깊이 있는 연구를 하는 데 본보기가 되었다. 카스트렌은 곧 출판하게 되어 있었던 야쿳어(Yakut)에 관한 뵈트링크(Böhtlingk)의 연구논문 교정쇄를 접할 수 있었지만, 코이발어와 카라카스어의 문법은 이미 너무 빨리 발전 변화하여 뵈트링크의 연구를 이용하지 못했다. 따라서 카스트렌의 카라카스어와 코이발어의 문법 연구는 그의 독자적인 연구의 결과였다.

카스트렌의 가장 훌륭한 업적 중 하나는 퉁구스어, 즉 '에벤키어(Evenki) 문법'으로 퉁구스어에 대한 최초의 문법서였다. 그것은 1920년대에 소련에서 퉁구스어의 새로운 문법서가 출간될 때까지 75년 이상이나 유일한 퉁구스어 문법으로서의 지위를 가졌다. 위에서 말한 세 가지 문법서에는 용어풀이 사전과 원문들이 실려 있는데, 각각의 문법서는 그것이 다루고 있는 언어에 대해 최초로 출간된 것이었다.

카스트렌은 알타이어 학설의 뛰어난 주역의 한 사람으로 아주 중요한 인물이다. 지금 알타이어로 불리고 있는 언어와 코카시아어(Caucasian), 드라비다어(Dravidian) 등과 같은 언어 그룹들이 동족 관계에 있다는 학설들의 약점은 어떤 언어학적 증거가 부족하다는 것이었다. 카스트렌은 알타이어 그룹에 속하는 언어의 수를 줄이고 지금도 몇몇 학자에 의해 받아들여지고 있는 방법으로 후자를 새로운 방향으로 연구하게 되었다. 여기서 알타이어에 대한 이론은 자세히 말하지 않겠지만, 카스트렌의 '부리앗 문법'이 있음으로 해서 몽고어 연구의 역사가 더욱 더 발전하였다는 말을 하지 않으면 안 되겠다. 또 그의 '퉁구스어 문법'은 퉁구스 언어학의 기초가 되었다.

카스트렌 대부분의 연구 업적은 상트페테르부르크대학 과학원의 회원이며 유명한 언어학자인 안톤 쉬프너(Anton Sehiefner)에 의해 출판 준비가 되고 있었다. 왜냐하면 카스트렌은 여행에서 돌아오자마자 곧 죽었기 때문이었다. 그러므로 때로는 카스트렌이 손으로 적어 놓은 것을 잘못 읽어 틀리게 전사한 것도 있고, 그의 연구 사실이 쉬프너에 의해 고쳐져서 해석된 점이 없지 않았다.

1.6. 람스테트(Gustaf John Ramstedt, 1873~1950)

현대 몽고 언어학과 알타이어 비교 연구의 참된 기초를 이룬 학자는 람스테트였다. 람스테트는 본래 핀란드 태생으로 천부적 재능을 가진 언어학자로 핀란드어, 러시아어, 칼카-몽고어(Khalkha-Mongolian), 영어, 독어, 불어, 스웨덴어, 헝가리어, 일본어 등 아홉 개 나라의 말을 유창하게 하는 재능 있는 언어학자였다. 핀노-위구리어학을 연구하였고, 특히 음성학과 일반언어학, 그리고 인구어, 비교언어학에 대한 훈련을 잘 받았다. 독일어, 산스크리트어, 라틴어와 희랍어에 대한 풍부한 지식을 가지고 있었을 뿐 아니라 누구도 갖지 못한 언어학적 재능을 타고 났었다.

람스테트는 유명한 몽고어 학자일 뿐 아니라 뛰어난 터어키어 학자이기도 했다.

람스테트는 아직도 훌륭한 책으로 인정받고 있는 '한국어 문법'을 썼고, 최초의 학문적인 알타이어 '비교 문법서'를 출간하였다.

람스테트의 연구 범위는 너무나 넓기 때문에 그의 이름은 몽고어, 터어키어, 한국어학사는 물론 비교언어학의 한 페이지에 실려 언제나 언급되어질 것이다. 그러나 여기서는 몽고어학사에 있어서 그의 역할에 관해서만 언급하기로 하겠다.

람스테트의 최초의 주된 연구는 칼카-몽고어의 음성표기법에 대한 것이었다. 몽고 언어학에서 처음으로 믿을 만하고 정확한 음성 표기법이 사용되었다. 람스테트는 음운과 변이음이란 술어를 사용하지는 않았으나 칼카어의 음운과 변이음을 확립하였다. 또한 몽고어 연구에서 처음으로 비교적인 연구 방법을 소개했고, 몽고 글말의 음운과 동등한 음운표기법을 확립하였다.

마지막으로 한 가지 중요한 것은 13세기 고대 몽고 입말 어휘들의 중요성을 깨달아, 당시 아르메니아의 역사가인 키라코스(Kirakos)가 제공한 몽고 글말과 입말의 형태를 최초로 칼카어 형태와 비교했다는 것이다.

그러므로 람스테트의 칼카-몽고어의 음성학적 연구는 몽고 입말에 관한 연구의 기초가 되었는데, 19세기 말에는 부리앗어, 칼묵어, 그 외 많은 언어와 방언을 망라하고 있는 몽고어가 존재한다는 것을 알게 되었다. 그것은 장래에 있어서 몽고 언어학의 역사적 비교적 연구의 기초를 만들었을 뿐 아니라 칼카어와 몽고의 글말(때로는 터어키어)에 대한 최초의 비교음운론이기도 했다. 이것은 나중에 블라디미르초프(Vladimirtsov)의 방대한 비교 문법에 의하여 많은 내용이 더해졌다. 그러나 블라디미르초프의 비교 문법은 람스테트의 개론에 있어서 부족했던 많은 사실을 자세히는 다루고 있으나 근본적으로 람스테트의 연구에 새로운 것을 많이 더하지는 못했다.

또 다른 중요한 연구는 '칼카어 동사의 굴절 연구'였는데, 기술언어학적이고 비교언어학적인 부분을 포함하고 있다. 람스테트는 서사시, 민담, 노래, 수수께끼와 같은 구어체로 된 많은 칼카어 원문을 수집하였다.

람스테트는 외몽고와 볼가 지방에 있는 칼묵 및 아프가니스탄의 국경 지방에 걸쳐 몇 차례 여행을 하였으며, 그곳에서 아프가니스탄의 어떤 지방에서는 몽고어를 하는 사람이 있음을 발견하게 되었다. 그리하여 음성표기로 된 원문과 소사전 및 몽고 문법 개론 등을 포함한 몽고어에 관한 연구 업적의 결과를 내놓게 되었다. 칼묵어에 관한 람스테트의 연구 중에는 방대한 칼쿡-독어사전이 있는데, 그것이 출간되고 난 뒤 그 어떤 몽고어사전보다도 좋은 사전이 되었다. 그 사전에는 칼묵어 입말의 문법 개론이 덧붙여져 있다.

또 다른 귀중한 업적은 칼묵의 민담을 수집한 일인데, 그것은 독일어로 번역되었다.

람스테트의 다른 업적들 대부분은 알타이어 비교언어학과 터어키 어학에 관한 것이다. 람스테트의 중요성은 아무리 과장해도 지나치지 않다. 왜냐하면 그와 같은 시대의 동학들이나 그보다 젊은 몽고어 학자들의 대부분과 다음 세대의 많은 학자들이 직접 또는 간접적으로 람스테트의 제자였기 때문이다.

그들 중에는 코트빗츠(Kotwiz), 잠차라노(Žamtsarano), 블라디미르초프, 포페, 알토(Alto) 등의 학자들이 있다.

1.7. 코트빗츠(Wladyslaw Kotwiz, 1872~1944)

폴란드의 학자 코트빗츠는 람스테트와 동 시대의 학자였다. 코트빗츠는 어떤 점에서는 람스테트의 제자였다.

코트빗츠는 페터스버그 대학에서 지나어, 만주어, 몽고어를 연구했다. 그리고 페터스버그 대학에서 몽고어와 만주어 교수(1900~1922)로 있었으며, 1923년에 소련을 떠나서 고국인 폴란드에서 살았다.

코트빗츠가 아주 젊었을 때 그는 유명한 터어키어 학자 라들로프

(Radloff)가 이끄는 학자들 모임의 한 회원이 되었다. 그것은 일종의 지식인들의 모임으로, 후에 라들로프 서클이라는 이름으로 알려지게 되었다. 라들로프 서클은 정기적인 모임을 가졌는데, 거기에서는 주로 터어키어, 몽고어, 만주어와 참고문헌(여러 논문)에 관한 문제들이 토론되었고, 독서회를 가지기도 했다. 람스테트 역시 그 모임에 자주 참석했는데, 그는 몽고어와 알타이어의 여러 주제에 대해 강의하기 위해 페터스버그 대학에 와 있었다. 그리하여 코트빗츠는 람스테트를 알게 되었고, 그의 영향을 받았다. 따라서 코트빗츠는 결국 몽고어학과 알타이어 비교 연구의 문제에 있어서 람스테트의 제자가 되었다.

코트빗츠는 대단히 박학한 학자로서 몽고의 역사와 문학은 물론, 만주 역사와 문학에 관한 탁월한 지식을 지니고 있었다. 그는 타고난 재능을 가진 언어학자이자, 뛰어난 선생이기도 했다.

코트빗츠의 몽고 언어학 분야에 있어서 가장 중요한 업적은 1902년에 대학생을 위해 쓴 몽고의 글말에 관한 입문서이며, 1915년에 초판으로 나온 칼묵의 입말에 대한 뛰어난 문법인데, 그것은 아주 훌륭하고 완전한 것으로 아직도 그것을 능가할 연구가 없다.

1.8. 루드네프(Andreĭ Dmitrievič Rudnev, 1878~1958)

람스테트와 친한 친구이자, 그의 추종자인 루드네프는 러시아 사람으로 상트페테르부르크에서 태어났다. 포즈드네예프(Pozdneyev)와 골스툰스키(Golstunskiĭ) 밑에서 연구했지만, 람스테트의 제자였으며, 라들로프 그룹의 활발한 회원이었다.

루드네프는 내몽고와 외몽고는 물론 칼묵에도 몇 차례 여행을 했는데, 주된 관심은 몽고의 생활언어에 관한 것이었으므로 람스테트의 노선을 따르게 되었다.

루드네프의 가장 큰 업적은 러시아에 살았기 때문에 몽고어를 연구하고 탐색하는 데 최선의 기회를 가지게 된 모든 러시아 학자들에게 람스테트의 방법을 전달해 주었다는 것이다.

루드네프가 전공한 분야에서의 업적은 '동부 몽고어 방언', 즉 우윰친(Ujumchin), 고를로스(Gorlos), 둘붓-바이스(Durbut-Beise), 오르도스(Ordos) 등 내몽고어에 있는 방언에 관해 이룩한 연구이다. 또 훌륭한 업적은 '코리-부리앗 방언'에 관한 것인데, 그것은 현대 언어학적 방법에 의하여 씌어진 부리앗어에 관한 최초의 연구였다. 그리고 잠차라노와 함께 칼카-몽고어 원문을 수집하여 석판으로 인쇄했다. 루드네프의 석판인쇄로 된 '몽고 글말의 문법'은 학생들에게 유용한 입문서였다.

루드네프는 재능 있는 음악가이기도 한 학자요, 탁월한 대학 교수였다. 1903년에서 1918년까지 상트페테르부르크대학의 교수였으며 많은 제자들이 있었다. 그 중에는 블라디미르초프와 포페가 있다. 루드네프는 몽고어에 관하여 탁월한 지식을 가지고 있었고 칼카-몽고어를 유창하게 하였다.

루드네프는 1918년 10월 혁명 후 곧 러시아를 떠나서 줄곧 핀란드에서 살면서 음악에 전념하였다.

1.9. 잠차라노(Tsiben Žamtsarano, 1880~1940)

잠차라노는 부리앗, 엄밀히 말하면 사리잇 족의 코리 부리앗 사람이다. 1880년에 태어나 상트페테르부르크대학의 법률학교를 다

넜다. 그러나 잠차라노는 방언, 민속, 부리앗 토박이 사람들과 다른 몽고인들의 옛 풍속에 관하여 매우 흥미를 느끼고 있었다. 콜트빗츠, 람스테트, 루드네프 등과 가까이 지내면서 그들을 그의 참된 스승으로 생각하였다.

잠차라노는 고향 부리앗과 몽고를 여러 번 여행하는 동안 많은 수의 서사시와 민담, 노래, 수수께끼와 속담을 수집하였다. 언어학이 전문은 아니었으나, 그가 수집한 자료는 언어학에 아주 귀중한 자료가 되었다. 학문적 문학적 활동 때문에 잠차라노는 독재 당국에 의해 독립주의자로 고발되어 몽고로 추방되었다. 그곳에서 몽고의 문화 활동에 적극적으로 참여하였고 신문을 펴내기도 했다.

1917년 혁명 뒤에는 몽고 국민당 창당위원의 한 사람으로 몽고 정치활동 중심인물 중 하나가 되었다. 1921년에는 몽고 학술위원회(지금의 과학원)를 설립하여 몽고의 과학 진흥을 위한 토대를 마련하였다. 따라서 몽고는 그에게서 많은 혜택을 입었다.

잠차라노는 역사상 몽고 최초의 학자였을 뿐 아니라 재능 있는 작가이기도 하였으며, 몽고 독립의 창립자 가운데 한 사람이기도 했다.

뒤에 스탈린의 숙청에 희생되어 1937년에 투옥되었으며 1940년 강제수용소에서 사망했다.

1.10. 블라디미르초프(Boris Yakovlevich Vladimirtsov, 1884~1931)

블라디미르초프는 러시아인으로 코트빗츠와 루드네프 밑에서 상트페테르부르크대학에서 몽고어를 연구했고, 교수가 되었으며(페테르부르크는 개칭이 되었는데, 1921년에는 다시 레닌그라드로 이름이 바

꿰었다), 1915년에서 1931년까지 강의하였다.

블라디미르초프는 잘 훈련받은 문헌학자요 언어학자였는데, 티벳어, 산스크리트어와 터어키어에 관해 풍부한 지식을 가지고 있었다. 그의 스승으로는 첼바츠코이(산스크리트어와 티벳어), 발톨드(중앙아시아 연구), 라들로프(터어키어), 안토니 마일레(파리의 언어학자) 등이 있다.

블라디미르초프는 수차례에 걸쳐 몽고와 칼묵에 여행을 했는데, 언어학과 인류학 분야에서 주된 관심은 오이랏에 관한 것이었으며, 오이랏 언어와 민속학에 관한 많은 자료를 수집하였다.

블라디미르초프의 가장 중요한 연구는 문헌과 역사에 관한 것이었다. 그의 언어학적 연구는 몽고어의 역사와 몽고의 글말 문법 및 비교언어학에 관한 것을 주로 다루었다. 그의 언어학적 연구 중에서 칼카어와 몽고 글말의 방대한 비교 문법이 가장 잘 알려져 있다. 그것은 람스테트의 『몽고 글말과 울가 방언(Das Schriftmongolische und die Urga-Mundart)』에 대하여 원칙적으로 새로운 것과 방법을 더한 것은 없다 하더라도, 그것은 많은 것을 자세하게 다루었고, 거기에서 언급한 두 언어를 다른 여러 몽고어뿐 아니라 터어키어와도 비교를 하고 있다.

몽고의 언어학 분야에서 블라디미르초프의 가장 위대한 공적은 몽고어에 섞여 있는 외래어적 요소, 즉 고대 인도-유럽어(소그디아어, 페르시아어, 산스크리트어)와 아랍의 차용어 등에 관한 연구라 할 수 있다. 블라디미르초프는 14세기의 조오지언-몽고어 소사전도 출판하였는데, 거기에는 당시 몽고 입말이 조오지식 표기법으로 되어 있다. 페트로그라드-상트페테르부르크대학교에서 가르치는 16년 동안과 1920년부터 31년까지 동양학연구소에서 가르치는 동안 많은 젊은 몽고어학자들을 훈련시켰는데, 린첸(몽고인으로 울란바토르에서 교수로 재직), 산제예프(부리앗인으로 모스크바에서 교수로 재직)를 비롯하여, 포페, 그리고 소련의 숙청으로 생존하지 못한 여러 학자들이 있다.

1.11. 하에니쉬(Erich Haenisch, 1880~1966)

1880년에 태어난 독일학자 하에니쉬는 중세 몽고어, 즉 14세기 지나문자와 파사파문자로 표기된 몽고어에 관한 연구를 했는데, 이것은 남달리 뛰어난 것 중 하나이다.

빌헬름 그루베(Wilhelm Grube) 밑에서 중국어, 몽고어, 만주어를 연구했다. 그리고 중국의 창사(長沙, Zhăngshā)에 있는 육군사관학교에서 선생으로 7년(1904~11)간 세월을 보냈다. 후에 괴팅겐, 라이프치히, 베를린, 무니치 등에서 교수로 있었다.

하에니쉬의 가장 중요한 연구는 '비사(秘史)'인데, 이것은 몽고의 가장 오래된 설화체로 되어 있다.

하에니쉬는 '몽고어 원문의 표기법'을 출판했는데, 그것은 펠리옷(Pelliot)의 독일어 표기법보다도 더 우수했다. 그리고 '몽고어 원문의 사전'도 출판하였다. 또한 '후아-이 이-위(Hua-i i-yü)'라고 알려진 '신노-몽고어(Sino-Mongolian)'의 여러 원문과 어휘들을 수집하여 출판하였다. 또 하나의 중요한 업적이 있다면, 그것은 그때까지 알려지지 않았던 몇몇 파사파 원문들을 출간한 일이다.

1.12. 펠리옷(Paul Pelliot, 1878~1945)

프랑스의 학자 펠리옷은 위대한 동양학자 중 한 사람이었다. 주로 중국 학자였으나 페르시아어, 터어키어, 몽고어도 역시 잘 알고 있었다. 연구 대상은 역사, 문학, 중앙아시아인의 종교 등을 포함하여 아주 넓었으며, 몽고 언어학에 지대한 공헌을 하였다.

펠리옷의 주된 연구는 불어 번역이 완성되지 않은 채로 간행된 비사(秘史)이다. 이 연구의 결과는 그가 죽고 난 후 출판되었는데, 미완성이어서 하에니쉬의 원문 편집과 번역에 비해 다소 뒤떨어지는 느낌이 있다. 또 펠리옷은 아라비아어 표기로 된 몽고어 어휘를 다룬 많은 논문과 어두자음 h가 p로 바뀐 것을 유지하고 있는 중세 몽고어의 형태들을 다룬 많은 논문들을 출판하였다. 이외 또 다른 연구는 주로 터어키어 분야에 관한 것들이었다.

1.13. 모차에르트(The Reverend Antoine Mostaert, 1881~1971)

모차에르트 신부는 1881년 벨기에에서 태어났다. 몽고어 연구 분야에 있어서 남달리 뛰어난 훌륭한 학자였다.

몽고에서의 20년을 포함하여 1905년부터 1948년까지 중국의 선교사로 있는 동안 방언, 민속 그리고 몽고 인류학에 관한 자료들을 수집했는데, 그것은 지금까지 몽고에 관하여 연구한 어떤 학자들이 이룩한 것들보다 뛰어난 것이었다. 몽고 글말과 중국어에 관한 풍부한 지식은 그로 하여금 위안시대(1270~1368)의 몽고어 원문에 관한 많은 중요한 연구 결과를 출판하게 하였고, 선학들에 의해 잘못 번역되었던 비사를 수없이 바로잡게 하였다. 몽고어(작고한 Ade

Smedt 신부와 같이 했음)와 오르도스어(울두스)에 관한 연구는 누구의 추종도 불허했는데, 음운론과 음성학적 견지에서 아주 탁월한 것으로 정확할 뿐 아니라 몽고의 입말과 글말에 관한 뛰어난 지식을 보여주고 있다.

1.14. 포페(Nicholas Poppe, 1897~1991)

포페는 러시아 출신으로서 1897년에 태어나 미국 워싱턴에서 코트빗츠, 람스테트, 루드네프, 사모일로빗치(터어키어 학자)와 블라디미르초프의 제자로서 페트로그라드(지금의 네닌그라드) 대학을 졸업하고, 1925년부터 1941년까지 동 대학의 교수로 있었다. 몽고어, 만주어, 터어키어, 티벳어를 연구하였고, 동부 시베리아에 있는 부리앗과 에벤키(퉁구스)를 비롯하여 칼묵에 여러 차례 여행을 했다. 또 몽고를 여행하기도 했다. 주된 전공 분야는 몽고어 입말, 중세 몽고어, 비교언어학을 연구하는 것이었다.

몽고 글말, 칼카어, 부리앗어, 그리고 다굴어의 문법을 썼으며, 파사파문자로 씌어진 필사본에 번역되어 있는 중세 몽고어와 13~14세기 아라비아 몽고어와 페르시아 몽고어의 소사전들에 관한 책도 출판하였다. 이들 외에도 몽고어 비교 문법과 알타이 비교언어학에 관한 몇 편의 논문을 발표하였다.

1983년 2월 20일자 포페의 편지(경원전문대학[1]의 박상규 교수에게 온 편지임)에 의하면, 포페는 1897년 8월 6일 지나 산동성 체푸에서 태어났는데, 1916년 러시아에 있는 라틴학교를 졸업하고, 레닌그라

---

1) 현 가천대학교.

드 대학에서 동양의 언어학을 연구하였으며, 1921년 동 대학을 졸업하고, 1923년 석사학위를 받았으며, 1932년 박사학위를 받았다고 한다. 그리고 1928년 레닌그라드 대학교의 교수가 되었고, 1934년 과학원 회원이 되었다. 그는 1926, 1927, 1929년 몽고를 여행했고, 1928, 1930, 1931, 1932, 1936, 1940, 1941년에는 부리앗을 여행했다고 한다. 그리고 1943년 독일로 가족과 함께 갔으며, 베를린 대학교 교수가 되었다. 1949년 미국으로 넘어가서 워싱톤 대학교 교수가 되었다. 또한 14권의 책을 썼고, 200편의 논문을 썼으며, 대영제국 학술원 회원이며, 핀란드 과학원 회원, 독일 과학원 회원이었으며, 독일 동양학연구소와 핀란드 동양학연구소의 명예회원이었다고 한다.

1.15. 레빗키(Marrian Lewicki, 1908~55)

재능이 뛰어난 폴란드의 학자 레빗키는 코트빗츠와 코발스키의 제자로서, 중세 몽고어와 알타이 비교언어학 분야에서 가장 많은 연구를 하였다.

파사파 문자와 14세기 신노-몽고어 소사전에 이바지하였으며, '후아-이 이-위에 관한 연구'는 하에닛쉬의 것에 비해 뛰어났다. 또한 코트빗츠의 연구를 사후 종합하여 편찬하여 발표하기도 했다.

1.16. 리게티(Louis Ligeti, 1902~87)와 그의 제자들

몽고어와 알타이 언어학에 대한 중요한 공헌을 한 사람은 헝가리 태생의 학자인 리게티인데, 그는 지나어학자요, 몽고어 학자이며, 터어키어 학자, 알타이어 학자이다. 펠리옷의 제자로서 부다페스트대학교의 교수였다.

리게티의 몽고언어학 분야에서 가장 훌륭한 업적은 파사파 문자의 언어와 아라비아-페르시아-터어키-몽고어의 여러 언어로 씌어진 소사전과 모골어(Mogol)에 나타나는 중세 몽고어를 다룬 점이다. 또 다른 업적으로는 칸줄어(Kanjur) 목록과 내몽고 여행에 관한 보고서 등으로 가치가 있으나, 순수한 언어학의 범주에 속하지 않으므로 여기서는 언급하지 않기로 한다.

리게티의 제자인 베세(Bese), 카라(Kara), 로나-타스(Róna-Tas), 차보(Szabó) 등은 여러 몽고어들에 관한 논문들을 발표하였다.

1.17. 클레아베스(Francis Woodman Cleaves, 1911~95)

미국인 학자 클레아베스는 하버드 대학교의 교수였다. 지나어와 몽고어 분야에 있어서 수많은 연구를 저서로 펴낸 사람이다.

가장 중요한 업적은 몽고의 문헌학 분야에 있어서 위안시대 고대 몽고의 글말을 발표한 것이다. 거기에는 번역이 되어 있고, 어구 해석은 물론 문법적 어휘적 주석이 되어 있다. 그것은 모두가 언어학적 연구는 아니지만 몽고 글말의 고대사를 연구하는 데 귀중한 자료들이다.

1.18. 일본에서의 몽고어 학자

몽고어에 관한 연구는 일본에서도 상당히 높은 수준에서 연구되고 있다. 이 분야에 있어서 일본학자들의 연구 대부분은 불행하게도 일본어로 출판되었으므로 다른 나라의 알타이어 학자들은 접근

할 수가 없었다. 이 방면의 연구가로서 가장 잘 알려진 학자들로는 핫도리시로, 이와무라 시노부, 무라야 시지로, 노무라 마사요시 등이다. 일부의 연구가 영어나 독일어로 번역된 것도 있으나 대부분이 일본어로 되어 있다.

지금까지 몽고어 연구에 관한 학자들과 그들이 몽고어의 어떤 것들을 연구했는가에 대해 말하였다. 이들을 모아 요약하면 다음과 같다.

몽고어는 연구가 매우 잘된 것으로 생각할 수 있는데, 몽고의 글말은 아주 충분히 연구되어졌다고 볼 수 있다. 따라서 자세한 문법도 있고 좋은 사전도 많이 있다.

포페와 블라디미르초프는 여러 방언들이 몽고 글말에 준 영향에 관해 연구를 했다. 13~14세기 아라비아-몽고어와 페르시아-몽고어의 어휘들, 파사파 문자로 씌어진 여러 문서, 그리고 후아-이 이-위 등에서 볼 수 있는 중세 몽고어는 깊이 연구되어졌다고 생각된다. 그러나 비사는 아직도 언어학적 견지에서 탐구가 이루어지지 않으면 안 되리라 생각된다. 비사에 사용된 언어에 대해, 통어론을 포함한 완전한 문법이 씌어져야 하는데, 그 어휘에 관한 상세한 연구는 아직도 부족함을 금하지 못한다.

100년 전에도 여전히 알 수 없는 미지의 것이었던 몽고어가 이제는 여러 학자들의 논문들 속에 잘 설명되어 있다. 칼묵어, 부리앗어, 칼카어, 울두스어, 그리고 몽구오르어(Monguor)에 대한 훌륭한 문법과 사전들이 있으며, 다구르어(Dagur)와 산타어(Santa)에 대한 연구가 행해졌다. 그러나 몽구오르어는 아직도 거의 연구되어 있지 않으며, 그런대로 쓸 만한 몽구오르어의 문법이나 사전도 없는 실정이다.

쓰는 사람이 적은 몽고어, 즉 티벳 국경 지역의 골록(Golok), 쉬론 골(Shirongol), 샤라 요구르(Shara Yoghur)와 같은 말은 사실상 전혀 탐구되어지지 않고 있다. 다만 언어학자가 아닌 사람들에 의해 수집된 단어들의 간단한 일람표가 유용할 뿐이다.

몽구오르어 역사는 코트빗츠, 레빗키, 리게티, 펠리옷, 블라디미르초프, 포페에 의해 정밀하게 연구되어 왔다. 칼카어와 몽고 글말에 대한 자세한 비교음운론과 연구, 당시에 알려진 모든 몽구오르어들에 관한, 그런대로 완전한, 비교 문법은 블라디미르초프와 포페에 의해 개별적으로 발표되었다. 산체프(Sanžeev)에 의한 몽구오르어의 비교 문법이 있는데, 그것은 잘못된 점이 너무 많아 보인다.

결론적으로 보면 몽구오르어 연구는 그 방법에 있어서 터어키 언어학보다 뛰어났다고 생각할 수 있다.

2. 만주-퉁구스 언어학의 역사

만주-퉁구스 그룹의 언어들 가운데 제일 먼저 연구한 것은 만주어로, 만주의 지배(1644~1911) 아래 있던 지나와 유럽 여러 나라 사이의 외교적 공용어로 중요한 구실을 하였다.

만주어는 18세기 유럽에서 많이 연구되었는데, 왜냐하면 관심을 끄는 의심스러운 곳을 번역할 때 만주어가 지나어보다 훨씬 쉬워서 ―대부분 한자로 씌어진―지나의 역사 저술과 지나 문헌은 만주어 번역본을 통해서 이해되었기 때문이다.

유럽 언어로 씌어진 최초의 '만주어 문법'은 베르비스트(Ferdinand

Verbiest)에 의한 것인데, 1668년 완성되어 1681년과 1692년 사이에 '알타이어 요소'라는 제목 아래 멜치세데츠 데베놋에 의해 출판되었다. 그 문법은 저자의 성명도 없이 출간되었는데, 예수회의 유명한 학자 게르빌론(Gerbillon)이 출간한 것으로 알려졌었다.

다른 오래된 업적은 '탈타르-만주어 입문'(파리, 1787)과 랑글레스(Louis Mathieu Langlés, 1763~1824)에 의하여 1807년 파리에서 세 번째로 간행된 사전이 있다. 이들과 몇몇 옛 문법서들은 학문적 가치는 별로 없는 역사적 관심거리에 불과한데, 그와 같은 것에는 암윳(Joseph Amyot)의 '탈타르-만주어-불어사전'(파리, 1789~1790 간행)이 있다.

그러나 아직도 사용할 수 있는 것에는 훌륭한 동양학자인 가벨렌츠(Gabelentz, 1807~1874)에 의해 이루어진 만주어 문법이 있으며, 아담(Lusien Adam, 1833~1918)의 문법도 있다.

가벨렌츠는 1864년 아직도 쓸모 있는 '만주어-독어사전'을 출간하였다. 그 업적의 의의에 대해서는 조금도 의심 없이 인정해야 할 것이다. 그러나 그 중요성에도 불구하고 낡아서 시대에 뒤떨어진 것이 되고 말았다. 한편, 가벨렌츠는 '만주어 문법 개론'을 출판하기도 했는데, 그런대로 완전한 '만주어 문법과 사전'은 그 후에 나오게 되었다.

2.1. 자카로프(Ivan Ilyič Zakharov, 1817~85)

러시아 학자 자카로프는 지나에서 여러 해를 보냈고, 후에 상트페테르부르크대학의 교수가 되었는데, 그는 만주어의 가장 완전하고 좋은 문법을 썼다. 또한, 그는 하우어(Hauer)의 사전이 나올 때까지 가장 좋았던 '만주–러시아어 사전'도 출판하였다. 이 사전은 지금도 하우어의 사전에 보충하고 있다. 후에 자카로프의 것에 내용을 더하여 매우 유용한 사전이 자하(von Zach)공에 의하여 만들어졌다.

자카로프는 전적으로 만주어 연구에만 전념하여 연구결과를 써낸 최초의 인물이었다.

2.2. 그루베(Wilhelm Grube, 1855~1908)

독일학자 빌헬름 그루베는 러시아의 상트페테르부르크에서 태어나서 상트페테르부르크대학에서 지나어·만주어·몽고어를 연구하였다. 후에 독일로 이사하여 베를린 대학교의 교수가 되었다.

그루베는 훌륭한 학자로 중요한 가치가 있는 두 가지 연구 때문에 알타이어 연구 분야에서 아직까지도 유명하다. 그의 두 연구 중의 하나는 아무르(Amur) 지방에서 막시모빗치(Maximowicz)가 1860년부터 1885년 사이에 수집한 자료를 바탕으로 하여 엮은 '나나이(골디)의 어휘 풀이'인데, 거기에는 슈렌크(Schrenck)의 탐사에 의하여 수집된 약간의 자료가 첨가되어 있다. 또 다른 하나는 유첸어(Juchen)를 다룬 것인데, 이것은 한자를 빌어서 유첸의 원문을 베껴쓴 것으로 거기에는 간단한 문법과 어휘 주석이 포함되어 있다. 이것은 아직도 유첸어에 대한 우리들의 지식의 원천이 되고 있다.

그루베는 뛰어난 학자일 뿐만 아니라 탁월한 대학 교수이기도 하였다. 그 제자 중의 한 사람은 잘 알려진 지나어 학자요, 몽고어 학자이며, 동시에 만주어 학자인 하에닛휘 교수로 그의 만주어 문법은 유럽에서 가장 훌륭한 것이다.

2.3. 하우에르(Erich Hauer, 1879~1936)

독일학자 하우에르는 처음에는 외교관으로 지나에 와 있었는데, 지나어와 만주어의 연구 분야에 있어서 탁월한 학자가 되었다. 그래서 나중에는 베를린대학교의 지나어 및 만주어 교수가 되었다. 하우에르의 가장 중요한 연구는 세 권으로 된 '만주-독어 사전'인데, 이것은 이미 없어진 원어를 간략하게 번역한 것이다. 그는 만주어에 관한 몇 편의 논문도 역시 출판하였다.

2.4. 시노르(Denis Sinor, 1916~2011)

헝가리 태생인 시노르는 펠리웃의 제자로서 영국의 캠브리지 대학에 있었으나, 후에 인디아나 대학의 교수로 재직했다. 그는 만주어 연구에 많은 공헌을 한 여러 논문을 썼는데, 만주 글말의 필사에 관한 논문, '만주어의 동사체계에 관한 연구', '만주어 연구 입문', 만주어와 퉁구스어에 관한 논문이다.

2.5. 찐찌우스(Vera Ivanovna Tsintsius, 1903~81)

찐찌우스는 러시아 토박이로 퉁구스어 연구 분야에서는 가장 뛰어난 학자이다. 그녀는 레닌그라드 지리학 대학을 졸업하고 유명한 레오 스턴버그(Leo Sternberg)와 블라디미르 보고라즈(Vladimir Bogoraz) 밑에서 수년간 연구한 뒤에 상트페테르부르크대학교를 졸업하였다. 그녀는 퉁구스 특히 라뭇(에벤)으로 많은 여행을 하여 퉁구스어와 라뭇어에 관하여 아주 많은 논문을 썼다. 상트페테르부르크대학교의 교수로 재직하면서 그 분야에서는 지도급 학자로 손꼽혔다. 찐찌우스의 연구의 의의를 평가하기 위해 그녀의 활동을 이야기하기 전에 간단히 그 상황을 기술해 둘 필요가 있다.

통구스어에 관한 유일한 학문적인 연구는 넬친스크 지방에 있는 트란스 바이칼리아(Transbaikalia)에서 사용되고 있는 넬친스크 방언을 바탕으로 하여 씌어진 카스트렌의 통구스 문법이 오랫동안 명맥을 유지하고 있었을 뿐이었다. 카스트렌의 문법이 나온 후에 얼마 되지 않아 나온 유일한 연구는 비언어 학자들이 약간의 어휘들을 수집한 일이었다. 그것은 믿을 만한 것이 못되었고 다만 역사적 관심거리에 불과한 것이었다.

카스트렌의 문법 후에 최초로 나온 참된 연구는 '에벤키어의 발구진 방언'에 관한 책이라고 할 수 있는데, 이 책은 1927년 포페에 의하여 출간되었다. 그 후 2~3년 뒤에 동일 저자에 의해 '솔론어에 관한 연구'가 출간되었다. 에벤키의 발구진 방언에 관한 자료들은 그 방언에 관한 비교적 완전한 문법을 쓴 고르체프스카야(Gortsevskaya)에 의하여 이용되었다. 그러나 1930년부터 1940년까지 소련 사회는 혼란한 상태에 있었으므로 찐찌우스는 중요한 어떤 연구도 당시에는 출간할 수 없었다. 따라서 그녀의 현저하고 높이 평가할 만한 연구들은 2차 세계대전 후에 나타나게 되었다. 특히 스탈린이 죽은 뒤에 스탈린 격하운동이 한창일 때 많이 출간되었다.

찐찌우스의 가장 중요한 연구는 '만주어와 통구스어의 비교음운론'에 관한 것인데, 그것은 자료에 대한 방대한 지식과 비교언어학적 방법을 토대로 씌어진 것이다. 또한 그녀는 '라뭇 문법'의 저자이기도, 하며 '리디아 릿쉬스(Lydia Rishes)'와 더불어 아주 큼직한 '러시아-라뭇어 사전'을 출판하기도 하였다. 라뭇어가 그녀의 전공 분야인 것처럼 보일지는 몰라도 찐찌우스는 오로키어(Orochi)와 네기달어(Negidal)에 관한 연구의 저자로서도 알려져 있다

찐찌우스는 논문을 많이 쓴 학자일 뿐만 아니라 대학교의 훌륭한 선생이기도 했다. 바실레빗치(Vasilevich)와 더불어 그녀는 만주-퉁구스 언어학 분야의 훌륭한 언어학자들을 양성하였다. 그들을 알파벳 순으로 헤아려 보면 다음과 같다.

아브로린(Avrorin)
보이초바(Boitsova)
고르체프스카야(Gortsevskaya)
콘스탄티노바(Konstantinova)
레베데바(Lebedeva)
노비코바(Novikova)
릿쉬스(Rishes)
수닉(Sunik)

2.6. 바실레빗치(Glafira Makarievna Vasilevich, 1895~1971)

바실레빗치는 러시아 토박이로 1895년에 태어났는데, 퉁구스어 분야에서 잘 알려진 학자이다. 그녀는 아주 활동적이고도 정력적이며, 퉁구스어에 관한 수많은 연구논문을 펴내기도 하였다. 그녀는 찐찌우스에 비해 깊이나 정확성, 세심한 주의력은 부족하지만, 퉁구스어에 이바지한 공은 매우 크다. 바실레빗치는 찐찌우스와 같은 학교를 졸업하였고 스턴버어그와 보고라즈의 제자였다.

그녀는 퉁구스의 여러 부족을 탐사하여 많은 연구결과를 발표하

였다. 바실레빗치는 대학의 훌륭한 선생이기도 하다.

2.7. 페트로바(Taisiya Ivanovna Petrova)

페트로바는 러시아 사람으로 찐찌우스, 바실레빗치와 동 시대의 뛰어난 학자이다. 그녀는 매우 활동적이며 찐찌우스와 바실레빗치와 더불어 레닌그라드연구소의 북극민족에 관한 연구 분과에 있었다. 그러면서 헬첸연구소에서 가르쳤으며, 레닌그라드 대학교에 재직했다.

페트로바는 골디어(나나이), 울차어(Ulcha), 오로키어(Orochi)에 관한 몇 몇의 연구를 발표하였다. 그녀의 모든 연구 업적은 매우 주의 깊게 증명한 자료를 바탕으로 쓰여진 것으로 절대로 믿을 만한 것이다.

2.8. 찐찌우스의 제자들

찐찌우스, 바실레빗치와 페트로바는 많은 젊은 제자들을 양성하였다. 그 제자들은 높은 수준의 뛰어난 학자들 밑에서 연구하는 이점을 가졌었지만 그 지식의 대부분은 찐찌우스로부터 전수받았다. 찐찌우스의 제자들에는 아브로린(Avrorin), 보이초바(Boitsova), 고르체프스카야(Gortsevskaya), 콘스탄티노바(Konstantinova), 레베데바(Lebedeva), 노비코바(Novikova), 릿쉬스(Rishes), 그리고 수닉(Sunik) 등이 있다.

아브로린의 전공은 골디(Goldi), 즉 나나이(Nanai)이다. 아브로린의 가장 뛰어난 업적은 두 권으로 된 '나나이 문법'과 한 권으로 된 '나나이 통어론'이다.

보이초바는 많은 연구업적을 발표하지 못했는데, 그녀의 주요한 연구는 에벤키어에 있어서 인칭의 분류에 관한 저서이다. 고르체프스카야의 연구는 위에서 언급하였으므로 여기서는 논하지 않기로 하겠다.

콘스탄티노바와 레베데바는 에벤키어에 관한 여러 연구 업적을 발표했는데, 그리 중요한 것은 못된다.

노비코바는 라뭇어(Lamut)에 관한 탁월한 몇 편의 연구를 썼으며 수닉은 만주-퉁구스 비교언어학 분야에서 매우 적극적으로 활동하였다.

2.9. 일본에서의 만주어와 퉁구스 언어학

만주어와 퉁구스어는 일본에서도 역시 연구되었는데, 대부분의 연구업적은 일본어로 씌어져서 일본인 이외의 학자들은 거의 읽을 수가 없다. 만주어는 이게가미, 오까다, 야마모도 등과 같은 학자에 의하여 연구되었다. 소수의 입말 중 오로키어(Orochi)는 이게가미에 의하여 탐구되었으며 만주어 원문으로 된 만주왕조의 비밀 연대기의 출판물에 관한 연구의 대부분은 일본어로 되어 있다고 해도 과언이 아니다. 그것은 결코 언어학에 관한 연구는 아니며 그 번역과 각주는 일본어로 되어 있다고 하더라도 언어연구에 유관한 자료들을 제시해 주는 것은 원문의 대부분을 가장 새롭게 출판한 것이기 때문에 여기서 언급할 만하다고 생각된다.

3. 츄바쉬(Chuvash)와 터어키 언어학자들

터어키어는 유럽에서 연구되기 시작한 첫 번째의 동양의 언어이다. 터어키어의 첫 번째 문법은 17세기 초에 나타났는데, 그 이유는 터어키어가 당시에 중요한 구실을 했기 때문이었다.

터어키는 합스버그(Habsburg)제국에 대하여 끊임없는 군사적 위협이 되고 있었을 뿐 아니라, 가장 강대한 나라의 하나로 인식되고 있었다. 터어키와의 관계는 그 나라는 물론 그 나라의 언어에 대하여 많은 지식을 요구하게 되었다.

최초의 터어키 문법과 다음 수십 년 동안에 그것에 뒤이은 것들은 오직 역사적인 문제에 관한 것들뿐이었다. 메닌스키(Meninski)에 의한 문법과 사전을 제외하고는 현재로서는 이용할 만한 것이 하나도 없다. 그 다음 시기에 가서 터어키어에 관한 연구는 주로 러시아에서 발달하고 있었다. 물론 터어키를 포함하여 다른 나라에서도 중요한 결과들은 이루어지기도 하였다. 터어키어 연구의 가장 큰 센터들은 러시아, 덴마크, 독일, 핀란드, 스웨덴, 프랑스, 폴란드, 헝가리였다. 각 나라에 있어서의 터어키어에 관한 발달은 위에서 말한 순서에 따라서 토론될 것이다. 터어키어학에 관한 가장 큰 센터의 하나는 역시 터어키였다.

3.1. 뵈틀링크(Otto von Böhtlingk, 1815~1904)

터어키어학을 위한 기초는 뵈틀링크의 야쿳어(Yakut)에 관한 연구가 나타남으로써부터 다져지기 시작하였다. 뵈틀링크는 독일 혈통의 덴마크 시민으로서 러시아의 상트페테르부르크에서 태어났다. 그리하여 나이 많아서 러시아 시민이 되었다. 그는 산스크리트에 대한 연구로 세계에 널리 알려져 있었다. 그의 중요한 연구는 산스크리스-독일어 사전인데 이것은 유명한 것으로서 그가 러시아 과학원의 도움으로 편찬해 내었다. 그는 학술원의 정화위원이 되었다. 후에 러시아를 떠나서 독일에서 살았다. 그로 하여금 야쿳어에 관한 연구업적을 비롯하여 문법을 쓰게 하고 원문의 출판 등을 독일어로 번역하게 함은 물론 사전도 만들도록 위촉한 것은 과학원에 의한 것이었다.

과학원은 미덴돌프(A. Th. Middendorff, 1815~1894) 공이 시베리아를 탐험하여 모은 자료들을 뵈틀링크가 처리하도록 하였다. 그러나 뵈틀링크는 그의 토박이 정보제공자인 야쿳 지방에서 태어난 우바로브스키(Uvarovskiï)와 더불어 수집한 자기 자신의 자료들을 이용하였다.

뵈틀링크는 야쿳어의 음운체계는 물론 형태음소의 교체와 음성의 변화에 대한 체계를 확립시켰다. 그는 또한 굴곡에 관한 규칙을 비롯하여 조어법, 어류(語類) 및 구와 절의 구조에 관한 규칙들을 만들기도 하였다. 그의 연구의 특질은 음성학적 확실성, 기술의 정확성과 터어키어 연구에 대한 비교방법의 소개 등이라 할 수 있다. 그의 야쿳어에서 즉 āt 'name' at 'horse'에 있어서와 같이 기본 장모음이 존재한다는 사실은 물론 aɣ⟩ïa, äg⟩iä 등과 같이 발달했다는 사실도 아울러 밝힌 최초의 학자였다. 그리하여, 그의 추종을 불허하는, 야쿳어에 관한 연구는 다른 터어키어를 기술하는 데 있어서의 모델로서 오랫동안 봉사하였을 뿐 아니라, 터어키어 연구 분야에 있어서 비교언어학적 연구를 한 최초의 학자이기도 하다.

뵈틀링크의 연구는 야쿳어에 관한 정보의 중요한 근원의 하나로서 아직도 그 가치를 발휘하고 있다. 그 저자는 터어키 언어학의 창설자로서 인식되어도 좋을 것이다.

3.2. 라들로프(Wilhelm Radloff, 1837~1918)

라들로프는 독일에서 태어나서 베를린대학교에서 인도-유럽언어학을 연구하고 젊은 나이에 러시아로 가서 그의 여생 동안 거기에서 머물면서 러시아 시민이 되었다. 라들로프는 여러 해를 알타이 지역 내에 있는 바르나울(Barnaul)시에서 보냈다. 거기에서 그는 지방 광산학교에서 독일어와 라틴어를 가르쳤다. 그가 거기 머물고 있는 동안 라들로프는 지방 터어키어를 연구하였고 시베리아에 있는 여러 터어키 종족이 살고 있는 곳으로 많은 여행을 하였다. 후에 그는 카잔(Kazan)으로 가서 탈타르어(Tartar), 바쉬키르어(Bashkir)와 카자크어(Kazakh)를 연구하였다. 라들로프 자신은 언어학적 자료는 물론, 민속·인종학적 자료들을 모으는 데 아주 열성이었다. 그는 그의 열성을 몇몇 토박이들에게 전승시킴으로써 그들로 하여금 자기 연구를 위한 자료들을 모으게 하였다. 라들로프의 연구에 의하여 감명을 받은 토박이들은 텔레웃의 추발코프(Teleut Chuvalkov) 족이었는데, 후에 사가이 터어크(Sagai Turk)와 카타노프(Katanov)는 스스로 터어키어 분야에서는 국제적으로 인정받는 뛰어난 언어학자가 되었다.

라들로프와 그의 몇몇 보조자들에 의하여 수집된 자료들은 막대하였는데 그가 1883년에 상트페테르부르크로 이주한 후에 과학원에 합류하여, 그는 그 자료들을 출판하기 위하여 준비하기 시작하였다. 지금까지도 라들로프의 가장 뛰어난 연구업적들은 중대한 가치가 있는 것으로 그 의의를 인정받고 있을 뿐만 아니라 아직도 그 누구도 추종할 수 없으며 현대 터어키 언어학의 튼튼한 기반으로서 인정받고 있는 것은 그의 네 권의 터어키어와 방언사전(터어키-독일 -러시아어로 됨) 및 여러 터어키 종족의 입으로 읊어지는 시의 표본들을 모은 책이다. 이 책의 대부분은 독일어로 번역되었으나 몇 권은 러시아어로 번역되어 있다. 이들 표본들은 알타이어, 텔레웃어, 레베드-타타르어, 쇼르어(Shor), 소욧어(Soyot), 아바칸(Abakan)방언 (Sagai, Koibal), 키질어(Kizïl), 출림어(Chulïm), 바라바어(Baraba), 타라어(Tara), 토볼 타타르어(Tobol tatar), 투멘 타타르어(Tumen tatar), 카자크어(Kazakh), 키르키즈어(Kirghiz), 크리미안(Crimean) 방언, 가가우즈어(Gagauz), 터어키어 방언과 동부 터어키어로 된 원문들을 포함하고 있다.

이 방대한 자료들은 지금은 별 가치가 없는데 그 까닭은 방언의 대부분이 그들이 탐구한 후에 몇 년 동안 세월이 흐르는 동안 바뀌었기 때문이다. 그리고 또 어떤 방언들은 자취를 감추었고 라들로프에 의하여 수집된 수수께끼는 그들의 대부분이 완전히 잊혀져서 이제는 도저히 모아질 수 없다고 해도 좋을 정도이다.

라들로프는 고대 터어키의 옛 기록인 소위 울콘(Orkhon) 비문의 사진을 찍기 위하여 몽고로 고고학 탐험을 한 적도 있다. 그는 몽고 기념물 지도 속에다 그 비문의 원문을 출판하였다. 불행하게도 라들로프는 그가 찍은 사진을 손질하다 보니 그때마다 탁본에 먹칠을 너무 해서 그 원문이 아무 의의를 가지지 못하게 되어 버렸다. 그러므로 그들 비문은 학문적 연구에 아무런 소용이 없게 되어 버렸다. 덴마크의 위대한 학자 빌헬름 톰센(Vilheim Thomsen)이 터어키의 룬 비문의 알파벳을 판독한 후에 라들로프는 가장 중요한 비문을 베껴서 번역하여 가지고 그것을 언어학적 관점에서 탐구하였다. 라들로프는 톰센의 번역이 나오기도 전에 그 자신의 번역을 출간했는데 그 후 곧 비문의 해독에 대한 톰센의 예비적 보도가 나왔다. 그래서 라들로프는 유럽학자들에게 아주 인기를 잃어 버렸다. 라들로프의 '울콘' 비문에 관한 연구는 톰센의 '룬' 비문의 번역보다 못하였다. 그래서 현재는 생각조차 하지 않고 있다. 라들로프는 역시 위구르(Uighur)의 손으로 쓴 글 속에 있는 원문을 수없이 출판하였고, 전사 탁본하였으며 번역하기도 하였다. 이와 같은 연구업적들은 추천할 만한 것이 되지 못한다고 생각되는데 그 이유는 옛날 위구르 원문은 현대 알타이 방언의 음운체계와 일치하여 읽혀지지 않으면 안 된다고 하는 라들로프의 기본적인 생각이 잘못되어 있기 때문이다. 카라카니데(Karakhanide)를 바르게 해독한 사람은 역시 톰센이었다.

대체적으로 말해서 고대 터어키어(고대 터어키어, 중세 터어키-카라카니데, 쿠만(Kuman)) 등에 관한 라들로프의 업적은 현재는 이용할 수가 없다. 북부 터어키 입말의 음성학과 그의 비교언어학적 업적은 오직 역사적인 값어치를 가지고 있을 뿐이다. 그러나 라들로프는 위대한 터어키어 학자로서 인정하지 않으면 안 될 것이다. 그의 사전과 표본에 대한 평판은 모두가 그의 업적에 기인한 것이다. 라들로프는 대학교에서 가르치지 아니하였으나 오직 러시아 과학원의 정회원의 일원으로서만 일하였던 것이다.

3.3. 이민스키(Nikolaǐ Ivanovic Iíminskiǐ, 1822~91)

라들로프가 바르나울(Barnaul, 1859)에 와서 알타이 방언의 연구를 시작했을 때, 러시아 선교사 이민스키는 벌써 터어키어 학자로서 알려져 있었다. 이민스키는 카잔(Kazan)에 있는 신학대학을 졸업하고 터어키어와 아라비아어를 연구하였다. 그리고 카이로를 여행하였다. 거기에서 돌아온 후 사학대학의 한 멤버가 되어 볼가(Volga) 지방, 즉 타타르즈(Tatars), 바쉬키르즈(Baskirs), 츄바쉬(Chuvash), 그리고 핀노-위구리인들(Mari, Udmurt 등)의 토박이 속에서 하는 선교 사업의 조직을 관리하는 중요한 역할을 맡아 보게 되었다. 그와 그의 동료들은 그들 자신이 가지지 못했던 토박이들을 위한 알파벳을 작성하였다. 그리고 문법서를 출판하였다. 이민스키의 몇 가지 업적만이 진실로 학문적인 가치가 있는데, 그들 중의 하나가 중세 터어키에 있어서의 라브루지(Rabɣūzī)에 의하여 된 예언서의 역사를 출판해낸 일이다. 또 다른 업적은 카자크의 서사시를 출판한 일이다. 그리고 가장 뛰어난 업적은 알타이 선교회의 회원들에 의하여 저자 불명으로 출판된 '알타이 방언의 문법서'이다. 그것의 주된 저자는 아마 이민스키일 것이다. 이민스키는 역시 다른 저자들의 일도 도맡게 되었다. 그들의 가장 중요한 것은 이민스키의 지도하에서 일하고 있었던 선교사였던 벨비츠키(V. Verbitskiĭ, 1827~1890)에 의한 알타이어와 쇼르어(Shor, 그 저자는 알라다그(Aladag)라는 말도 있음) 사전이다.

3.4. 카타노프(Nikolaĭ Fedorovič Katanov, 1862~1922)

카타노프는 태생이 사가이 터어키(Sagai-Turk)인데 아버지는 사가이 사람이요, 어머니는 카차(Kacha) 사람이다. 그는 가장 뛰어난 터어키 언어학자이다. 그는 아바칸 지방에 있는 원시 정착지에서 태어났다. 그는 행운아로 최초로 초등학교 교육을 받았다. 그리고 난 후 고등학교를 졸업하고 상트페테르부르크대학교를 졸업하였다.

거기서 그는 아라비아어, 페르시아어와 터어키어를 연구하였는데 재주가 비범하여 지도교수로부터 주목을 받았다. 그리하여 학위과 정을 마치고, 고등학교 재직시절에 그의 최초의 스승이자 후원자로 서 카타노프의 일생에 있어 가장 중요한 구실을 한 베르비쯔키 (Verbitskiĭ)와 이민스키를 알게 되었다. 상트페테르부르크에서 카타 노프는 라들로프와 아주 가까워졌고, 라들노프가 시베리아와 동부 유럽으로 광범위하게 여행하도록 후원해 주었다. 후에(1894) 그는 카잔의 대학교에서 터어키어 교수가 되었다. 카타노프의 업적은 수 없이 많다. 그 업적 중에 가장 중요한 것은 우랸카이어(Uryankhai, Soyot or Tuva)를 기술한 일이다. 우랸카이어는 우랸카이어의 기술 문법과 비교 문법을 포함하고 있는데, 원문은 번역이 되어 있다. 또 다른 중요한 업적은 여러 가지 시베리아 속에 있는 터어키어의 원 문과 동부 터어키의 샘플들을 수집한 것이다.

3.5. 피에카르스키(Edward Piekarski, 1858~1934)

피에카르스키는 러시아에서 태어난 폴란드 사람으로 야쿳어의 분야에 있어서 뛰어난 학자이다. 그는 우연히 학자가 되었다. 그는 수의학을 연구하였다. 그러나 반정부 활동을 했기 때문에 야쿳 지 방에 있는 야쿠쯔크(Yakutsk)시로 추방되었다. 거기에서 24년 동안 세월을 보냈는데, 야쿳어를 연구할 충분한 기회를 가졌다. 그의 가 장 큰 업적은 '야쿳-레시아 사전'과 '원문의 수집'이다.

3.6. 아쉬마린(Nikolay Aşmarin, 1870~1933)

러시아 사람인 아쉬마린은 츄바쉬어 분야에 있어서 탁월한 학자이다. 그는 모스크바에 있는 동양학연구소에서 터어키어와 다른 언어들을 연구하였고, 고등학교 교사로서 일하기도 했다. 1925년 이래 아제르바이얀(Azerbaijan)의 바쿠(Baku)대학교에서 터어키 언어학의 교수로서 활동하였다. 아쉬마린은 츄바쉬어에 거의 모든 시간을 바친 최초의 학자였다. 피에카르스키가 야쿳어 분야에서 일하고 있을 때, 아쉬마린은 츄바쉬어 분야에서 일하고 있었다. 그의 가장 중요한 업적은 통어론을 포함하고 있는 '츄바쉬어 문법'인데, 이것은 최초의 것으로 아주 완전한 것이었다. 그리고 17권으로 된 '츄바쉬-러시아어 언어 사전'을 편찬하였다. 그는 역시 아제르바이얀에 있는 누카(Nukha)시에서 쓰이고 있는 방언에 관한 연구물도 출판하였다.

3.7. 멜리오란스키(Platon Mixailovič Melioranski, 1868~1906)

러시아 학자 멜리오란스키는 터어키어, 아라비아어와 페르시아어를 연구하였다. 그는 상트페테르부르크대학교의 교수가 되어서 라들로프와 합류하였다. 불행하게도 그는 아주 젊은 나이에 죽었는데, 선천적으로 언어학에 대한 재주가 있었고, 마음이 너그러웠으며, 동시에 고대 터어키어와 신터어키어에 대해 관심이 많았다. 회교도 학자들에 의해 이루어진 고대 언어학적 업적에 대한 중요성을 인식한 최초의 터어키어 학자 중의 한 사람이 멜리오란스키였다. 그리고 그는 이븐 무한나(Ibn Muhanna)에 의하여 표현된 대로 14세기 터어키어에 관한 연구 업적을 출판하였다. 이븐 무한나는 어떤 문법적 규칙과 용어풀이로 이루어져 있는 몽고어에 관한 업적을 남겼다. 멜리오란스키의 업적은 중세 몽고어에 아라비아어가 들어 있게 된 원인에 관한 연구가 그의 첫 번째 업적이었다. 두 권으로 된 그의 '카자크(Kazakh) 문법'은 그 언어에 대한 최초의 학문적 표현이었다. 그것은 당시의 어떤 터어키어의 극히 적은 학문적 문법 중의 하나였다. 멜리오란스키는 고대 터어키어에 관하여 깊은 흥미를 가지고 있었다. 퀼 테긴(Kül Tegin, 685~731)에 경의를 표하여 만든 비문과 그 언어에 관한 책은 라들로프가 연구한 같은 주제에 관한 업적과 비하면 상당히 앞서 있다. 멜리오란스키는 역시 탁월한 비교언어학자이기도 하였다. 12세기의 고대 러시아의 이고르 노래(Igor Song)의 언어에 담겨 있는 터어키어적 요소에 관한 그의 연구는 옛 러시아에 있어서 동양적 요소에 관한 소수의 업적 중 하나였다.

3.8. 말로프(Sergeĭ Efimovič Malov, 1880~1957)

말로프는 러시아 사람으로서 카잔에 있는 신학대학교 교수의 아들이었는데, 아버지와 같은 신학교와 카잔대학교에서 터어키어와 아라비아어를 연구하였다. 그의 스승은 카타노프였는데, 후에 말로프는 상트페테르부르크대학교에서 터어키어와 아라비아어를 연구하였다. 거기에서 그의 스승은 터어키어 교수인 스미르노프(V. D. Smirnov)였다. 그러나 대부분의 훈련은 라들로프에게서 받았다. 라들로프는 그에게 시베리아에서 사용되고 있는 터어키어를 가르쳤고, 올콘(Orkhon) 비문의 고대 터어키어와 위구르어도 가르쳤다. 말로프는 많은 연구를 도맡아했는데, 가장 중요했던 연구는 옐로우·위구르어(Yellow Uighurs)와 동부 터어키어에 관한 귀중한 자료를 수집하는 동안인 1909~11년과 1913~14년에 했던 연구다. 그는 많은 귀중한 위구르어 사본들을 발견했는데, 그 중에서 유명한 알툰 야르크(Altun Yaruq), 즉 황금 들보(Golden Beam)라는 글도 찾아냈다. 말로프는 라들로프의 제자였을 뿐만 아니라, 라들로프에게 충복한 보조자이기도 했다. 말로프는 1917~22년 카잔 대학에 교수로 있었고, 1922~38년에는 레닌그라드 대학교의 교수였다. 그는 러시아 과학원의 준회원으로 선출되었다. 그는 라들로프와 함께 'Golden Beam Sūtra' 원문을 출판하였다. 그는 옐로우 위구르어와 동부 터어키어, 즉 현대 위구르어에 관한 서적들을 출판했다.

3.9. 사모일로빗치(Aleksandr Nikolayevič Samoilovich, 1888~1938)

사모일로빗치는 그 조상이 우크라이나 사람인데, 상트페테르부르크대학교에서 터어키어·아라비아어·페르시아어 등을 연구하였다. 그의 스승은 멜리오란스키(P. M. Melioranskii, 1868~1906)와 스미르노프(V. D. Smirnov)였으나 그는 라들로프와 사귀었다. 사모일로빗치는 선천적으로 언어학적 재질을 타고 났으며 터어키어·터어크메니아어·우즈벡어(Uzbek), 그리고 다른 터어키어를 스승보다 더 잘했다. 터어키, 크리미어(Crimea)와 타르케스탄(Tarkesten)을 많이 여행하였고, '터어크메니아어의 연구'에 종사한 최초의 터어키어 학자였다. 사모일로빗치는 문학·민속·문화사·민족지학(民族誌學)을 언어학보다도 더 즐겨하였다.

사모일로빗치의 대부분의 업적은 터어키어를 분류한 일이다. 그는 약간의 변화를 주어 분류하여 오늘날 분류의 기초를 이루었다. 그의 업적 중 단연 뛰어난 것은 '터어키어의 수사에 관한 연구'와 그 당시의 터어키의 이름에 대한 연구였다. 그는 '크리미언 타타르어의 훌륭한 문법'과 '터어키어 문법'의 저자이기도 하다. 또한 그가 남긴 고대 유럽 사람의 룬 문자(Runic)로 된 고대 터어키 비문에 관한 몇몇 논문들은 아주 중요하다.

사모일로빗치는 1937년에 투옥되었고, 러시아의 중앙아시아에 있는 강제노역장에서 1938년에 죽었다.

3.10. 드미트리에프(Nikolai Konstantinovich Dmitriev, 1898~1954)

러시아의 터어키어학자인 드미트리에프는 상트페테르부르크대학교의 교수(1926~1941)였고, 모스크바대학교의 교수(1941~1954)이기도 했다. 그는 훌륭하게 교육받은 언어학자로서 현대적 방법으로 언어학을 연구하는 데 익숙한 학자였다. 그의 업적은 음운과 변이음 사이의 구별을 분명하게 한 점이다. 그는 뛰어난 음성학자이기도 한데다가 문법적 사실을 주의 깊게 수집·정리한 사람이기도 했다.

드미트리에프는 바쉬키르(Bashkirs), 타타르(Tatar)의 여러 곳, 다케스탄(Daghestan)에 있는 쿠뮈크(Kumyk), 아제르바이얀(Azerbaijan)의 터어크·터어크멘(Turkmens)·츄바쉬(Chuvash) 등지에 자주 여행을 하였다. 그리고 수많은 젊은 토박이 언어학자들을 교육시켰는데, 이것은 그가 대학교수로서 이룩한 가장 큰 업적 중 하나다.

드미트리에프는 백 권 이상의 책과 논문을 출판하였다. 그 중 대부분이 바쉬키르어에 관한 것이었으며, '바쉬키르 문법'을 비롯하여 '쿠뮈크(Kumyk) 문법'은 물론 츄바쉬어에 관한 개관서와 음운론에 관한 논문과 '터어키어 문법'의 여러 가지 문제들과, '터어키어 비교언어학' 등이다. 그의 가장 중요한 업적은 바쉬키르어 분야에 있다.

3.11. 디렌코바(Nadezhda Petrovna Dyrenkova, 1899~1941)

디렌코바는 러시아의 토박이로 상트페테르부르크의 지리학 대학의 민족지학과를 졸업하였다. 그의 주된 분야는 인류학이었다(민족지학은 러시아에서 불리는 말이다). 그녀는 잘 알려진 민족학자 레오 스텐버어그(Leo Sternberg)와 블라디미르 보고라즈(Vladimir Bogoraz) 밑에서 연구하였으며, 그녀의 터어키어 선생은 사모일로빗치와 말로프였다.

디렌코바는 시베리아에 있는 수많은 터어키 종족에 관하여 탐구했으며, 민속학 원문을 수집했고, 알타이 지역의 터어키 방언으로 된 여러 가지 원문을 놀랄 만큼 수집하여 출판했으며, 쇼르어(Shor) 자료들을 아주 많이 수집하여 또한 출판하였다.

그녀는 세 가지 문법, 즉 오이롯(Oirot, 즉 알타이), 쇼르(Shor) 및 미완성된(첫째 권만 출판됨) 카아카스(Khakas) 문법의 저자이기도 하다. 디렌코바는 젊은 나이로 상트페테르부르크에서 독일인의 포위 공격으로 죽었다.

3.12. 보로브코프(Aleksandr Konstantinovich Borovkov, 1900~62)

보로브코프는 러시아 사람으로서 소비에트 과학원의 통신 회원으로서 카라차이-발카아르(Karachai-Balkar), 우즈벡(Uzbek)과 동부 터어키어(현대 위구르)를 연구하였다. 그는 차카타이(Chaghatai)와 고대 중세 터어키어에 관한 서적을 출판하였다. '대 우즈벡-러시아 사전'은 그의 감수 아래 출판되었다.

3.13. 코노노프(Andreĭ Nikolaevich Kononov, 1906~86)

러시아 학자 코노노프는 사모일로빗치의 제자로서 상트페테르부르크대학의 교수로 소비에트 과학원 통신회원이다. 주로 현대 터어키어와 우즈벡어 분야를 연구했는데, 1934년 '현대 터어키 언어의 문법', 1941~48년 '터어키 언어의 문법', 1956년 '현대 터어키어 문학 언어의 문법', 1960년 '현대 우즈벡 문학 언어의 문법'과 '우즈벡 언어의 문법' 등의 책을 발간하였다. 이들 문법서에는 어떤 개별적인 문제에 관한 연구들의 완전한 참고문헌도 소개되어 있다. 그의 저서는 그 해당 언어에 관해서는 최고의 문법서이다. 그는 또한 차가타이 원문을 출판하기도 하였다.

3.14. 바스카코프(Aleksandr Konstantinovich Baskakov, 1900~62)

러시아의 터어키어 학자 바스카코프는 여러 권의 터어키어 문법서를 저술하였을 뿐만 아니라, 여러 가지 터어키어 사전도 만들었다. 그는 주로 기술언어학 분야에서 많이 일하였다. 그의 주된 주제는 카자크 방언인 카라칼파크어(Karakalpak)이다. 그 언어는 정치적 이유 때문에 독립어로서 선언하였다. 바스카코프는 카라칼파크어에 관하여 주의를 기울인 최초의 학자로서 이 터어키어의 특별한 분야의 창시자로서 인정받았다. 카라칼파크어에 관한 그의 가장 중요한 업적은 두 권의 문법서인데, 하나는 '러시아-카라칼파크어 사전'이요, 다른 하나는 '카라칼파크-러시아어 사전'이다. 그는 또한

'오이롯어(알타이와 텔레웃어)에 관한 문법과 사전'을 출판하였고, '알타이어 방언'에 관한 한 권의 책과 '노가이(Nogai) 문법', '동부 터어키어 문법', '카아카스어(Khakas: Abakan 방언의 인위적인 이름임)의 문법과 사전'을 출판하였다. 그는 다작의 저자로서 많은 터어키어에 관한 좋은 지식을 가지고 있었다. 그는 또한 '터어키어의 일반적인 고찰'이란 책을 지었을 뿐만 아니라, '터어키 언어학 입문'을 쓴 저자이기도 하다.

3.15. 톰센(Vilhelm Thomsen, 1842~1927)

'돌 기둥'에 미지의 문자로 이루어진 비문이 몽고와 시베리아의 인접 지역에 존재한다는 것을 알게 된 것은 18세기 이후인데, 그러한 '돌 기둥'의 첫 번째 복원이 스트라렌버어그에 의하여 1730년에 출판되었다. 그들의 저자와 그 언어에 관한 많은 고찰이 있었으나, 비문에 관한 연구의 목적으로 최초의 고고학적 탐험이 이루어진 것은 19세기의 25년 말에 이루어졌다. 첫 번째의 고고학적 탐험이 이루어진 것은 핀란드학자 아스펠린(J. R. Aspelin, 1842~1915)에 의하여 1887년과 1889년에 이루어졌고, 1890년에는 하이켈(A. O. Heikel, 1851~1924)에 의하여 이루어졌다. 이때 아스펠린에 의해 예니세이 지역의 두 번째 탐험이 이루어졌고, 러시아 학자 야드린체프(N. M. Yadrintsev, 1842~1894)는 1889년에 그 유명한 올콘(Orkhon) 비문을 발견하였다. 그리하여 1891년 러시아 과학원에 의해 대원정이 이루어졌다. 이 원정은 라들로프에 의하여 영도되었는데, 그와 그의 동행자에 의하여 수집된 자료들은 1892년에 출판되었다.

'알파벳에 관한 판독의 열쇠'는 톰센에 의하여 발견되었는데,

1893년 톰센은 알파벳의 판독을 출판하였다. 그 비문의 언어는 터어키인, 즉 18세기의 터어키인에 의하여 만들어졌던 것이다. 그 비문의 언어는 터어키어가 틀림없을 것이라는 클라프로트(Klaproth)의 가설이 옳음이 1823년에 증명되었다. 톰센의 판독을 바탕으로 하여 라들로프는 1894년에 비문의 하나를 전사하고 번역하여 그것을 출판하였다. 톰센은 1896년에 그의 전사와 번역을 출판하였는데, 그의 업적은 라들로프의 그것에 비하여 월등하게 뛰어났다. 톰센은 올콘-예니세이 또는 고대 터어키 비문의 판독자로서 널리 알려지게 되었다. 그 알파벳은 룬(Run)의 알파벳인 것으로 알려졌다. 톰센은 중세 터어키 원문의 음운체계도 확립하게 되었다. 그런데 그 원문은 본래 라들로프에 의하여 잘못 읽혀졌는데, 그는 의심스러운 그 원문은 알타이어와 텔레웃(Teleut) 터어키어의 발음과 일치하여 읽혀지지 않으면 안 될 것으로 믿었다. 톰센은 덴마크 사람이었다. 그는 위대한 언어학자 중의 한 사람이다. 그 주된 연구 분야는 인도유럽어의 비교 연구와 역사적인 연구였다. 그리하여 발트-핀란드 어족과 발트-슬라브 어족 사이의 연관성을 다루었다.

3.16. 그뢴베취(Kaare Grønbech, 1901~57)

덴마크 사람으로서 터어키어 학자인 그뢴베취는 터어키학의 연구 분야에 있어서 가장 훌륭한 사람 중 한 사람이다. 그는 터어키학을 연구하였고, 터어키에 몇 차례 여행도 다녀왔다.

1938년에는 중앙아시아 탐험대의 일원으로서 몽고에 간 적이 있었다. 거기에서 그는 몽고어에 관한 좋은 지식을 얻었고, 아주 많은 수의 값어치 있는 필사본을 수집하였는데, 지금은 코펜하겐에 있는 덴마크 왕립박물관에 소장되어 있다.

그뢴베취의 첫 번째 큰 업적은 학위논문인데, 이것은 터어키어 구조에 관한 기초적인 연구로서 아직도 능가하지 못할 만큼 훌륭한 업적이다. 그의 또 다른 중요한 업적은 코텍스 쿠마니쿠스(Codex Cumanicus)의 원문과 쿠만어(Kuman)에 관한 라들로프의 쓸모없이 된 업적을 대신한 '쿠만-독일어 사전'을 출판해 낸 일이다.

그뢴베취는 역시 다수의 논문들을 출판하였는데 그 하나가 많은 주의를 끌 만한 가치가 있는 터어키어와 몽고어에 있어서의 악센트에 관한 것이다.

3.17. 뮐러(Friedrich Wilhelm Karl Müller, 1863~1930)

터어키어 연구의 강좌는 1890년에 독일에서 창시되었다. 그것은 베를린 대학교의 동양 언어학에 관한 세미나의 한 부분이 되었다. 그리하여 그 초대 과장에 카알 포이(Karl Foy, 1856~1907) 교수가 임명되었으며, 아제르바이얀 터어키어(Azerbaijan Turkic)에 관한 책들을 출판하였다. 포이 교수는 터어키어 연구에 대하여 뮐러를 소개하였다. 뮐러는 동양학 연구사에 있어서 가장 위대한 학자로 알려져 있는 사람 중 한 사람이었다. 뮐러는 아시아에서 가장 중요한 언어의 대부분을 알고 있었다. 뮐러는 인종학자였고, 종교사를 연구하는 사람이었으며, 많은 동양인들의 문학에 아주 정통한 사람이기도 하였다. 뮐러는 당시 전혀 알려지지 않았던 언어로 쓰여진 많은 기록들을 판독하였는데, 그 기록들은 투르판(Turfan)으로부터 독일 사람의 탐험에 의하여 가져오게 된 것들이었다. 판독된 기록들 속에는 마니교와 소그디(Sogdic) 문자로 된 필사본이 있었다. 뮐러는 이들 두 필사본을 판독한 최초의 학자였다. 불교와 불교도와 마니교 문학에 관한 막대한 지식의 덕택으로 지나어와 산스크리트어로 된 위구르(Uighur) 원문 바탕 위에서 언어학적 연구를 할 수 있었다. 뮐러는 '위구르 음운론'의 창시자이다.

3.18. 폰 레 코크(Albert Von Le Coq, 1860~1930)

폰 레 코크는 투르판(Turfan) 원정(1904~05, 1905~07, 1913~14)으로 알려져 있는 중앙아시아에서 행하여진 세 번의 독일 원정의 우두머리였다. 그는 많은 필사본, 즉 8~9세기의 마니교 필사본과 예술의 대상물들을 발견하고 독일로 가져 왔다. 그리하여 투르판 지방에서 쓰이고 있는 터어키 방언에 관하여 광범위하게 연구했다. 폰 레 코크는 위구르의 고문서에 관해서 그 누구도 추종할 수 없을 정도의 지식을 소유하고 있었기 때문에 위구르어 원문으로 출판한 것 대부분은 그의 독해와 전사에 바탕을 두고 이루어진 것이라 할 수 있다.

3.19. 뱅-카웁(Willy Bang-Kaup, 1869~1934)

뱅-카웁은 유명한 벨기에 학자 하아레즈(Ch. de Harlez, 1832~1899)의 제자였는데, 이란어와 우랄-알타이어를 연구하였다. 그는 1914년 이전에는 로바인(Louvain)대학교에서 영어학 교수였는데, 주로 고대 영국 드라마에 대해 연구하고 출판해 냈다. 그의 가장 위대하게 성취한 일 중 하나가 '코덱스 쿠마니쿠스(Codex Cumanicus)'와 같은 책에서 그는 유럽 언어들 속에 있는 문학적 기록에 관한 평론을 출판하기 위해 준비하는 과정 속에서 축적해 두었던 막대한 경험들을 이용하였다. 라들로프와의 계속적인 논쟁은 매우 결과가 좋았다.

1920년 뱅-카웁은 베를린으로 이사하였다. 그가 그곳에 도착하자 그 시에서는 터어키어를 연구하는 데 있어서 새로운 역사의 장이 열리게 되었다. 뱅-카웁이 14년 동안 베를린에 머무는 동안에 연구하고 학생들을 가르쳤다. 그 당시 1934년 전에 교육을 받았던 터어키에 있는 모든 학자들을 포함하여, 많은 뛰어난 유럽의 학자들은, 그의 제자이거나 아니면 어떤 방법으로든 그의 이름과 연관을 맺고 있었다. 예를 들면 폰 가바인(Von Gabain), 야링(Jarring), 멘지스(Menges), 라사넨(Räsänen), 야곱 쉰케빗치(Jacob Schinkewitch), 사자크스코프스키(Zajaczkowski) 등이다. 뱅-카웁은 역시 터어키 학자인 사아데트 이사키 하가타이(Saadet Is'haki çagatai)와, 터어키에 있어서 지도적인 터어키어 학자인 레시드 라메티 아라트(Resid Rahmeti Arat, 1900~1964)의 선생이었다. 그러면서 위구르어와 카라카니데(Karakhanide) 원문과 터어키어 형태론의 연구 등을 출판해 내는 데 혼신의 힘을 다하였다. 뱅-카웁의 제자 아라트는 1964년에 죽었다. 아라트의 죽음은 터어키어 연구에 대단한 손실이 아닐 수 없었다.

3.20. 부록켈만(Cral Brockelmann, 1868~1956)

유명한 아라비아학자 브록켈만은 터어키 학자를 가까이 사귀면서 터어키어에 관한 아라비아어의 근원을 찾는 데 많은 노력을 기울였다. 터어키어에 관한 이슬람교의 근원을 종합한 것이 중앙아시아에 있어서의 글말, 터어키어 문법이다. 고대 오스만어(Osman)에 관한 그의 업적은 특히 가치가 있다. 부록켈만의 몇몇 중요한 업적은 중세 터어키어에 관한 마무드 알-카스가리스(Mahmūd al-Kāšɤarī)

의 논문에 이바지하였다.

브록켈만은 위대한 학자로 인정을 받았으나 터어키어 분야에 있어서 그의 업적들은 많은 결함을 가지고 있다. 매우 급하게 연구하여 카스가리스의 'Dīvān luɣāt at-turk'와 같은 책에서, 그러한 근원에 관한 것을, 제일 먼저 출판한 학자가 되기를 분명히 바랐던 것 같다. 이와 같은 태도가 수많은 탈문(脫文)과 인용문의 불확실한 문제에 대한 부적당한 방법론적 접근법만 낳게 했다. 이와 같은 결함은 그가 출판해 낸 'Dīvān luɣāt at-turk'에서 너무도 분명히 나타나고 있다. 이것은 그의 업적의 가치를 현저하게 떨어뜨리고 말았다. 그런데도 불구하고 터어키어에 관한 이슬람교의 근원에 관한 아이디어를 제공해준 점은 높이 평가받고 있다.

3.21. 폰 가바인(Annemaric Von Gabain, 1901~93)

독일학자 폰 가바인은 하에닛쉬(Haenish) 교수 밑에서 중국어를 연구하는 학생이었다. 중국어학에 관한 제목으로 학위를 받았다. 또한 그녀는 베를린 대학교 뱅-카웁 밑에서 터어키어를 연구했다. 그 후에 베를린 대학교에서 학생들을 가르치고, 베를린에 있는 과학원에서 연구하였으며, 함부르크 대학교의 교수로 있었다.

폰 가바인 교수는 터어키 입말에 관해서는 그리 많이 연구하지 않았으나, 이 분야에 있어서의 유일한 업적은 '우즈벡(Uzbek) 문법'이다. 이 문법서는 러시아 밖에서 쓰여져서 출판된 우즈벡어에 관한 한 최초의 것이다. 이것은 입말 문법이라기보다는 오히려 우즈벡의 글말 문법서라 할 만한데, 현대 시릴자모(희랍 정교를 믿는 슬라브 민족의 자모, 현 러시아 자모의 모체)를 사용하지 아니하였다. 그것은 방언 간의 문법이므로 어떤 특별한 방언을 반영하지 않았다. 즉 소비에트 우즈베키스탄공화국에 있는 공용 입말에 바탕을 두고 있는 이란화된 방언과 같은 그런 방언은 반영되어 있지 않다. 폰 가바인의 문법은 터어키 언어학자들에게 큰 공헌을 하였다. 그것은 역시 서지와 원문과 어휘 주석이 포함되어 있다.

폰 가바인은 터어키를 여행했을지라도 현장 연구는 하지 않았다. 그녀는 방언이나 입말에 관한 자료들은 수집하지 아니하였다. 스스로 주로 고대 터어키어 연구에 이바지했는데, 위구르에 있는 터어키어 연구에 가장 많이 이바지했다. 그리고 브라미(Brāhmi), 마니교에 관한 필사본에 이바지함으로써, 뮐러(F. W. K. Müller)에 의하여 독일에서 설립된 빛나는 전통을 이어나갔다.

고대 터어키어 연구 분야에 있어 폰 가바인의 가장 위대한 업적은 러시아 밖에서는, 이러한 사업으로서는 유일한 업적인, '고대 터어키어 문법'이다. 이 문법은 필사본의 표본과 원문들, 문법적인 개설, 서지와 어휘 주석 등을 포함하고 있다.

그녀의 다른 주된 연구들은 베를린에 있는 과학원 논문에서 출판된 논문들이다. 그들 논문 중 하나는 '휴엔-짱(Hiuen-tsang)의 전기'를 위구르어로 번역한 것을 다루고 있다. 그리고 다른 논문들은 투르판(Turfan)으로부터 가져온 터어키어로 된 단편들에 대한 연구였다. 그들 단편들은 금세기 초 중앙아시아에서 있었던 세 번에 걸친 독일 사람들의 탐험에 관한 기록들인데, 거기에서 가져온 것들이다. 이들 업적들은 뮐러(F. W. K. Müller)의 연구는 물론 레 코크(Le Coq), 뱅-카웁(Bang-Kaup), 라메티-아라트(Rahmeti-Arat)와 다른 학자들의 연구와 더불어 위에서 말한 필사본에 있는 고대 터어키에 관한 연구를 위한 기초가 되었다.

폰 가바인은 언어에 대한 광범위한 연구를 하면서도 역사와 문화사도 포함하고 있다. 그러나 그녀는 언어학자라기보다는 뛰어난 문헌학자이다.

3.22. 멘지스(Karl Heinrich Menges, 1908~99)

멘지스는 독일에서 태어난 탁월한 터어키어 학자이며 알타이어 학자 중 한 사람이다. 멘지스는 막스 바스머(Max Vasmer, 1886~1962) 밑에서 슬라브어를 연구하였다. 그리고 러시아의 터케스탄, 터어키와 이란 등지를 여행하면서 언어학의 현장 연구를 목적으로 여러 차례 출입하였다. 멘지스의 연구는 크게 두 가지로 나눌 수 있다. 어떤 것은 터어키어를 다루기도 하고, 또 어떤 것은 알타이어와 다른 언어들 사이의 관계에 관하여 공전하고 있던 문제들에 관하여 이바지했다.

멘지스는 많은 책과 논문들을 출간하였다. 그들 중의 '카라칼파크어(Karakalpak) 음운론'은 터어키 어학에 대한 가장 중요한 공헌 중의 하나이다. 그것은 러시아 밖에서 이루어진 카라칼파크어에 관한 첫 번째 책이다. 이 책에는 카라칼파크어의 음성표기법을 포함하고 있는데, 그에 의하여 '비교음성학적 연구'가 뒤따르게 되었다. 멘지스는 말하기를 카라칼파크어에는 카자크어의 방언이나 세비엣 학자들이 믿고 있는 바와 같은 독립된 언어는 아니라고 하였다.

멘지스의 또 다른 업적은 멘지스가 번역한 '카타노프의 동부 터어키어' 원문을 출판한 일이다. 그는 역시 '어휘 주석'도 출판하였다.

멘지스는 17세기 이란의 사학자 미르짜 마디 한(Mirza Mehdi Khan Astarabadi, 사학자)에 의하여 제시된 차가타이어(Chaghatai) 자료를 연구하였다. 그리하여 아프가니스탄의 북부에서 쓰이고 있는 우즈벡어를 비롯하여, 이란에서 쓰이고 있는 터어키어 방언, 오이롯(알타이와 텔레웃), 남부 시베리아의 터어키 방언 카자크(Kazakh), 노가이(Nogai), 퀴프착-우즈벡(Kypchak-Uzbek), 키르키즈(Kirghiz), 소욧(Soyot), 카라카스(Karagas) 등에 관한 수많은 연구 논문들을 발표하였다.

또한 멘지스는 인도 유럽어에 있어서 알타이어적 요소에 관한 연구와 알타이어에 관한 인도 유럽어의 영향에 관한 연구도 했다.

멘지스의 중요한 업적 중 하나는 동양어, 특히 터어키어, 다시 말하자면, 러시아의 '이고르 노래(Igor Song)'(1182)에 있어서의 차용에 관한 연구라고 할 수 있다.

3.23. 프리차크(Omelian Pritsak, 1919~2006)

우크라이나 태생인 프리차크는 르보우(Lwow), 카이브(Kiev), 베를린(Berlin), 괴팅겐(Göttingen)에서 터어키어, 이스람어, 이란어(문헌학)를 공부하여 함부르크대학교의 교수가 되었다. 그리고 워싱턴대학교에서, 시애틀대학교에서, 다시 워싱턴대학교에서 교수로 있다가, 1964년 이후 하바드대학교 교수로 있었다.

프리차크는 다재다능한 학자로서 중앙아시아를 비롯하여 남부러시아, 동부 유럽의 역사에 관하여도 아주 박학한 학자였다. 그러면서 선천적으로 타고난 어학자로서 터어키어와 알타이어 분야도 연구하였으며, 특히 터어키어, 몽고어, 만주어, 한국어에 관해 충분한 지식을 가지고 있었다. 그러므로 프리차크는 알타이어 연구를 위해 여러 면에서 그 구비 조건을 잘 갖춘 사람이었다. 그 이외에도 프리차크는 몇몇 핀노-위구르어(Finno-ugric language)를 잘 알았고,

연구를 위한 도구로서 봉사한 수많은 다른 언어들에 관한 지식은 이루 말로 모두 표현할 수 없을 정도였다.

크리차크의 언어학적 연구는 고대 다뉴브 불가리어를 비롯하여 츄바쉬어와 불가리아어 사이의 상호 관계 및 휴닉어(Hunnic)에 헌신한 일이다. 투르크멘스탄어에 관한 연구를 위시하여 퀴브착어(Kypchak), 카라이어(Karai), 카라차이-발카르어(Karachai-Balkar), 동부 터어키어, 고대 터어키어, 그리고 아바칸 지역에서 쓰이고 있는 터어키 방언 등에 관한 논문의 저자이기도 하다. 이외에도 몽고어를 다룬 것들도 있다.

3.24. 라사넨(Martti Räsänen, 1893~1976)

핀란드의 핀노-위구르어 학자이며 터어키어 학자인 라사넨은 람스테트와 뱅-카웁의 제자로서 츄바쉬어, 타타르어, 아나톨의 터어키어와 터어키 비교언어학의 문제들을 연구해 왔다. 그는 마리어(Mari)(혹은 〈체레미스(Cheremis)〉, 핀노-위구르어)에 있는 츄바쉬와 타타르 차용어들에 이바지한다. 아나토리아를 여행하고 많은 아나토리아어의 방언으로 되어 있는 수많은 원문들을 수집하였다. 라세넨에 의해 출판된 원문들은 훌륭한 현장 연구 결과다. 라사넨의 연구 분야는 비교 문법이었다. 그는 음성적 일치에 관하여 아주 중요한 법칙을 발견했으며, '터어키어의 비교음운론'을 출판하였다. 이 책은 최초의 터어키어에 관한 완전한 비교음운론이며 동시에 다소간을 불문하고 유일한 것이다. 다음으로 그에 의해 '비교형태론'이 출판되었다. 그것은 준굴곡, 대명사, 굴곡과 같은 터어키어에 있어 형태론적 일치를 개관하였다.

3.25. 야링(Gunnar Jarring, 1907~2002)

야링은 스웨덴 사람으로 터어키어 분야에서는 남달리 뛰어난 언어학자 중 한 사람이다. 동부 터어키어 분야에서 잘 알려진 학자인 라쿠에테(Gustav Raquette, 1871~1945)와 빌헬름 뱅의 제자인 야링은 지나의 터어키스탄 지방의 터어키 방언을 연구했는데, 연구 대상은 아프가니스탄어였다. 야링의 업적 중 하나는 '동부 터어키어의 음운론'이다. 그것은 그 방언의 탁월한 음성 표기로 되어 있다. 그리고 동시에 그것은 터어키어의 비교언어학에 대한 중요한 공헌을 했다.

야링은 지나와 아프간, 터어키스탄 지방을 많이 여행했다. 그 여행에서 영어로 번역된—아주 섬세하고 정확한 표기로 출판된—수많은 원문들을 수집하였다. 그 원문들의 대부분은 코탄(Khotan), 야르칸드(Yarkand), 카쉬가아르(Kashghar), 쿠차(Kucha), 구마(Guma)[2])에서 수집된 것들이다. 우즈벡어로 된 원문은 토박이어를 하는 사람들과 러시아 터어키스탄으로부터 피난 온 사람들로부터 얻어진 것들로 쿨릿치(Qilich)와 안드쿠이(Andkhui)의 방언들을 기술해 놓은 것들이다. 사실상 음성표기법으로 된 우즈벡어와 동부 터어키어로 된 원문으로 수집된 것은 거의 없었다. 그러므로 야링의 원문은 우즈벡어와 동부 터어키어를 연구하는 데 있어서 중요한 자료들이다. 가장 중요한 야링의 업적은 '동부 터어키어 방언사전'이라 할 수 있다.

---

2) 모두가 중국과 터키스탄에 있음.

3.26. 데니(Jean Deny, 1879~1963)와 프랑스의 터어키어 학자

파리는 터어키어를 연구하는 가장 오래된 중심지의 하나이다. 터어키어 연구 강좌가 개설된 것은 1795년에 동양어 전문학교에서였다. 당시 주된 연구는 오스만 터어키어의 음운론에 집중되었다. 터어키어 연구 강좌의 첫 번째 교수는 삐에르-아메드 조베르(1779~1847)와 까스미르-아드리엥 바스비에 드 메이나아르(1827~1908) 교수였다. 그리고 차카타이 문헌학(언어학)은 마아크 에띠엔느 꺄트르메르(1782~1857)가 담당하였다.

데니는 파리에 있는 동양어를 연구하는 학교에서 터어키어와 터어키문학 교수로 활동하다가 1948년 은퇴하였다. 이후 프랑스에서 외교관으로 재직하면서 터어키에서 여러 해를 보냈다.

데니는 아라비아 문자를 사용하여 우수한 '터어키 문법'을 저술하였는데, 그것은 여러 가지 면에서 추종을 불허하는 기본적인 연구로 아직도 남아 있다. 이 책이 그에게는 터어키어에 이바지한 가장 값어치 있는 업적이다. 그것 이외에도 또 다른 두 가지 업적이 있는데, 하나는 '터어키어의 구조'에 관한 책이요, 다른 하나는 '터어키어의 기초'이다.

다방면에 관심을 가지고 있는 학자였던 데니는 터어키에서 쓰이고 있는 오스만어, 즉 터어키어에 관한 연구에만 자기 자신을 국한하지 않고 퀴프착(Kypchak)—아르메노-쿠만(Armeno-Kuman)에 관계되는 것들 중의 하나임—에 관한 중요한 근원을 탐색하기도 하였다. 데니는 역시 일반적인 참고 사항과 터어키 언어학의 여러 가지 문제들에 관해서 수많은 자질구레한 사항들을 저술한 사람이기도 하다. 그가 출판한 서적의 총 수는 140여 가지 이상에 이른다.

동양언어학에서 데니의 제자와 후계자는 루이스 바쟁(Louis Bazin, 1920~2011)인데, 전공분야는 고대 터어키어와 투르크멘 그룹의 언어들이다.

3.27. 코발스키(Tadeusz Kowalski, 1889~1948)

폴란드의 학자 코발스키는 1919년 이래로 크라코브(Kraków)대학의 교수였다. 전공분야는 이슬람교의 문헌학인데, 주로 아라비아어의 연구에 주력하였다. 코발스키는 그가 학문 활동을 시작한 초기단계부터 터어키 언어학에 흥미를 느꼈다. 그 결과 210여 가지에 이르는 연구 업적 중에 거의 반이 터어키어 문제였다.

코발스키에 의해 연구되어진 분야는 터어키어 방언과 카라카이어(Karakai)에 관한 것이었으며, 대체로 카라카이어 연구의 창립자로서 인식되고 있다. 그의 몇몇 가치 있는 업적은 터어키 대중문학에 공헌한 것들이다.

코발스키는 이슬람교 연구에 노력을 경주하여 이슬람교의 종합적인 문화에 대한 연구를 제공하게 되었는데, 그와 같은 방법은 터어키어 문제에 대해 코발스키 자신에게도 적용되었다.

3.28. 자자크즈코프스키(Ananiasz Zajączkowski, 1903~70)

폴란드 학자인 자자크즈코프스키는 바르샤바 대학교의 교수이며 폴란드 대학원의 정회원으로서 고대 오스만어와 퀴프착(Kypchak) 그룹의 언어 분야에 있어서 가장 위대한 권위자였다. 코발스키와 뱅-카웁의 제자인 자자크즈코프스키는 거의 200여 가지에 가까운 업적을 저술한 학자이기도 하다. 자자크즈코프스키의 중요한 공적은 탁월한 어휘 주석과 문법 개론이 붙어 있는 수많은 원문들을 출판한 일이다.

3.29. 네메스(Gyula Németh, 1890~1976)와 헝가리 터어키어 학자

터어키어 연구 강좌의 시작은 1864년 부다페스트에서 밤베리 아르민(Vámbéry Armin, 1831~1913)을 위시하여 이루어졌다. 아르민은 유명한 터어키 여행가였는데, 차카타이어(Chaghatai), 고대 터어키어, 오스만 터어키어에 관한 업적들은 완전히 쓸모없이 되어서 이제는 그 이상 이용할 수가 없게 되었다.

밤베리의 후계자인 조셉 투리(Joszef Thury, 1861~1906)는 차카타이 문헌학 분야에서 가치 있는 업적을 터어키 어학에 제공하였으나, 그가 헝가리어로 썼다는 사실 때문에, 헝가리 이외의 곳에서는 거의 영향을 미치지 못하였다. 이그낫그스 쿠노스(Ignácz Kúnos, 1861~1941)는 전공분야인 '오스만의 연구'에서는 아주 뛰어난 학자였다.

헝가리의 동포들 중 네메스는 국제적으로 알려진 최초의 터어키 학자였다. 네메스는 1918년 교수가 되었다. 연구 분야는 고대 터어키 비문, 페체네그(Pecheneg)에 대해 여러 가지로 사색되고 있던 문제들, 즉 코덱스 쿠마니쿠스(Codex Cumanicus)의 언어, 헝가리 문화에 관한 문제, 오스만 문헌학과 언어학, 그리고 코카사스에서 쓰이고 있는 터어키 언어 등이었다.

알타이어 연구에 관계되는 네메스의 업적들은 연구에 관한 서지들만 해도 258개의 타이틀에 이르고 있다. 네메스는 퀴프착어(T. Halasi-Kun, S. Telegdi), 차카타이어(J. Eckmann), 터어키어(G. Hazai)의

방언, 그리고 터어키어 사전 편집(Hasan Eren) 분야에서 일하는 수많
은 터어키 학자들의 스승이었다.

.

제2장

알타이 언어들

우리가 일반적으로 말하고 있는, 분명한 알타이어에는 어떠한 언어가 있으며 이들 사이에는 어떤 유사성이 있어서 알타이어라고 불리게 되었는가에 대하여 알아보기로 하겠다. 니콜라스 포페에 의하면 알타이어에는 몽고어, 만주-퉁구스어, 츄바쉬-터어키어의 셋이 있고, 최근 한국어가 여기에 들게 되었다고 하고 있으나, 사실상 한국어가 알타이어라고 손꼽히게 된 것은 람스테트 때문이다. 따라서 여기에서는 한국어는 제외해 놓고, 다른 세 알타이어에는 어떤 언어들이 있는지, 그 세부에 대하여 알아보고, 이들 사이의 혈연 관계도 아울러 알아보기로 하겠다.

1. 몽고어

몽고어는 광활한 지역에 퍼져 있는데, 예를 들면 외몽고·내몽고를 비롯하여 만주의 어떤 지역에도 퍼져 있고, 동부 시베리아, 지나

의 칸수성·신강성·칭하이성 등에는 물론, 볼가강의 하류, 즉 소비에
트 연방의 유럽 지역에도 흩어져 있고, 아프가니스탄의 어떤 지역
에까지 퍼져 있다. 그 퍼져 있는 지역에 비하면 몽고어를 사용하는
인구수는 불과 3백만밖에 되지 않는다.

몽고에는 일곱 개의 언어가 있다. 즉, 산타어(Santa)·몽구오르어
(Monguor)·다구르어(Dagur)·모골어(Mogol)·오이랏어(Oirat)·부리앗
어(Buriat)·몽골어(Mongol) 등이 그것인데, 이들 분류는 다음 몇 가지
자질에 의하여 이루어진 것이다.

첫째, 어두자음 p가 f나 x, 혹은 영으로 발달했다는 사실.
둘째, ā가 그 뒤에 o음을 포함한 음절이 올 때 ā, ō로 발달했다는 사실.
셋째, aɣu가 au̯, ou̯, ū로 발달했다는 사실.
넷째, 명사에 있어서의 종성 n이 보존되거나 소실되었다는 사실.
다섯째, 종성 r과 g가 보존되어 있거나 소실되었다는 사실.

위의 다섯 가지 사실을 표로써 보이면 다음과 같다.

No	자질 (feature)						
1	f-그룹	x-그룹	zero 그룹				
2	*ā>ō		*ā>ā		*ā>ō		
3	ū		au̯		ū		
4	*-n>φ			-n 보존함			*-n>φ
5	*-r>φ	종성 r 보존함					
	Santa	Monguor	Dagur	Mogol	Oirat	Buriat	Mongol

위의 표에 의하면 산타어와 몽구오르어에서는 어두 자음 p가 f로 바뀌었고, 다구르어에서는 x로 바뀌었으며, 모골어·오이랏어·부리 앗어·몽골어에서는 0(zero)으로 바뀌었다. 즉, 이 네 언어에서는 어두 자음 p는 없어졌다. 그리고 산타어·몽구오르어·다구르어에서는 o를 포함한 음절이 뒤에 올 때, *ā>ō로 바뀌었고, 모골어·오이랏어 에서는 *ā>ā로 바뀌었으며(사실은 그대로 유지됨), 부리앗어·몽구오 르어에서는 aɣu>ū로 바뀌었다. 그리고 네 번째 기준에 의하여 보면 명사의 종성 -n은 산타어·몽구오르어·다구르어에서는 없어졌고, 모골어·오이랏어·부리앗어에서는 -n은 보존되어 있으나 몽골어에 서는 -n은 없어지고 말았다. 끝으로 다섯째의 기준에 의하면 종성 r은 산타어에서는 없어졌는데, 몽구오르어·다구르어·모골어·오이 랏어·부리앗어·몽골어 등에서는 보존하고 있음을 알 수 있다.

그러면 몽고어족에 속하는 언어들은 어느 지방에서 쓰이고 있는 가에 대하여 알아보기로 하겠다.

1.1. 산타어

산타어는 중국의 칸수(Kansu)성에서 쓰이고 있는데, 정확하게는 옛날 호조우(Hochou)인 카오호(Kaoho)시 동쪽에서 쓰이고 있다. 인 구는 약 15만 명 정도인데 어떤 학자들은 이 언어를 퉁구스어, 즉 정확하지는 않으나 동부 촌락의 언어라고 부르고 있다.

1.2. 몽구오르어

몽구오르어는 중국에 있는 칸수(Kansu)와 칭하이(Chinghai)의 일부에서 쓰이고 있다. 이 말을 쓰는 사람의 수는 6만 명 정도라고 한다. 칸수성의 린샤(Linhsia) 지방의 주민 중 약 8천 명이 몽구오르어의 방언을 사용하고 있다.

1.3. 다구르어

이 언어는 북서 만주에 있는 2만 5천 명의 사람에 의하여 사용되는데, 하일라르(Hailar)시 가까운 지역과 논니(Nonni)강 골짜기 지지카르(Tsitsikar)시 가까운 곳에서 주로 쓰이고 있다. 다구르어는 세 방언, 즉 하일라르 방언, 부트카(Butkha) 방언, 그리고 지지카르 방언으로 이루어져 있다.

1.4. 모골어

모골, 즉 모굴어(Moγul)는 아프가니스탄에서 쓰이는데, 주로 헤래트(Herāt)성과 마이마나(Maimana)성, 바다크시안(Badakhshān)성의 바클라안(Baghlān) 지방에서 쓰이고 있다. 그런데 얼마만큼의 사람들에 의하여 사용되어지는가는 잘 알려져 있지 않다.

1.5. 오이랏어

오이랏(Oirat), 즉 외뢰드어(Öröd)는 칼묵어(Kalmuck)도 역시 소속되는데, 방대한 지역으로 퍼져 있다. 오이랏 방언은 몽고인민공화국(외몽고) 서북부, 중가리아(Zoongaria), 알라샨(Alashan), 칭하이성(Ching Hai), 그리고 자치 칼묵공화국이 위치하고 있는 소비에트에 있는 볼가강(Volga) 하류 유역에서 쓰이고 있다.

몽고인민공화국에서 쓰이고 있는 오이랏 방언에는 되르뵈트(Dörböt, dörwöd), 바위트(bayit, bayid), 토르구트(Torgut 즉 torɤūd), 자카친(Zakhachin 즉 zaxčin), 밍아트(Mingat 즉 mingad), 그리고 담비-욀룃트(Dambi-Ölöt, 즉 dömb-Ölöd) 등이 있다.

되르뵈트어(Dörböt)는 우브사-누르 아이마크(Ubsa-Nur aimak)성에서 쓰이는데, 그 인구는 약 2만 5천 명 정도이다. 동일한 성에 바위트어(Bayit)도 퍼져 있고, 사용 인구는 약 1만 6천 명 정도이다.

자카친어와 담비-욀룃트어는 코브도 아이마크(Kobdo aimak)에 퍼져 있는데, 전자를 쓰는 인구는 1만 명 정도이며, 후자를 쓰는 인구는 5천 명 정도이다.

토르구트어는 아아막스 고브도와 바얀-욀게이(Bayan-Ölgei)에서 쓰이는데, 그 인구는 5천 명을 넘지 않을 것이다.

밍가트어(Mingat)도 역시 코브도 아이마크에서 쓰이고 있는데, 그 화자의 수는 2천 명을 초과하지 않는다.

결과적으로 몽고인민공화국 내에서 오이랏어를 사용하는 인구의 전체 수는 대체로 6만 3천 명 정도이다.

토르구트어(Torgut)는 지나에 있는 바양골(Bayangol) 자치구와 신키앙-위구르(Sinkiang-Ulghur) 자치 지역의 쿠부크사르(Khubuksar) 자치국 내에서 사용된다.

바위트(Bayit)는 바양골 지방 사람들의 일부분이 사용하는 언어이다. 욀뢰트어(Ölöt)는 위에서 말한, 같은 지역 내의 타르바가타이(Tarbagatai)역에서 사용된다.

신키앙(Sinkiang) 내에 있는 오이랏 방언을 사용하는 인구의 수는 약 6만 명에 이른다. 이들 이외의 여러 오이랏 그룹들은 알라샨

(Alashan)과 칭하이 성에서 살고 있다. 신키앙과 알라샨에 관해서는 자세하지 않으나 칭하이 오이랏어는 쓸모가 있다.

오이랏의 가장 큰 그룹은 칼묵크스(Kalmucks)인데, 이들은 17세기 초반에 중가리아(Zoongaria)를 떠난 오이랏인들의 후손들로서 볼가 강의 하류에 있는 강둑으로 왔다. 그들은 자신들을 할므그(Xalmg)라고 불렀는데, 여기에서 칼묵크스라는 이름이 유래하였다. 그들은 사회주의 소비에트공화국 칼묵 자치령에 살고 있다. 그 말을 쓰는 사람의 수는 약 10만 명에 이른다. 칼묵은 토르구트 방언, 되르뵈트 방언과 부자와(Buzawa 즉 buzāw) 방언으로 되어 있다. 모슬렘 칼묵크스의 작은 집단 즉 소위 사르트-칼묵크스는 약 3천 명인데, 그들의 집단은 소비에트의 키르키즈(Kirghiz)의 카라콜 지방에서 살고 있다. 칼묵공화국에서 살고 잇는 칼묵크스인들은 불교도들이다. 결과적으로 몽고, 지나와 소비에트에서 오이랏어를 사용하는 인구의 총수는 약 3십만에 이른다.

오이랏인은 1648년에 몽고 알파벳에 바탕을 두고 박식한 중 자야 판디타(Zaya Pandita)에 의하여 창제된 오이랏 알파벳을 사용한다. 글말은 글말 오이랏인데, 그것은 17세기의 몽고의 입말에 기초를 두고 있는 것이다. 오이랏의 알파벳은 고대 몽고의 알파벳보다도 더욱 정확한데도 불구하고, 그것은 언제나 후자에게 그 자리를 잃어가고 있다. 오이랏 알파벳은 1944년까지 외몽고에 있는 오이랏인에 의하여 사용되고 있었다. 1944년에는 오이랏 알파벳은 시릴리 알파벳에 바탕을 두고 만들어진 새로운 몽고의 알파벳에 의하여 대치되었다. 그것은 신키앙·알라샨·칭하이에 있는 오이랏인들에 의하여 아직도 사용되고 있다. 그것은 역시 1917년의 소비에트 혁명이 일어날 때까지 칼묵크스인들에 의하여 사용되었다. 그 혁명 후에 곧 그것은 시릴리 알파벳에 의하여 대치되었다. 1931년에 시릴리 알파벳은 로마자화한 알파벳에 의하여 대치되었으나, 1937년에 그것은 또다시 시릴리 알파벳에 의하여 대치되었다.

현재 쓰이고 있는 그 알파벳의 문자는 아래 표와 같다.

[칼묵 알파벳]

A a	/a/	Ə ə(Ää)	/ää/	Б б	/b/	В в	/v/	Г г	/g/
h	/γ/	Д д	/d/	E e	/e, ye/	Ё ё	*yo*	Ж ж	*ž*
Җ җ(дж)	/ǰ/	З з	/z/	И и	/i/	Й й	/y/	К к	/k/
Л л	/l/	М м	/m/	Н н	/n/	Ң(нъ)	/ŋ/	О о	/o/
Ө ө	/ö/	П п	/p/	Р р	/r/	С с	/s/	Т т	/t/
У у	/u/	Ү ү	/ü/	Ф ф	*f*	Х х	/x/	Ц ц	/c/
Ч ч	/č/	Ш ш	/š/	Щ щ	*šč*	ъ	'	ы	*ï*
ь	'	Э э	/e/	Ю ю	*yu*	Я я	*ya*		

※ 음운표기는 / / 안에 나타내는, 이탤릭체의 변화된 기호는 러시아의 차용어에서만 사용됨을 보인 것임. ( ) 안에 나타낸 것은 변이음을 뜻함.

1.6. 부리앗어

부리앗(Buriat) 일명 부래드(Burād)는 몽고의 최북부에서 쓰이는 언어이다. 그것은 동부 시베리아, 주로 소비에트의 부리앗 자치령 내에 퍼져 있다. 부리앗의 여러 그룹들은 이르쿠츠크(Irkutsk)와 동부 시베리아의 치타(Chita) 지역에도 살고 있고, 만주의 바르가(Barga)라 불리우는 지역에도 살고 있다. 어떤 부리앗인들은 몽고인민공화국에서도 살고 있는 사람들이 있다.

부리앗은 약 30만에 의하여 사용되고 있다. 그 중요한 방언은 코리(Khori), 바르구진(Barguzin), 에키리트-불가트(Ekjirit-Bulgat), 알라르(Alar), 툰카(Tunka), 니즈네우-딘스크(Nižneu-dinsk), 총골(Tsongol), 사르툴(Sartul) 그리고 바르구-부리앗(Bargu-Buriat) 등이다. 이들 중에는 총골(Tsongol)과 사르툴(Sartul)은 부리앗과 칼카(Khalkha) 사이의 다리를 형성하는 과도적인 방언들이다. 바르구-부리앗은 위에서 언급했던 바르가 지역에서 사용된다. 부리앗은 그들의 모어로서 몽고의 알파벳과 몽고의 글말을 1931년까지 사용하였다. 1931년에는 로마문자의 알파벳이 소개되었는데, 그것은 시릴리 알파벳을 바탕으로 한 현재의 알파벳에 의하여 대치되었다. 문어는 코리(Khori) 방언에 바탕을 두고 있다.

다음에 부리앗의 알파벳을 소개하기로 하겠다.

[부리앗 알파벳]

A a	/a/	Б б	/b/	В в	*v	Г г	/g/	Д д	/d/	Е е	/ye/
Ё ё	/yo/	Ж ж	/ž/	З з	/z/	И и	/i/	Й й	/y/	К к	k
Л л	/l/	М м	/m/	Н н	/n/	О о	/o/	Ө Ө өө	/öö/	П п	/p/
Р р	/r/	С с	/s/	Т т	/t/	У у	/u/	Y ү	/ü/	Ф ф	/f/
Х х	/x/	h h	/h/	Ц ц	c	Ч ч	č	Ш ш	/š/	Щ щ	šč
ъ	'	ы	/ii/	ь	'	Э э	/e/	Ю ю	/yu, yü/	Я я	/ya/

※ 음운표기는 / / 안에 나타내고 이탤릭체의 변화된 기호는 러시아의 차용어에서만 사용되는 기호임.

1.7. 몽골

몽골(moŋgol)은 좁은 뜻으로는 몽고어인데, 그 직접적인 친족어 안에서는 가장 큰 언어이다. 그것은 몽고인민공화국과 만주의 몇 지역을 포함한 내몽고에서 사용되는 수많은 방언으로 구성되어 있다. 이 말을 쓰는 사람의 총수는 외몽고인이 약 65만 명, 내몽고인이 약 146만 5천 명으로 도합 220만 명에 이르고 있다.

1.7.1. 칼카

칼카(Khalkha, xalx)는 몽고의 가장 중요한 방언인데, 몽고인민공화국의 75%에 해당하는 약 65만 명에 의하여 사용되는 언어이다. 이것은 오로지 독립된 몽고의 공용어로서 시릴리 문자를 사용하는 글말의 기초로서도 그 구실을 다하고 있다.

칼카는 수많은 하위 부류의 방언을 포함하고 있는데, 동남부의 몽고인민공화국에서 쓰이고 있는 하위 부류의 방언들은 내몽고의 여러 곳에서 쓰이고 있는 몽고 방언에 공통적인 특징을 나타내고 있다.

다음에 몽고인민공화국에서 쓰이고 있는 시릴리 알파벳을 보이기로 하겠다.

[시릴리 알파벳]

A a /a/	Б б /b/	В в /b/	Г г /g/	Д д /d/	Е е /yŏ/
Ё ё /yo/	Ж ж /ǰ/	З з /з/	И и /i/	Й й /y/	К к *k*
Л л /l/	М м /m/	Н н /n/	О о /o/	Ө ө /ŏ/	П п /p/
Р р /r/	С с /s/	Т т /t/	У у /u/	Ү ү /ü/	Ф ф *f*
Х х /x/	Ц ц /c/	Ч ч /č/	Ш ш /š/	Щ щ *šč*	ъ '
ы /ii/	ь /ĭ/	Э э /e/	Ю ю /yu, yü/	Я я /ya/	

※ 음운표기는 / / 안에 나타내고 이탤릭체로 된 변화된 기호는 차용어에서 사용됨을 보임.

1.7.2. 다리강가

다리강가(Dariganga)는 몽고인민공화국의 남부에서 쓰이는데, 7군에서 쓰고 있는 사람의 수는 1만 6천 명에 이른다.

1.7.3. 차카르

차카르(Chakhar, čaxar)는 내몽고에 있는 차카르의 아이마크(Aimak) 지방 또는 아이마크성에서 쓰이는데, 그 인구수는 정확히는 모르나 아마 2백~3백 내지 2천~3천 명에 이를 것으로 추산된다.

1.7.4. 우라트

우라트(Urat, urad)는 내몽고에 있는 울랜 자브 아이마크(Ulān Tsah aimak)에서 쓰이는데, 그것은 차카와 칼카에 매우 가깝다.
이 방언은 아직 연구된 바 없다. 이 말을 쓰는 사람의 수는 알려져 있지 않다.

1.7.5. 카르친-투무트

카르친(Kharchin, xarčin)과 투무트(Tumut, tümd)는 두 가지 큰 종족의 이름이다. 그들의 방언인 카르친-투무트는 내몽고와 그 인접 지역에 있는 우우다 아이마크(Jou Uda aimak)에 의하여 주로 사용되고 있다. 카르친-투무트는 수많은 그룹으로 되어 있는데, 최소한 30만 명이나 된다.

1.7.6. 코르친

코르친(Khorchin, xorśin)은 내몽고에 위치한 제림 아이마크(Jerim aimak)에서 사용되는데, 그 분명한 인구는 모르나 이 방언은 가장 널리 쓰이는 방언 중의 하나이다.

1.7.7. 우줌친

우줌친(Ujumchin, üjümüčin)은 내몽고에 위치한 쉴링골 아이마크 (Shilingol aimak)에서 주로 사용되는데, 몽고인민공화국에 인접한 부분의 지역으로부터 온 이민들에 의하여 사용된다.

1.7.8. 오르도스

오르도스(Ordos, urdus)는 예케주 아이마크(Yeke Ju, yeke jū aimak)에서 쓰이는데, 이곳은 황화의 굽이에 위치하고 있는 옛날 오르도스 내에 있는 곳이다. 이것은 내몽고에 있는 방언 중에서는 가장 탐구가 많이 된 것 중의 하나이다.

1.8. 몽고 문자

몽고 문자는 좁은 의미에 있어서 몽고어를 말하는 모든 몽고인들에 의하여 아직도 이용되고 있다. 그리고 최근까지도 부리앗인에 의하여 역시 사용되고 있었다. 1944년에 시릴리 알파벳에 바탕을 둔 새로운 문자가 몽고인민공화국에 소개되었다. 부리앗인들은

1931년에 옛날 문자를 포기하였다. 그러나 아직도 외몽고의 많은 사람들과 부리앗인 중에는 그들 개인적인 목적 때문에 옛날 문자를 쓰는 사람들이 있다. 그것은 아직도 내몽고에 있는 150만 몽고인들의 대부분에게 알려져 있는 유일한 문자이다.

몽고 문자가 소개된 시기는 알려져 있지 않다. 몽고 문자에 의하여 쓰여진 최초의 기록은 대략 1225년부터이다. 그것은 징기즈칸의 조카인 예순케(Yesunke)를 위하여 세운 돌기둥에 기록된 비문에서 찾아볼 수 있다.

예순케는 징기즈칸이 터어키 전투에서 돌아온 후 곧 개최된 궁술대회에서 여러 사람에게 그 비석을 세우도록 재촉했던 것이다. 그 비문에 있는 표기법과 단어의 문법적인 형태들은 일관성이 있고 오히려 오랜 사용법을 은연중에 드러내고 있어서 의문 속의 그 비문이 최초로 문자를 사용한 시도가 아닌 것 같은 느낌을 자아내게 한다. 그와 같은 사실을 몽고인은 오래 전에 이미 글을 쓰는 방법에 대하여 알고 있었던 것 같은 추측을 자아내게 한다. 아마 글을 쓰는 법은 12세기에 몽고인에게 알려졌던 것은 아니었던가 하고 추측해 보는 것은 하등의 잘못이 없다고 생각된다.

몽고의 알파벳은 문화가 발달한 터어키인들인 위구르인들로부터 빌어 왔던 것이다. 위구르인들은 그것을 이란인이었던 소그디안 (Sogdian)들로부터 빌어 왔었다. 소그디안의 알파벳은 옛날 시리아, 팔레스티나 등의 셈계 언어인 아람어로부터 시작된 것이다. 다시 말하면, 그것은 북부 셈어의 알파벳의 하나였다. 문자에 의한 통신 수단으로 몽고인에 의하여 사용된 언어에 관하여 말한다면, 그것은 아직도 내몽고와 몽고의 글말이 새로운 공용의 알파벳과 병행하여 쓰여지는 모든 나라에 있어서는 근본적으로는 아직도 동일한 몽고의 글말이다.

몽고 문자는 수직으로 된 21자의 기본 글자로 되어 있다. 몽고 문자의 역사에 있어서는 두 개의 주된 시기가 설정된다. 그 첫 번째 시기는 17세기까지 계속되는데, 그 첫 번째 시기 중(특히 13세기에서 14세기)에 있어서는 그때까지도 그 문자는 거의 아무 변화도 없이 위구르 문자의 모양을 그대로 지니고 있었다. 그 후에 글자의 모양이 다소 바뀌었는데, 주로 티벳어와 산스크리트어와 같은 외국어의 음성을 적어 주기 위하여 몇 개의 새로운 문자가 추가되었을 뿐이다.

두 번째 시기는 방대한 불교문화가 창조된 17세기에 시작되었는데, 그때는 주로 티벳어로부터의 번역으로 이루어져 있었다. 수많은 불교 업적들이 목판으로 출판되었는데, 이들 인쇄된 책에서 보면, 문자들은 그 모양이 바뀌게 되어 현재의 모양을 이루게 되었다. 이 기간 동안 글말도 역시 바뀌었다. 쓸모없이 되었거나 전혀 알 수 없는 옛날 단어들, 특히 위구르어에서 빌어온 단어들은 새로운 단어와 표현법에 의하여 대치되었다. 뿐만 아니라, 광범위한 불교 용어가 창조되기도 하였다. 옛말 문법 형태나 또는 희귀한 문법 형태는 새로운 형태에 의하여 대치되었다. 철자도 역시 현대화되었다. 17세기에서 18세기에 있어서의 목판인쇄로 된 언어는 고전 몽고어라고 불린다. 현대 몽고의 글말은 그것의 직접적인 계속으로서 주로 어휘에 있어서 전자와 다를 뿐이다.

몽고 알파벳의 문자들을 다음과 같다.

(a) 전-고전시대의 몽고어 알파벳

Initial	Medial	Final	Transcription	Initial	Medial	Final	Transcription
			a				s
			e				š
			i				t d
			o u				l
			ō ū				m
			n				č ǰ
			ng				ǰ y
			q				k g
			γ g				r
			b				v

(a)는 전-고전시대의 몽고어 알파벳으로 주로 13세기와 14세기의 것들이다.

(b) 현대 몽고어의 문자

Number	Transcription	Characters		
		Initial	Medial	Final
1	a			
2	e			
3	i			
4	o u			
5	ö ü			
6	n			
7	ng			
8	q			
9	γ			
10	b			
11	p			
12	s			
13	š			
14	t d			
15	l			
16	m			
17	č			
18	ǰ			
19	y			
20	k g			
21	k			
22	r			
23	v			
24	h			

(b)는 현대 인쇄소에서 인쇄된 책에 나타나는 모양들과 같은 모양
으로 된 현대의 문자들이다.

1.8.1. 오이랏 문자

[오이랏 알파벳]

Number	Separately	Initially	Medially	Finally	Transcription
1.					a
2.					e
3.					i
4.					o
5.					u
6.					ö
7.					ü
8.					n
9.					x
10.					γ
11.					b
12.					p
13.					s
14.					š

Number	Initially	Medially	Finally	Transcription
15.				t
16.				d
17.				l
18.				m
19.				c
20.				z
21.				y
22.				k
23.				g
24.				r
25.				v
26.				ŋ

몽고 문자 특히 몽고의 글말은 오이랏인에게는 이해하기 어려웠다. 불교 포교자들이 17세기에 오이랏에서 그들의 활동을 시작했을 때, 몽고어로 기록된 불교 서적들이 오이랏인에 의하여 이해될 수 없다는 사실을 알게 되었다. 그리하여 특별한 오이랏 문자와 새로운 문어적 언어가 소개되지 않으면 안 되게 되었다. 이와 같은 일은 태생이 몽고인 자야 판디타(Zaga Pandita) 승려에 의하여 해결되기에

이르렀다. 그는 몽고문자를 변형하여 1648년에 고대 몽고 알파벳에 바탕을 둔, 새로운 오이랏 알파벳을 만들었다. 글말의 기초는 17세기의 몽고 입말이었다.

이 변형된 문자가 처음으로 실시된 것은 볼가 오이랏인들 사이에서 이루어졌다는 사실에 대하여 주의할 만하다 하겠다. 그들은 칼묵인들인데, 이들은 17세기 초반에 볼가강의 언덕으로 이주해 왔던 것이다.

오이랏 언어에 있는 오이랏 문자와 문학은 18세기 초반에 전성기에 이르렀으나, 그것은 곧 쇠퇴하여 버렸다. 글쓰기는 점점 그 교육성이 적어지게 되었다. 그리하여 북서 몽고에 있었던 많은 오이랏인들은 몽고어 문자와 몽고 글말을 쓰는 곳으로 옮겨가게 되었다.

몽고인민공화국 안에 있는 오이랏인들은 앞에서 보인 시릴리 알파벳을 사용하게 되었고, 칼묵인들은 칼묵알파벳(시릴리 알파벳)을 사용하였다. 그러나 오이랏 문자는 아직도 알라샨과 신캉에서 사용되고 있다.

1.9. 몽고어 역사의 시대 구분

몽고 내의 역사에 있어서 중요한 세 시기를 설정할 수 있다. 즉 고대·중세·현대가 그것이다.

1.9.1. 고대 몽고어

고대 몽고어는 아마 12세기에 사용되었다. 글말 몽고어는 고대 몽고어에 그 바탕을 두고 있다. 고대 몽고어는 적어도 두 개의 방언이 있었던 것으로 보인다.

그 방언의 하나는 몽구오르어와 산타이어의 어떤 위치에서 아직도 발견되는 어두운 f<*p를 보존하고 있다. 그러나 다른 방언에서는 *p<f는 벌써 f로 발달하고 말았다. 몽고의 글말은 후자의 방언에 그 바탕을 두고 있는데, 그 까닭은 *p나 *f를 보존하고 있거나 어두의 *h가 표지가 없이 떨어져 나갔기 때문이다.

고대 몽고어에 대하여 직접적으로 언급할 자료는 없다. 그러나 언어학자로 하여금 간접적으로 어떤 결론을 끌어내게 할 수 있는 자료들은 있다.

이들 자료들은 퉁구스어에 있는 차용어, 즉 에벤키어(Evenki)와 솔론어(Solon)들, 그리고 터어키어에 있는 차용어, 즉 카자크어 등으로 구성되어 있다.

1.9.2. 중세 몽고어

중세 몽고어는 12세기로부터 15세기까지 사용되었는데, 그 중요한 특질은 하나 또는 두세 방언에서 f>*p-음을 보유하고 있었고 또 다른 방언에서는 h>*p-를 보유하고 있었다는 사실이다.

중세 몽고어는 적어도 세 개의 방언이 있었는데 그들은 관습적으로 남부 중세 몽고어, 동부 중세 몽고어, 서부 중세 몽고어 들이다.

남부 중세 몽고어는 현재의 몽구오르·산타·다구르의 원천이요, 동부 중세 몽고어는 부리앗·몽골(Mongol 즉 Mongolian은 좁은 뜻으로 쓰임)의 조어였다. 서부 중세 몽고어는 모골어와 오이랏어의 조어였다.

남부 중세 몽고어에 관한 자료들은 없다. 동부 중세 몽고어는 소위 파사파(hP'agspa) 문자로 된 원서들의 언어와 몽고(Mongols)의 비사(Secret history)에 담겨 있는 언어 및 14세기의 여러 가지 신노-몽고어 어휘 주석들에 의하여 잘 나타나고 있다.

파사파 문자는 1269년 황제 쿠빌라이(Khubilai)의 명에 의하여 소개되었는데, 그의 이상은 막대한 신노-몽고 제국의 백성들에게 통일된 문자를 부여하기 위한 데 있었다. 파사파 문자를 소개한 사람은 그의 개인적인 라마승이었다. 황제는 그에게 파사파(영예로운)라는 타이틀을 부여하였는데 라마승은 티벳어에 바탕을 두고 새로운 알파벳

[파사파 알파벳]

(a) 자음

리	p	禸	$\check{c}^{\iota}$
己	b	드	$\check{j}$
馬 帘	v	勾	$\check{s}$
刕	m	冋	$\check{z}$
斥	t	凵	y
囝	t^{ι}	爪	k
匸	d	府	k^{ι}
킉	n	히	g
工	r	冂	q
민	l	囝	γ
刕 勾	c^{ι}	己	η
丑 刁	j	忝	h
취	s	린	·
크	z	ﻉ	'
曰	$\check{c}$	◢	$\underset{\cdot}{u}$

90

을 만들었다. 이 문자와 중세 몽고어로 쓰여진 유일한 기록은 돌기둥에 새겨진 몇 개의 비문과 수많은, 수위 빠이쭈(P'ai-tzu), 즉 관청 사자의 신임장과 파사파 라마승의 숙부인 사캬 판디타(Sakya Pandita)에 의하여 잘 알려진 교훈적 연구물의 몇몇 조각들뿐이다. 파사파 문자는 1368년 위안왕조(Yüan dynasty)의 몰락 후에는 그것이 잘 쓰이지 않게 되었다.

동부 중세 몽고어의 아주 중요한 기록은 징기스칸의 조상에 관한 전설적 역사인 비사와 그가 살아있는 동안에 일어났던 어떤 사건들에 관한 생생한 기록들이다. 이들 기록을 몇몇 학자들은 그럴 듯하게 더 후대라고 하지만 1240년에 쓰여진 것들이다.

비사는 본래 몽고의 글말로 쓰여진 것인데 그것을 기록한 문자는

[파사파 알파벳]

(b) 모음

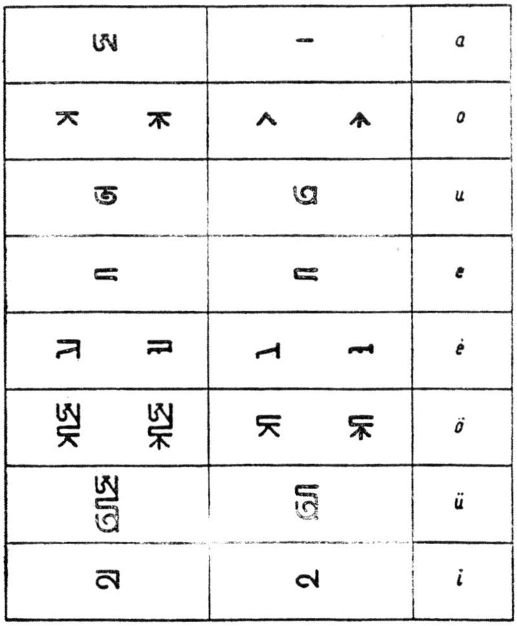

				a
ス	�	∧	⋀	o
ᅙ		ᅙ		u
ᄃ		ᄃ		e
ᄀ	ᄀ	ᅩ	ᅭ	ė
쬬	쬬	쪼	쪼	ö
쭁		쭁		ü
ᅁ		ᅌ		i

몽고문자이다. 그 근본적인 필사본은 보존되어져 있지 않으나 이 기록으로부터의 수많은 발췌는 후대의 역사적 기록인 알탄 토브지(Altan Tobči), 즉 '황금단추'라는 원문에 나타나 있다. 근원적인 기록으로 된 몽고어 원본은 명나라(명태는 중국에 있는 위안왕조를 계승한 왕조이다)가 계속되는 동안, 즉 14세기에 한자로써 표기되었다. 그리고 거기에는 행간에 중국어의 번역이 부가되었다. 이 원문은 매우 값어치가 있다. 왜냐하면, 이것은 당시의 최대의 연속적이고도 정밀한 원문이기 때문이다.

동부 중세 몽고어의 연구를 위하여 필요한 또 다른 중요한 근원이 되는 것은 명나라 시대, 예를 들면 후아-이 이-위(Hua-I i-yü, 1389)와 같은 그러한 시대의 중국-몽고어의 어휘 주석이 있다. 그것은 중국 표기법으로 된 몽고의 원문을 역시 포함하고 있다.

서부 중세 몽고어는 13세기와 14세기의 모슬렘교 학자들에 의하여 엮어진 수많은 아라비아-몽고어와 페르시아-몽고어 어휘 주석을 바탕으로 하여 연구되어질 수 있다.

몽고의 단어들은 아라비아의 알파벳으로 표기되는 데 가장 크고 중요한 모슬렘교의 근원들은 알-자마크사리(Al-Zamakhšari)의 아라비아-페르시아 사전을 바탕으로 엮은 아라비아-페르시아-차카타이(터어키)-몽고어 사전이다.

또한 몇몇의 조그마한 아르메니아-몽고어 어휘주석과 죠오지아-몽고어 어휘주석이 있고 수많은 몽고어 단어들은 모슬렘 저자들에 의한 여러 가지 역사적 기록과 플라노(Plano), 루브루크(Rubruk), 마르코 폴로(Marco Polo)와 같은 유럽 여행자들에 의한 여행에 관한 기록들에서 찾아볼 수 있다.

2. 만주-퉁구스 언어들

만주-퉁구스어는 다음 두 개의 하위 부류로 나뉘어진다.

첫째는 남부 또는 만주 그룹
둘째는 북부 또는 퉁구스 그룹

만주-퉁구스어를 분류하게 된 근거는 음운론적 또는 형태론적 발전에 의하여 이루어졌다.

다음의 분류는 아래 열거한 특별한 자질에 바탕을 두고 이루어진 것이다.

1. 모음 사이에서 g/r의 보존 또는 소멸(퉁구스 그룹 대 만주어 그룹)
2. 어두 다음 *p의 p, f, x, h, zero화
3. 끝 모음 i의 보존 또는 소실
4. 종성 Vn(모음+n)의 생성 대
5. *lasa의 발달

[만주-퉁구스 언어의 분류 자질표]

No.	자질									
1	-g-/-r-의 소멸				-g-/-r-의 보존					
2	f	p		x	h		ϕ			
3	종성 i의 보존			-i의 소멸			-i 보존			
4	-Vn	-V̄	-V	-V̆		-Vn	-V̆			
5	-xa	-lta	-lasa	-laha	-kta	-la	-lda/-lla	-lra	-lla	
언어들	단주어	골디어	울차어	오로키어	우데헤어	오로치어	네기달어	에벤키어	라뭇어	솔론어

만주-퉁구스어에는 다음과 같은 언어들이 있다.

만주(Manchu), 골디(Goldi, Nanai), 울차(Ulcah), 오로키(Oroki), 우데헤(Udehe, Ude), 오로치(Orochi), 네기달(Negidal), 에벤키(Evenki, 퉁구스에 고유한 언어임), 라뭇(Lamut, Even), 솔론(Solon)

2.1. 만주 그룹의 언어들

만주 그룹의 언어들은 다음과 같은 것들이 있다.

유첸(Juchen), 만주(Manchu), 골디(Goldi), 울차(Ulcha),
오로치(Orochi), 오로키(Oroki), 우데헤(Udehe)

이제 이들 하나하나에 대하여 알아보기로 하겠다.

2.1.1. 유첸

유첸 또는 유르첸(Jurchen, 발음은 월진)은 사멸한 언어인데, 역사상으로 몽고가 일어날 때까지 만주에서 사용되었는데, 중국의 명나라 때(1368~1644)까지 존속하였다. 이용할 수 있는 가장 중요한 기록들은 후아-이 이-위(Hua-i i-yü)로 알려져 있는 수 개의 국어로 쓰여진 수집물의 유첸 부분(16세기에 엮어졌다)이다. 이 유첸 부분은 유첸 문자와 중국 필사체로 된 원문(기록들)을 포함하고 있다.

1413년 하나의 돌비석에 새겨진 비문과 또 다른 하나는 1433년의 것이 있다. 비문에 있는 유첸 문자는 중국의 문자와는 다르다. 유첸

은 만주어와 아주 가까워서 고대 만주어가 아닌가 하고 인식할 수
도 있고, 아니면 만주의 한 방언이거나, 아니면 고대 만주어가 하나

[만주 문자]

Transcription	Initially	Medially	Finally
a			
e			
i			
o			
u			
û			
n			
q k			
ɣ g			
x̌ x			
b			
p			
s			
š			
t			
d			
l			
m			
č y			
j			
y			
r			
f			
v			

의 방언이었지 않았나 하고 인식될 수 있을 정도이다.

2.1.2. 만주어

만주어는 중국을 정복하고 청조를 세웠던(1644~1911) 만주민족의 글말이다. 그것은 역시 그들의 입말이었다. 현재는 만주어가 극소수의 만주인과 솔로인과 다구르인에 의해 사용되고 쓰여진다 하더라도, 만주어를 사용하는 사람은 극히 소수에 불과하다. 만주어는 청나라 시대에는 중국에서 공용어로 사용되었다. 만주에서의 문학은 대단했으나, 대개는 중국어로 번역되어 이루어졌다. 글을 쓰는데 있어서 첫 번째 시도는 1599년 만주인에 의해 이루어졌다. 당시 그들은 몽고문자를 사용하였다. 1632년에는 만주문자는 변형이 되어지고 부가적인 문자가 소개되었다.

2.1.3. 골디

골디 혹은 나나이는 그들 자신이 부르는 바와 같이 Nanai(나나이)로 흑룡강 하류에 사는데, 7천 명 정도의 아주 적은 국민이다. 1931년 전에는 문자를 가지고 있지 않았으나, 1937년 이래로 러시아의 시릴리 알파벳을 아무런 가감도 없이 사용하였다.

2.1.4. 울차

울차는 골디민족보다 더 하루에 위치한 지역에서 산 국민으로 1천 5백 명 정도에 의해 사용되고 있는 언어이다. 어떤 학자들은 그것은 독립된 언어라고 생각하지만, 또 다른 학자들은 나나이의 방언이라고 한다. 어쨌든 그것은 골디어와는 분류상으로 보아 구별될 수 있는 아무런 특질도 가지고 있지 않다.

2.1.5. 오로치

오로치는 해안쪽 흑룡강 유역에서 사용되고 있는데, 그 말을 쓰는 국민은 불과 2~3백 명에 지나지 않는다.

2.1.6. 오로키

오로키는 사하린에 있는 수백 명의 사람들에 의해 사용되고 있는데, 그것은 거의 연구되지 않았다.

2.1.7. 우데헤

우데헤 또는 우데는 흑룡강과 우쑤리강의 몇몇 지류를 따라서 사는 겨우 천여 명의 국민에 의하여 사용되는 언어이다.

2.2. 퉁구스 그룹의 언어들

이 그룹의 언어에는 다음과 같은 것들이 있다. 네기달(Negidal), 에벤키(Evenki, 혹은 퉁구스에 고유한 언어), 라뭇(Lamut), 솔론(Solon) 등이다.

2.2.1. 네기달

네기달은 암군강(Amgun river)의 분지에서 8백 명보다 조금 적은
수의 사람들에 의해 사용되고 있다.

2.2.2. 에벤키

에벤키는 동부 시베리아의 여러 지역에서 사용되는데, 대부분이
동부 시베리아의 북부에서 쓰이나, 대개는 예니세이강(Yenisei river)
과 오호츠크해 사이 그리고 북위 50도와 85도 사이에서 쓰이고 있
다. 에벤키어를 사용하는 인구의 수는 약 4만 명에 이른다. 에빈키
는 북부 방언, 남부 방언, 동부 방언의 세 방언군으로 나뉘어진다.
에빈키는 1930년에 그들의 문자를 가지게 되었다. 최초에는 라탄의
알파벳에 바탕을 둔 것이었는데, 1933년 이후부터는 시릴리 알파벳
이 사용되고 있다.

[에빈키 알파벳]

A a /a/	Б б /b/	В в /v/	Г г /g/	Д д /d, ǰ/	E e /e, ye/
Ё ё /yo/	Ж ж *ž*	З з *z*	И и /i/	Й й /y/	К к /k/
Л л /l/	М м /m/	Н н /n/	н г /ŋ/	О о /o/	П п /p/
P p /r/	С с /s/	Т т /t/	У у /u/	Ф ф *f*	X x /h/
Ц ц /c/	Ч ч /č/	Ш ш /š/	Щ щ *šč*	ъ –	Ы ы /i/ï/
ь –	Э э /ẹ/	Ю ю /yu/	Я я /ya/		

※ 음운 기호는 / / 안에 나타내고, 이탤릭체의 변형된 문자는 러시아 차용어에서 사용된 것임.

2.2.3. 라뭇

라뭇 에벤(Lamut even)은 마가단(Magadan)의 여러 곳과 캄차카에 있는 하바로브스크 지역과 야쿳 소비에트공화국의 자치령 안에 있는 9천 명의 사람들에 의해 사용된다. 라뭇 국민은 그들 자신을 에빈이라고 부르고 있다. 라뭇이라는 이름은 에빈키어 라무디(Lamudi), 즉 '연해안'이란 뜻의 말로부터 생겨나게 되었다. 왜냐하면, 라뭇인의 많은 그룹들이 바다 가까이에서 살고 있기 때문이다.

라뭇 방언에는 세 개의 그룹이 있는데, 그들은 동부 방언, 서부 방언, 중부 방언이 그것이다. 라뭇어는 1931년 전까지는 아무런 문자도 가지지 못했으나, 1937년 현재의 시릴리 알파벳이 소개되었다.

[라뭇 알파벳]

А а /a/	Б б /b/	В в /v/	Г г /g/	Д д /d/	Е е /e, ye/
Ё ё /o, yo/	Ж ж ž	З з z	И и /i/	Й й /y/	К к /k/
Л л /l/	М м /m/	Н н /n/	О о /o/	П п /p/	Р р /r/
С с /s/	Т т /t/	У у /u/	Ф ф f	Х х /h/	Ц ц c
Ч ч /č/	Ш ш /š/	Щ щ šč	ъ -	Ь /'/	Э э /e/
Ю ю /yu/	Я я /ya/	ы i			

2.2.4. 솔론

솔론어는 만주의 북서부와 치치하얼, 하이라르, 부트하, 메르겐, 아이군 등의 시와 그리고 소련 국경에 연한 만주의 북부에서 2천~3천 명의 사람들에 의해 사용되고 있다. 솔론은 그들 자신의 문자

체계를 가지고 있지 않았다. 그들은 만주어를 쓰고 읽고 하여 이용
할 수 있다.

3. 츄바쉬 터어키 언어들

츄바쉬 터어키어들은 일반적으로 터어키어라 불리어지나, 터어
키어라는 말이 만일 츄바쉬어와 터어키어족에 적용된다면 부정확
하다. 다시 말하면 터어키어(오스만, 아나토리아어), 아제르바이얀 터
어키어(Azerbaijan Turkic), 터어크메니안(Turkmenian), 우즈벡(Uzbek),
카자크(Kazakh) 등이다. 왜냐하면 터어키어족은 여기서 열거한 걸들
과 언급하지 않은 것들을 포함하고 있는데, 사실은 공통 터어키어
족 z-언어와 š-언어(Toquz 'nine', qiš 'winter')의 후예들이기 때문이다.

그런데 츄바쉬는 r-와 l-언어(tăxxăr 'nine', xĕl 'winter')의 후예인데,
r-와 l-언어들은 공통 터어키어족에 가깝다(이것은 달리 원시 터어키
어족이라 불린다). 그러나 후자와는 일치하지 않는다. 츄바쉬와 공통
터어키어의 조상들은 공통 터어키어가 나타나기 전에 앞서 하나의
단위를 이루고 있다. 이 단위는 전 터어키족이라 불릴 수 있다. 츄바
쉬와 터어키어의 관계는 도표로 보이면 다음과 같이 나타낼 수 있다.

[츄바쉬어와 터어키어와의 관계]

Pre-Turkic				
원시-츄바쉬어	원시 터어키어			
츄바쉬어	현재 존재하는 터어키어들			
	야쿳	투바카카스	퀴프착	차가타이	투르크멘

츄바쉬 터어키어들은 방대한 지역을 뒤덮고 있다. 츄바쉬는 볼가 지역과 소비에트에서 쓰이고 있다. 터어키어는 터어키, 트란스코카시아, 다케스탄이 여러 부분, 북부 코카사스, 볼가 지역, 러시아의 중앙아시아, 지나의 터어키스탄, 북부 이란, 아프가니스탄, 알타이와 사얀(Sayan)의 산악 지대, 그리고 동부 시베리아의 북부 지역에서 쓰이고 있다. 터어키어는 수없이 많을 뿐만 아니라, 그 언어를 사용하는 사람의 수는 적어도 5천만 명에 이르고 있다.

츄바쉬 터어키어(대부분의 터어키 학자들은 그들을 터어키어족이라 부른다)는 몇 개로 분류할 수 있다. 그러나 그들의 어떠한 것들도 츄바쉬어를 제외하고, 그들이 오직 터어키어(z-와 š-어)에 관여하는 한, 아주 만족스럽다고 할 수 없다. 그들의 주된 결점은 그들의 저자들이 현재 사용되고 있는 터어키어와 옛날에 쓰였던 언어들의 두 언어에 적용되어지기를 바랐다는 사실에 있다. 분류는 공시적인 것이 되거나 통시적인 것이 될 것이다. 그러나 이들 양자가 동시에 이루어질 수는 없다. 현재 사용되고 있는 언어의 분류는 과거의 언어는 포함할 수 없다는 것은 분명하다.

터어키어의 분류는 일반적으로 다음과 같은 자질에 바탕을 두고 있다.

1. *d〉t, d, z, y에의 발달
2. 음절 *aɣ〉aɣ, aʮ, u(ū), ia, *ïɣ〉ïɣ, ïq, ï로의 발달
3. 자음 e.g., *lɣ〉l 앞에 오는 *ɣ의 보전이나 소실

위와 같은 세 가지에 대하여 몇 가지 다른 특질을 더 부가할 수 있다. 츄바쉬 터어키어에 대한 가장 넓게 받아들여질 수 있는 분류

는 사모일로빗치(Samoilovich)에 의한 것인데, 그는 츄바쉬어를 터어키어의 하나라고 생각하고 모든 그룹을 다음 표의 여섯 가지 하위 부류로 나누었다.

No						
1	*tăxxăr* 'nine'	*toquz/doquz* 'nine'				
2	*ura* 'foot'	*adaq* 'foot'	*ayaq* 'foot'			
3	*bol-/pol-(pul-)* 'to be'					*ol-* 'to be'
4	*tăv-/tu* 'mountain'	*taɣ* 'mountain'	*taụ* mountain'	*taɣ/daɣ* 'mountain'		
5	*ïɣ>ă*	*ïɣ*	*ïɣ>ï*	*ïɣ>ïq*	*ïɣ>ï*	
6	*yulnă* 'remained'	*qalɣan* 'remained'				*qalan* 'remained'
	I *r*-group	II *d*-group	III *taụ*-group	IV *taɣlïq*-group	V *taɣlï*-group	VI *ol*-group

이 분류는 아무 소용이 없다. 츄바쉬어는 어떠한 제한 조건이 없이는 터어키어로서 분류되어서는 안 된다는 사실은 말할 필요도 없고, 어떤 터어키어들은 이 표에 아주 맞지 않는다. 사모일로빗치의 분류는 더 단순화될 수 있는데, 왜냐하면, No. 3(즉, bol-/ol- '되다'의 b-의 보존 또는 소실)과 No. 6(즉 *lɣ)l의 발달)은 오직 부가한 특질이기 때문일 뿐만 아니라, 의문스러운 언어들은 수많은 다른 언어들의 특별한 자질에 의해 분류될 수 있기 때문이다. 그러나 야쿳은 특별한 그룹으로서 포함될 수 있다. 왜냐하면 그것은 사모일로빗치의 두 번째 그룹에 꼭 들어맞지 않기 때문이다. 그러므로 람스테트

의 분류는 정확성을 요구할지라도 오히려 인정할 만하다. 람스테트는 토쿠즈(Toquz) 그룹(즉, 그 그룹을 여기서는 터어키어족이라 부른다)을 다음 5개의 하위 부류로 분류한다.

1. 야쿳(Yakut)
2. 북부 그룹: 투바(Tuva), 카라카스(Karagas), 아바칸 방언(Abakan dialect), 바라바(Baraba), 알타이(Altai), 테레우트(Teleut)
3. 서부 그룹: 키르키즈(Kirghiz), 카자크(Kazakh), 노가이(Nogai), 카라이(Karai), 쿠만(Kuman), 타타르(Tatar), 바쉬키르(Bashikir), 쿠뮈크(Kumyk), 카라차이-발카르(Karachai-Balkar)
4. 동부 그룹: 동구 터어키(현대 위구르), 우즈벡(Uzbek)
5. 남부 그룹: 투르크메니안(Turkmenian), 아나토리안(즉, 터어키에서 쓰이는 터어키어인데, 때로는 오스만리(Osmanli), 또는 오스만-터어키어라 불린다), 그리고 아제르바이얀 터어키(Azerbaijan Turkic)

사모일로빗치와 람스테트의 분류를 바탕으로 하여, 다소 수정한 터어키어의 분류를 보이면 다음과 같다.

[터어키어 일람표]

The Turkic languages				
atax	*ada q/azaq*	*ayaq* "foot"		
tïa	*taɣ*	*tau̯/tu*	*taɣ/daɣ* "mountain"	
ï	*ïɣ*	*i*	*ïq*	*ï*
I Yakut	II Tuva-Khakas	III Kypchak	IV Chaghatai	V Turkmen

※ 로마 숫자는 개별 언어의 이름을 따서 여기서 명명한 그룹과 서로 관계하고 있는 그룹의 대표를 각각 나타낸다.

야쿳을 제외하고 다섯 그룹의 각각은 더 작은 하위 그룹으로 분류될 수 있다. 가장 다양한 그룹은 오우 프리차크(O. Pritsak) 교수에 의한 추측에 따라, 다음의 네 그룹으로 분류될 수 있는 퀴프챠크(Kypchak)이다.

1. 카라이(Karai), 카리차이-발카르(Karachai-Balkar), 쿠뮈크(Kumyk)인데, 이들은 *aɣ〉au̯와 같은 변화를 가짐은 물론, 다른 세 그룹이 가지는 특이한 특질은 나타나지 않는다.

2. 타타르와 바쉬키르인데, 이들도 역시 *aɣ〉au̯와 같은 변화를 가지며, 역시 *o〉u, *ö〉ü, *u〉ō, *i〉ə, *e〉i의 음운변화를 가진다. 그러나 하위 그룹 3과 4가 유지하고 있는 특수한 특질들은 나타나지 않는다.

3. 노가이, 카자크, 카라칼파크 등인데, 이들은 *č〉š, *š〉s와 같은 변화를 가짐은 물론, n/d/t와 같이 나타나는 접미사의 처음에 오는 자음 *n은 어간끝 음소에 의지한다.

4. 키리키즈, 알타이어는 입술을 끌어당기는 제2차 장모음을 가지며 부정 동사 어간의 접미사 -ma-의 첫 자음 m은 어간 끝 음소에 의하여 p/b로 대치된다.

더 작은 단위로 하위 분류를 계속하여 가면, 결국 개별언어에 도달하게 된다. 바쉬키르어는 타타르어가 가기고 있는 많은 특질을 나눌 수 있게 된다. 그러나 바쉬키르어는 *č〉s, *s-〉h(*-s-와 *-s〉u̯), *z〉ð 와 입술조화현상은 있다. 그런데 다른 특질들은 타타르어에 대하여 는 성질을 달리한다.

3.1. 츄바쉬

유일하게 생존해 있는 r-언어(tăxxăr 'nine' 대 터어키 toquz)는 츄바쉬어인데, 이 언어는 소련에 있는 츄바쉬 자치 사회주의 소비에트 공화국 안에 있는 150만 국민에 의하여 사용되는데, 그 지역을 더 정확하게 말하면 볼가강의 중류에 있다. 그것은 두 개의 주된 방언을 가지고 있는데, 하나는 아나트리(Anatri)로 볼가강의 하류 지방에서 쓰이는 방언이요, 다른 하나는 비뤼알(viryal)로서 상류 지방에서 쓰이고 있다.

츄바쉬는 7세기에서 14세기까지 존재하였던 볼가강과 캄마강의 언덕에 있는 볼가왕국에서 사용된 고대 볼가발가(Volga Bulgar)의 한 방언의 후예이다. 수많은 볼가리아말들이 당시 볼가발가에 가까웠던 어떤 방언에서 고대 헝가리인에 의하여 받아들여졌다. 그때는 헝가리아인들이 코카사스의 북부 지역에 아직 살고 있었는데, 현재의 쿠반(Kuban) 지역에 해당된다. 그런데 어디로서인지 그들은 9세기에 현재의 헝가리로 이주하게 되었다.

당시에 있었던 또 다른 왕국은 카자르(Khazar) 왕국이었다. 그것은 볼가강과 돈강의 하류에 위치하고 있었는데, 7세기부터 10세기까지 존속하였다. 카자르인들은 방언을 말하였거나, 아니면 발가에 아주 밀접한 관계를 가지고 있었던 언어를 사용하였다. 발가어는 r-언어이냐 아니면 방언이냐 하는 것은 카자르어가 r-언어였다는 사실을 명백하게 증명할 만한 자료의 부족 때문에 확실하게 이렇다 하고 말할 수는 없다.

그러나 츄바쉬어는 발가어에 밀접한 관계를 가지고 있다는 것은 의심할 여지가 없는데, 그 이유는 이 두 언어는 r-(또는 l-)언어이기 때문이다. 발가어에 관해서 이용할 수 있는 자료는 그리 많지 않다. 그것은 8세기에서 14세기까지의 날자가 박힌 비석 위에 아라비아 문자로 되어 있는 몇 개의 비문에 국한된다.

볼가발가인들은 아라비아 문자를 이용하였으나, 츄바쉬는 스스로 잃어버렸거나 그것을 가지지 않았다. 그리고 최초의 러시아 선교사들이 그들에게 왔을 당시에는 어떠한 문자도 알지 못했다. 러시아 문자를 가지고 글을 써 보려는 최초의 시도는 1730년이다. 현재의 알파벳은 러시아 알파벳에 바탕을 두고 만들어졌는데, 음소알파벳으로 교체하여 혁명 후에 소개되었다. 이것 역시 러시아의 것에 바탕을 둔 것이었다. 그런데 이것은 1871년 야코브레브(Yakovlev)에 의하여 소개되어진 것이다. 현재의 츄바쉬 알파벳은 뒤에 가서 보이기로 하겠다.

3.2. 터어키 언어들

터어키어들은 z-와 š-언어들인데, 이들 중의 z와 š는 각각 츄바쉬어의 r과 l에 상응한다. 그들은 공통터어키어(그렇지 않으면 원시 터어키어)의 후예들이다. 터어키어들은 터어키, 즉 유럽쪽과 소아시아 및 불가 지역과 코카사스, 터어키스탄, 아프가니스탄의 일부분, 북부 이란, 동서부 시베리아의 여러 곳과 몽고공화국의 서부 지역 등에서 사용되고 있다. 터어키어는 다섯 그룹으로 분류된다.

3.2.1. 야쿳 그룹

야쿳(Yakut)은 최북단의 터어키언어인데, 동부 시베리아의 북부에 있는 야쿳 자치령의 사회주의 소비에트공화국에서 사용된다. 야 쿳인들은 스스로를 사하(Sakha saxa)라고 부른다. 야쿳이라는 이름은 야쿳인을 예케(yeke)라고 부른 퉁구스인들에 의해 붙여졌다. 야쿳인 의 수는 약 24만 명 정도이다. 야쿳어는 음운론적으로나 형태론적 으로 다 모든 다른 터어키어들과는 상당히 틀린다. 그것은 마치 어 휘에 관하여 보더라도 본래의 터어키어에서 온 것이 50%도 되지 않은 점에서도 마찬가지다.

야쿳인은 최초의 러시아 선교사들이 도착하기 전에는 문자를 가 지지 못했었다. 따라서 러시아 알파벳으로써 글을 쓰기 시작한 최 초의 시도는 19세기에 이루어졌다. 국제음성기호에 바탕을 둔 로마 자화된 알파벳이 1922년 노브고로도프(S. A. Novgordov)에 의해 이루 어졌는데, 그는 러시아에 있는 상트페테르부르크대학교에서 언어 학적으로 훈련을 쌓은 야쿳의 토박이였다. 그러다가 1933년에 시릴 리문자에 바탕을 둔 현재의 알파벳이 소개되었다. 야쿳문자는 뒤에 서 보일 것이다(123쪽 〈표 1〉 참고).

3.2.2. 투바-카카스 그룹

투바-카카스(Tuva-Khakas) 그룹은 세 개의 하위 부류로 구분되는 데, ① 아다크(adaq) 하위 그룹, ② 아자크(azaq) 하위 그룹, ③ 아야크 (ayaq) 하위 그룹이 그것이다. 아다크 하위 그룹의 특이한 특징 중 하나는 adaq 'foot'에서와 같이 고대의 d음을 보존하고 있다는 것인 데, 다른 두 개의 하위 그룹에 있어서는 동일한 단어가 각각 azaq와 ayaq로 되어 d음을 보존하고 있지 않다는 사실이다.

① adaq-언어들은 투비니아어와 카라카스어이다.

[가] 투비니아어(Tuvinian)

투바, 소요트(Soyot), 우리안카이(Uriankhai)는 동부 시베리아에 있는 독립 투바 지역(1921년 이후에는 소비에트의 위성국으로 1944년 전까지는 반독립국이었다)에서 10만 명의 국민에 의해 사용되는데, 이 언어는 adaq-언어이다. 투비니아 사람들은 1930년 전에는 그들의 문자를 가지지 못했다. 그리하여 몽고의 글말을 사용하였다. 로마 알파벳이 1931년에 소개되었으나, 1941년에는 시릴리 알파벳으로 대치되었다.

[나] 카라카스(Karagas)

카라카스(토파, Tofa)는 투비니아어와 아주 가까운 관계를 가지고 있는데, 크라스노야르스크(Krasnoyarsk)성의 한 지방에서 살고 있는 5백~6백 명의 사람에 의해 사용되고 있다. 그들은 터어키어를 쓰고 있는 사모이드(Samoyed)인들의 후손들이라고 믿어지고 있다. 카라카스인은 그들의 문자를 가지지 않았으므로 오직 러시아어만을 사용하고 있다.

② azaq-방언들

[가] 아바칸(Abakan) 방언들

azaq-방언들(azaq 'foot')은 동부 시베리아에 있는 아바칸 지역에서 살고 있는 터어키인들의 여러 가지 작은 그룹에 의해 사용되고 있다. 이 말을 쓰는 사람의 총 수는 5만 7천 명 정도이다. 의문 속의 그 종족은 1924년까지는 문자를 가지지 못했었다. 현재 사용하고 있는 알파벳은 1939년에 도입된 것이다. 알 수 없는 방언들은 두 개의 큰 방언, 즉 사가이(Sagai, 거의 벨티르에 일치함)와 카차(Khakas)

라는 이름을 얻게 되었다. 그러나 그 카카스라는 이름은 키르키즈(Kirghis[qïrɣïz])를 중국의 한자로 번역할 때 잘못하여 읽은 이름이었다. 후자는 사가이, 카차를 사용하는 사람과 그 지역에 있는 다른 방언을 쓰는 사람에게 다같이 아무 소용이 없다.

[나] 황색 위구르(Yellow Uighur)

황색 위구르인들(Sari Uyɣur)는 칸수(Kansu)라는 중국의 한 성에서 살고 있는 조그마한 하나의 집단이다. 그들의 언어는 azaq-그룹(azaq 'foot')에 속하는데, 그 말을 쓰는 사람의 총 수는 알려져 있지 않다. 황색 위구르인은 그들의 문자를 가지지 못했었다. 어떤 황색 위구르인들은 특별한 몽고 방언을 사용한다.

③ ayaq-방언들

투바-카카스 그룹도 역시 어떤 ayaq-방언들, 즉 언어(ayaq 'foot')를 자기고 있다. 이들 방언은 이 그룹과 퀴프착(Kypchark[qïpčaq]) 그룹 사이에 어떤 연결 관계를 나타내고 있다. 그들은 쇼르(Shor[šor]), 출림(Chulym[čulïm]), 투바(Tuba), 쿠만다(Kumanda), 찰칸(Chalkan) 그리고 레베드(Lebed) 등의 언어를 포함하고 있다.

[가] 쇼르

쇼르어는 알타이산맥의 북부와 쿠즈네츠크 알라타브산맥(Kuznetsk Alataw)과 콘도마(Kondoma), 므라쓰(Mrass), 톰강(Toḿ)의 분지에서 살고 있는 1만 5천 명의 사람에 의해 사용되고 있다. 쇼르는 고대 러시아 문학에서는 제르네비에 타타르(Cernevie tatarï), 즉 검은숲 타타르인 또는 쿠즈네츠크 타타르라 불리었는데, 그들 자신의 문자가 없어서 카카스 문자를 이용하거나, 아니면 러시아어로 글을 썼다. 그러나 1944년 전에 그들은 시릴리에 바탕을 둔 그들 자신의 문자를 가졌었다.

[나] 출림

출림은 여러 방언, 즉 케치크(Ketsik), 퀴애리크(Küärik[küärik])의 이름을 모아서 만든 이름이다. 고유한 출림은 오브(Ob)강의 지류인 출림강의 분지에서 사용되는데, 이 방언을 사용하는 몇몇 종족들은 터어키화한 오챠크인들, 즉 위구르인들이거나, 아니면 케츠 즉 고대 아시아 종족일 것으로 보고 있다. 이 말을 사용하는 사람들의 정확한 쑤는 알려져 있지 않다. 출림은 문자가 없다. 그 말을 쓰는 사람들은 러시아 글말을 사용하고 있다.

[다] 투바와 유관한 방언들

소위 검은 숲 타타르의 하나인 투바 방언들, 즉 쿠만다, 찰간과 레베드들은 독립령 알타이산 지역(Gorno-Altaĭskaya Avtonomnaya Oblasť)의 북부에서 쓰이고 있는데, 공식적으로는 퀴프챡 그룹에 속하는 알타이 언어의 방언 속에 넣어서 헤아리고 있다. 그러나 사실은 그들은 알타이어에 속하지 않는다. 이들 방언을 사용하는 사람의 수는 1만 6천 명에 이른다. 문제의 그 방언들은 그들 자신의 문자를 가지고 있지 않으나, 알타이 글말에 의하여 이바지되고 있다.

3.2.3. 퀴프챡 그룹

퀴프챡 그룹은 11세기에서 13세기에 키에반(Kievan) 러시아주에

항거하여 자주 싸웠던 유목민인 퀴프착 또는 쿠만(Kuman)인들의 이름을 따서 그렇게 불리게 되었다. 러시아인들은 쿠만스 폴로브치(Kumans Polovtsi)라고 부른다.

퀴프착 그룹은 다음 언어들을 포함하고 있다. 카라이(Karai), 쿠뮈크(Kumyk[qumïq]), 카라차이-발카르(Karachai-Balkar), 크리미안 타타르(Crimean Tatar), 볼가타타르, 바쉬키르(Bashkir[bašqərt]), 노가이(Nogai),

[카라이(헤브라이) 알파벳]

문 자	이 름	표기법과 설명
א	āleph	"Mater lectionis" for *a/ä, o/ö, ī/i, ü*
ב	beth	*b*, sometimes *w*
ג	gimel	*g*, ŋ(ŋ is also rendered by *nun* and *gimel*)
ד	dāleth	*d*
ה	he	*g* in loan-words
ו	wāw	*v*
ז	zayin	*z*
ח	heth	*x*
ט	ṭeth	*t*
י	yodh	*ī/i, y*; palatalization mark of front (especially rounded) vowels and palatal consonants
כ,ך	kaph	*k*
ל	lāmedh	*l*
מ,ם	mēm	*m*
נ,ן	nun	*n*
ס	sāmekh	*s*
ע	ʻayin	"Mater lectionis" for *u*
פ,ף	pé	*p*
צ,ץ	ṣādhe	*č* (Halicz *c*)
ק	ḳoph	*q*
ר	resh	*r*
ש	shin	*š*
ת	tāw	*th* in loan-words

※ 두 자는 하나의 음운을 나타내고, 두 번째 글자는 음절 끝에 나타남.

카자크(Kazakh), 카라칼파크(Karakalpak), 키르키즈(Kirghiz), 오이랏(Oirat), 그리고 물론 이제는 쓰이지 않는 쿠만, 그리고 중세 터어키언어들이었다.

이것은 현재 100만 명 이상의 사람들에 의해 사용되어지고 있는 터어키 언어들의 가장 큰 그룹 중의 하나이다.

퀴프챡 그룹에 소속되고 있는 언어들은 다음과 같은 특질에 의해 특징지어진다.

즉, ayaq 'foot', *tau(tō, tū) 'mountain' 음절 *ïɣ는 i에서 유래하였다. 몇몇 언어들은 yoq-언어들이요, 다른 언어들은 joq-언어들(yoq/joq 'not') 등등이다.

① 카라이

카라이 또는 카라임(Karaim, Karai의 헤브리어의 복수)은 그들 자신이 카라위(Karay)라고 부르는데, 이는 유대인의 신앙을 믿고 있다고 공언하는 조그마한 국민이다. 그들은 리투아니아(트로키와 포니에비에즈(Poniewiez)시)와 우크라이나(루크(Luck)와 찰리츠(Halicz)에 가까운) 그리고 크리미이아(에브파토리아(Evpatoria) 가까이)에서 살고 있는데, 이 말을 쓰는 사람은 약 6천 명에 가깝다. 카라이인은 그들의 종교 서적 안에 있는 헤브라이 알파벳을 사용하고 있다. 20세기 초부터 라틴(Polish)과 시릴리 알파벳은 대중 문학에서 사용되고 있다.

② 쿠뮈크

쿠뮈크는 13만 5천 명에 의하여 다케스탄(Daghestan), 즉 코카사스에서 쓰이고 있다. 이 언어는 세 개의 방언, 즉 카이다크(Khaidak), 부이나크(Buinak), 카사브-위르트(Khasaw-Yurt) 등을 가지고 있다.

1930년까지 쿠뮈크는 로마 알파벳에 의해 양보되어진 아라비아 문자를 사용하였다. 1939년 이래 시릴리 알파벳이 사용되어 왔다.

③ 카라차이-발카르

카라차이와 발카르는 한 언어의 두 방언이다. 카라차이는 북부 코카사스에 있는 카라차이-키르카씨안(Karachai-Circassian) 자치령 안에 사는 7만 명에 의해 사용되고 있다. 발카르는 북부 코카사스에 잇는 카바르디아-발카르(Kabardian-Balkar) 자치령 안에 사는 4만 명에 의해 쓰이고 있다.

카라차이와 발카르는 한 언어의 두 방언이라 할지라도 그들의 알파벳은 시릴리에 바탕을 두고 된 것이다. 그러나 아주 일치하지는 않는다.

④ 크리미안 타타르

크리미안 타타르는 세계 제2차 대전 중에 크리미아에 있는 수십만 명에 의해 사용되었는데, 세계 제2차 대전 중 소비에트에 의한 크리미아의 재점유 후에는 크리미아의 전 인구가 독일군에게 협력한 그 현장에서 러시아 내의 중앙아시아로 이주되어졌다.

크리미안 타타르는 지금 우즈벡 공화국에서 주로 살고 있는 하나의 조그마한 민족적 집단의 언어이다. 크리미안 타타르가 정확하게 어디쯤이며, 그 수가 얼마만큼인지에 대해서는 자세한 사실이 알려진 바 없다.

그들이 국외로 추방되기 전에는 크리미안 타타르는 두 개의 그룹으로 분류되었다. 즉 남부 해안 타타르인과 북부 혹은 스테페(Steppe) 타타르들이었다. 남부 해안 타타르인은 터어키에서 쓰이고 있는 터어키어(아나토리아어, Anatolian)의 한 방언을 쓰고 있다. 그들은 크리미아가 터어키제국의 일부엿을 당시 크리미아로 이주한 터어키인들의 후손들이었다. 크리미아 반도는 18세기 말에 러시아에 의해 정복되었다. 러시아인에 의한 터어키에 대한 정복과 압력은 20만 명의 터어키인이 터어키로 이주하여 돌아가게 하였다. 오직 그들의 소수만이 끝까지 크리미아에 남아 있다. 그들은 표준 터어키어와 아주 조금 틀리는 방언을 쓰고 있었다. 1940년의 통계에 의하면 이 방언을 쓰는 사람은 약 5만 명이었다.

스테페 타타르나 노가이는 퀴프챡의 전형적인 언어를 사용하고 있다. 세계 2차 대전 전에는 20만 명을 능가했다.

그 이외에 크리미아에는 소위 말하는 크림챡들, 또는 크리미아의 유태인들이 살았다. 그들은 약 5천 명에 달했다. 그런데 이들은 안타깝게도 2차 대전 중에 살아남은 사람이 하나도 없었다. 왜냐하면 그들 전부가 유태인이라는 이유로 독일인에 의해 전멸시켜졌기 때문이었다. 그들은 스테페타타르의 특별한 방언을 사용하였다.

러시아 1917년 혁명 전에 크리미안 타타르는 아라비아 알파벳을 사용하였다. 그들의 입말은 황금유목인(Golden Horde) 글말의 후예였다. 1929년에 로마 알파벳이 도입되었으나, 2차 대전 직전에 시릴리 알파벳에 의해 대치되었다.

크리미안 타타르는 실질적으로는 소멸된 것으로 인식되고 있다.

⑤ 타타르

타타르(Tatar)는 주로 자치적 타타르 공화국과 볼가 지역의 인접 지방과 서부 시베리아 여러 곳에서 약 5백만 명의 사람들에 의해 사용되고 있다. 그들의 언어는 7개의 방언으로 이루어져 있다.

중부 방언은 그 공화국에서 150만 명보다 더 많은 사람들에 의해 사용되고 있다. 이 방언은 역시 카잔 타타르라고 불리거나(수도 이름을 본떠) 아니면 카잔 터어키어라고 불리고 있다. 서부, 즉 미샤르 (Mishar[mišär]) 방언은 골카(Gorkiï), 탐보브(Tambov), 보로네즈(Voronež), 랴잔(Ryazań), 펜자(Penza), 심비르스크(Simbirsk), 사마라(Samara), 사라토프(Saratov)와 오렌버어그(Orenburg) 지역, 자치적 모르드반(Mordvan) 공화국, 그리고 바쉬키르(Bashkir) 공화국에서 쓰이고 있다.

동부 방언, 즉 시베리아 타타르의 방언은 바라바(Baraba), 톰스크 (Tomsk), 튀멘(Tyumeń), 이쉼(Ishim), 얄루토로브스크(Yalutorovsk), 토볼스크(Tobolsk) 등에서 약 십만 명에 의해 사용되고 있다.

다른 방언들은 아스트라칸(Astrakhan), 카시모프(Kasimov), 테프튀아르(Teptyar), 그리고 우랄타타르들이다.

소비에트가 통치되기 전에는 타타르는 아라비아 알파벳을 이용했다. 그들의 입말은 황금유목민(Golden Horde)의 것이었다.

현재의 글말은 중부 방언에 바탕을 두고 있다. 1938년에 시릴리 알파벳이 도입되었다.

⑥ 바쉬키르

바쉬키르는 볼가 지역에 있는 자치적 바쉬키르 소비에트 공화국에서 90만 인구에 의해 사용되고 있다. 그것은 타타르에 가장 가까운데도 음운론적으로는 타타르와는 아주 다르다. 예를 들어 보면, *č⟨s, *s-⟩h, *-s-와 *-s⟩ʋ, *z⟩ð 등과 같다.

옛날에는 바쉬키르는 그들 자신의 문어를 가지지 않았으나, 타타르와 같은 글말과 문자를 이용하였다. 현재의 시릴리 알파벳은 1940년에 도입되었다. 글말의 근거는 그 공화국의 북동부와 남동부 지역에 있는 구릉지대에서 쓰고 있는 구릉 지방의 방언을 쓰고 있다.

⑦ 노가이

노가이는 스타브로포이 지역과 북부 코카사스에 있는 자치적 키르카씨이아(Circassian) 지역에 있는 4만 명이 사용하고 있다. 그것은 세 개의 방언을 가지고 있다. 러시아 혁명 전에는 노가이는 그들 자신의 글말이 없었다. 그들 중 어떤 사람들은 아라비아 문자를 알았다. 1938년에 현재 시릴리 알파벳과 글말이 노가이 입말에 바탕을 두고 도입되었다.

⑧ 카자크와 카라칼파크

카자크는 카자크 연방공화국에서 350만 명에 의해 사용되고 있다. 이 언어의 방언은 카라칼파크인데, 이 말은 자치 카라칼파크 공화국에서 쓰이고 있다. 자치 카라칼파크는 우즈벡 연방공화국의 한 부분이다. 카라칼파크 언중의 수는 17만 5천 명에 이르고 있다. 카라칼파크는 소비에트 당국에 의해 독립언어라고 선언했으나, 그것은 카자크의 한 방언에 지나지 않는다. 카자크의 또 다른 방언에는 북서 방언, 남부 방언과 서부 방언이 있다. 카자크의 문어는 북서 방언에 바탕을 두고 있다. 카라칼파크는 그들 자신의 문어를 가지고 있다. 1938년에 도입된 두 그룹의 시릴리 알파벳은 서로가 조금 다르다.

러시아 혁명 전 카자크와 카라칼파크는 아라비아 문자를 사용했다.

⑨ 키르키즈

키르키즈는 때때로 카라-키르키즈라 불리우기도 하는데, 이 언어는 키르키즈 연방공화국에 있는 거의 백만 국민에 의해 사용되고 있다.

키르키즈는 두 개의 주된 방언을 가지고 있는데, 이들은 북부 방언과 남부 방언이다.

북부 방언은 카자크에 의해 영향을 받았었고, 남부 방언은 우즈벡어에 의해 영향을 받았다.

전에는 아라비아 알파벳이 사용되었는데, 현재의 알파벳은 1940년에 도입되었다.

⑩ 알타이

알타이는 1947년까지는 오이롯(Oirot)이라 불리었는데, 이는 자치 알타이 지역에서 사용되는 한 무리의 방언이다. 의문의 그 방언은 남부 방언과 북부 방언으로 이루어져 있는데, 남부 방언에는 다음의 여러 방언이 있다.

첫째, 알타이어가 있는바 이는 카툰(Katun), 세마(Sema), 페스조나야(Pesčanaya), 카르스(Čarïš), 우르술(Ursul), 그리고 마이마(Maĭma) 계곡에서 쓰이고 있다. 둘째, 텔렌기크(Telengit)는 쿨리스만(Čulïšman), 그리고 바스카우즈(Baškauz)강의 연변과 텔레츠크호(Teletsk lake)의 남쪽 언덕 및 쭈이(Čuĭ)강의 연안 지역에서 쓰이고 있다. 셋째, 텔레우트(Teleut)는 쉐발린스크(Shebalinsk), 마이마(Maĭma) 지역을 비록하여 인근 지역에서 쓰이고 있다.

알타이 방언은 글말의 바탕이 되는 언어로서 19세기에 러시아 선교사들이 오기 전에는 알타이 터어키어는 체계적인 문자를 가지지 않았었다. 그들의 현재 알파벳은 1937년에 도입되었다. 알타이 글말은 위에서 말했던 투바(Tuba) 방언의 화자에게도 역시 이바지하였다.

3.2.4. 차카타이 그룹

차카타이(Chaghatai) 그룹은 중세 터어키 글말 중 하나의 이름을 따서 그렇게 불리는데, 이 말은 우즈벡(Uzbek), 동부 터어키어(East Turkey) 및 살라르(Salar)를 포함하고 있다.

① 우즈벡

우즈벡은 소비에트 안에 있는 우즈벡 연방공화국에 살고 있는 600만 명에 의해 사용되는 언어로 거기에는 아프가니스탄에 있는 불확실한 수의 사람들이 가해져 있다. 우즈벡은 많은 수의 방언과 대체적으로 두 개의 하부 방언으로 구성되어 있다. 첫째는 이란계 방언인데, 그것은 모음 음운이 6개이고, 모음조화는 없다. 그리고 두 번째 것은 8개에서 10개의 모음 음운을 가지고 있고 모음조화도 있다.

현재의 글말은 이란계 방언에 바탕을 두고 있는데, 러시아 혁명 전에는 지방의 우즈벡적 요소와 혼합된 차가타이가 글말로서 이바지였다. 아라비아 알파벳의 이용은 1927년까지 계속되다가 로마 알파벳이 도입되었다. 1940년에는 시릴리 알파벳이 채택되었다.

② 동부 터어키

소비에트 연방 안에서 현대 위구르라고 공식적으로 불리는 동부 터어키어는 지나의 신캉(Sinkiang)성에 살고 있는 터어키 사람과 카자크와 키르키즈 및 우즈벡의 소비에트 연방공화국에 있는 소집단에 의해 사용되고 있다. 언중의 총 수는 375만 명에 이르는데, 이들 중 10만 명은 위에서 열거한 세 개의 소비에트 공화국 안에 살고 있다.

동부 터어키는 세 그룹의 방언을 포함하고 있다.

첫째는 남부 방언이고, 둘째는 북부 방언이며, 셋째는 로브노르(Lobnos) 방언이다.

남부 방언들은 카쉬가르-야르칸드(Kashgar-Yarkand), 코탄(Khotan), 그리고 아크수(Aksu)이다.

북부 방언들은 카라샤르(Karashar), 쿠차(Kucha), 투르판(Turpan), 카미(Khami)와 일리(Ili)이다.

로브노르 방언은 로브노르호 지방에서 쓰이는데, 그것은 다른 두 방언과 현저하게 다르며, 특히 바쉬키르(Bashkir)의 퀴프챡(Kypchak) 언어군의 독특한 어떠한 특징들을 나타낸다.

일리 방언은 소비에트에서 사용되는데, 모든 다른 방언들은 지나 지역에서 쓰이고 있다.

동부 터어키어에는 통일된 글말이 없었다. 소비에트에 있는 위구르인의 글말이 일리 방언의 바탕이 되었고, 시릴리 알파벳을 이용했다. 소비에트 이외의 글말, 동부 터어키어는 남부 방언에 바탕을 두고 있고, 아라비아의 알파벳을 이용한다.

③ 살라르

살라르(Salar)는 지나의 칸수(Kansu)성에 살고 있는 소집단에 의해 사용되고 있는데, 그것은 동부 터어키어에 밀접하여 그의 한 방언일 것이라고까지 인정되고 있다. 그것은 그 자신의 문자를 가지고 있지 않는데, 그들 학자들은 신캉의 동부 터어키 글말과 아라비아 알파벳을 사용한다.

3.2.5. 투르크멘 그룹

투르크멘(Turkmen 또는 남부) 그룹은 투르크멘, 가가우즈(Gagauz),
터어키쉬(Turkish), 아제르바이얀 터어키(Azerbaijan Turkic) 등으로 구
성되어 있다.

① 투르크멘

투르크멘(Turkmenian)은 소비에트의 투르크멘 연방공화국에 사는
100만 인구에 의해 사용되는데, 두 개의 방언군으로 구분된다.

첫째 방언군은 요무드(Yomud), 괴클렌(Göklen), 사리르(Salïr), 사리
크(Sarïk), 에르사린(Ersarïn)이요, 두 번째 방언군은 노후를리(Nohurlï),
아나울리(Anaulï), 카사를리(Khasarlï) 등인데, 이란과 우즈베키스탄과
의 국경을 연한 지역에서 쓰이고 있다.

투르크멘들은 아라비아 문자를 사용하고, 15세기 이래로 그들 자
신의 글말을 가지고 있다. 현재는 1940년에 도입된 시릴리 알파벳
을 사용하고 있으며, 그들 자신의 글말도 가지고 있다. 투르크멘의
일부분은 카스피해 동부인 그들의 나라를 떠나서 북부 코카사스로
이주하였는데, 더 정확하게 말하자면, 스타브로포이(Stavropoi) 지역
으로 이주하였다. 그 지방 러시아인들이 그들을 투르크멘이라고 부
른다.

② 가가우즈

가가우즈(Gagauz)는 우크라이나와 옛날 베싸라비아(Bessarabia)인
모르다비안(Mordavian) 연방공화국과 로마니아(Romania)와 불가리
아(Bulgaria)에서 살고 있는 가가우즈라고 하는 터어키 사람의 무리

에 의해 사용되고 있다. 소비에트에 살고 있는 사람의 수는 12만 4천여 명에 이른다.

가가우즈는 통일된 언어는 아니나 불충분하게 연구된 수많은 방언으로 이루어져 있다. 가가우즈는 19세기 전에 체계적인 문자를 가지지 못했었다. 그들은 현재 시릴리 알파벳을 사용하고 있다.

③ 터어키어

터어키어(튀르크 딜리, türk dili)는 옷토만(Ottoman) 황제의 이름을 따서 오스만 터어키, 또는 오스만리(Osmanli)라고 불리었는데, 역시 그 말이 사용되고 있는 소아시아에 있는 나라의 이름을 따서 아나톨리안(Anatiolian)이라고도 불리고 있다. 이 말은 모든 터어키 국민들 중에서 가장 중요한, 거의 2500만이나 되는 터어키인의 언어이다. 그들의 나라는 유일하게 독립된 터어키 국가요, 자유세계에 속해 있다. 터어키는 가장 발달한 문학과 예술과 과학을 가지고 있어서 중요한 문화적 구실을 하고 있는 나리이기도 하다.

터어키어는 그렇게 다르지 않은 수많은 방언으로 구분되는데, 크게 나누면, 두 개의 방언군으로 나눌 수 있다. 첫째가 다뉴브 터어키 방언이요, 다른 것이 아나토리안 방언이다. 글말은 오스만의 글말이 그대로 계속되어 온 것인데, 그것은 아라비아와 페르시아어에 의해 크게 영향을 받았다. 터어키인은 1929년까지는 아라비아 알파벳을 사용하였으나, 현대 터어키 국가의 창립자인 무스타파 케말 아타튀르크(Mustafa Kemal Atatürk) 아래에서, 1929년에 라틴알파벳이 도입되었다. 현대 글말의 바탕은 이스탄불과 앙카라의 방언이다. 현대의 글말은 점점 아라비아와 페르시아적 요소를 띠고 있고, 국가적 바탕 위에서 창조된 수많은 새로운 단어들이 소개되고 있다.

많은 현대의 기술용어와 과학용어들이 옛날 터어키어를 바탕으로 하여 창조되고 있다. 예를 들면 uč가 '날다'를 뜻하던 데서 비행기를 uçak라고 말함과 같다.

다음은 터어키의 알파벳이다.

[터어키 알파벳]

A a	/a/	B b	/b/	C c	/ǰ/	Ç ç	/č/	D d	/d/	E e	/e/
F f	/f/	G g	/g/	ğ	/γ/	H h	/h/	İ i	/i/	I ı	/ï/
J j	/ž/	K k	/k/	L l	/l/	M m	/m/	N n	/n/	O o	/o/
O ö	/ö/	P p	/p/	R r	/r/	S s	/s/	Ş ş	/š/	T t	/t/
U u	/u/	Ü ü	/ü/	V v	/v/	Y y	/y/	Z z	/z/		

※ / / 안의 것은 음운표기임.

④ 아제르바이얀 터어키어

아제르바이얀 터어키어 또는 아제르바이야니안(Azerbaijanian) 또는 아제르바이얀(Azerbaijani, 옛날에는 때때로 불확실하게 Aderbaijanian 이라고 불리었다)은 트란스카우카시아(Transcaucasia)에 있는, 소련에서 독립된 통일 공화국인 아제르바이얀에 살고 있는 300만 국민들에 의해 사용되고 있다. 그것은 5개의 방언군으로 구분되는데, 첫째가 동부 방언(카스피해안 지방)이요, 둘째가 서부 방언(북서부에 있음)이요, 셋째가 북부 방언(공화국의 북부 지방)이요, 넷째가 남부 방언(남부에 있음)이며, 다섯째가 중부 방언(공화국의 중부에 있음)이다.

아제르바이얀 터어키어는 페르시아의 아제르바이얀인에 의해 사용되는데, 그들은 이란의 북부 지방에 있다. 화자의 총수는 약 100만은 된다. 거기에서 쓰이고 있는 방언의 하나는 카스카이(Ksahkai)이다. 아제르바이얀의 터어키인들은 14세기 이래로 글말을 가지고 있었다.

1923년까지는 아리바아 알파벳이 어디에서나 사용되었다. 1923년 소위 야나리프(Yanalif), 즉 Yeni(새로운 뜻)와 elifa(알파벳의 뜻)가 합하여 된 로마자화한 알파벳이 소비에트 아제르바이얀에서 도입되었다. 야나리프는 1939년에 시릴리 알파벳에 의해 대치되었다. 아라비아 알파벳은 아직도 이란의 아제르바이얀에 의해 사용되고 있다.

3.3. 소련에 있는 츄바쉬와 터어키 국민에 의해 사용된 시릴리 알파벳

모든 츄바쉬-터어키 언어들은 같은 음소를 가지지 않는다. 그러므로 츄바쉬어는 토박이말에 /b, d, g, ž/를 가지지 않으나, 러시아와 다른 차용어에는 이들을 가지고 있다. 〈표 1〉에서 제시한 문자들은

〈표 1〉

Letters	Phonemes	Letters	Phonemes	Letters	Phonemes
A a	/a/	К к	/k/	Х х	/x/[2]
Б б	/b/	Л л	/l/	Ц ц	/c/[3]
В в	/v/	М м	/m/	Ч ч	/č/
Г г	/g/	Н н	/n/	Ш ш	/š/
Д д	/d/	О о	/o/	Щ щ	/šč/
Е е	/e, ye/	П п	/p/	Ъ ъ[4]	–
Ё ё	/o, yo/	Р р	/r/	Ы ы	/ï/
Ж ж	/ž/	С с	/s/	Ь ь	'/ (palatalization)
З з	/z/	Т т	/t/	Э э	/e/
И и	/i/	У у	/u/	Ю ю	/yu/
Й й	/y/	Ф ф	/f/	Я я[5]	/ya/

※ 러시아, 츄바쉬와 소련에서 사용되는 모든 터어키 언어들을 쓰기 위하여 사용되어진 것으로서의 러시아 알파벳. 각 문자의 음운적 음가는 / / 안에 아타냄
※ 1. 대개의 터어키어에서는 양순마찰음 /w/가 있다.
  2. 긴 연구개 마찰음 =kh는 스코틀랜드어의 lokh에서 볼 수 있다.
  3. 파찰음 ts
  4. 선행자음이 음절을 폐쇄하는 것은 러시아 단어에서 나타난다.
  5. 문자들 Йй, Цц, Шш, Ьь, Ээ, Юю, Яя 등은 아제르바이얀 터어키어를 위하여 사용되어지는 것은 아니다.

모든 터어키어에서 언제나 동일한 음가를 가지는 것이 아니라는데,
또한 주의하지 않으면 안 된다. 즉, e는 /e/를 나타내지만, 다른 언어
에서는 오직 /ye/를 나타낸다. 예를 들면, 동부 터어키의 위구르의
елип /elip/는 'talking'을 나타내고 카자크(Kazakh)의 етті /ettǐ/
는 'be made'를, енді /endǐ/는 'now'를 나타내지만, 쿠뮈크(Kumyk)
의 ep /yer/는 'earth'를 나타낸다.

〈표 2〉

Languages	Letters and Phonemes											
	Ăă /ă/	Гъгъ /γ/	Гбгб /h/	Ґґ /γ/	Бб /γ/	Дждж /ǰ/	Дьдь /ǰ/	Ĕĕ /ə/	Жж /ǰ/	Зз /ž/	Ii /ǐ/ /ə/	Jj /ǰ/ /y/
Chuvash	×							×				
Yakut					×		×					
Tuva												
Khakas				×							×	
Kumyk		×	×									
Karachai		×										
Balkar		×										
Tatar									×			
Bashkir				×						×		
Nogai												
Kazakh				×							×	
Karakalpak				×								
Kirghiz												
Altai												×
Uzbek				×								
East Turki				×					×			
Turkmenian									×			
Azerbaijani				×								×

Languages	Letters and Phonemes											
	Къкъ /q/	Ққ /q/	Ҡҡ /q/	Ҝҝ /ġ/	Нгнг /ŋ/	нъ /ŋ/	Ньнь /ñ/	Ңң /ŋ/	ҥ /ŋ/	Оьоь /ö/	Оö /ö/	Өө /ö/
Chuvash												
Yakut						×	×					×

Letters and Phonemes

Languages	Къкъ /q/	Қ қ /q/	Ҡҡ /q/	Ҟҟ /ġ/	Нгнг /ŋ/	н ъ /ŋ/	Нҍнҍ /ñ/	Ң ң /ŋ/	ҥ /ŋ/	Оҍоҍ /ö/	О ö /ö/	Ѳ ѳ /ö/
Tuva								×				×
Khakas						×					×	
Kumyk	×			×						×		
Karachai	×					×						
Balkar	×				×							
Tatar								×				×
Bashkir			×					×				×
Nogai						×				×		
Kazakh		×						×				×
Karakalpak		×			×							×
Kirghiz								×				×
Altai									×		×	
Uzbek		×			×							
East Turki	×							×				×
Turkmenian								×				×
Azerbaijani				×								×

Letters and Phonemes

Languages	Ç ç /ϑ/ /ś/	ў ÿ /q̇/	ỳ /w/	Уҍуҍ /ü/	ỹ ỹ /ü/	Y ү /ü/	¥ ұ /ŏ/	Хх /h/	h h /h/	Ч ч /ǰ/	ҷ /ǰ/	ѳ ѳ /ä/
Chuvash	/ś/				×							
Yakut						×			×			
Tuva						×						
Khakas					×					×		
Kumyk				×								
Karachai			×									
Balkar												
Tatar						×			×			×
Bashkir	/ϑ/					×			×			×
Nogai				×								
Kazakh						×	×		×			×
Karakalpak												
Kirghiz						×						
Altai					×							
Uzbek		×						×				×
East Turki						×			×			×
Turkmenian						×						×
Azerbaijani						×				×	×	×

※ 러시아어에 없는 음소나 러시아 알파벳에 없는 특별한 알파벳을 나타내기 위하여 〈표 2〉에서 보이는 특별한 문자에 의하여 제공되었다. ×표는 의문스런 문자는 관련된 알파벳에서 사용되어진다는 것을 지적한 것이다.

러시아 알파벳에서 직접적으로 따온 문자는 어떤 통일성을 나타 내는 데 반하여 터어키어를 위하여 특별히 만든 문자들은 오히려 이들과 틀린다. 다음 요소들은 아주 다른 방법으로 제시되어 있다.

/γ/ Гъ гь	(크퀴크, 카라차이, 발카르)
Ғ ғ	(카카스, 바쉬키르, 카자크, 카라칼파크, 우즈벡, 동부 터어키, 아제르바이얀)
в	(야쿳)
/ǰ/ Дж дж	(카라차이)
Дь дь	(야쿳)
Ј ј	(구개음화된 ǰ), (알타이)
Ч	(카카스)
ч	(아제르바이얀)
/q/ Къ къ	(쿠뮈크, 카라차이, 발카르)
Қ қ	(카자크, 카라칼파크, 우즈벡, 동부 터어키)
Ҡ ҡ	(바쉬키르)
/ŋ/ нг	(쿠뮈크, 발카아르, 카라칼파크, 우즈벡)
нъ	(카아카스, 카라차이, 노가이)
Ң	(야쿳, 투바, 타타르, 바쉬키르, 카자크, 키르키즈, 동부 터어키)
/y/	(어두에서)
ј	(아제르바이얀)
Й	(동부 터어키)
Я =/ya/ and Ю=/yu/	(다른 모든 터어키어에서)

너무도 다른 문자를 가지고 동일한 음소를 나타내려고 한 이유에

대하여 말하기란 아주 어렵다. 그들은 러시아의 여러 나라들 안에
서 이 분야에 있어서의 통합적 작업이 부족하거나 또는 이웃끼리
서로 모르는 언어들과 방언들을 밀접하게 관계를 맺어 주는 계획적
인 정책의 시행이 부족한 것이기 때문일 것이다.

그러므로 어떤 언어에 있어서의 /özi/라는 단어는 /özü/ 'himself'
이고, /köp/ 'many'는 각각 다음과 같다.

Azerbaijani	ези	–
Kumyk	оьзю	кёп
Karakalpak	ези	кеп
Nogai	оьзи	коьп
Kazakh	ез i	кеп
Altai –	кӧп	
Khakas	–	кӧп

/qara/(black이라는 뜻)라는 단어는 다음과 같은 방법으로 맞춤법
을 쓰게 된다.

Tatar	кара
Bashkir	кара
Kumyk	кьара
Karakalpak	кара

같은 음소에 대하여, 이와 같이 서로 다른 철자법과 다른 문자를
사용하는 것은 러시아에서 사용되는 터어키 언어들을 그들이 실제
로 실현되는 것과는 아주 다르게 나타내고 있다.

4. 터어키어의 시대 구분

터어미어의 역사는 몽고어나 만주 퉁구스어의 역사보다 훨씬 더 오래되었다.

4.1. 흉노족의 언어

고대 터어키어가 흉노족의 언어로부터 나왔다고 믿는 학자들이 많다. 흉노족의 언어는 가장 오래된 터어키어 형태로 간주되는데, 원시 터어키어로 추정된다. 그러나 흉노족 언어가 실제의 원시 터어키어라든가 그 이전의 형태와 관련이 있다는 사실을 증명할 자료가 너무 적다. 흉노족의 언어에 관한 자료로는 첫째로 4세기부터 시작되는 흉노족의 시인데, 이것은 중국어로 번역되어 중국의 역사서에 보존되어 있다. 이 시의 독음은 좀 의심스럽기 때문에 이 시에서 나오는 단어들은 비교언어학적인 목적으로는 사용될 수 없다.

역사서에 기록된 흉노족의 이름도 역시 도움이 되지 않는데, 그 것은 단어와 관련된 의미를 알 수 없기 때문이다. 마찬가지로 의심스러운 것은 원시 터어키어에 속할 것이라고 추정되는 To-pa 이름의 명세이다. 위에서 언급된 자료들은 흉노족의 언어 자체나, 흉노족의 언어와 터어키어의 관련성에 관해서는 어떠한 명확한 정의도 만들 수 없게 한다.

간략하게 말해서 이 문제는 여전히 연구되어야 하는데, 현재의 단계로서는 어떠한 명백한 정의는 그만 두는 것이 현명하다.

4.2. 볼가와 다뉴브 불가리아어

흉노족의 시대는 역사적으로 6세기에 끝나고, 6세기에는 잘 알려지지 않았던 곳에서 두 종족이 생겨났다. 하나는 현재의 러시아 남족과 볼가 지역에 있던 불가리아족이고, 또 하나는 중앙아시아에 있는 터어키족이다.

불가리아어는 근채 츄바쉬어의 시조이거나, 혹은 고대 츄바쉬어와 긴밀하게 연결되어 있는 언어인데, 아마도 츄바쉬의 시조가 속한 방언이었을 것이다.

볼가 불가리아어나 다뉴브 불가리아어의 자료는 제한되어 있으나, 그 언어의 독특한 자질을 재구성할 수 있기에는 충분하다. 첫째로 불가리아어는 츄바쉬어와 같이 r-과 l-을 취하는 언어이다. '100'을 나타내는 'jür'는 츄바쉬어에서는 'sĕr'이요, 터어키어는 'yüz'이고, 나이를 뜻하는 'jāl'은 츄바쉬어에서는 'śul'이고, 터어키어에서는 'yaš'이다.

헝가리인이 불가리아의 가까운 곳에 위치하고 있고, 그들이 상호교류하고 있을 때 많은 단어들이 불가리아 지방으로부터 헝가리로 차용되었다. 헝가리 민족은 9세기 말에 현재 그들의 나라로 이동했다고 알려져 있다. 그 예로 헝가리어에서 황소를 나타내는 'ökör'는 츄바쉬어에서는 'vǎkǎr'이고, 터어키어에서는 'ökür'이며, 헝가리어에서는 송아지를 나태내는 'borjú'는 츄바쉬어에서는 'pǎru'이고, 터어키어에서는 'bïzayï'이다.

불가리아어는 결코 절대적으로 균등한 언어가 아니다. 서로 각각 다른 방언들이 있어서 한 방언에서는 'j'인 것이 다른 방언에서는 'y'이고, 또 다른 방언에서는 's-'이다. 헝가리어의 쓰다(write)를 나타내는 'ir-<*ïr<*yïr'는 츄바쉬어에서는 'šёr'이고, 고대 터어키어에서는 'yaz'이다. 또 헝가리어에 반죽하다(혼합하다)를 나타내는 'gyúr<*ǰoɣur'는 츄바쉬어에서는 'šăr'이고, 고대 터어키어에서는 'yoɣur'이다. 바람을 나타내는 헝가리어의 'szél<*sēl'은 츄바쉬어에서는 'šil'이며, 고대 터어키어에서는 'yél'이다.

4.3. 고대 터어키어

터어키인이 역사상 최초로 알려진 것은 6세기이다. 몇 개가 안되는 그들의 고대어가 비잔문화 속에 기록되어 있다. 그 중 하나는 우랄강의 이름인데, 터어키와 고대 러시아어의 'yayïq'로 이것은 프톨레미에 의해 처음으로 언급되었고, 다시 6세기 메난드로스 프로텍터에 의해 언급되었다. 프톨레미는 그것은 'Δάιξ'라고 했고, 메난드로스는 'Δαιχ'라 했다. 그 이름은 분명히 본래의 터어키어는 아니지만, 그것은 터어키인에 의해서 그 시기에 쓰여졌고, 그 후에 'ǰayïq'나 'yayïq'로 서로 다른 터어키어로 되었다.

메난드로스는 장례식을 뜻하는 'dokhia(δοχια)'가 8세기 오르콘 비문에 있는 'yoɣ'와 상응된다고 했다. 그러므로 6세기는 고대 터어키어가 시작된 시기이다. 이것이 불가리아어, r-언어의 시작이었으며, 터어키어, z-언어가 시작된 시기였다. z-언어 중 하나는 고대 터어키어인데, 루운체, 소그디아체, 마니아체, 브라미체, 위구르체와 같은 개조된 소그디아체의 가장 오래된 사본을 보존하고 있다.

고대 터어키어의 독특한 특성은 다음과 같은 것이 있다.

1. 고대 터어미어에는 아다그 언어가 있다.

예) adaq(발), qadɣu(슬픔), edgü(우수, 뛰어난 품질)

2. 또한 toɣ와 -ïɣ 언어가 있다.

   예) toɣ(산), yaɣmur(비), baɣ(세분, 무리), ātlïɣ(유명한)

3. 직접 목적의 형태(대격)는 -ɣ접미사를 갖는다.

   예) ada-ɣ(위험을), čīɣañ-ï-ɣ(가난한 자들을)

4. -sar로는 조건문이 된다.

   예) kel-sär(만일 그가 온다면), saqïn-sar(만일 네가 시도한다면)

5. 부정의 어간에 쓰인 -tï와 -ï -pan은 동명사를 만든다.

   예) saqïn-ma-tï (not thinking) bar-ï (going) käl-i (coming) olur-pan
   (having sat down)

6. 과거 시제는 무성 자음의 어간 끝에서는 -dïm이 쓰이고, n, l, r로
   끝나는 어간에서는 -tïm이 쓰인다.

7. 삼인칭 소유격 접미사는 모음조화를 따르지 않기 때문에 독립적인
   대명사의 특성을 보유하고 있다.

   예) *i(그), uluš-i(그의 왕국), ada-si(그의 위험)

많은 다른 특성들이 고대 터어키어의 독특한 성질을 나타낸다.
그 어휘들은 아랍이나 페르시아, 몽고의 외래어와는 무관하다고 말
할 수 있다.

고대 터어키어는 절대적으로 균일한 언어가 아니다. 첫째로, y와
n과 ñ의 대응을 토대로 세 개의 방언이 설정된다. 예를 들면 죄(evil)
는 'ayïɣ/anïɣ/añïɣ'이다.

루운어는 ñ방언인데, 양(sheep)은 'qoñ'이고, 죄(evil)는 'añïɣ'이다.
소유격 접미사는 -ŋ의 형태를 취한다. 2인칭 과거형은 -tïɣ, -tïɣïz
이다. 3인칭의 자의적 접미사는 -sun이고, 필수적인 것은 -sïq이다.

-pan에서는 -p에서만큼이나 자주 동명사가 나타난다.

n방언과 ñ방언은 달라서 접미사를 가지며 첫음절이 아닌 곳에서는 ï나 i대신에 각각 a와 ä를 가진다.

많은 마니교의 필사본과 루운어는 n-방언으로 쓰여졌다.

y-방언은 소그디아와 위구리체의 많은 필사본에서 발견된다. 특수한 y-방언은 브라미체의 필사본이다.

이러한 방언들에 y-와 ǰ방언이 첨가될 수 있다. 그러므로 루운체에서 언급된 yabɣu는 8세기의 토카리스탄의 터어키어 ǰabɣu와 상응된다. 그러므로 8~9세기경에 키르키즈와 아나토리아 형태의 고대 터어키 방언이 있었을 것으로 추측된다.

고대 터어키어는 루운체로 된 고대 오구스어와 고대 위구르어 그리고 키르키즈어 등의 여러 방언과 언어들로 구성되었다고 추측된다. 고대 터어키어의 시대는 최초의 단어들로부터 시작하자면 6세기에 시작되어 10세기까지 지속되었다.

4.3.1. 루운체

고대 터어키어는 루운체로 쓰여진 소위 오르콘 예니세이 비문의 언어를 포함한다. 돌기둥에 새겨진 이 비문은 시베리아 동부에 있는 예니세이강의 상류 지대에서 발견되었는데, 외몽고의 오르콘강의 계곡이고, 몽고인민공화국의 수도인 울란바토르로부터 25~30마일 동쪽에 위치하고 있다.

가장 중요한 룬 비문은 1. 칸 빌게(Khan Bilge, 734년 사망), 2. 그의 형제 퀼 테긴 왕자(732년 사망), 3. 칸 빌게의 대신인 토뉘쿠크를 기념하는 716년의 비문 등이다. 늦게 발견된 거대한 비문은 셀렝가강

근처에서 람스테트에 의해 발견된 셀렝가 돌이다. 이 비문의 연대
는 758~759년으로 추정된다.

돌기둥에 새겨진 비문 외에도 예언서나 문서들, 그리고 마니교의
유고와 루운체의 다른 원고들이 보존되고 있다.

[루운 필기체]

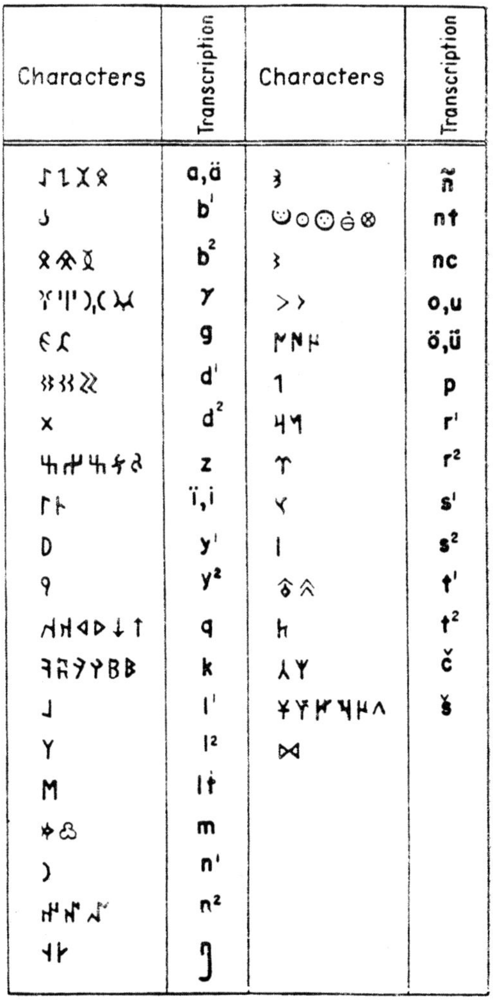

Characters	Transcription	Characters	Transcription
ʃ ⵣ Χ ⵗ	a,ä	�3	ñ
J	b¹	☺○☺☉⊗	nt
ⵗ ⵗ ⵗ	b²	�3	nc
...	γ	> >	o,u
...	g	ⵏ ⵑ ⵲	ö,ü
ⵗ ⵗ ⵗ	d¹	1	p
x	d²	ⵗⵗ	r¹
...	z	ⵏ	r²
...	ï,i	Y	s¹
D	y¹	I	s²
ⵕ	y²	ⵗ ⵗ	t¹
ⵗⵗⵗⵗⵗ	q	h	t²
ⵗⵗⵗBB	k	ⵗY	č
⅃	l¹	ⵗⵗⵗⵗⵗ⋀	š
Υ	l²	⋈	
M	lt		
...	m		
)	n¹		
...	n²		
ⵗ	ŋ		

4.3.2. 브라미체

몇 개의 고대 터어키어 원문들은 브라미체로 쓰여졌다. 브라미체는 인도에서 유래되었고, 그 이름은 '브라만의' 또는 '브라만 기원의'라는 의미이다. 그것은 산스크리트어를 쓰는 데 사용되곤 했다. 불교의 전도자들은 그것을 어느 정도 수정하여 토카리아와 사카, 그리고 터어키 사이에 있는 중앙아시아에 소개했다. 그러므로 브라미 원문들은 그 내용이 불교적이다. 그것의 대부분은 매우 단편적이고 8~9세기경에 쓰여졌다. 중앙아시아의 터어키인에 의해 사용된 브라미체는 그림과 같다.

[브라미체]

Tran-scription	1.	2.
a		
i		
u		
e		
o		
ă		
ka		
kha		
ga		
gha		
ṅa		
ča		
čha		
ja		
jha		
ña		
ṭa		
ṭha		
ḍa		
ḍha		
ṇa		
ta		
tha		
da		
dha		
na		
pa		
pha		
ba		
bha		
ma		
ya		
ra		
la		
va		
ša		
ṣa(ža)		
sa		
ha		

4.3.3. 마니교도의 글자

고대 터어키어의 많은 수가 소위 마니교의 글자로 기록되었다. 마니교를 믿는 고대 터어키인은 마니교의 필기체라 불리는 글자를 사용했다. 다른 마니교도 터어키인들과 마니교도가 아닌 터어키인 (불교도)은 소그디아체에서 발전한 위구르 필기체라고 불리는 문자를 사용했다.

마니교의 필기체는 중앙 아랍어 필기체의 한 변형인 팔미란 필기

[마니교도의 필기체]

Isolated	Finally	Medially	Initially	Transcription	Isolated	Finally	Medially	Initially	Transcription
				a					ı
				b					δ
				β					δδ
				g					m
				γ					n
				d					s
				h					,
				v					p
				v̌					f
				z					č
				ž					čy
				h					čn
				t					k
				y					q
				k					r
				x					š
				q					t

체까지 거슬러올라간다. 팔미란도 또한 에스뜨랑겔로가 발전된 형태인 옛시리아어의 원시 형태로 여겨진다.

[소그디아, 위구리체]

SOGDIAN				UIGHURIC			
Finally	Medially	Initially	Transcription	Finally	Medially	Initially	Transcription
			a,ā				a,ā
			i,ī				ī,i
			o,ō u,ū				o ō u ū
			γ,q,x				γ,q,x
			g,k				g,k
			i,j				i,j
			r				r
			l				l
			t				t
			d				d
			č				č,ġ
			s				s
			š				š
			z,ž				z
			n				n
			b,p				b,p
			v				w,f
			w				
			m				m
			h				

4.3.4. 소그디아체

많은 고대 터어키어 원문은 소그디아체로 기록되어 있다. 소그디아인은 현재의 소련에 있는 타디키스탄과 우즈베키스탄의 인근 지역을 포함하는 나라에 살고 있던 이란인이었다. 소그디아체는 터어키인들에 의해서 거의 사용되지 않았으며, 단지 불교의 몇몇 필사본만이 그것으로 기록되었다. 이 필사본들은 8세기경에 쓰여졌다.

훨씬 많은 고대 터어키어 원문들, 즉 더 늦은 9~10세기에 쓰여진 것들은 위구르체라고 불리는 글자로 기록되었다. 위구르체는 소그디아글자, 정확하게 말하자면, 독일 학자들이 말하는 소그디아 속기체에서 발전되었다. 위구르 글자는 더 후인 12세기 중반에 몽고로 전해졌다. 위구르체로 쓰여진 것은 그 내용이 달력의 일부분, 점성술책, 시에 관한 것도 있기는 하지만, 대부분 불교, 네스토리우스교, 마니교에 관한 것이다. 위구르체의 가장 오래된 기록은 8세기에 기록된 마니교 원본의 일부이다. 위구르체로 쓰여진 불교문학은 9~10세기에 절정에 달했다.

소그디아와 위구르 글자는 앞과 같다.

4.4. 중세 터어키어

중세 터어키어는 고대 터어키어의 바로 다음 단계인 10세기부터 15세기까지의 터어키어이다. 중세 터어키어는 고대 터어키어에 비해 덜 통일된 형태를 지니고 있으며, 고대 터어키어 방언보다 더 많은 차이를 가진 방언들로 되어 있다. 중세 터어키어 특징은 다음과 같다.

1. 몇몇 언어는 d-언어를 가지나 다른 것들을 ð-언어나 y-언어를 취한다. 예를 들어 '슬픔'을 뜻하는 단어는 'qaдɣu'와 'qaðɣu', 'qayɣu'로 대립되고 '우물'을 뜻하는 것은 'qaðuq', 'quyu'로 대립된다. 이 세 가지 자질이 모두 나타나는 언어는 카라카니데와 11세기부터 14세기까지 위구르 체로 쓰여진 문학어이다.

2. 비성절적 단어에서 u의 앞에 있는 o는 a가 되었다. 예를 들자면, '금'을 뜻하는 것은 'oltun'에서 'altun/altïn'이 되었고, '여자'를 뜻하는 것은 'xotun'에서 'xatun/qatïn'이 되었다.

3. 그 당시 현존하던 대격 접미사 -ɣ과 병행하여 대격 접미사 -nï가 나타났다.

4. 카라카니데와 다른 언어에서 특수 탈격 접미사 -dïn이 나타났다.

5. 고대어에서는 -sar가 조건문을 만들었으나, 그 대신 -sa가 조건문을 만든다.

또한 개별 언어들에서는 다른 특징들이 나타난다. 중세 터어키어는 다음의 언어들을 포함하고 있다.

1. 11~13세기의 카라카니데어

2. 후기 카라카니데 시기의 위구르라고 불리는 12~14세기까지의 후기 카라카니데 시기에 위구르와 아랍체로 쓰여진 언어들

3. 12세기부터 14세기의 카와레즘의 문학어와 15세기 차가타이의 문학어

4. 13세기부터 16세기까지의 퀴프챡(Kuman)

5. 14세기부터 15세기까지의 고대 아나토리아와 오스만어

4.4.1. 카라카니데

동부 터키스탄에 있는 카라카니데 왕국(9~13세기)에서 사용되던 문학어는 11~13세기까지 카라카니데라는 이름으로 알려져 있다. 그 기초는 투그레쉬 야그마 그리고 카를룩 부족의 언어로, 그것은 위구르체로 기록된 문학 작품의 언어와 밀접하게 관련되어 있다. 카라카니데어는 이란어와 아랍어의 영향을 받았다.

카라카니데로 기록된 중요한 책들은 다음과 같다.

1. 1069년 발라사군의 위수프 핫스 해집이 쓴 교훈적 책인 『Qutadɣu bilig』 인데, 원래는 아랍어체로 기록된 것으로 위구르체로 기록된 사본도 있다.
2. Maḥmüd al-Käš-ɣarï가 쓴 아랍-터어키어 사전인 『Divān Luɣāt at-Turk』가 1073년에 나왔는데, 터어키어 단어들과 속담, 싯귀들이 아랍어의 사본과 번역으로 제시되었다.
3. Adïb Ahmad Yuknakli가 11세기 또는 12세기에 쓴 교훈적인 작품 「Ataybat al-Haqāʾiq」가 있다.

4.4.2. 후기 카라카니데

후기 카라카니데는 카라카니데를 바로 뒤따른 것이다. 그것은 13세기에서 14세기까지 문학어로 사용되었다. 그 근거가 아직까지 위구르체의 고대 문학어로 남아 있으나, 방언에 의해 지리적인 영향을 받았음이 나타난다. 그것은 근본적으로 아직까지 adaq-aðaq 언어가 있다. 후기 카라카니데의 가장 중요한 책은 1310~11년에 쓰여진 『예언자의 전설』이다. 11세기 이후에는 대체로 아랍어 글씨가 사용되었다. 그러나 에스트랑겔로에는 많은 네스토리우스파 기독교인의 비문이 있는데, 그것은 다양한 시리아 글씨로 기록되어 있다. 묘석에 쓰여진 이 비문들은 13~14세기에 기록된 것이다.

아랍어 글자는 뒤에 제시될 것이며, 에스트랑겔로와 다른 시리아 글자는 표와 같다.

[시리아 알파벳]

Transcription	SYRIAC ALPHABETS											
	Estrangelo				Jacobite				Nestorian			
'												
b												
g												
d												
h												
w												
z												
x												
ṭ												
j												
k												
l												
m												
n												
s												
c												
p,f												
ṣ												
q												
r												
š												
t												

4.4.3. 카와레즈미아와 차카타이어

카와레즈미아어는 13세기 이래로 중앙아시아의 문학어였다. 그
리고 차가타이는 15세기 중앙아시아의 문학어였다. 가장 중요한 카
와레즘 터어키어로 된 문학 작품은 Qutb'의 『Xusräw usirin』이다.
차카타이는 러시아 문학에서는 고대 우즈벡이라고 불린다. 그러

[아랍어 알파벳]

THE ARABIC ALPHABET									
LETTERS					LETTERS				
Separately	Final	Medial	Initial	Transcription	Separately	Final	Medial	Initial	Transcription
ا	ـا			a	ض	ـض	ـضـ	ضـ	ż
ب	ـب	ـبـ	بـ	b	ط	ـط	ـطـ	طـ	ṭ
پ	ـپ	ـپـ	پـ	p	ظ	ـظ	ـظـ	ظـ	ẓ
ت	ـت	ـتـ	تـ	t	ع	ـع	ـعـ	عـ	ʔ
ث	ـث	ـثـ	ثـ	s̱ , ṯ	غ	ـغ	ـغـ	غـ	γ
ج	ـج	ـجـ	جـ	j	ف	ـف	ـفـ	فـ	f
ح	ـح	ـحـ	حـ	ḥ	ق	ـق	ـقـ	قـ	q
خ	ـخ	ـخـ	خـ	x	ك	ـك	ـكـ	كـ	k,g
چ	ـچ	ـچـ	چـ	č	ل	ـل	ـلـ	لـ	l
د	ـد			d	م	ـم	ـمـ	مـ	m
ذ	ـذ			ẕ	ن	ـن	ـنـ	نـ	n
ر	ـر			r	ه	ـه	ـهـ	هـ	h
ز	ـز			z	و	ـو			v
ژ	ـژ			ž	ی	ـی	ـیـ	یـ	y
س	ـس	ـ	ـ	s					
ش	ـش	ـشـ	شـ	š					
ص	ـص	ـصـ	صـ	ṣ					

나 차가타이는 우즈벡이 차지하던 지역보다 훨씬 더 넓은 지역을 차지하고 있었으며, 중앙아시아에 살던 그 조상들은 결코 자신들을 우즈벡이라고 부르지 않았다. 차카타이가 가장 발전한 시대는 15세기 중반부터 16세기 중반까지이다.

차가타이어로 쓰여진 대표적인 책으로는 Lutfi의 『Mir Ali Shir Nevai(1441~1501)』와 Babur 황제(1483~1530)가 쓴 『Babur Name』 그리고 Abu'l Ghaz Bahadur(1603~64)의 『터어키의 역사』가 있다.

차카타이는 중앙아시아의 터어키인인 Turkmens, Kazakhs, Eastern Turks와 Golden Horde(타타르, 바쉬키르즈)의 문학어이다. 그것은 방언에 영향을 받은 현대적인 형태로 변형되어 러시아혁명 때까지 사용되었다. 차카타이는 아랍어 글씨를 사용했는데, 그 알파벳의 쓰임에 있어서 다음 사항이 주목되어야 한다.

v와 y는 모음부호로 사용되었는데, v는 ü, ö, u, o를 대신하고 y는 i와 ï를 대신한다. ḥ, ṣ, ż, ?는 아랍 어원에서 차용한 단어에만 사용되었고, j는 č와 ǰ로 사용되었다. 터어키어의 음가는 다음과 같다.

ǰ-/ǰ/ /č/ ḥ-/x/ z-/z/ ṣ-/s/ ż-/z/ ṭ-/t/ ẓ-/z/

4.4.4. 쿠만어

쿠만은 러시아 이름으로는 폴로베찌안이라고 불리어졌는데, 역시 중세 터어키어이다. 그것은 12~16세기 크리미아와 중앙아시아의 일부를 포함한 남부 러시아의 유목민들과 15~18세기에 터어키화된 알메니아인들에 의해 사용되었다. 몽고의 침입으로 인해 쿠만 사람의 일부는 13세기 초 남부 러시아에 남아 있거나 헝가리로 이

주했다. 현재에는 쿠만어를 사용하는 사람은 없다.

쿠만에 대한 자료는 풍부하다. 라틴-페르시아-쿠만사전이 16세기 말에 편찬되었으며, 아랍-쿠만 소사전도 편찬되었고, 심지어 16세기의 문법도 존재한다.

4.4.5. 고대 아나토리안

고대 아나토리안은 때로는 고대 오스만이라고 불리우며, 10~11세기 시르·다랴강 유역에서 카와레즘이란 아시아와 코카사스 지방으로 이주한 터어키인에 의해 사용되었다. 고대 아나토리안이 11세기경까지 거슬러올라간 시기에 사용되었음이 알려졌다. 14세기 이후 이 언어는 오스만의 기초가 되는 형태를 갖추게 되었다. 고대 아나토리안과 오스만은 아랍 글씨를 사용한다.

제3장

알타이어에 관한 이론

알타이어와 다른 언어들과의 관계에 대한 연구는 18세기 초반부터 시작되었다. 터키어와 몽고어, 그리고 만주어와 퉁구스어 사이에 유사성이 존재한다는 것을 최초로 알아낸 학자는 격렬했던 북부전쟁 중에서도 경정적인 것이었던 폴타바 전쟁 중에 포로가 되었던 스웨덴 장교인 슈트랄렌 베르그(Johann Von Strahlenberg)이다. 슈트랄렌베르그는 동러시아의 여러 지방에서 수년 동안을 지내면서 핀노-위구르어, 터키어, 몽고어와 또 다른 언어들에 대해 조사를 했다. 그의 업적 중의 하나는 칼묵(Kalmuck)어의 최초의 사전을 편찬한 일이다. 또한 그는 여섯 개 집단으로 나누어질 수 있는 여러 언어들의 구조적 유사성을 처음 알아내고 타타르(Tatar) 언어라고 이름을 붙였다.

이 여섯 개의 집단은 의문에 싸인 그 언어를 사용하는 여섯 무리의 화자들은 1. 핀노-위구르족, 바라바 타타르와 훈이라 부르는 위구르족, 2. 터키계 타타르족, 3. 사모예드족, 4. 몽고와 만주족, 5. 퉁구스족, 6. 흑해와 카스피해 연안에 사는 사람들이다. 이 분류는 일치되지 않는 문제와 잘못된 것이 포함되어 있는 관계로 현재로서는 그대로 받아들여질 수 없다. 즉, 핀노-위구르족은 터키 부족인 바라바족과 같은 집단에 속할 수 없고, 흑해와 카스피해 연안에 사는 부족들은 터키, 이란 그리고 소련의 한 지방인 코카사스 사람과 같이 조금도 공통점이 없는 사람이 포함되어 있기 때문이다. 아무튼 슈트랄렌베르그의 분류는 알타이어에 속하는 많은 언어들에 대한 분류를 최초로 시도했다는 점에서 의의가 있다.

알타이어의 친족 관계에 관한 문제는 슈트랄렌베르그보다 100년 후에 유명한 덴마크 언어학자인 라스무스 라스크(Rasmus Rask)에 의해서 다시 다루어졌다. 그는 타타르어를 스퀴디안(Scythian)어라고 다시 이름붙이고 그린랜드나 북아메리카, 그리고 모든 북부 아시아어와 유럽, 코카사스에서 쓰이는 언어들을 첨가하였다. 그는 또한 스페인어 중 인도-유럽어족에 속하지 않는 언어를 스퀴디아어에 포함시켰다. 결과적으로 스퀴디아어는 몽고, 만주, 퉁구스, 터키, 핀노-위구르(또한 우랄까지도), 에스키모, 고대 아시아 언어, 코카사스어 그리고 고대 유럽어 중 인도-유러어족에 속하지 않는 모든 집단을 다 포함시켰다.

19세기 중반에는 인도=유럽어의 비교언어학이 학문적 기반을 다짐으로써, 비교언어학의 연구가 상당히 단단한 기초를 가지게 되었다. 비교언어학에서 언어의 친족 관계를 설정하는 근거 중 하나는 형태적인 구조였다. 굴절 구조는 인도-유럽어족의 특성을 결정하여 주었고, 알타이어와 다른 수많은 언어들이 가지는 교착적 문법 구조는 어떤 언어들이 관련되어 있는가를 판단하는 데 대한 주된 원리를 찾아내는 데 모든 노력이 집중되었다. 막스 뮐러(Max Müller)는 교착적 자질을 가지는 언어군에 슈트랄렌베르그와 라스크가 설정한 것에 티벳어, 트라비다어, 말레이어를 더 포함시켰다. 이렇게 확장된 집단을 튜란어족이라고 이름 붙였는데, 그 이유는 이 언어들이 속한 지역의 중심지가 중앙아시아와 터키의 모국으로 추측되는 튜란(Turan)이기 때문이다.

튜란어족설은 라스크의 스퀴디아어족설에 조금이라도 첨가된 것은 거의 없으나 단지 많은 언어를 포함시켰을 뿐이다.

튜란어는 넓은 지역에 걸쳐 퍼져 있으나, 인도-유럽어나 셈족의 언어만큼 분명하고 명확한 유사성을 가진다고는 생각될 수 없다. 그래서 뮐러는 튜란어의 연구에는 다른 방법이 적용되어야 한다고 생각했다. 뮐러는 인도-유럽어나 셈어가 정중한 언어임에 반해 튜란어는 단지 유목민의 언어일 뿐이라고 생각했다. 그는 튜란어는 글자간의 결속이 인도-유럽어나 셈어 같은 정중한 언어에서만큼 강하지 않기 때문에 어군(language family)이라는 용어를 쓰지 않고 언어 집단(language group)이라는 용어를 썼다. 그러나 뮐러에 의해 제기된 문제는 결코 풀리지 않았고, 언어의 유사성에 대한 그의 주장은 너무 애매한 것이었다.

새로운 장은 카스트렌(Castrén)이 학계에 나타남으로써 시작된다. 카스트렌은 같은 어군에 속하리라고 추측되는 언어에 '언어척도(linguistic criteria)'를 적용시킨 최초의 사람이다 그는 거의 알려지지도 않고, 거의 조사되지도 않은 광대한 수의 언어들을 같은 어족이라고 모아 놓은 혼합덩이에 만족할 수 없었다. 그의 견해는 교착성이라는 문법적 구조만으로는 언어의 친족 관계를 입증하기에 불충분하고 형태소의 특성이 필수적이라는 것이다. 카스트렌은 한 집단에 핀노-위구르어와 사모예드어 터키어와 몽고어, 만주-퉁구스어만을 포함시키고 다른 모든 언어는 그 집단에서 제외시켰다. 카스트렌은 위에서 언급된 언어들은 인칭 접미사를 가지고 있는 것 같다고 아주 조심스럽게 그의 발견을 규칙화하였다. 그는 알타이어에서는 인도–유럽어족에서만큼은 유사성은 발견될 수 없다는 견해를 가졌다. 게다가 그 유사성이 언어학자들이 한 어군에 속하는 모든 언어들을 파악할 수 있게 할 만큼 중요한지는 미래에나 답변할 수 있지 현재로서는 의문이라고 했다.

이러한 언어를 카스트렌이 알타이어라고 했는데, 지금은 두 집단을 합해서 우랄 알타이어라고 부른다. 그 하나는 핀노–위구르어와 사모예드어가 속하고 그 친족 관계는 오래 전에 밝혀진 우랄어이고, 또 다른 하나는 터키어, 몽고어, 만주–퉁구스어 그리고 한국어가 속하며, 그 상호 관계가 아직 토론거리인 알타이어이다. 카스트렌이 알타이어라고 한 것과 지금 우리가 알타이어라고 부르는 것에는 다른 점이 있는데 카스트렌이 알타이어라고 정의한 것은 우랄–알타이어였다.

현재 알타이어에 속한다고 보는 것은 터키어, 몽고어, 만주–퉁구스어, 그리고 조심스러우나마 한국어 등이다.

카스트렌 이후 우랄–알타이어설은 일반적으로 우랄어(사모예드나 핀노–위구르말과는 비교적으로), 몽고어, 만주–퉁구스어와 터키어에 네 가지 어군을 통합한 것을 지칭하였다. 더구나 오랜 기간 동안을 때때로 그 전시기의 것으로 거슬러 올라가기도 했다. 그래서 일본어도 포함하는 여러 개의 성공적이라고 할 수 없는 이론들도 시도되었다. 또한 몇몇의 멸종된 고대어가 우랄–알타이어군에 속한다고 주장되기도 했고, 더구나 튜란어란 이름이 짧은 기간 동안에 다시 나타나기도 했다.

비교언어학에 근거를 둔 우랄–알타이어와 그의 상호 관계에 대한 심각한 연구는 쇼트(Schott)의 연구에서부터 나타나기 시작했다. 카스트렌을 제외한 그의 선배들이나 동료들이 우랄-알타이어의 구조적인 유사성에 관한 일반적인 관찰이나 결론들을 확신하고 있을 때에, 쇼트는 그의 연구를 어휘의 대응 관계에 기초를 두고 진행하였다. 그러나 형태론도 무시하지는 않았다. 쇼트는 그의 연구를 핀노-위구르어에 대한 그의 용어인 츄딕(Chudic)과, 터키·몽고·만주-퉁구스에 대한 그의 언어인 타타르어로 제한하고, 그 큰 집단을 알타이 혹은 츄딕-타타르어군이라고 불렀다.

카스트렌과 같이 쇼트는 우랄-알타이어(그의 용어로는 츄딕-타타르어)에 속하는 각 개별 언어들은 유사성의 정도에 따라 달라진다고 믿었다. 그의 견해에 의하면 긴밀하게 상호 연관되어 있는 언어는 사모예드와 핀노-위구르어다. 이 가족을 그는 피닉 혹은 츄딕이라 했다. 그러나 타타르어와 같은 나머지 언어에 대해서는 자세한 방법으로 상호 연관을 정의하고자 하지는 않았다.

쇼트는 우랄-알타이어뿐만 아니라 터키어와 몽고어, 퉁구스어의 상호 관계를 밝히는 일에도 많은 관심을 보였다. 그는 또한 츄바쉬어와 터키어 사이의 많은 상호 대응 관계를 알아내고, 슈바쉬어는 터키어와 유사하다는 바른 조사 결과를 얻어냈다. 그는 츄바쉬 언어를 알타이어 비교연구에 통합시킨 최초의 학자였다.

쇼트 이후에는 단순히 우랄어 안에서나 혹은 알타이어에서 언어의 상호관련에 대해서는 관심을 가지고 연구를 했다. 언어학은 핀노-위구르어와 사모예드어, 몽고어, 퉁구스어, 터키어의 음성적 관계나 형태적인 대응 관계에 관심을 두었고, 우랄어나 알타이어에 대흔 비교연구는 뜸해졌다. 그러나 우랄-알타이어의 비교 연구가 완전히 끝나지는 않았다.

알타이어설을 설명하기 전에 쇼트 이후의 우랄-알타이어설에 대한 간략한 역사에 관해 이야기해 보자.

우랄-알타이어의 연구는 독일 학자 윙클러(Winkler)에 의해 계속되었다. 그도 역시 문제의 언어를 두 개의 집단으로 나누었는데, 하나는 핀노-위구르어, 사모예드어, 그리고 퉁구스어로 구성되고 있고, 또 다른 하나는 몽고어와 터키어로 구성된다. 윙클러는 만주어가 일본어와 핀노-위구르어, 사모예드어를 연결해 준다고 보았다. 윙클러의 분류는 다른 학자들의 지지를 받지 못했고, 현재에는 핀노-위구르어와 사모예드어 그리고 알타이어만이 인식되고 있다.

우랄-알타이어 비교 연구에서 가장 중요한 연구 중의 하나는 프랑스의 언어학자 사바게트(Sauvageot)의 책이다. 그는 어쨌든 서로 비슷하기만 하면 단어를 무차별하게 비교한 전대 연구의 주된 약점을 지적하고, 규칙적인 음성적 대응 관계를 가지는 것만이 비교의 대상이 된다고 선언했다. 그러나 이러한 단어들은 매우 적어서 그의 연구 결과는 수긍하기 어렵다. 사바게트의 견해는 러시아의 인류 학자 쉬로코고로프(Shirokogoroff)에 의해 비평되었는데 쉬로코고로프는 만주어의 초두 f는 다른 언어들에서는 x, h 또는 묵음이 된다는 람스테트의 이론에 기초를 두고 사바게트의 결론을 반박했다. 쉬로코고로프는 h()x)는 그 결과로 일어나는 순음화(x)f)와 함께 부차적인 기음(aspiration)이라고 믿었으나 이러한 해석은 완전히 틀린 것이다.

잘 알려진 핀란드의 터키어학자 마르띠 라사넨(Martti Räsänen)은 우랄-알타이어의 유사성에 찬성하는 몇 개의 이유를 들었다. 또한 멘제스(Menges) 교수도 역시 우랄-알타이어설을 신봉하는 사람이었다.

우랄-알타이어설은 많은 학자들에게 적어도 증명될 수 없는 것으로 간주되었다. 그러나 스웨덴 학자 비외른 콜린데르(Biörn Collinder)는 이 과장된 회의론에 대해 경고하고 원시 우랄어, 원시 터키어, 원시 몽고어, 원시 퉁구스어와 한국어가 유사하기 이전에 서로 연관성은 있으나 이미 분화된 언어로 존재했을 것이고, 원시 알타이어와 같은 형태는 존재하지 않았다고 주장했다. 이것은 우럴-알타이어의 공통조어(祖語)는 존재하지 않는다는 결론을 유도한다. 그러나 우랄-터키어나 원시 몽고어와 퉁구스어 또는 한국어 등의 다른 두 언어의 결합은 가능성이 적은 것은 아니다. 콜린더의 결론은 우랄-알타이어의 음성적 대응 관계는 결론이 도출되는 것을 허용하는 방향으로 정해져야 한다는 것이다. 콜린더는 이미 관찰된 유사성으로 결론을 도출하는 것이 너무 이르다고 해서 우랄-알타이어설을 거부하는 것도 너무 이른 것이라고 했다. 그러나 알타이어 비교 연구사에서 가장 뛰어난 알타이어 학자이고 이의 설립자인 람스테트는 우랄어와 알타이어의 유사성에 대해서는 회의적이었고, 그의 연구 대상을 알타이어로 제한하였다.

우랄-알타이어설은 극소수의 학자들에게만 받아들여졌다. 반면에 많은 언어학자들은 우랄어는 인도-유럽어와 관련되는 점이 있다고 믿었다. 이 계통의 학자들은 인도-유럽어와 우랄어의 연관성은 아직 입증되지는 않았지만 가능성이 있는 것으로 생각했다. 또한 우랄어와 알타이어는 그 유사성은 앞으로 입증되어야 하지만, 희미하게는 연결되어 있다고 생각했다.

알타이어설, 다시 말해서 츄바쉬어, 터키어, 몽고어, 만주-퉁구스어 그리고 가능한 범위의 한국어의 유사성에 대한 이론을 전개해가면서, 19세기 말에는 츄바쉬어, 터키어, 몽고어, 만주-퉁구스어 연구는 개별적 음성 대응의 설정, 격변화, 동사활용, 동사나 명사의 파생과 같은 제한된 기초에서나마 비교언어학의 연구가 가능하게 되었다는 결과를 낳았다. 그러나 이 분야는 비교 문법의 유형을 확정하는 일반적 작업을 위해서는 너무 준비가 부족하였다. 그러므로 람스테트가 말하였듯이, 그룬젤의 비교 문법은 성숙되지 못한 것이었고 오히려 방해되는 예만을 제시했을 뿐이다.

알타이어 비교언어학의 시작은 람스테트의 이름과 연관되어지는데, 그는 현대 몽고 언어학의 창시자이며 저명한 터키어 학자이다.

람스테트는 핀노-위구르어학자로 출발하였다. 그러나 1898년에 당시 쓰이던 몽고 방언에 대한 자료를 수집하기 위해 몽고에 갔고 그 후에는 긴 시간을 칼묵어를 연구하는데 보냈으며, 몽고 언어를 연구했다. 대학에서 훈련받은 핀노-위구르어 학자이며 뛰어난 = 몽고어 학자이자 터키어 학자인 람스테트는 핀노-위구르말과 몇몇 알타이어를 알았는데 이론적으로만이 아니고, 그의 모국어인 핀란드말과 그가 현장에서 연구한 체레미스(Cheremis)어, 그가 대학에서 연구한 헝가리어, 그리고 그가 현지 조사 기간 동안 연구한 칼카-몽고어와 칼묵어를 말하기도 하였다. 결론적으로 그는 우랄-알타이어설에 관해 부정적 견해를 가지고 있었는데, 그것은 그 당시의 불완전한 문법이나 사전에서 발견되는, 의문스럽고 제한된 언어에 대한 부적절한 지식에서 기인된 것이 아니고, 그 대상에 대한 깊고 직접적인 지식에서 기인된 것이었다.

다른 학자들과 마찬가지로 람스테트도 그의 견해가 형성되는 대로 여러 발전의 단계를 거쳤다. 초기에 그는 알타이 공통어와 같은 원시 언어에 대해 회의적이었다. 그리고 몽고어와 터키어에서의 공통적 요소는 수세기 동안 일어난 상호 차용의 결과라고 믿었다. 그러나 후에 그는 이러한 견해를 변경하여서 몽고어, 터키어 그리고 만주-퉁구스어는 발생적으로서는 관련이 있고 한 개의 공통 기원, 즉 알타이 공통어에서 기원된다고 결론을 내렸다.

람스테트는 알타이어에서 많은 음성적 대응 관계를 확립하였다. 그는 소트 이후 상응 관계가 알려져 왔던 츄바쉬어의 r과 l이 각각 터키어의 z 및 š와 상응되는 것과 유사하게 몽고어 r은 터키어 z와 상응되고 몽고어 l은 터키어 š에 상응된다는 것을 알아낸 최초의 학자이다. 람스테트도 처음에는 그 전대 학자들과 마찬가지로 몽고어 r은 *z로부터 기원했고 몽고어 l은 *s에서 유래되었다고 믿었다. 그러나 후에 몽고어와 츄바쉬어의 r과 l은 터키어의 z나 š보다 오래되었으며 후자는 각각 *r과 *l로부터 발전했다고 결론을 내렸다. 현재는 이 나중의 견해가 대부분의 알타이어 학자들에게 받아들여지고 있으며, 오직 몇몇 학자만이 옛 개념을 고수하고 있다. 그는 또한 몽고어의 초성 n, d, ǰ, y가 츄바쉬어의 š와 터키어 *y와 대응한다는 것을 발견하였다. 또한 터키어의 -p, -b는 글말체 몽고의 γ와 상응되고, 터키어 ∅(묵음)은 중세 몽고어 h, 만주어 f-, 골디어 p-, 에벤키와 라뭇어 h-와 상응된다는 것을 설정했다.

람스테트는 연구의 범위를 음성적 대응 관계에 국한하지 않고, 형태론의 많은 문제점도 연구하였다. 비록 칼카어 동사활용에 대한 그의 업적이 지금은 진부한 것으로 여겨질지라도, 그것의 많은 부분은 아직도 유용하다. 몽고어와 터키어의 동사 형성에 대한 그의 연구는 아직도 알타이어 부문에서 중요한 업적 중 하나가 되고 있다. 또한 그는 알타이어 비교 연구의 개별적 문제들과 관련 있는 많은 논문들을 써냈는데 -i에서의 탈동사형 명사는 -m에서의 탈동사형 명사와 같은 것들이라 하였다.

알타이어 비교언어학 분야에서 람스테트에 의해 이루어진 모든 관찰을 요약한 것은 몽고어, 만주-퉁구스어, 한국어 그리고 터키어의 비교음운론과 형태론을 구성하는 그의 비교 문법이다.

한국어에 대한 그의 연구와 몽고어와 만주-퉁구스어, 그리고 터키어와의 문자적 대응 관계에 대한 그의 업적을 제쳐 놓고라도, 또한 람스테트가 그의 '비교 문법'에서 한국어에 대해 말한 것에 대한 토론에 들어가지 않고라도, 그의 '비교 문법'은 앞으로 행해질 모든 연구의 기초가 되리라고 단언할 수 있다. 람스테트의 '한국어 비교 문법 연구'에 관하여 말하자면, 그것들은 한국어 문제의 역사와 관련지어 다음에 이야기될 것에 관한 것이다.

결론적으로 람스테트는 음성적 대응 관계를 확고히 설립한 것, 형태론에 대한 많은 업적, 알타이어의 상호 기원적 유사성에 대한 매우 확충적인 이론 등 풍부한 문화유산을 남겨 놓았다는, 기억할 만한 업적을 남겼다.

그의 마지막 유저인 비교 문법에 따르면 알타이 공통어는 적어도 4개의 방언을 포함하고 있는데 그것은 원시 한국어, 원시 터키어, 원시 몽고어 그리고 원시 만주-퉁구스어이다. 울기가 원시 츄바쉬 터키어라고 부르는 원시 한국어와 원시 터키어는 아마도 본디 알타이어 영역의 남쪽 부분을 차지하였던 것이고, 원시 몽고어와 원시 만주-퉁구스어는 북쪽 영역을 차지하였을 것이다. 동시에 원시 만주-퉁구스어와 원시 한국어는 동쪽 지역을, 그리고 원시 터키어(원시 츄바쉬-터키)와 원시 몽고어는 서쪽 지역을 차지하였다. 물론 이것은 쉽게 증명될 수 없는 가설일 뿐이다. 그러나 그것은 미래의 연구를 위한 출발로서 유용하다.

람스테트의 생각들은 비옥한 땅에 떨어졌다. 그것에 대해 반응하고 그것을 발전시킨 첫 번째 학자는 러시아의 몽고어학자들이다.

그 당시, 즉 1923년 이전에 상트페테르부르크(Saint Petersburg, 지금의 레닌그라드) 대학의 몽고어학자인 블라디슬라브(Wladyslaw), 코트빗 츠(Kotwicz) 그리고 블라디미르초프(Vladimirtsov)는 람스테트의 업적에 흥미를 느꼈으며, 그의 방법과 그에 의하여 확립된 음성적 대응 관계뿐만 아니라, 그의 어원론의 대부분을 받아들였다.

람스테트의 이론을 능숙하게 받아들인 사람은 러시아 밖에서도 있었다. 널리 알려진 헝가리의 터키학자 줄리우스 네메트(Julius Németh)는 터키어와 몽고어의 유사성에 대해 처음에는 좀 회의적이었으나, 그도 역시 그것들은 서로 관련이 있다고 결론을 내리게 되었다. 네메트 이론은 람스테트의 것과는 매우 다른 점이 많은데, 그는 알타이어의 역사를 4단계로 나누었다. 그것은 1. 원초적 공동체 즉 기원적 유사성, 2. 츄바쉬어와 몽고어의 상호 영향의 시기, 3. 터키어와 몽고어의 상호 영향의 시기, 4. 몽고어에서 차용된 야쿳어의 시기의 네 단계이다. 그러나 이러한 네메트의 이론은 오늘날 받아들여질 수 없다. 왜냐하면, 츄바쉬어와 몽고어의 공동 시대는 결코 존재하지 않았음이 밝혀졌기 때문이다.

다른 헝가리 학자인 곰보츠(Gombocz)는 람스테트가 하던 연구를 계속하였다. 그의 중요한 업적은 만주-퉁구스어와 몽고어, 그리고 츄바쉬어의 r, l은 각각 터키어의 z, š에 상응되고, 만주-퉁구스어와 몽고어의 초두 d, n은 터키어의 초두 y에 상응된다는 것을 연구한 것이다. 또 하나의 매우 중요한 업적은 헝가리에서의 불가 불가리어의 외래어에 관한 그의 책이다.

곰보츠가 람스테트와 견해를 달리하는 것은 그가 터키어 z, š를 원초적인 것으로 본 점이다 그러나 람스테트는 그것들을 *r과 */에서 발전된 것으로 보았다. 람스테트는 츄바쉬어에서 소를 나타내는

văkăr는 원초형이 *öküz에서 터키어의 öküz로 발전된 것이라고 보았다. 그 외에는 람스테트와 곰보츠의 업적은 각각 상호보완적이다.

다시 알타이어학의 상트페테르부르크(Saint Petersburg) 학파에 관해 말할 때 그들이 람스테트의 방법, 어원론, 그리고 몇 개의 유보 조항을 붙여서 음성적 대응 관계에 관한 관찰을 받아들였다는 점이 기억되어야 한다.

람스테트의 업적에 기초하여 알타이어 비교 연구에 종사한 그 학파의 첫 번째 세대는 코트빗츠와 블라디미르초프이다. 이 두 학자는 모두 람스테트에 의해 확립된 음성적 대응 관계를 받아들였다. 그들은 또한 람스테트의 어원론을 받아들였으며, 그것들 중에 의심스럽거나 명백히 잘못된 것들만을 거부하였다.

많은 단어들과 접미사의 공통적 기원에 관해서 코티빗츠는 람스테트의 견해와 완전히 일치한다. 그러나 코트빗츠는 알타이어의 기원적 유사성, 즉 하나의 공통어로부터의 기원, 다시 말해 알타이 공통어나 원시 알타이어에 관해서는 람스테트보다 더 많은 지식을 가지고 있었는데, 이 문제에 대한 세밀한 언급과 알타이어에 속하는 언어들 사이의 상호 관련을 토의하는 것은 아래에 제시될 것이다. 그러나 람스테트가 그의 학자 활동의 말년에 알타이 공통어나 원시 알타이어, 즉 현재 말하여지고 있는 모든 알타이어의 선조가 있다는 것을 믿었다는 사실은 여기서 언급되어야 한다. 브라디밀초프는 알타이 공통어 문제를 포함한 대부분의 사항에 대해서 람스테트의 의견과 일치한다. 알타이어의 상호 관련성을 포함한 문제들에 대하여 이미 람스테트가 말한 모든 것과 관련이 있는 한 블라디미르초프의 알타이어 연구는 독창적이 아니라고 말할 수 있다. 이것은 블라디미르초프의 업적을 낮게 평가하려는 의미가 아니고, 그가 몽고어, 터키어, 만주-퉁구스어의 기원적 유사성에 대하여 아무 의심도 갖지 않았다는 것을 강조하고자 하는 것이다.

그러나 코트빗츠는 람스테트의 의견을 절대적으로 받아들이지는 않았다. 그는 알타이어가 문법 구조나 공통적인 접미사, 단어, 규칙적인 음성적 대응 관계 등 많은 공통적 요소를 가진다는 람스테트의 이론을 받아들였고, 비교 연구에 기초하여 많은 고대 형태의 재구성을 확립하였다. 그러나 그는 기원적 유사성은 결국 기원적 유사성이 닮은 형태를 설명할 수 있는 유일한 방법이며 그 공통적 요소들을 확립할 수 있는 방법이라는 것을 인정했다. 이런 견해에서 그의 유저인 『알타이어의 연구』는 매우 중요하다. 이 책이 유용하도록 영어로 번역되지 못하고, 불완전한 러시아 번역본만이 있다는 것은 유감스러운 일이다.

코트빗츠는 알타이어의 관계를 다음과 같은 방법으로 제시했다.

크리스챤 시대의 초기에 구조적으로 서로 유사한 터키어, 퉁구스어, 몽고어의 3개 어군이 있었는데 이것은 우리가 말하는 선조 터키어, 선조 퉁구스어, 선조 몽고어이다. 코트빗츠의 견해에 의하면 터키어는 몽고어에 강력한 영향을 주었고, 몽고어는 퉁구스어에 영향을 주었다. 지리적으로 볼 때, 이 세 개의 어군은 3개의 집중적인 원을 형성했을 것이다.

연구의 대상이 되는 언어를 관찰하는 데서 얻어진 유사성은 원래의 구조적 유사성과, 상호 접촉과 영향의 결과라고 할 수 있다. 이러한 접촉은 한국어를 포함하는 것까지 전개되었다. 코트빗츠의 이론은 그 결론 부분에 있어서만 람스테트의 것과 다르다. 람스테트는 언어의 기원적인 유사성과 동일성에서 결론을 내렸는데 코트빗츠는 접촉의 결과로서의 유사성을 설명하는 쪽으로 좀 더 기울어졌다.

코트빗츠의 제자이며 라들로프(Radloff) 모임의 일원이며 알타이어 문제에 대한 람스테트의 강의와 연설을 꼭 참석해 듣던 블라디미르초프는 그의 연구 초기에는 알타이어의 유사성에 대해서 그 자신의 견해를 더 가지고 있었다.

초기에 블라디미르초프는 알타이어족, 즉 기원적으로 관련 있는 어족의 존재가 결국은 증명되어 왔다고 생각했다. 블라디미르초프는 많은 공통적인 요소를 상호 차용의 결과로 해석했다. 즉, 터키어와 몽고어의 많은 단어들은 서로 빌려서 사용한 것이라는 것이다. 이것은 1911년 '몽고어에서의 터키어적 요소'라는 논문에서 주장했다. 그 후 15년간 몽고어, 터키어, 그리고 만주-퉁구스어 사이의 상호 관련성에 대한 문제를 푸는 작업 후에 그는 자신의 견해가 잘못되었음을 알게 되었다. 알타이어 비교 문법에 관한 나중의 연구인 그의 비교 문법(러시아어판)에서 블라디미르초프는 몽고어, 터키어, 그리고 만주-퉁구스어의 기원적 유사성에 대한 이론의 계승자로서의 입장을 분명히 했다. 거기에서 그는 몽고어는 터키어와 만주-퉁구스어를 포함하는 알타이어족에 속한다고 말했다. 이 세 가지 언어가 이전에 말하여지던, 같은 언어로부터 다르게 발전한 결과로서 조재하게 되었기 때문에 몽고어는 다른 두 개의 언어와 관련이 있으며, 몽고어, 터키어 그리고 만주-퉁구스어는 알타이어라고 불리우는 공통의 선조를 가지고 있다고 했다. 또한 몽고어는 알타이어가 발전한 형태의 한 종류이기 때문에 알타이어에 속한다고 했다. 이것은 블라디미르초프가 그의 연구 후기에서는 기원적 유사성의 가정에 기초한 알타이어 이론을 지지한 것이 분명하다는 것을 보여준다.

알타이어설은 다른 러시아어 학자들에게도 인식되었다. 블라디미르초프에 의해 형성된 알타이어 이론을 명백히 계승한 사람은 터키어학자인 바스카코프(Baskakov)이다.

"터키어의 발전사에서 가장 오래된 시기는 터키어가 몽고어와 별로 분화되지 않고 또 몽고어가 만주-퉁구스어와 별로 다를 바가 없었던 알타이어 시대였다"고 바스카코프는 그의 저서인 『튜르크스키 야지키(Tyurkskie yazïkï)』에서 말하고 있다. 비록 음성적 대응 관계의 어떤 면에서는 그의 생각이 람스테트나 블라디미르초프와 다를지라도 바스카코프는 알타이어의 유사성에 관해서는 그들의 견해와 근본적으로 일치한다.

알타이어 비교언어학에 대한 흥미 있는 기여는 러시아어 학자인 일리치-스비튀치(Illich-Svitych)에 의해 출판됨으로써였다.

소련의 다른 알타이어 학자인 산제예프(Sanžeyev)는 좀 애매하게 자신의 견해를 표명하고 있다. 그는 그의 논문을 블라디미르초프의 언어학 이론과 업적을 기리며 헌정하였는데, 거기에서 알타이 공통어의 개념에 대해 주장하여 결론적으로 연구 대상 언어의 기원적 유사성을 가설 이상의 것으로 취급하는 것은 학문적으로 성숙되지 못한 것이라고 말하고 있다. 또한 그는 알타이어의 기원적인 유사성이 증명되지 않았다고 믿는 리게티(Ligeti)의 말을 인용하면서 유사성이라는 이상적인 개념은 가설 이상의 것이 아니라고 말하고 있다. 그러나 그는 러시아어로 쓴 『현대 몽고어』에 실은 그의 논문에서는 몽고어가 터키어와 밀접하게 관련된 것으로 생각되며, 몽고-터키 공통어로부터 기원적으로 발생했다고 명시했다. 그가 어째서 한 해에 발표한 논문들에서 두 이론 사이를 떠돌아 다녔는가에 대한 이유는 명확하지 않다. 다만 『현대 몽고어』에서는 몽고어와 터키어는 일반적으로 밀접하게 관련지어져 있으며 한 선조에서 기원했다고 간주된다는 것을 표현하고, 그러나 산제예프는 그것을 믿지 않는다고 설명할 수밖에 없다. 그가 이런 것을 첨가했으면 그의 위치는 좀 더 명백하였을 것이다. 어쨌든 산제예프는 자신의 위치를 명백히 하지 못하였으며, 따라서 알타이어 이론의 계승자나 반대자에 대한 토론에서 제외되어야 한다.

알타이어 이론을 반대하는 자는 러시아어 학자 세레브레니코프(Serebrennikov)인데, 그는 알타이어학자들이 설정한 공식인 r⟩z나 d-, n-, ǰ-, y-⟩y 또한 i⟩š는 아직 증명되지 않았다는 견해를 가지고 있다.

람스테트의 추종자는 그의 제자인 핀란드 학자 펜티 알토(Pentti Aalto)이다. 그는 람스테트가 죽은 후 그의 '비교 문법'을 편집하여 출판하였다. 알토는 람스테트에 의해 확립된 음성적 대응 관계와 공통 접미사들을 받아들였다. 알타이어의 상호 관련성에 관해서 알토는 유사성 이론의 계승자이다. 알토는 알타이어가 서로 발생적으로 관계가 있다고 믿었으며, 이 계통의 학자들이 알타이어의 기원적 유사성에 대한 람스테트의 이론을 긍정적인 업적으로 받아들인 사실에 주목하였다. 이 계통의 학자들이 한국어에 대해서는 좀 불확실하였고, 본디 발생적인 유사성 문제와, 알타이어의 하부 줄기로서의 한국어 문제에 있어서는 갈팡질팡하였으나, 알토는 두 가능성 사이의 차이를 배격하였으며 본래적 유사성과 하부 줄기를 구분하는 것은 어려운 일이라고 하였다. 이것은 알토가 알타이어 이론을 유보 조항 없이 받아들인 것을 나타낸다. 더욱이 알토는 비록 오늘날은 알타이어와 우랄어의 원거리적 유사성을 인정하는 것이 가치 있는 일이라고 믿지 않는다 할지라도 두 언어의 원초적인 연관의 가능성은 거부하지 않았다. 그는 이런 면에서 람스테트의 제자이며 알타이어와 우랄 알타이어 이론의 계승자인 핀란드의 터키어학자 마르띠 라사넨(Martti Räsänen)보다 신중하였다.

알토는 「알타이어 초두 *p에 대한 연구」 등 한국어를 포함한 알타이어의 상호 유사성에 대한 그의 견해를 나타낸 많은 논문들을 출판하였다.

람스테트의 다른 추종자는 프리챠크(Pritsak)이다. 츄바쉬어와 불가리어에 대한 그의 연구에 표현된 견해는 이 계통의 학자들의 견해와 매우 밀접하였다. 그는 1958년 이래 우랄-알타이어의 연감(Ural-Altaische Jahrbücher)의 편집장이다.

알타이어 이론에 대한 더 깊은 토론으로 들어가기 전에 알타이어에 있어서 한국어의 위치를 정의하는 것이 필요하다. 한국어에 대해서는 그 파생 언어나 역사가 아직 충분히 조사되지 않았다. 그래서 다른 언어와의 관계가 몽고어나 터키어, 만주-퉁구스어에 비해 불분명하다.

일반적으로 한국어와 유사한 언어에 대한 이론과 가설은 다음과 같은 것이 있다.

1. 일본어와의 유사성

2. 드라비다어와의 유사성

3. 중국어와의 유사성

4. 인도-유럽어와의 유사성

5. 알타이어와의 유사성

1. 한국어와 일본어의 유사성 이론은 두 언어가 모두 교착어이고,

한국어에서 일본어에 영향을 미쳤든지 아니면 그 역으로 일본어가 한국어에 영향을 미쳤든지 간에, 또는 둘 다 중국어의 영향을 받았든지 서로 유사한 어간들을 많이 공유하고 있다는 점에 기인된다. 그러나 서로 차용한 것이 아닌 단어들의 유사성에 대해서는 아직 만족할 만한 답변이 없다. 그 결과로 몇몇 학자들은 한국어와 일본어가 모두 알타이어에 속한다고 생각한다. 이 이론은 아스톤(Aston), 가나자와(Kanazawa)와 몇몇 학자들이 주장했다.

2. 드라비다어는 인도에서 사용되는 말이다. 그것은 타밀(Tamil)어와 테루구(Telugu) 그리고 다른 많은 언어들을 포함한다. 굴절적 문법 구조를 가진다는 점에서 그것은 우랄-알타이어에 유사한 것으로 생각된다. 한국어와 드라비다어와의 친족성은 헐버트(Hulbert)가 주장했다.

3. 한국어는 수많은 것들을 중국으로부터 차용했고, 실질적으로 중국적인 요소로 홍수를 이루고 있다. 한국어는 그 어휘의 대다수를 중국으로부터 차용했을 뿐 아니라, 고대 중국어로부터 차용된 단어들의 고대의 음성적 특질을 보존하고 있기 때문에 고대 중국어 연구의 중요한 자원이 되고 있다. 에드킨스(Edkins)가 중국어와 한국어와의 상호 관계에 대해 처음 논의했는데 그는 몽고어와 중국어, 한국어와 몽고어와의 관계도 논의했다.

4. 알타이어와 인도-유럽어의 원초적 유사성에 대해서는 지지하는 학자들이 많다. 그런데 그들 중 한 명은 잘 알려진 터키어 학자인 카알 H. 멘제스(Karl, H. Menges)이다. 이 학설을 지지하는 학자, 특히 한국어와 인도 유럽어설을 지지하는 학자는 옌센(Jensen), 코펠만(Koppelmann)과 준케르(Junker)이다.

5. 한국어가 알타이어라는 것은 다른 어떤 이론이나 가설보다도

한층 더 확실하다. 그것은 폴리바노프(Polivanov)나 람스테트와 같이 일반적 이론으로 자신들을 제한하지 않고 자신들의 견해를 믿을 만한 근거를 제시하여 확증시킨 가장 뛰어난 언어학자들에 의해 제안되었다. 또한 블라디미르초프는 한국어와 알타이어의 친족성을 열정적으로 지지했다. 비록 그가 관찰한 것을 논문으로 써내지는 않았지만, 그는 구두로 한국어의 날(day)은 몽고어의 nara(sun)이고, 한국어의 돌(stone)은 몽고어의 질라군(čilaʏun)이고 알타이 공통어에서는 *t̡äla-gün으로 재구되며, 츄바쉬어에서는 줄(čul)이고 터키어에서는 퇴스(täš)라는 대응 관계를 인용했다.

더욱 중요한 것은 한국어와 다른 알타이어와의 관계에 대한 람스테트의 업적이다. 람스테트는 한국어가 알타이어이며 몽고어나 만주-퉁구스어, 츄바쉬-터키어와 같이 알타이 공통어에서 기원했다고 믿었다. 알토도 그 의견에 동의했다. 몇몇 한국어 학자들도 한국어가 알타이어라고 믿었다. 서울대학교 교수인 이기문 씨는 한국어의 기원을 그림과 같이 제시했다.

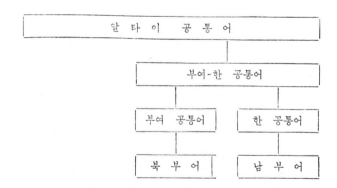

중세 한국어는 남부어에 속한 신라어를 기초로 해서 $\chi o \iota \nu \eta$ 의

역할을 한 고려의 출현으로부터 시작되었으며 북부어에 속하는 고구려어의 요소들을 흡수했었다.

오늘날에는 비록 몇몇 학자들이 한국어의 알타이어 기원설에 대해 의심을 가지고 있지만, 드라비다어나 중국어, 아이누어 또는 인도-유럽어와의 유사성보다는 알타이어에서 기원했다는 것이 더 타당하다고 보인다. 그러나 다음에서 제시되겠지만, 몇몇 학자들은 전체 알타이어 이론을 부정하고 있다.

그 당시 유용했던 람스테트나 그 계통 학자들의 알타이어의 비교 문법은 많은 기술 문법서나 개별 어군에 대한 비교 문법에 기초를 두고 있다. 그 당시 몽고어, 터키어 그리고 만주-퉁구스어에 속하는 언어들의 비교 문법 연구가 있었다. 몽고어에 대한 가장 오래된 비교 문법은 1929년에 나온 블라디미르초프의 책이다. 그러나 그 책은 미완성이 되었고, 지금은 받아들여질 수 없는 계통적 조직과 어원론을 포함하고 있는 쓸모없는 것이다. 몽고어, 만주-퉁구스어 그리고 터키어의 대응 관계에 대한 그의 부적절한 입장뿐 아니라, 몽고어에 대한 그의 관찰에도 많은 오류가 있었다. 그 외에도 받아들일 수 없는 많은 학설이 있기 때문에 그의 비교 문법을 사용할 때는 조심해야 한다. 그러나 이것 때문에 그의 업적을 부정적으로 판단하는 것은 아니다. 명심해야 할 사실은 블라디미르초프의 책이 30년 전에 쓰여졌다는 점이다. 그 당시는 모든 몽고어 중에서 오직 칼카, 칼묵, 그리고 부리앗 방언인 코리만이 알려졌으며 중앙몽고어는 연구되지도 않았다. 블라디미르초프의 책은 출판 당시에는 커다란 업적이었으며, 그것이 쓸모없이 된 것은 저자의 잘못은 아니다. 그리고 전체적으로 연구한 오르도스(Ordos), 몽구오르(Monguor), 다구르(Dagur) 그리고 부리앗(Buriat)을 내놓은 업적은 블라디미르초프의 책이 출판된 이후라는 점이다.

몽고어의 비교 문법은 이 계통의 학자에 의해서도 출판되었다. 블라디미르초프의 비교 문법이 음운의 비교만을 다룬 반면에 이 책은 음운과 형태의 비교를 모두 다루었다. 이것은 다른 알타이어와의 비교를 피하고, 그 대신 몽고의 글말과 중앙 몽고어, 부리앗, 칼카, 오르도스, 다구르, 몽구오르, 그리고 오이랏어를 포함하고 있다. 이것은 아직까지 가장 완벽하고 믿을 만한 비교 문법이며, 역사적인 문제와 음운 비교에 관련된 문제에 한해서 수정이 필요하다.

소련의 몽고어 학자인 산제예프도 몽고어의 비교 문법에 대해 저술하였다. 그러나 그것은 스탈린 숭배가 극에 달했을 때였기 때문에 스탈린의 연설문, 정치적 기술, 스탈린 찬양 등에서 많이 인용을 하였다. 이 책에는 매우 독특한 맛이 첨가되었으며, 그 결과 언어학과 정치적 선전을 혼합하여 알타이어 연구의 역사 가운데 독특한 것이 되었다. 그러한 내용 외에도 많은 실수가 있었다. 이것은 학계에서 이견 없이 거부되었으며, 따라서 추천될 수 없다. 몇 년 후에 몽고어의 동사 체계에 관한 두 번째 책을 출판하였는데 그것은 훨씬 좋아진 것이었고, 학계에서 인정할 만한 것으로 받아들이게 되었다.

터키어의 비교 연구를 진행하기 위해서는 1882년에 이루어진 라들로프(Radloff)에 의한 북부 터키어의 비교음운론이 제일 먼저 언급되어야 한다. 왜냐하면 그것이 그 계통에 관한 최초의 연구이기 때문이다. 그것은 결코 현대적 개념에서의 비교음운론이라고 할 수 없다. 왜냐하면 그것은 개별적인 터키어의 음소를 연구한 것이 아닌 소리를 연구한 것이고, 대응 관계를 설정한 것도 없고, 형태를 새로운 형태로 발전시킨 것도 없기 때문이다. 그것은 개별적 터키어에 기여한 각 논문을 모아 놓은 것인데, 모음과 자음이 일일이 열거되었다. 그것은 단지 다양한 터키어에서 발견되는 소리의 명세서이다. 또한 불완전하고 실수가 있으며 방법면에서도 쓸모가 없다. 그러므로 더 이상 사용될 수 없다.

터키어의 비교 문법에서 우수한 책은 핀란드 학자 마르띠 사라넨 (Martti Räsänen)에 의한 것이다. 첫 번째 책은 비교음운론을 포함하고 있으며, 두 번째 책은 형태론에 기여하고 있다. 이 책은 현대 비교언어학의 계보를 따라 저술되었다. 다른 책들과 마찬가지로 이 책도 약점이 있는데, 그것은 어떤 경우, 예를 들면 t->d-와 같은 것을 제시하기만 했을 뿐 어떤 설명도 하지 못한 것이다. 소리의 이동은 남서부어와 카라칼파크어에서는 산발적이고 빈번하다. 그러나 시간이 흐를수록 다른 언어에서도 역시 나타난다. 바꾸어 말하면 몇 개의 예에서 이 책은 오래 전에 알려진 것에 새로운 것을 첨가하지 않았으며, 몇몇 문제들은 전과 같이 미해결인 채로 남아 있다. 또 다른 결점은 표현상의 공백인데 이것은 그 업적을 비판하는 것이 아니고 마르띠 라사넨의 비교 문법이 터키어 비교언어학의 모든 문제를 해결한 것은 아니라는 것이다. 그러므로 해답을 얻기 위해서는 앞으로의 더 많은 연구가 있어야 한다. 왜냐하면 해답이 결여되었다는 것은 해답이 없다는 것을 의미하지는 않기 때문이다. 해답은 있지만 아직 발견되지 않고 있을 뿐이다. 그 외에는 라사넨의 연구는 아주 우수하며 현재에도 더 나은 것을 거의 기대할 수 없다. 그것은 터키어 비교 연구 분야에서 확립된 모든 것을 가치 있게 요약한 것이며, 그것에 존재하는 빈자리는 아직 해결되지 않은 문제들에 대하여 언어학자들의 관심을 집중시키는 데 기여할 것이다.

터키어에 대한 비교언어학은 소련에서도 출판되었다. 그것은 4권의 책으로 되어 있는데 첫 번째 것은 기술적이고 비교적으로 쓰여진 음성학에 대한 많은 논문들을 포함하고 있고, 두 번째 책은 형태론에 대해 쓴 선별된 선언문을 싣고 있다. 세 번째 책은 통사론에 관한 것이며 네 번째는 어휘론에 관한 것이다. 이 책은 실질적인 비교 문법은 아니며 비교음운론, 형태론, 통사론 그리고 어휘론의 연구를 모은 것이다. 그것은 많은 문제점에 대해 논하고 있지만 또한 다른 많은 문제들은 포함하지 못하고 있다. 논문들은 수많은 학자들에 의해 쓰여졌고, 유명한 고 드미트리에프(Dmitriev)에 의해 편집되었다. 논문의 질은 일정치 않지만 어느 논문도 주제에 완전히 일치되지는 않는다. 전체 제목은 '어키어 비교 문법을 위한 소재들'이다. 이것은 실질적으로 오직 소재만을 포함하고 있다. 이 책도 결국은 비교 문법서이다.

터키어 분야를 떠나서 만주-퉁구스어에 대해 논할 때, 찐찌우스(Tsintsius)에 의한 퉁구스어의 수많은 비교음운론이 있음을 기억해야 한다. 그녀의 연구는 만주 퉁구스어를 주의 깊게 서술하였고, 많은 소재를 포함하고 있으며 철저하게 정보를 제공하고 있다. 그것은 또한 어형 변화, 동사 활용, 파생접미사에 관한 도표를 포함하고 있다. 또한 비교음운론의 이론을 능가하는 것인데 러시아어로 쓰여지고 인쇄된 것이 거의 없어서 소련 이외에서는 겨우 몇몇 도서관만 이것을 소장하고 있다.

벤징(Bemzing)에 의해 독일에서 쓰여진 만주-퉁구스어의 간략한 비교 문법도 있다. 그 저자는 찐지우스의 문법에 많은 영향을 받고 있으며 그것은 결코 원래의 것은 아니다. 그의 문법은 찐찌우스의 것에는 훨씬 미치지 못한다.

터키어, 몽고어, 만주-퉁구스어 그리고 몽고어와 만주-퉁구스어에 대한 터키어의 비교에 대한 연구를 기초로 해서 후자의 상호 관계는 여러 학자들에게 다음과 같이 생각되어 왔다.

처음에 람스테트는 몽고어와 터키어가 기원하는 선조어에 대해 회의적이었다. 그러나 1916년에 그는 몽고 터키어의 공통어에 대해 언급했다. 람스테트가 알타이어 공동체가 소멸되어 가는 중간단계로서 몽고-터키어 공동체의 이전 존재를 믿었는지, 아니면 그가 몽고-터키어가 알타이어 공동체와 구별된다고 믿었는지에 대해 말하기는 어렵다. 다시 말하면 람스테트의 몽고-터키어 공동체는 알타이 공통어의 다른 이름이었다고 볼 수 있다. 이 의문을 명백히 하기 위해 다음의 도표가 제시되었다.

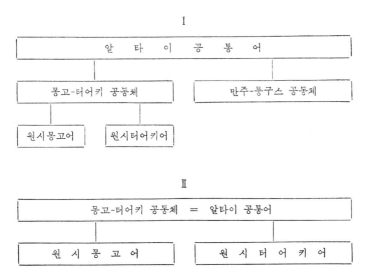

람스테트는 이 의문에 명확한 답을 주지는 않았다. 그러나 첫 번째 도표가 그의 이론에 더 잘 적용될 수 있을 것같이 보인다. 왜냐하면 그는 두 번째 도표에서는 적합할 수 없는 만주-퉁구스어에서의

대응 관계의 기초 위에서 초성 *p를 재구성했기 때문이다.

블라디미르초프는 1929년에 더욱 명확히 형상화하여 그의 견해를 다음의 도표로 설명했다.

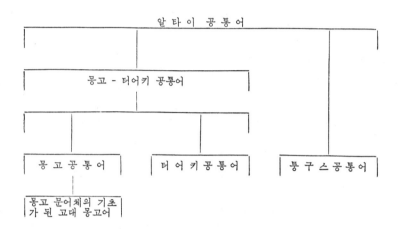

블라디미르초프는 확실히 앞의 도표 중 Ⅰ의 것을 따르고 있다. 즉, 그는 몽고-터키 공통어와 알타이 공통어를 동일시하지는 않지만 알타이 공통어와 몽고 공통어 사이의 중간 단계에 몽고-터키 공통어가 있다고 추정하고 있다. 다시 말하면 블라디미르초프는 알타이 공통어는 몽고-터키 공통어와 퉁구스 공통어로 나뉘어졌다고 말한다. 그리고 몽고-터키 공통어는 좀 후에 몽고 공통어와 터키 공통어로 나뉘어졌다고 했다. 결론적으로 람스테트가 Ⅰ의 도표를 더 선호했다면 블라디미르초프의 도표도 람스테트의 견해와 동일한 것으로 간주되어야 한다. 그러나 그렇지 않은 것 같다.

블라디미르초프의 개요는 바스카코프에 첨가나 변형 없이 반복되었다.

람스테트는 그의 '비교 문법'에서 터키어, 몽고어, 만족-퉁구스

(그리고 한국어)의 상호 관계에 대한 문제를 다시 언급했다. 거기서 그는 알타이어의 발생지는 만주에 있는 킹간산 부근일 것이라고 말한다. 킹간산은 두 집단의 경계 역할을 한다. 몽고와 터키의 선조가 살던 지역은 서쪽이고, 만주-퉁구스, 그리고 한국인의 선조가 살던 지역은 동쪽이다.

북 쪽
몽고인의 선조 | 만주-퉁구스인의 선조
터어키인의 선조 | 한국인의 선조
남 쪽

그러나 람스테트는 다음의 수정된 개요를 택했다.

만주-퉁구스의 선조
몽고인의 선조 | 한국인의 선조
터어키인의 선조

그는 언어를 구분하는 선이 1. 터키어가 한국어와 연결되고, 2.몽고어가 만주-퉁구스어와 연결되고, 3. 몽고어가 터키어와 연결되며, 4. 한국어가 퉁구스어와 연결된다는 사실을 도표의 기초로 삼고 있다. 언어 구분선을 연결하면 다음의 그림이 나타난다.

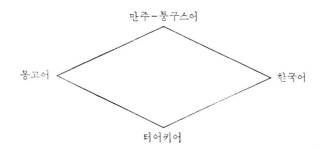

만주-퉁구스어

몽고어   한국어

터어키어

이 그림에서 보면 몽고-한국어 혹은 만주-퉁구스-터키- 공통어
는 분명히 존재하지 않았다는 결론이 나올 수 있다. 람스테트는 알
타이 공통어와 현재 존재하는 4개의 개별어 사이의 중간단계는 설
정하지 않는다. 그에 따르면 그 분할은 다음의 방법으로 일어난다.

Ⅰ. 만주-퉁구스어

Ⅱ. 몽고어

Ⅲ. 터어키어(츄바쉬어 **포함**)

Ⅳ. 한국어

같은 내용이 원으로 표현될 수 있다.

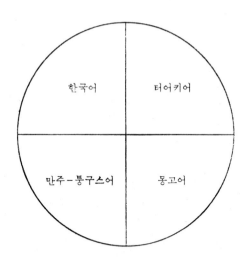

그러나 4개의 분파에서 일치점이 동시에 사라졌다는 것은 가능하
지 않다. 사실 몽고어는 다른 분파보다 만주-퉁구스어와 공통점이
많다. 한편 터키어는 한국어보다 몽고-만주-퉁구스-터키어가 아
직 존재하고 있을 때 나타났다고 추정된다. 끝으로 원시 츄바쉬-터

키어가 나타났을 때 그것이 원시 츄바쉬어와 원시 터키어의 모어가 되었다. 이 계통의 저자들은 연구대상인 언어들의 상호 관계를 다음과 같이 나타낸다.

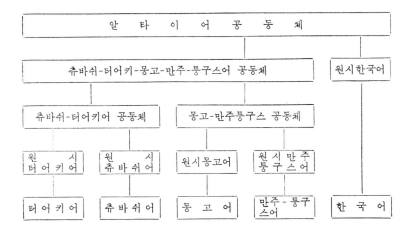

같은 내용을 원으로도 나타낼 수 있다.

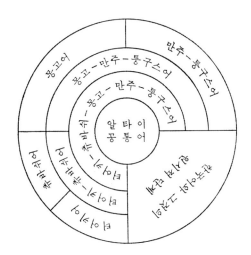

나중 도표가 알타이어의 언어 세계의 상황과 더 잘 일치된다. 의심스러운 연결은 한국어이다. 그러므로 스트리이트(Street)는 현재의 상황에서 사실과 더 밀접한 도표를 제시했다.

스트리이트는 원시 알타이어와 다르고, 미분화된 원시 북아시아어를 주장한다. 그것은 한국어, 일본어 그리고 아이누어로 후에 나뉘어졌다. 스트리이트에 따르면 원시 알타이어는 원시 동-서 아시아어로 나뉘어졌다. 원시 동알타이어는 원시 몽고어와 원시 퉁구스어의 선조이다.

스트리이트는 다음 도표를 제시했다.

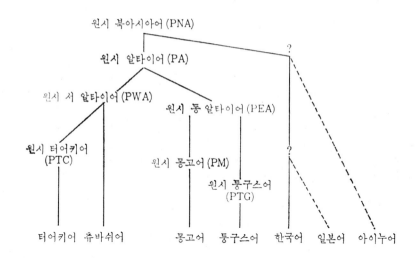

스트리이트와 다른 저자들과의 차이는 주로 한국어의 위치에 관한 것이다 포페가 알타이 공통어란 용어를 터키-몽고-만주-퉁구스-한국어의 가설적 모어로 응용한 데 비하여 스트리이트는 한국어가 원시 알타이어보다 더 이전 형태의 언어로부터 갈라져 나온 가설적 언어로부터 발전되었다고 믿는다. 터키어, 츄바쉬어, 몽고어

와 만주-퉁구스어의 관계에 관하여는 스트리이트의 개요와 이 계통의 학자들의 것과 일치한다. 이것은 용기를 북돋우는 결과이다. 왜냐하면, 츄바쉬-터키어, 몽고어, 만주-퉁구스어에 관한 견해에는 이견이 없다는 것을 나타내기 때문이다.

위의 도표가 글자 그대로 취해질 수는 없다. 그것들은 단지 도표일 뿐이다. 그 목적은 4개 분파의 음성, 문법, 형태, 어휘의 발전에 관한 상관적 연쇄를 보여주는 것이다. 이 계통의 학자들과 스트리이트의 도표는 한국어가 다른 언어들보다 전 단계에서 어떤 특성을 갖추었다는 점에 일치한다. 다른 단어들이 얼마동안 공통된 형태로 있을 때 한국어는 그 특징적 형태를 갖추었다. 같은 것이 다른 알타이어에 대해서도 말해질 수 있다.

결론적으로 토의 대상인 언어들의 밀접한 유사성이 일반 언어학자이며 한국어와 몽고어 학자인 마르틴에 의해 변호되었다는 것이 기억되어야 한다.

한국어를 포함시키든 제외하든 간에 터키어, 몽고어, 그리고 만주-퉁구스어, 즉 알타이어의 유사성에 대한 이론은 모든 학자들에 의해 받아들여지는 것은 아니다. 한국어의 입장은 더욱 불분명하다. 이 계통의 학자들은 한국어의 위치에 관하여 몇 가지 가능성을 인정한다. 1. 만주-퉁구스어와 터키어가 다른 것들과 관련이 있듯이 한국어도 다른 알타이어와 관련이 있다. 2. 원시 한국어는 알타이 공동체가 생기기 전에 갈라져 나왔다. 3. 한국어는 단지 알타이어의 기초만을 가지고 있으며, 근원적으로는 고대 알타이어에 흡수되거나 혹은 알타이어를 말하는 중간 개체에 부과되었을 뿐이지 알타이어가 아니다. 그러므로 한국어는 좀 더 토론의 대상으로 남겨져야 하며 오직 만주-퉁구스어, 몽고어, 그리고 터키어의 상호 유사성만이 다루어져야 한다. 그러나 몇몇 학자들이 반대하는 것은 만주-퉁구스어-몽고어-츄바쉬어-터키어의 유사성이다.

람스테트는 그의 '알타이어 연구' 초기에는 몽고, 만주-퉁구스어 그리고 터키어의 기원적 유사성에 대해 미정적이며 심지어는 회의적이었다. 그의 첫 번째 저서인 『칼카-몽고어의 동사활용에 관하여』 (1903)에서 람스테트는 일반적인 원시 언어와 원시 공동체에 대하여 회의적이라고 명시하고 있다. "만일 일정한 경계나 지역에 의해 분리될 수 없는 중앙아시아의 유목민들이 수천 년 동안 함께 살며 그들의 언어에서 차용의 99%가 시간이 지남에 따라 일어났다고 한다면 원시어 공동체가 있다고 하겠는가?" 하고 반문하고 있으며, 또한 몽고어와 터키어는 많은 공통 요소를 보이는 어형변화 때문에 서로 밀접한 것으로 여겨져야 한다고 덧붙였다. 퉁구스어와 만주어의 관계에 대해서는 당시의 람스테트에게는 명백하지 않았다. 그러나 그는 만주어와 몽고어에서의 공통 요소는 대부분 몽고어로부터 만주어로 차용된 것으로 보았다.

그 후 1907년에 람스테트는 그의 논문에서 터키어, 몽고어, 그리고 퉁구스어가 오직 구조적 유사성과 단어와 문법에서의 공통적 요소를 보이는 알타이어에서의 수사에 관해 지적하고 이것이 단지 상호 차용의 결과는 알타이어에서의 수사에 관해 지적하고 이것이 단지 상호 차용의 결과인지 아니면 더 오래 전의 단일성을 나타내는지에 관한 의문을 제기했다. 대부분의 연구에 의하면 알타이어의 유사성은 이 언어들이 왜 수사에 있어서 공통점이 없는가를 설명할 수 없는 한 아직 불확실한 가설일 뿐이다. 람스테트는 알타이어 문제는 원시 단어의 공통어로부터 몽고어와 터키어의 수사를 끌어내는 것이 불가능하기 때문에 아직 해결되지 않고, 수사의 가치는 상대적이라고 했다. 왜냐하면, 수사들 사이의 어원적 관계가 확립될 수 없음에도 불구하고 언어들이 관련되어 있기 때문이다.

그 후의 연구에서 람스테트는 연구의 관심을 어원론과 음성적 대응 관계에 집중시켰으며 마침내 알타이어는 기원적으로 서로 관계가 있다고 결론을 내렸다. 그러나 그가 처음에 가졌던 의문은 많은 학자들의 마음속에 남아 있다.

알타이어 이론을 인정하지 않는 학자들은 크게 두 집단으로 나눌 수 있다. 첫 번째 군의 학자들은 알타이어 이론은 아직 미숙하고 연구대상 언어의 유사성은 증거가 더 필요하다고 믿는다. 관련 학자들은 알타이어 이론을 부정하는 것은 아니지만 제시된 증거가 아직은 불충분하다고 믿고 있는 것이다. 그들은 알타이어 이론이 틀렸다고 말하지 않는다. 알타이어 이론이 틀렸다고 말하기 위해서는 그 이론을 반증하는 증거가 있어야 하기 때문이다. 그러므로 관련 학자들은 반대는 하지 않지만 보강된 증거를 요구한다. 이러한 주장은 그뢴베취(Grønbech)와 그의 제자인 크루에게로(Krueger), 그리고 리게티(Ligeti)가 했는데 리게티는 알타이어 이론에 대한 가장 중요한 문제를 해결할 수 있는 것은 비교 연구이기 때문에 알타이어의 비교 연구는 계속되어야 한다고 주장한다.

벤징(Benzing)도 비슷한 입장이다. 그는 우랄-알타이 공동체는 매우 논쟁거리가 된다고 믿는 반면 다수의 공통된 견해와 같이 알타이어의 상호 유사성은 증명되지 않았을지라도 가능성이 없는 것은 아니라고 본다. 그는 독일어로 쓴 『알타이어 연구 개론』에서 알타이어와 우랄-알타이어 사이에 선을 긋지 않는다. 그리고 양 집단에 대한 이론을 범위가 넓든지 좁든지 무차별적으로 다루고 있다. 알타이어 이론에 관한 벤징의 강조점은 람스테트가 알타이어 이론의 약점으로 들었던 공통 기원을 가진 수사가 없음에 두고 있다. 알타이어의 이론에 대한 벤징의 반대는 독자적인 조사의 결과가 아니고 람스테트가 오래 전에 가졌던 의문을 반복한 것이다. 벤징이 알타이어 이론을 거부하는 이유는 알타이어 학자들의 저서에서 발견되는 많은 의심스럽고 실수가 많은 어원론에서 기인된다. 람스테트는 자주 그의 기억을 더듬어 인용을 하였고 중국어나 티베트어 등으로부터 차용한 단어들을 비교했다. 이런 잘못된 자료들을 사용한 연구에 대한 벤징의 의문은 당연한 것이며, 그가 최근에 알타이어의 상호 유사성에 대한 이론의 가능성을 언급한 것은 그가 알타이어 이론을 거부하는 것은 아니며 다만 더 많은 증거를 찾는다는 것을 나타낸다.

벤징이 초기에는 알타이어 이론에 대하여 좀 부정적인 태도를 취했다가 나중에 관련 언어의 유사성이 가능성이 없는 것은 아니라고 보는 데 반하여, 시노르(Sinor)는 정확하게 반대하는 입장에 선다. 시노르는 초기에는 우랄-알타이어, 즉 알타이어의 유사성을 옹호하였다. 그는 원시 알타이어인, 즉 원시 알타이어의 원 사용자를 의미하는 원시민(primitive people)이란 단어를 사용하였다.

우랄-알타이어와 인도-유럽어 사이에 존재하는 관계, 그리고 알타이어와 인도-유럽어의 비교 연구를 말하면서 두 원시민이라 하는 알타이인을 언급하였다. "나는 알타이어와 인도-유럽어의 유사성에 대해 말하기를 원치 않는다. 그런 역사적이고 지리적인 점에서 연구 대상인 두 원시민이 지리적으로 이웃 이상으로 서로 관련되었는가 안 되었는가 하는 것은 결국 같은 내용이다."

시노르가 두 원시민-그 중 하나는 원시 알타이인-에 대해 말한 것은 중요하다. 말할 것도 없이 그 원시민에 의해 사용된 언어는 원시 알타이어이다. 여기서 시노르에 따르면 알타이어는 상호간에 기원적으로 관계가 있음에 틀림없다는 결론을 내릴 수 있다.

후에 시노르는 기원적 유사성, 원시민, 원시어 등의 개념에 대해 좀더 제한하게 되었다. 1952년에 그는 우랄-알타이어의 복수 접미사에 대한 논문을 발표하였다. 그는 복수 접미사에 관한 한 우랄 알타이어 사이에 밀접한 관계가 있음을 부인하지 못한다고 하였지만 그것을 기원적이고 일차적인 형태로 거슬러 올리지는 않았으며, 그의 논문이 더 많은 연구를 위한 보기가 될 것과 궁극적으로는 전체 우랄-알타이어 가설을 재조명하는 것을 유도하기 바랐다. 그러나 그는 알타이어의 유사성에 대해서는 언급하지 않았다.

끝으로, 우랄-알타이어의 지시접미사에 대한 논문(1961)에서 시노르는 핀노-위구르어, 퉁구스어, 몽고어에서는 접미사가 동일하나 터키어에서는 결여되어 있다고 논하고 후자의 환경을 알타이어의 다른 가지로 보았다. 그는 최근 발표에서 알타이어에서 공통 어휘의 존재를 부정하고 공통 요소들을 접촉의 결과라고 설명했다.

게라르드 클라우손(Gerard Clauson) 경은 이러한 이론에 기초를 두고, 알타이어의 기원적 유사성은 증명되지 않았다고 볼 뿐만 아니라, 그 반대의 증명, 즉 그들이 공통적 기원을 가지고 있지 않다는 사실을 증명하려고 한 점에서 그륀베치와 다른 학자들보다 더 강경하다. 게라르드경의 견해에 의하면 관련 언어들은 수사나 '말한다', '준다', '취한다', '간다', '음식', '말', '좋다', '나쁘다' 등의 단어에서 공통 요소를 발견할 수 없기 때문에 알타이어의 공통적 기원은 있을 수 없다고 했다. 그의 논문인 「알타이어 이론에 반대되는 사례」는 이 입장에 근거하고 있다. 그에 의하면 터키어와 몽고어의 어휘에 존재하는 고대 단어의 공통점은 터키어에서 몽고어로 고대에 차용된 것이다. 이같이 게라르드 경은 알타이어가 상호 관련이 없다는 것을 증명하려고 시도한 유일한 학자이다. 반면에 이 분야에서 그의 후계자들은 몇몇 알타이어가 다른 알타이어들이 소유한 것을 가지고 있지 않다는 사실로부터 도출된 의문과 결론을 표하는 정도로 자신들을 제한하고 있다. 알타이어 이론에 대한 솔직한 반대자는 도에르페르(Doerfer)이다. 그는 알타아이 이론을 완전히 부정하고 있으며 모든 공통적 요소들을 한 언어에서 다른 언어로 예전에 차용된 것으로 본다. 이 분야에서 그의 업적은 현대 페르시아어에서의 터키어와 몽고어 요소에 대한 저서이다. 여기에는 알타이어 이론에 대한 논박을 목표로 하는 긴 논문이 실려 있다. 이 논문은 책의 주제와는 관련이 없으며, 페르시아 문학에 나타나는 몽고 단어를 다룬 연구는 발견할 수 없다.

도에르페르의 태도는 두 가지 특징이 있다. 첫째로 그는 몽고어와 터키어에서 모든 단어의 공통점은 서로 차용한 것으로 본다. 둘째 그는 몽고어를 빌어 온 언어로, 터키어를 빌려준 언어로 본다. 몽고어의 형태가 이상하게도 모든 경우에서 거의 몽고어 형태와 동일한 재구된 원시 터키어에서 추론된다는 것을 그는 주목하였다. 도에르페르의 재구한 원시 터키어 형태는 대부분의 예에서 몽고의 글말 형태와 일치한다. 그리고 그는 차용 당시에 몽고어와 거의 같은 형태로 추정되는 터키어로부터 몽고의 글말 형태가 차용된 것으로 본다. 이같이 그는 현재 터키어에서의 y-와 그것의 발전 형태들에 의해 표현되고, 몽고어에서는 d-로 표현되는 원시 터키어 *d-를 재구했다. 예를 들면, *daγir에서 dayir로 되었고, 고대 터키어에서는 yaγïz로 표현되는 것 등이다. 그러나 그는 터키어가 y-의 형태만을 가진다는 사실을 부정했다. 현대나 고대에나 초두 *d-를 가진 터키어는 없다. 현존하는 터키어의 기초에서는 단지 *y-의 형태로만 재구될 수 있다. 그러므로 몽고어 *da γir는 원시 터키어 *da γïz로부터 유추될 수 없다. 왜냐하면 그와 같은 원시 터키어나 터키어의 형태는 없기 때문이다. 원시 터키어라고 재구성한 것은 실제로는 원시 터키어보다 훨씬 더 오래된 것이다. 그것은 알타이 공통어일 수밖에 없다. 고대 터키어 y-에서 원시 터키어 *y-의 형태를 재구할 수 있고 알타이 공통어 *d-를 재구할 수 있으며, 여기에서 원시 몽고어 *d-가 나오고 몽고어 d-가 되었다(고대 터어키어 y-〈 원시 터어키어 *y 〈 알타이 공통어 *d〉 원시 몽고어 *d〉 몽고어 d). 문제는 도에르페르가 다음의 논제를 증명할 증거를 제시하지 않았다는 것이다.

1. 왜 *yaqu는 원시 터키어 형태가 될 수 없는가? 왜 원시 터키어 형태는 *daqu가 되어야만 하는가? 고대든 현대든 어떤 터키어가 우리로 하여금 초두 *d-를 재구성할 수 있게 하는가?

2. 왜 몽고어 daqu는 터키어로부터 차용된 것이어야 하는가? 만일 원시 터키어가 *yaqu라면 어떻게 몽고어의 초두 y가 d로 전환될 수 있는가? 그와 같은 터키어 y에 대한 d의 대체가 증명될 수 있는가?

3. 도에르페르는 터키어가 몽고어로부터 타용된 yaqu를 가지고 있지 않다는 것을 어떻게 증명할 것인가? 만일 몽고어 형태가 터키어 형태보다 더 고대의 것이라면 왜 몽고어는 터키어로부터 차용해 와야 하는가? 왜 그 반대는 안 되는가?

4. 공통 근원으로부터 터키어 yaqu와 몽고어 daqu가 발전했다는 것에 대한 반증은 무엇인가? 왜 그런 발전은 불가능한가? 만일 이것이 가능하다면 어째서 *daqu를 원시 터키어라고 하는가? 왜 그것이 공통어나

원시 알타이어일 수 없는가?

이 질문들은 원시 터키어가 *daqu를 가지고 있었다고 주장한다면 대답될 수 없다.

이 논의에 결론을 내리면 도에르페르가 앞에서의 단어 비교의 대부분을 의심스러운 것으로 본 결과에 대한 그의 언급이 어떤 것에 대한 논박이 아니라는 것이 명시되어야 한다. 의심이 있는 사람은 그것을 표현해야 하지만 또한 그 이유를 제시하여야만 한다.

결론적으로 알타이어 이론의 옹호자들이 아직은 좀 더 유리한 위치에 있음이 기억되어야 한다. 그들의 견해는 확립된 어원론과 많은 예에 의해 확증된 음성 규칙에 기초하고 있다. 그러나 반대자들은 알타이어에서 공통 요소들이 차용되었다는 것을 증명해야 한다. 그들은 또한 몽고어 자료의 기초에서만 재구성될 수 있는 초두의 위치에서 원시 터키어가 모든 자음을 가지고 있다는 것을 증명해야 한다.

알타이어 이론에 관한 현재의 상황은 다음과 같이 요약될 수 있다. 일군의 학자들은 한국어를 제외하거나 혹은 포함한 알타이어가 기원적으로 관계가 있는 언어군이라는 것을 믿는다. 음성적 대응 관계의 성립된 법칙과 수사, 공통 접미사, 인칭 대명사의 동일한 구조, 그리고 통사론에서의 유사성 등의 증거가 람스테트와 같은 이 계열의 학자들에게서 발견되었다. 다른 학자들은 기원적 유사성을 확실히 증명된 사실로서 받아들이기를 주저한다. 그들이 꺼리는 것의 주된 원인은 공통적 수사의 결여이다. 또 다른 학자들은 분명하게 부정적 태도를 보이며 기원적 유사성을 거부하고 알타이어 이론을 논박한다.

람스테트는 처음에 관련된 모든 언어에서 수사의 공통적 요소가 없다는 것을 알타이어 이론의 약점으로 보았다. 후에 그에게는 다수의 음성적 대응 관계가 수사의 결여보다 더욱 중요하게 되었다. 현재 있는 것이 없는 것보다 중요하다는 것은 강조되어야 한다. 라틴어나 헬라어 혹은 영어에서의 산스크리트형의 어형 변화의 체계가 없다는 것이 이 언어들이 다른 인도-유럽어들과 관련이 없게 하는 것은 아니다. 영어와 다른 인도-유럽어를 관련짓는 것은 공통적 요소들이다. 그러므로 모든 알타이어에서 수사의 공통점이 없다는 것은 결정적인 요소가 아니다.

이것은 벤징(Benzing)에게서나, 모든 알타이어에서 공통적인 수사나 단어가 없다는 것에 기초한 게라르드 클라우손(Gerard Clauson) 경의 반대에도 언급되었다. 기초 단어에 관해서는, 어떤 단어가 기초적인 것이고 어떤 단어가 아닌지를 규정하기가 매우 어렵다. 게라르드(Gerard) 경은 "말하다, 주다, 취하다, 가다, 음식, 말(馬), 좋다, 나쁘다"라는 단어에 상응하는 단어가 모든 인도-유럽어에서 발견되지는 않는다. 그러므로 몽고어에서 터키어의 'eyi(좋다)'와 동등한 단어가 없다는 사실이 라틴어의 'bonus(좋다)'가 독일어나 슬라브어에서 결여된 것보다 더 중요한 의미가 있는 것은 아니다. 한편 위에서 열거한 단어들의 몇몇은 터키어, 몽고어, 그리고 통구스어에서 공통적이다.

1. 음식: 터키어 yä(먹다)=몽고어 ʝe-me(썩은 고기, 늑대에 의해살해되고 부분적으로 먹힌 짐승)=통구스어 je(먹다)
2. 말(馬): 터키어 at(말)=몽고어 ata〈agta(거세된 말)

3. 좋다: 터키어 aya=몽고어 aya(고상함, 적절함), ayatai(적절하다, 좋다)=
통구스어 aya(좋다)

4. 말하다: 고대 터키어 ay=몽고어 ayi-bu-r-či(수다스러운, 수다장이)

5. 취하다(to take): 터키어 al-(취하다)=몽고어 ali(주다)=만주어 ali(취하다)

이같이 이것들과 많은 다른 기초 단어들이 개개의 알타이어의 어
휘에서 결코 빠지지 않는다.

더욱 중요한 것은 대부분의 공통 요소들이 차용된 것, 즉 터키어에
서 몽고어로 차용된 것이라는 게라르드 경의 이론이다. 그의 논문인
「몽고어에 있는 가장 초기의 터키 외래어」와 저서인 『터키어와 몽고
어 연구』에서 그는 다음의 단어들이 몽고에 있는 터키 외래어의 전
형적인 예라는 것을 증명한다고 장담했다. 그 예는 몽고어 'dayin'은
원시 터키어 '*ðaγï(적)'에서 차용되고 몽고어 'nidurga'는 원시 터
키 'ñodruq와 같은 형태가 원시 터키어가 아니라는 데 있다. 그것이
실제의 원시 터키어 형태가 도기 위해서는 그것이 진짜 터키어에
의해 제시된 증거의 기초에서 재구성될 수 있어야 한다. *ðaγï에
대한 터키어는 오직 yaγï, yaṳ 또는 ĵaṳ(적, 전쟁)이 있다. 이 단어에서
d 또는 ð가 있는 터키어는 없다. 마찬가지로 초두 y(ĵ 등)가 있는 단어
가 기원적으로 *n 또는 *ñ을 가졌다는 증거를 보여주는 터키어도
없다. 이같이 사람ㅁ들이 터키어에 의해 제시되는 증거에서 초두에
있는 원래의 자음에 대해 어떤 결론을 내리기는 불가능하다. 이 단어
들이 *doq(또는 *noq), *dol(또는 *nol), *düz(또는 *nüz), *daz-(또는
*naz-)로부터 연유되었다는 증거는 터키어에서 찾아볼 수 없다. 언
급된 단어들의 가장 오래된 형태를 확립하기 위해서는 터키어에 의
해 제시되는 증거 이상으로 나아가야 한다. 조사 영역이 확대되어야

하며 몽고어와 만주-퉁구스어의 자료가 포함되어야 한다. 그러나 그와 같은 광범위한 연구의 기초 위에서 확립된 형태를 원시 터키어라 부르는 것은 부적절한 것 같다. 슬라브어와 불가리아어의 비교 연구의 기초 위에서 확립된 형태가 원시 슬라브어보다 오래된 것이고, 일반적으로 불가리아-슬라브어로 여겨지듯이, 또한 라틴어와 헬라어의 비교 연구의 기초 위에서 확립된 형태가 고대 이태리어나 원시 이태리어가 아니듯이, 터키어와 몽고어 자료의 기초 위에서 재구성된 형태는 원시 터키어가 아니고 터키-몽고어, 즉 알타이 공통어 또는 원시 알타이어이다. 몽고어 dayin(적)이 터키어로부터 차용되었다는 것을 증명하기 위해서는 원시 터키어 형태인 *ðaɣï가 있었음을 보여주어야 한다. 그리고 그것을 위해서는 *ð- 또는 *n-의 방향을 각각 명백하게 가리키는 터키어를 발견해야 한다. 다뉴브-불가리아어의 증거는 그것이 매우 드물고 언어학자들에 의해 인용된 것(dilom)이 무엇인지를 실제적으로 알지 못하기 때문에 주의 깊게 사용되어져야 한다. 그것은 뱀일 수도 있고 다른 무엇일 수도 있다. 게다가 d가 무엇 때문에 그곳에 위치했는지도 모른다. dilom은 /dilom/일 수도 있으며 /d'ilom=jilom/일 수도 있다.

원래 소리가 몽고어와 만주-퉁구스어의 기초 위에서만 재구성될 수 있는 한 연구 대상인 소리는 원시 터키어라고 명명될 수 없다. 인도-유럽어의 비교 연구에 종사하는 어떤 학자들도 헬라어, 라틴어 또는 범어 형태의 기초에서 재구성한 형태를 원시 독일어라고 부르는데 동의하지 않을 것이다.

결론을 내리자면, 알타이어의 기원적 유사성은 몇몇 학자가 믿듯이 명확하게 증명된 것이 아니라는 점에 주의해야 한다. 그러나 언어학자들에게 받아들여질 수 있는 반대 이유도 아직 나오지 않고 있다. 몽고어의 nirai(신선한, 새로운, 신생의)와 만주어 ńarxun(녹색)이 터키어로부터 차용된 것이라는 것은 언어학적으로 증명되지 않았다. 또한 터키어가 *nār(여름) 또는 *t̮āl(돌) 같은 형태를 가지고 있었다는 것도 증명되지 않았다.

제4장

한국어에 대한 학자들의 견해

1. 들어가는 말

앞 제1장에서는 알타이어를 연구한 학자들의 소개와 아울러 그들이 각각 어떤 알타이계의 언어를 어떻게 연구하였던가를 알아보았고, 제2장에서는 알타이어에 대한 학설을 여러 가지로 알아보았다.

그런데 제2장에서 본 바와 같이 한국어를 알타이어로 본 최초의 사람은 람스테트이고, 그의 제자 포페도 한국어를 조심스럽게 알타이어에 포함시키고 있다. 그러면 람스테트가 어떻게 하여 한국어를 연구하게 되었고 어떠한 면의 연구로 한국어를 알타이어라고 하기에 이르렀는가 보기로 하겠다.

먼저 람스테트의 『한국어 문법(Korean Grammar)』 서문을 소개해 보기로 하겠다.

유럽 여러 나라들의 백과사전에는 한국어는 그 어원을 모르는 언어로 설명되고 있다. 내가 일본에 머물고 있는 동안, 한국어에 대하여 흥미를

느끼게 되었다. 한국어의 어원 문제에 대한 나의 의문을 풀어준 최초의
실마리는 대명사 "이, 예 'this'"와 "제, 저, 'that'"였다. 이들 단어는 몽고어
및 터키어와 일치한다는 것이 분명하였다. 이 사실을 알고 나서부터는
마음이 들떠 곧 또 다른 관찰을 하게 되었는데, 나는 한국어의 연구에
정성을 다 쏟았으며 1924년부터 1926년 사이에 한국인 학생 류진걸―류
진걸은 한자로 柳珍杰이라고 쓰는데 이 분은 당시 동경유학생으로 경북
안동 출신이었음을 전 서울사대 교수였던 김형규 박사로부터 들어 알게
되었다. 김 박사님의 말씀에 의하면 수업시간에 유진걸 씨에 관하여 이야
기를 하였더니 어떤 학생이 손을 들어 그 분이 바로 저의 아저씨가 된다
고 하여 그 분의 한자 성함도 알게 되고 고향도 경북 안동이라는 것을
알게 되었다는 것이었다―을 나의 선생으로 모시게 되었다.

나는 한국에 가지도 않고 글말과 입말에 대한 자료들을 수집하였다.
이 자료는 내가 기회 있을 때마다 도쿄에 사는 수천 명의 한국인을 만나
서 얻게 되었다. 나는 유진걸의 도움으로 많은 한국의 서적들을 읽는
데 노력하였을 뿐만 아니라 내가 공무에서 벗어나 시간이 있을 때마다
한국에 관한 유럽인들이 쓴 유용한 문법서를 연구하였다.

내가 크게 도움을 받은 책은 언더우드의 『한국의 입말에 대한 입문』(요
코하마, 1914), 제임스 게일이 쓴 『한국어의 문법적 형식』(서울, 1916),
그리고 존 로스가 쓴 『한국어 문법과 어휘』(요코하마, 1882)에서 서로
다른 방언에 관해서 유용한 정보를 많이 얻게 되었다. 그리고 러시아어로
된 작으나마 좋은 사전(1904년에 Kazan에서 인쇄되었음)도 크게 도움이
되었다. 러시아어로 된 사전은 블라디보스토크 근방의 언어를 다루었을
뿐만 아니라, 북한의 방언을 다루고 있었다. 후에 내가 이 조금밖에 알지
못하는 한국어의 구조와, 특히 동사의 형태에 대한 나의 견해를 연구하기
시작했을 때, 나는 일본인 학자 마에마와 오구라 신뻬이 교수의 저서가

나오게 된 것을 알게 되었다. 나는 새롭지도 않고 아무 이용가치도 없는 것을 나에게 제공해 준 한국인들에 의하여 쓰여진 몇몇의 조그마한 문법적 편집물에 대하여 거의 언급할 필요를 느끼지 않는다. 한국어에 관한 대부분의 여러 가지 연구와 그 방언들은 오구라 교수가 수집하고 연구한 것이었다.

한국어의 구조를 이해하려는 나의 방법은—한국어 구조는 한문 뒤에 그 구조가 숨겨져 있으므로—여러 가지 면에서 유럽 문법학자들과 일본 학자들의 방법과 매우 다름을 알았기 때문에 나는 격변화와 굴절에 관한 주석을 완성한 연후에, 나의 한국어에 대한 지식이 필요한 만큼 충분하지는 않다손 치더라도 감히 한국어 문법을 엮게 되었다. 그러나 나는 몽고어나 만주어 및 터키어에 관한 약간의 지식을 가지고 있는 사람이라면 어법에 관한 사실들이 그들에 의하여 잘 받아들여질 수 있는 많은 재미있는 유사성을 이 문법서에서 발견할 수 있으리라고 확신하는 바이다. 그들은 한국어가 알타이 어족의 한 분파라는 사실에 동의하게 될 것이다. 나는 이미 이 견해에 대하여 조그마한 논문인 「한국어에 관한 고찰」에서와 「한국어의 주격후치사」에서 이미 선언한 일이 있다. 나는 원컨대 한국어의 어원 문제가 궁극적으로 바르게 풀려질 것은 물론 이 문법이 한국어의 특성과 구조를 이해하는 데 더 많은 이바지가 되기를 바라는 마음 간절할 따름이다.

이상이 1939년 헬싱키에서 람스테트가 쓴 『한국어 문법』의 서문이다. 위의 글에서 언급한 「한국어에 관한 고찰」은 1928년에 쓴 한국어와 알타이어와의 비교 연구 논문으로서는 세계 최초의 것이었으며, 「한국어의 명사 후치사」란 논문은 1933년에 쓴 것이다. 어떻든 람스테트가 『한국어 문법』을 연구한 목적은 한국어의 올바른 구조를 이해함으로써 한국어의 어원을 밝히고자 하는 데 그 목적이 있었음은 말할 필요도 없다.

그런데 람스테트가 최초에 한국어를 연구하게 된 근본적인 동기는, 제1차 세계대전이 끝난 후 핀란드는 독립이 되었을 뿐만 아니라 연합국의 일원이었던 일본의 지위가 세계적으로 높아짐에 따라, 핀란드 정부는 일본과 외교 관계를 수립할 필요성을 느끼게 되었다.

그래서 정부에서 헬싱키대학교 총장에게 귀교에 일본어를 아는 교수가 있느냐고 공문을 보내면서 만일 일본어를 아는 교수가 있으면 주일대사로 임명하겠으니 추천하라고 하였다.

그런데 마침 헬싱키대학교에는 일본어를 아는 교수는 한 사람도 없었다. 그래서 그 결과를 정부에 회신하였더니, 그러면 일본은 알타이어가 쓰이고 있는 지역에 있으므로 알타이어를 아는 교수가 있으면 추천하라는 공문이 재차 헬싱키대학교 총장 앞으로 내려왔다.

그런데 때마침 람스테트는 1817년 4월부터 헬싱키대학교의 교수가 되어 알타이어 강의를 하고 있었을 뿐만 아니라 알타이어과 주임 교수였다.

그래서 총장이 람스테트를 추천하였던바 1919년 가을에 주일 공사로 부임하여 일본에 오게 되었던 것이다. 1919년이라면, 우리나라는 3월 1일 독립만세운동으로 나라 안이 말이 아니었던 때였고, 더구나 일본으로 들어가 사는 동포들도 많았었다.

도쿄에 부임한 람스테트가 관찰해 보니, 도쿄 시내에서 일본말이 아닌 다른 말을 쓰고 있는 사람들이 많음을 발견하고, 대사관에 근무하는 일본인 서기에게 저 사람들은 어느 나라 사람이냐고 물었다는 것이다. 그랬더니 그 서기의 답이 한국인이라고 했다는 것이다. 그래서 람스테트가 한국인이면 왜 자기 나라에서 살지 않고 여기와서 사느냐고 물었더니, 그 1인의 답인즉 한국은 가난하여 살 수가 없으므로 돈벌이하러 여기에 와서 산다고 대답했다는 것이다. 그 말을 듣는 순간 람스테트는 "아차, 극동에 한국이라는 나라도 있느냐? 나는 지금까지 몰랐는데 여기 와서 비로소 알게 되었다. 참으로 재미있는 말이로다" 하면서 즉시 한국어를 연구해 보리라고 결심하고 백방으로 책을 구하고 공부를 하다가 결국 뜻대로 되지 않자 1924~1926년 사이에 유진걸이란 학생을 자기 개인 지도교사로 고용하여 한국어의 연구를 본격적으로 시작했던 것이다.

그런데 사실 당시는 우리의 표준말이 없었던 시대라 유진걸로부터 경상북도 안동의 사투리를 열심히 배웠던 것이다. 이와 같은 사실은 다음의 논문을 보면 알 수 있다.

2. 한국어의 명사 후치사

주지하는 바와 같이 영어와 유럽 여러 나라의 전치사에 일치하는 후치사는 실사 뒤에서 다소간 간접적으로 사용된다. 그리하여 그들은 격변화를 완성하게 되고 더욱 지정된 뜻을 부여함으로써 격을 대신하게 된다. 그들은 그들 자신이 실사, 즉 영어에서 예를 들면 for, amid, beside와 같은 명사적 후치사이거나 아니면 동사의 활용을 줄여서 이루어진 것들, 즉 동사적 후치사들이다. 이를 영어에서 예를 들면 regarding, concerning, except 등에서와 같은 것들이다.

명사의 후치사들은 선행하는 명사와 논리적으로 속격의 관계에 있다.

그러면서도 하나의 단일 형태(주격, 위치격, 줄여서 N 또는 L로 나타내기로 함)로 쓰이는 것이 대부분이다. 그러나 그들의 어떤 것들은 두 개나 또는 그 이상의 형태들을 가지게 된다(즉 위치격과 기구격들인데 줄여서 L과 I로 나타내기로 한다).

그 결합 "집-우에 'on the house'"는 "집의 우 'at the upside of the house'"를 나타내고 "집-위"로는 "toward 또는 along, 또는 form the upside of the house"를 나타내는데, 실사 위 'the over, the upperpart'로부터 'L ue'와 'I 위로'를 각각 나타내는 것이다.

이런 방법으로 더욱 강화된 선행 실사와 스스로 연결되어 자주 쓰이는데 그런 것에는 다음과 같은 것들이 있다.

1. 안테, 안트로: 이들은 영어의 for, before(a person), in the presence of, under the eyes of; by, to, in regard to, owing to 등등이다. "아바님안 테 말하였소"는 'I spoke to my father' 또는 'I told it, owing to my father'의 뜻이며 "도적놈 안테 죽었소"는 'be died owing to robbers' (〉he was killed by a robber)를 나타낸다.

   이 단어는 가끔 '혼티'또는 '한테'로 쓰이나 그 근원적인 어간 '안트 (ant')'는 'the fore'로 퉁구스말의 ant 'south', antaga(Mé-langes Asiat Ⅷ 358) 'the wind side'이다. 그리고 *ant'-ai(Loc), *ant'-āru(Instr)는 규칙저인 형태들이다.

   그러나 그들의 의미는 영어에서 역시 'for'를 가지는 것과 같이 종합되었다.

2. 안에(안애): 또는 안헤〈안해와 안으로 〈안흐로 'in'('between, among, amid')은 안(*anh) 'the inside'(also 'the inside of the garment')인데 그 근원은 안해(L=w=장소격) 'the wife', Nkor. 안칸 id.(〈'inner room), 안쪽 'the inner sides(of the legs)', 안팔 'the in and out of' 등등, 동안

'during' 우란 'the yard'(〈ul 'frnce'+an 'in')에서 왔다.

3. 아페(압페)〈알패와 앞으로(압프로)〈알파로 'fore, before, in the front of'; 산 앞으로 왔다 'came frpm this side of the mountain', 산 앞에 'before the montain', 그 앞에 'before that' (〉'earlier'), syn. 그 전에; 집앞에 'in the front of the house', 줄기 앞 'front, forehead'=turk alp 'foreman, for lighter, hero'(BROCKELMANN) and mo. albagud 'the Nobles'(〉Turk. alpaut Rl 430): cfr. Turk. alin 'forehead'

4. 아레(아래)〈알래 'under, beneath' is used as N: 아랜 니 'the lower teeth'(contra 운니 'the upper teeth), 아랫집 'the down house'(contra 웃집), L 아래 'on the underside'이다. 그러나 그것은 근원적으로 L의 'al'이다.

이 al은 아직도 집알 'the place under the house' 'the fundament'에서 찾아볼 수 있고 I(기구격)에서 알로 'downwards, upside'는 turk, al in altyn 'under' 그리고 (?) mo. ala 'the genitalia(〈'the downpart of the body', Rl 350)에서 찾아볼 수 있다.

5. 위에(우헤, 우회) 'over, up, above, on' ~위으로(우흐로, 우으루 Nkor. 〈북한말〉위우루)는 ü(determ. 위, G. ū-t-) 윗저고리 'upper garment, outside jacket'에서 윈니 'upper teerh' 윗사람 'a highclass man' 등에서 왔다. 어간은 ū(위)(〈*ug(~uŋ in čib-uŋ 'the roof'), =tung. u(〈*wg) in uilä 'over, on', uiski 'upwards' id. ugir-, 'aufheben' and mo. *ög in ögede(〉öde) 'upwards', ögse- 'to move upwards, to ascend' 등에서 왔다.

6. 쇠 'inside, heart' 그리고 속 id., L쇠에, 소게, I쇠으로, 소그로 'in, within' 은 아직도 쓰이고 있는 명사 쇠, 속에 대한 정상적인 조어이다.

이 실사는 몽고어 sugu, kalm어 sū, 'the ampit, under the arms' 'the bosom', GALE ansok, anssok 'wire pulling, secret'(〈*anh+sok 'inner heart') 등인 것같이 생각된다.

7. 끝 'end, aft, tail'은 실사로서 쓰인다. 그런데 끝에, 끝으로 'at the end of, after', Nkor. 끝이 'the agt. end'에서 후치사와 같이 사용된다. 어간 *끝~귿(?)은 cfr. mo. kitai, kalm, kitə 'enddarm, mastdarm', goldi kytta, kyta 'hinterteil des bootes'(GRUBE 31) and (?) Turk, Köt 'der Hintern' 등과 유관한 것 같다.

8. 갓 'side, nearness', 근원은 그트-(그따, 그타) 'to be like'〈'to align oneself to', 가치 'alike, together with', *갓갑->각갑다 'to be near'는 가테 'by, on the side of, beside, outside of, 가트로 id.'와 같이 사용된다. 어간 *같은; moi k-kat'(on the) mountain side' or 'mountain slope'=turk. *qat in qatynda 'by the side of'(Rll 275)에서 볼 수 있다.

9. '게테, 게트로'에서의 *걷 'by the side of, on the outside of, out of'; 역시 '게데, 게드로'로는 (받-간, 받-귿〉) 밖안, 밖은 'outside', 겁플 id, 귿도다(돌-) 'to turn the outside to'〉 'to be uncongenial', GALE 45 ket-por-an 'seeing the outside one judges the inside'에서 찾아볼 수 있다. 이것은 (8) *간의 변이 형태일지도 모른다.

   그러나 이것은 거죽~가죽 'skin, hide, fur'(=olča kačui, goldi χačui 'fur, pelt')와 걷(걷-옷, 갇-옷 'fur cloth'에서의)과 무슨 관련이 있을는지도 모른다.

10. 곁 'beside' 'apud'는 '겨테, 겨트로' 'to the side of, towards, near'에서 볼 수 있는데 orig.의 겯 'friend, supporter'와 같은 그런 단어가 여러 가지 의미로 사용된다. 즉 내 겨테 사난 사람 'a man who lines with me'. 강 겨트로 갔다 'be went to the river', 산겨테 'beside the mountain, near the mountain'. 이 *곁은 퉁구스어의 ӡukla 'towards or near the home'(그러나 ӡula 'in the home')에서의 -K-의 기원인 것처럼 보인

다. 그리고 ǯūduk은 'from the house'(ǯūdu 'in the house')이다.

11. *옆에, 옆으로 'at the side of, beside, by, near, with'에서의 *옆의 근원은 *옆 'sides, the ribs': 내 옆에 사난 사람=내 겨테 사난 사람; 아바님 옆에 사오 'I line with my father', 'under the wings or protection of my father', 산옆에 개천이 흐른다 'a liverlet flows along-side or under the shade of the mountain' 등에서 볼 수 있다.

   어간 옆, 또는 옆은 cfr. Tung.의 äptillä, öptilö 'rib', Goldi의 ōukölö 'near'(<ebkä?), turk의 öfkä, öpkä 'lungs'>'temper, anger', mo. ebčigün, kalm. öptsūn 'breast' 등에서 볼 수 있을 것 같다.

12. 밑 'base, bottom, sole, root. orgin, principle; anus'는 장소격 밑에 'under', I(기구격은) 밑으로: 나무 밑에 'under the tree'>'at the root of the tree'에서 사용된다.

   어간은 *밑인데, cfr. Turk. but(<*büt) 'foot', Tung. budge, bedgi(Neg, Goldi. Olča)<*bedgi, betgi, ma. betxe, Žučen budhie 'leg, foot, mo. *metkei~ *mötkei 'the forepart or the blade of the foot, kalm. mölkē id.이다.

13. 뒤 'back, behind, after'는 합성어에서 뒷집 'the back house', 집뒤 'the back of the house'인데 L은 뒤에()되에, 뒤에), I는 뒤으로()뒤이로, Nkor, 뒤우루) 'behind, back of'로 쓰인다. 어간 뒤이=goldi dui(duile 'behind'), due, due; ma. dube에서 볼 수 있겠다.

   일찍이 '뒤이'는 북쪽의 뜻으로도 사용되었다. 그와 같이 '앒'은 남쪽을 뜻하기도 하였다.

   '뒤에'와 '앞에'의 후치사적 용법은 대부분 sinokorean(지나계 한국어)에 의하여 대신하게 되었다. 즉 후('after'. 'behind')와 전('before')으로 예를 들면 입대 후에 'after this time' 'from now on', 전에 'before this' —

순전히 지방적인 의미를 제외하고는 지나식 한국어로 바뀌었다. 문 뒤에 'behind the door', 산 아페 'on this side of the mountain' 등에서 같이 한문화하였다.

14. 밧 'outside, the other side, farther away'인데 L에서는 밖에(〈밧께) 그리고 I는 밖으로(〈밧그로): '집 밖으로 갔소' 등과 같이 쓰이는데, 이들 외에도 여러 가지가 있다.

이 말 밖에는 다 밝소 'all, except this word is perfectly clear', 이 붇 밖에 없소 'don't you have any pens besides this', 조금 밖에 아니 기다렸소 'he did not wait but a little', 문밖에 'outside the door'. 줄기는 아마 *밧~*밝(cfr. Turk. bašqa 'acesser', 'ein anderer' R Ⅳ 1554)인데 역시 바꾸다 'to alterate, to change'(cfr. Turk. bašqala-'andern')에서 찾아볼 수 있다.

실사로서 '받'은 오늘날 때때로 L에서 '받에'와 '바제'(안팎 'in and out', L은 안팎에~안파제(?)~안파데)로 된다. 순수하게 지방적인 의미에서가 아니고 sino-korean에서는 외(〈chin, wai)〉we〉ö 'outside'가 가끔 사용된다.

이 외에 'beside this, over this, above this'.

15. 까지(~끄지 ~끝 ~껼) 'up to', 'untill과 till을 포함한다'; 입때까지 'untill now', 일본까지 'including Japan', 'as far as Japan'로 쓰인다. 때때로 까중('till-up', UNDERWOOD GR. 82:not elegant) 줄기는 긎~ 갓, S. 위의 '글'과 '-ㄲ-'는 속격의 중복이 남아 있는 것이다. cfr. Goldi-ǯi-či 'till'; erunči 'bis der zeit'(GRUBE 65 Oben).

16. 것치, Nkor. 거티 'similar to, as, like'; 나와 걷치 'together with me', 눈간치 'as snow', 우리 가티 'with us, like us' Nkor. 저 책과 가티 그리무 내 샀오 'together with that book I bought a picture'; 'I bought

that book and a picture', The verb 걷다(:거타, 거튼) 'to be similar, to be alike', Orig kat hā 'to side, to be aside'(cfr. 가깝다 'to be near'는 규칙적으로 실사 *거티 'similarity, (in) the similar wsay'가 주어진다.

17. 가지 'sort, kind', Nkor. 헌가지 'one sort, likewise, also, in the same way, of the same time as'에 있어서의 카지, 가지는 한데(S, N: O 25). 험끠 'at the same time as'(⟨hān+pkii)인데 'together with'의 뜻으로 사용된다.

동사 갇다(: 가자 : 가즌) 'to be in order'(갇추다와 함께 'to put in order', 갇치다 id.)는 실사 카지 'order, kind'=ma. χačin id, tung. gačin id. (MA Ⅷ 390 targačin 'ein solchei)를 갖는다.

18. 끼리 'among, amidst'(GALE 146: '끼리'는 대명사 복수의 힘을 가지지 마는 부류를 분리하는 뜻을 함축하는 대명사 및 명사와 같이 쓰이는 어미이다)는 근원적으로 '(along) the whole of'의 뜻을 가진다.
우리끼리 'among us, in our group', 우리끼리에, 우리끼리로 id. 여기의 kk-는 속격의 중복형의 잔재이며 그 단어 기리 'length'는 길다의 i-실사 'to be long'이다.

19. 어간에, 어간으로 'between'(지방에 따라)인데 이것은 지나계 한국어에서 온 말이다.
'어간'은 'a ball, a passage, a partition'의 뜻이다. '받어간에'는 'between the fields'의 뜻이다.

20. 중에, Nkor. '듕에, 둥에'는 'amidst, in, between'인데 이것은 지나계 한국어의 L이다. '중'은 'mid, the middle part'의 뜻이다.

21. 데에, 데로(L로는 '데, 데에', I로는 '대로, 데루')는 'instead of'의 뜻인데 지나계-한국어이다. '대'는 'plcae, subsitute'의 뜻인데, '이대로, 이데로'는 'instead of this'와 'just as this, like this, i accordance with this';

'뜻대로'는 'as possible.(〈*ptir *teiru)=ma. mutere i teile id.와 같다.

22. '-떤'은 집단에 있어서 'from' 'from home'의 뜻이며, '이딴' 'from here, starting here'은 Gen.+ejs 'boder, limit' 'a hem'이며 규칙적으로 활용되어질 수 있다. '제딴에'는 'by there'이오. '제따네셔'는 'from there'이다. 이 '단'에 대하여 cfr. Turk. jan은 'side'이고 o turk는 oɣuzdajan 'from the(side of) Oguz' 즉 oɣuzdandan, oɣuzdńan〈〉후에 Turkish oɣuzdan, jak. ińä-ttän 'from the mother')이다.

여기에 터키어 탈격의 현재 조어법의 근원이 있다. 즉, 그것은 일찍이 -da+jan인데 -da는 from의 뜻으로 사용되었고 jan은 'side'의 뜻이었는데 그것은 마치 täältä puolen, alta päin 등에서와 같다.

23. '-따위'는 'like, as'; '이따위'는 'like this', '사람 따위'는 'like a man, human' 'worthy of man',

여기서 우리들은 속격의 중복 '+디비'를 볼 수 있는데, '답다'에 대한 i-실사는 'to be like, to be becoming or worthy of…'의 뜻인데 '사람답다'는 'to be human'의 뜻이다.

이 '다비'에 대한 Turk.의 taby는 '-mässig, mässig'(BROCKELMAN Miteel Tük, Wortschatz p. 191)이다.

24. 다음 'after': L은 '다음에'요 I는 '다음으로'이다. '이 말 다음에'는 'after this word'의 뜻이다.

'다음'은 'the following, the next, the consequence'인데 이것은 동사 *taɣ-에서 온 것인데, 이는 또 몽고어 daga- 'to fllow'와 터키말 jaɣ 'to be near, to follow, to unite oneself to'와 같이 언급될 수 있는 것이다. 어원은 Turk.의 jaɣuq, 'near', 'jaqin(〈jaɣqun)' id. Tungs의 daga 'near'이다.

25. '한데'는 'together, with', 'in the company of'(흔-듸 'one+place'로 Syn.

의 '한가지, 함끠'는 '안테'(여기서는 첩자를 '한테'로 하면)와 가끔 잘 혼동된다.

26. '자리'는 'place, bed', 'in the place of', 'instead', 'owing to' 등인데 동사 '자-(to sleep'에 '-리'라는 실사가 와서 된 것이다(=Turk. ja-t-id). 그리고 가끔 Tungus와 같이 쓰인다. CASTREN ǯarin, Goldi ǯarun, ma. ǯalin 'because', 'owing to'

27. 과~와, Nkor. gụa, kụa는 'with, together with, and'인데 예를 들면 '말과 소' 'horses and attle' '소와 말' 'cattle and horses' '나와 같은' 'like me, similar to me', '네와 다르다' 'is different from you'.

근원은 애매하지만 분명히 tungus어의 asikú에서의 -ku 'with wife'='married', kysekú 'happy'(kyse 'happiness') amhanku 'possessed by a devil'(amhan)에서 왔을 것이다.

28. '처럼(처류, 처로)'은 Nkor.로는 '처리'인데 뜻은 'like, as, complying with, compared with'로 이것은 기구격 *-ru, -ro로 보이는데 Nkor.로는 각각 -ru~-ri인데, 이 말은 실사 '처, 츠(sinkor. 'with, desire', 'material')에 ham을 가한 것 같다.

더 나아가서 '때문에'(<*대 'place'), '까닭에'(kadălk 'reason')는 'because of'인데 kae 'beside'(ka 'border') 'riberside' 대신에 'as substitute for. representing'(대 'place'+sin 'body')와 많은 다른 것들을 나타낸다.

이상에서 람스테트가 1933년에 쓴 논문을 대충 번역하여 보았는데 지금부터는 여기에서 이 논문을 한 번 검토해 볼 필요가 있을 것 같다. 위의 28개의 후치사에 관하여 어원적으로 알타이어와의 관계가 있는 것만 골라 다음과 같이 우선 표를 만들어 보고자 한다.

후치사 일람표

No.	후치사	Tungus	Manchu	Turkish	Mongo	Goldi	기 타
1	안 테	ant (south)					
2	앞 에	alp 'fo-reman'			albagud (t-he nobles)		
3	아 래			al 'under'			
4	위 에	u 'over'			*ög (upwards)		
5	쇠 (속)				sugu (kalm) sü (the armpit)		
6	끝			köt (der Hintern)	kitai (kalm)	kytta hi-nterteil des bootes	
7	갇			*qat (by t-he side of)			
8	곁	ǯūkla 에서의 -k-의 어원이 됨					
9	옆			öfkä (lungs)	ebčigün (kalm)	öukölö (near)	
10	밑	bugde	betχe (leg foot)	but (foot)			Neg. Goldi. olča= *bebgi
11	뒤					dui (behind)	
12	밖			basqa (ausser) basqala (änderm)			
13	까 지					-ǯi, -či (till)	
14	가 지		χačin (kind)				
15	대 로		teiru (as possible)				
16	-딴			jan>-dan			Jak. inä-ttän (from the moth-er)
17	-따 위			taby (-mässig)			
18	다 음	daga (near)		ja γ-(to be near)	daga (to follow)		
19	자 리	ǯarin (because)	ʒalin (because)	ja-t-		ǯarun (because)	
20	과 (와)	-ku (with)					

그런데 이에 앞서, 람스테트가 말한 후치사에는 소위 국내 문법
학자들이 말하는 후치사(보조조사)와 명사가 포함되어 있는데, 람스

테트가 그의 저서인 『한국어 문법』 150쪽에 따르면 후치사를 다음과 같이 두 가지 종류로 나누어 설명해 놓았다.

즉 "그들이 선행하는 명사에 아주 밀접하게 결합하여 사용되면 후치사이고, 만일 선행하는 명사가 없이 후속하는 동사에 접속(연결)하면 부사가 된다"고 하여 정의하고 있는데, 따라서 여기서의 후치사는 오늘날의 모든 조사가 포함된다고 보아야 할 것 같다. 그런데도 위에서 지적한 바와 같이 후치사의 설정이 잘못된 것이 많으니, 우리는 람스테트의 연구를 상당히 비판적인 안목에서 보지 아니하면 아니 되겠다.

옆의 표에서 보면 참된 뜻의 후치사는 1(안테/한테), 13(까지), 15(대로), 20(과/와) 밖에 되지 않는다. 이들 다섯 가지만을 가지고 조금 비판해 보기로 하겠다.

첫째, '안테' 또는 '한테'인데 이것을 람스테트는 퉁구스어 '안트(ant)'에 대응시키고 있다. 사실 한국어의 '한테'는 '한+딕'로 두 단어가 합하여 '한 곳'의 뜻을 나타내는 조사이며 더구나, 순수히 우리말에서 이루어진 조사인데, 이것을 음이 비슷하다고 하여 '남쪽'을 나타내는 퉁구스어에다 대응시킨 것은 큰 잘못이라고 생각한다. 본래 어원이란 어디엔가 음운적, 의미적 그러면서도 통사적인 면까지라도 유사성이 인정될 때 동일계로 볼 수 있는 것인데, 이렇게 동떨어진 의미의 단어를 음이 비슷하다 해서 대응시킨 것은 용납되지 않을 것이다.

둘째, '까지'인데 이것은 골디어의 접미사 -ǯi, či와 상통하는 것으로 보고 있는데 이것은 상당히 일리가 있는 것으로 생각된다. 고대 한국어로 올라가면 '까지'가 '까+지'로 형성되었는지는 알 수 없기 때문이다. 그런데 사실은 '-지'는 한국어에서는 이 '-지'가 '-치', '-

아치' 등으로 쓰여 명사의 의미 내용에 관계하는 사람, 또는 그것에 종사하는 사람, 또는 고기 종류를 나타내는 일이 있다.

먼저 이에 관한 예를 김형수 교수의 논문 「한국어와 몽고어와의 접미사 비교 연구」 82쪽 이하에서 인용 참고하여 보기로 하겠다.

-치
   이-치(此者), 그-치, 저-치, 가온데-치, 장사-치, 동냥-치, 멸-치, 갈-치, 가물-치
-아치
   장사-아치, 동냥-아치, 벼슬-아치, 홍정-바치(지)
-바치/-와치
   갓-바치, 매-바치, 점-바치, 동냥-바치, 성녕-바치, 공장-바치, 공장-와치

위의 예에서 보는 바와 같이 '-치'나 '-아치', '-바치' 등이 와서 어떤 직업에 종사하는 사람을 나타내고 있는데 주로 하찮은 직업에 종사하는 사람을 나타낸다. 그렇기 때문에 '-치'는 고기에도 붙어 그 종류를 나타내는 것이 아닌가 여겨진다.

그런데 박은용 교수는 '-지'와 같은 계통의 접미사에 '아저씨', '아바씨', '어마씨'… 등에 쓰이는 '-씨'도 아마 '-지'의 이형태일 것이라 하고 있다. 예를 위의 논문에서 인용하여 보면 다음과 같다.

아빠-씨, 압-씨, 어마-씨, 엄-씨, 아주마-씨, 아짐-씨, 호랍-씨, 할마-씨, 오랍-씨, 오라바-씨, 하나-씨, 하납-씨, 아기-씨

등 얼마든지 있다.

이에 대하여 몽고 글말의 '-či'를 예로 보기로 하자.

adoγu-či(짐승 먹이는 이), arta--či(관청의 마부)

kügürge-či(풀무아치), jarru-či(재판관)

toγoγd-či(요리인), usu-či(뱃사공)

더구나 몽고의 입말에서도 나타나는데

alta-č(보석공), büree(나팔수), Gazar-č(안내자)

Gutal-č(신발만드는 이), mina-č(광부), nom-č(학자)

몽고어에서 보면 한국어에서는 얕잡아 말할 때 '-지/치'를 붙이는 데 반하여 몽고어에서는 반드시 그렇지는 않은 것 같으나, 풍속을 잘 알 수 없는 필자로서는 단언하기란 어려운 일이다. 그런데 몽고어에서 보면 동사어간에 -G-g(명사화 접미사)가 오고 다음에 -ü가 와서 역시 사람을 나타내는 수가 있으니 예를 보면 다음과 같다.

ažGla-Gč(관찰자), bütee-gč(창조자), iwee-gč(보호자)

nise-gč(비행인), Zasa-Gč(교정자) , Zoxio-Gč(창작자)

이와 같은 현상은 만주어에서도 볼 수 있다. 예를 보기로 하자.

명사+-ci

mori-ci(관청의 마부), namu-ci(창고인부), Seje-ci(관차에 붙어있는 시종인)

동사어간+-ci

erule-ci(옛날의 사형 집행인), Suru-ri(수부), giyari-ci(순경)

위에 든 -ci계 접미사 이외에 만주어에는 -si계가 또 있는데, 예를 몇 개만 더 들어 보기로 하겠다.

명사+si

beide-si(재판관), fonji-si(질문자), kiru-si(기병), muce-si(요리인)
usi-si(농부), yafa-si(채소)

동사어간+si

baica-si(각 부의 조마 다음 벼슬), beide-si(재판관), fonji-si(시험관)
giyari-m-si(순검), ulanbu-si(우체국원), ulebu-si(가축사육자)

이상에서 살펴본 바에 의하여 결론을 내려 보면 '까지'의 '-지'는 아마 여기서 말하는 '-지'와는 다르고 람스테트가 말한 골디어의 'till'을 나타내는 -či계로 보면 될 것 같으나, 한국어에서는 '까-'가 중심부이고 '-지'가 접사라면 과연 그렇게 보는데 그리 무리가 없을 지 의문이다.

셋째, '대로'는 오늘날 한국어에서 명사와 조사의 두 가지로 쓰이는데, 조사 '대로'는 만주말 teru와 비교가 된다고 하고 있는데 그 뜻은 'as possible'이라고 한다. 그런데 한국어의 '대로'는 아무리 생각해 보아도 possible의 뜻은 있는 것 같지 않다. 따라서 필자가 보기에는 이것도 소리의 유사함을 가지고 대비한 것이 아닌가 한다.

넷째, '과'와 퉁구스어의 -ku와의 대비이다. 이것은 두 나라말의 의미가 서로 같은 데서 이 두 말의 대비는 그 가능성이 있어 보인다.

이들 이외의 20개 단어의 대비 중 17개에 대하여 대충 살펴보기로 하면 2의 '앞'은 퉁구스어의 '앒'과 상통하고 3의 '아레/아래'는 터키어의 '알'과 통하며 4의 '위에'는 퉁구스어의 '우'와 같다. 그리고 7의 터키어 *qat과 같다고 볼 수 있으나, 고대 한국어가 '갓'이였던가 '가'였던가는 문제이나 이조시대만 하여도 '가'이고 보면 여기에도 문제는 전혀 없는 것이 아니다. 11의 '뒤'는 골디어의 dui와 뜻이 통하며 '두＋이'가 합하며 '뒤'가 될 수 있으므로 이것은 어느 정도 수긍이 가는 대비이다. 14의 '가지'는 만주어 χacin과 그 뜻이 통하는데 한국어의 '가지'는 나뭇가지의 '가지'와 무슨 관계가 있지는 않을까 하는 생각이 든다. 17의 '따위'는 터키말의 taby와 무슨 관계가 있을 법하다. 그러나 19의 '자리'는 퉁구스어의 ȝarin, 만주말의 ȝalin, 골디어의 ȝarin과는 그 음으로는 비슷한 것 같으나 그 의미에 있어서 너무 거리가 먼 듯하여 인정하기 어려운 점이 없지 않다.

사실, 말이란 문화가 높은 곳에서 낮은 곳으로 흘러 들어가는 것인데, 몇몇 단어의 유사성으로 그 나라말의 어원이 같다고 하는 것은 상당히 어렵지 않겠나 하는 생각이 든다. 이와 같은 사실은 오늘날의 영어가 일본과 우리나라에 얼마나 많이 들어와서 생활용어화했는가를 알아보아도 납득이 갈 것이다.

3. 한국어의 어원 연구

여기서는 람스테트가 돌아간 후인 1953년에 출판된『한국어 어원 연구』Ⅱ에 실려 있는 그의 서문을 소개함으로써 한국어의 어원에 대하여 그가 얼마나 확신을 가지고 있었던가를 보이기로 하겠다. 그 서문의 내용을 우리말로 옮겨 보면 대개 다음과 같다.

나의 논문「한국어에 관한 고찰」(MSFOU 58. 1928, pp. 441~445)에서 나는 고대 중국어나 후대 중국어에서 취하지 않은 한국어 단어들에 관한 어원에 관하여 뭔가를 출판해 낼 수 있다는 어떤 가능성이 있음을 피력한 바 있었다. 나는 퉁구스 사람들과 한국인에게 공통적인 단어들을 내 나름대로는 가지고 있었는데 그것들은 어떤 정도에서는 몽고어와 터키어에서도 역시 알려져 있는 것들이었다.

그러나 이 네 언어의 무리가 그 어휘에 있어서 지나문화의 영향을 너무도 심하게 받은 것을 보이므로 다음 어휘란에 SK(Sino-Korean=중국계 한국어)라고 단순히 표시를 한 많은 어휘들을 포함시키고 있다. 그런데 사실은 많은 경우에 있어서 한국어의 발음이 어떤 공헌을 했다는 것이 확실하지는 않으나 그렇게 하였다. 옛날에는 터키와 훈족의 조상들은 확실히 지나인들과 직접적인 접촉을 하였다.

그렇다고 해서 한국어와 몽고어와의 사이에 더 정확하게 말하면 원시 한국어와 원시 터키 사이에 직접적이고도 밀접한 접촉이 없었다는 것을 말하고자 하는 것은 아니다. 이와 같은 사실을 뒷받침하기 위하여 독자들에게 재미있는 경험, 즉 '아가리/아구리'라는 단어를 가지고 들려주기로 하겠다. 내가 일본말로 나의 한국어 선생이었던 유진걸에게 '구찌(mouth)'라는 단어에 대하여 물으니까, 그는 그 말을 '구(ku)'라고 번역하였다.

그러나 '구'는 지나어요, 지나어 기호의 이름이었다. 그래서 나는 한국인이 벌써 그들의 고유한 언어를 저렇게까지 잊어버렸는가 아니면 '입'이란 단어가 차용어인가에 대하여 상당히 의아해 하였다. 얼마 후에 나는 '입(mouth)'이라는 단어를 찾아보니 JAMES SCOTT의 사전에서 '입' 또는 '아가리'로 되어 있는 것을 알아내었다. 이 '아가리'라는 말이 나에게 큰 놀라움을 주었다. 1910년 이래로 나는 터키어의 -z-는 옛날에 구개음화한 -ɟ-를 가지고 있기 때문이다. 터키어와 특히 헝가리어 학자들은 터키어 -z-는 츄바쉬어 중에 있는 -γ-로 발달했다는 견해를 가지고 있었다. 그리고 이것은, 그리하여 터키 어원의 많은 옛 헝가리어들의 근원이 되었다는 견해를 가지고 있었다. 터키어 aγyz 'mouth'(osm. aγyz, koib. ās, kkir. ōz, Yak. vos⟨lōs⟨aγuz⟩)는 내가 알고 있는 바와 같이 고대의 *aγari 또는 aγuri에서 발달했다. 그래서 이 형태를 한국어에서 정확하게 발견하고는 크게 놀라지 않을 수 없었다. 다음날, 나는 한국인 친구에게 왜 그 말을 하지 않았는가 물었더니 그는 얼굴이 창백해지면서 화를 벌컥 내었다. 누가 당신에게 그런 창피한 말을 가르쳐 주더냐고 물었다. 그래서 나는 사전에서 찾아보고 알았다고 하였더니 그의 말이 그것은 아주 나쁜 말인데, 무식한 사람이 쓰는 말이라고 설명하였다. 그리고 또 말하기를 그 말은 깡패들이나 주정뱅이나 그런 하찮은 사람들이 싸움을 할 때 들을 수 있는 말이라고 하였다. 그러나 그 말은 나에게는 좋은 말이었고 내 생각에 역시 그것은 알타이어로 좋은 말이라고 생각되었다. 그것을 현재 경멸이라고 생각하는 것은 지나문화를 채용한 결과이다. 이 단어 aguri는 어간이 ag, a이며, 몽고어 ag와 같은데, 보통의 뜻으로는 '개방'을 뜻하는 말이다. 그리고 츄바쉬의 조상들이 '입'에 관한 말로서 *jeg aguŕ(upper opening)을 사용함으로써 그것을 밝힌 것은 아마 이 때문일 것이다. 그때로부터 오늘날 śᵊvar⟨śi-ᵊvar로 되었다.

이제 알아이어들의 음성에 관하여 몇몇 단어들을 보면, 그것은 고대 알타이어의 네 하위어군에서 공통어원을 가지고 있는 수백 개의 다른 어휘들 중에서의 aguri, a γ yz와 ag와 같이 모음들 특히 어간 모음은 고대와 현대 사이를 경과한 수천 년 동안에 변화하지 않았다는 현저한 안정성을 가지고 있다는 것을 증명하고 있다.

옛날 공통어에 있어서의 주된 발달 과정은 다음과 같았을 것으로 보인다.

근 원	a	o	u		y	ä	ö	ü	i
터어키어	a	o	u		y	ä,e	ö	ü,i	i
몽 고 어	a	o	u		i	e	ö	ü	i
퉁구스어	a	o,u	u		i,e	e̯	u	u,i	i
한 국 어	a	o,a̯	o		i	e̯	u	i̯	i

어간 음절의 모음에 관해서는 여기서 더 세론하지 않기로 하고, 나는 나의 저서인 『한국어 문법』의 47절에 관하여 언급하고 싶은데, 거기에서 한국어 모음의 a̯의 근원과 후대의 역사가 간단히 언급돼 있다. 둘째 음절과 같은 길이를 가지고 있던 첫 음절의 소멸은 patal(putal(putal?), Gold, patala 'girl'(이제는 한국어 '딸')인 단어의 경우와 같은 경우에 있어서 역사 이전의 한국어에서 일어나게 되었다. 또 paka-(puka-), 만주어 faxara- 'to shell'은 한국어에서는 kka(나의 문법 §.9,10과 11을 보라)와 같다. 자유협모음이 단모음화한 것과 같이 이와 똑같은 과정은 어디에서든지 일어나게 된 것처럼 가정할 수 있을 것 같다. 예를 들면, 한국어에서 'y(ni-)-' 'to load on the head'=Tung. ini- 'to load'이며 같은 타입의 다른 단어들도 있다. 둘째 음절과 그 다음 음절에 있어서의 모음에 관해서와 같이 일=반적인 경향은 단어의 축약화의 하나이다. 퉁구스어 sulaki 'fox'는 한국어에서는 salk, 지금은 sak(:sal-g) 'the wild cat'; 퉁구스―만주어

인 dere 'face, forms'는 한국어에서 tēl 등과 같다. 그러나 끝에 사용된 음절들은 아직도 보존되어 있고 어미는 자연적으로 자주 유사성에 의하여 다른 어미들로 확대되었다. 예를 들면, ak(ak-purí- '주둥이')와 agurí, agurí; tíŋ 'the back'와 ṭiŋgeri; aba 'father'와 abači; pēl 'a bee, an insect', pereg(<pereg), perekči, pelgeči 등등이다.

단어에서의 자음들의 위치는 분명히 매우 중요하다. 초성자음은 단어 중간에 있는 것과 다르게 다루어진다. 그리고 처음부터 다르게 다루어지는 것은 수적으로 극히 적은데 그 이유는 모음 사이에서 일어나는 모든 자음들은 단어의 첫 자음과는 같이 발음될 수 없었다. 그러므로 예를 들면, 그 모음은 어두자음군의 입안조음과 동시에 출발하지 않았다. 즉 동계어의 g, d, b는 여기서는 k, t, p이다. 그러나 ȝ는 c이다. 자음군의 세 계열 사이의 차이(k, kh, kk; t, th, tt; p, ph, pp; č, čh, čč; 역시 s, ss)는 반드시 고대의 것과 같은 것으로는 보이지 아니한다. 그리하여 지금도 유동적이다. 지금도 병행하여 일어나는 것을 볼 수 있는데, am-ṭalk, amtṭalk, amthalk, 'hen'; 옛날의 kkot과 방언의 kot(:koč-i) 'a flower'; pekkida 이외에 ppekkida(<pes-ki-') 'to ubdress another or to get undressed'; 옛날의 kal 이외에 kbal 'knife' 등이 있다.

알타이어에 있어서의 어두자음들의 자발적인 발달은 다음 표와 같이 요약될 수 있다.

	k	g	t	d	p	b	č	ȝ	j	ń	n	m	s
근　원 :	k	g	t	d	p	b	č	ȝ	j	ń	n	m	s
터어키어 :	k:q	k:q	t	j	-	b	č	j	j	j	j	m, b	s
몽고어 :	k:q	g:g	t	d	h, -	b	č	ȝ	j	n	n	m	s, ś
퉁구스어 :	k	g	t	d p, f, h, -	b	č	ȝ	j-	ń	n	m	s, h, ś
한국어 :	k	g	t	t	p	p	č	č	j-	n	n	m	s. h

210

초두자음은 물론 다소간 다음 음성 중 후속하는 모음에 의하여 영향을 받는다. 한국의 대부분의 곳에 있어서 ni, nia-(nja-)는 i-, ja- 등이 된다. 그리고 반대로 때때로 일어나는 n-은 어떤 다른 단어에 들어가게 된다. 그러므로 우리들은 il, nil(nir) 'work'와 같은 말을 듣게 되는데 이것은 터키어 iš, il-;과 같고 한국어의 nil- 'to rise'는 퉁구스어의 iḽi-와 골디어의 ele- 'to rise'와 같다. 그리고 우리들은 특별한 연구 없이는 그 단어가 근원적으로 i- 또는 ni-를 가지는가 어떤가는 알 수가 없다. 한국어 글말의 ni 'tooth'는 이제는 i이지마는 퉁구스어에서는 i-ktę, ij-iktę 'tooth'(cf. 몽고어 ilči, 'warmth', im, nim, 'testicles(불알)' 등)로 된다.

단어 중간의 자음들은 본래 단자음이거나 아니면 두 소리의 그룹이다. 그런데 이 그룹은 매우 제한이 되어 있다. 첫소리는 같은 기관에서 조음되는 자음이 후속하는 콧소리이거나 자음군이나 마찰음이거나 반모음 앞에 오는 유음은 다른 자음적 음성이 뒤따르게 된다. 일관성이 다른 어떤 그룹은 어중음의 소실에 의하여 이루어지는 것처럼 생각된다. 즉 모음의 탈락이라든가 아니면 어간자음을 자음적 어미로 결합시키는 따위이다 가능한 자음 그룹의 수는 한국어에서는 불과 몇 개로 줄어들었다. 그리고 이와 같은 감소 경향은 아직도 계속되고 있다. tạlk>tạk 'hen', pẹs-ki>pẹkki-, ppẹkki- 'to undress someone', isi-da>itta 'to exist', isi-kẹi> ikkẹ 'in order to exist' 등과 같다.

모음간 자음의 이리는 그 주된 특질에 있어서 다음과 같다.

근 원	k	g	t	d	p	b	č	ǯ	j	n	ń	l	l'	ŕ	r	m	n	s
터어키어	k	g	t	d	p	b	č		j	j	n	j	l	š,l	r	z,r	m	n	s
몽 고 어	k:	g-	t	d	-	b	č		ǯ	j	n	n	l	l		r	r	m	-	s
퉁구스어	k:	q	g	t	d	p	w	č		ǯ	j	n	ń	l	l		r	r	m	n	s,
한 국 어	k	k,-	t	d	p	w	č	ʔ		j,-	n	-	r		r		m	-	s,
	-,g	th	ph	čh														

글말에서, 모음 사이에서 발음나는 k, t, p, č는 g, d, b, ʒ와 같이 발음된다. 고대어에서는 물론 근원적인 -g- 와 -b-는 마찰음으로 발달하였고 모음 사이에서 나는 -j-, -ń-과 -n-과 같이 공갓길이 넓어졌으며 머음의 길이에 있어서 그 자취를 남기기도 하였다. 모음간음 t와 p를 제외하고 그 언어는 역시 -th-와 -ph-도 가진다. r과 l의 부합은 오래되었고, 치음 앞에서 이 소리는 (약음 r) 역시 나타나지 않는다. 축약한 음절에 있어서 t, d, s, č 등은 모두 t나 후두음군으로 변하게 된다.

위의 람스테트의 글에서 보면 '아구지'에 관한 이야기는 상당히 신빙성이 있어 보일 뿐만 아니라 중세 한국어의 '쏠'을 골디어의 소녀를 나타내는 patal과 대응시켜 설명한 것도 상당히 재미있는 일로 주목할 만하다고 생각된다. 더구나 "짐을 머리에 니다"의 ni도 퉁구스어의 ini-와 유관하다고 설명하고 있는데 이 또한 한국어의 어원 연구에 있어 간과해서는 안 될, 좋은 자료인 것으로 보인다. 이에 더하여 퉁구스어의 sulaki를 한국어의 sạlk(지금은 sak; salg-i)과 대응시킨 것도 재미있다. 그러나 음성에 관한 설명에 가서는 아직도 우리는 더 주의 깊게 검토하여야 할 것이다. 왜냐하면, 한국어에 초성자음 g가 있었다고 보는 점과 모음간의 자음 상음표에서 모음간에 k가 있다고 본 점 등이 의심스럽기 때문이다. 여하튼 우리는 비판할 여지는 있다 하더라도 람스테트의 연구를 바탕을 하여 앞으로의 한국어 조어의 규명에 더욱더 정진하여야 할 것이라 생각된다.

4. 알타이어의 특질과 한국어와의 관계

알타이어의 특질에는 다음 몇 가지가 있는데 이들 하나하나에 대하여 설명하면서 한국어와의 관계를 동시에 설명해 가기로 하겠다.

4.1. 모음조화(Vowel harmony)

모음조화란 체언과 용언 등과 같은 실사 중에 포함되어 있는 모음이 허사(조사, 어미)에 포함되어 있는 모음을 자기와 같거나 비슷한 소리가 오게 하는 현상을 말하는데, 현대 한국어에서의 모음조화는 상징어에서만 분명히 찾아볼 수 있을 뿐이다.

그런데 모음조화의 대표적인 예를 몇 개 보면 다음과 같다. 야쿳 터키말에서 a, o, u, ï들을 강모음이라 하고 ä, ö, ï들을 약모음이라 하는데 실사 중에 강모음이 있으면 허사 중에도 강모음을 오게 하고, 실사 중에 약모음이 와 있으면 허사 중에도 약모음이 오게 하는 현상을 참된 의미의 모음조화라 한다.

예를 들면, ogo(아들), äsä(곰), aga(아버지) 등의 복수는 ogo-lor, äsä-lär, aga-lar 등으로 되는 따위이며, 또 강모음으로 되는 보기로는 ogo-mu(아들을), aga-ni(아버지를) 등과 같다. 또 약모음으로 되는 예로는 äsä-nï(곰을)와 같다. 위의 예에서 보면 야쿳어에서의 모음조화는 강모음은 강모음끼리 어울리고 약모음은 약모음끼리 어울리며 강·약모음이 섞여서 쓰이는 예는 절대로 없다.

그러면 한국어는 어떤가 하면 위에서도 잠깐 언급하였지마는 상징어 이외에서는 모음조화는 거의 없다고 할 정도로 날로 파괴되어 가는 일로에 있다. 사실 훈민정음을 만들 당시에 있어서도 통계를 내어 보면 상당히 문란했다는 사실을 알 수 있다. 이와 같은 사실을 가지고 국내의 어떤 학자들은 한국어는 알타이어의 첫 번째 특성인 —제일 중요한 특징이기도 하지마는—모음조화가 날이 갈수록 점점 깨어져 가니 알타이계어와는 정반대현상을 보임으로써 한국어를 알타이어라고 할 수 없다는 것이다. 그러니 분명한 알타이어 중에서도 우즈벡어의 이란화 방언 중 모음이 6개 밖에 없는 것은 모음조화가 없으며 8개 내지 10개 모음을 가진 것은 모음조화가 있다고 한다. 따라서 모음조화가 반드시 우리말의 조어를 알타이어라고 보는 데 대한 절대적인 부인조건은 될 수 없다손치더라도 대다수의 알타이어가 모음조화를 날이 갈수록 잘 지킨다는 사실과 비교해 볼때, 한국어의 모음조화는 너무도 깨어져가는 일로에 있다.

4.2. 자음법칙(Law of consonant)

자음은 원칙적으로 모음과 결합하여 쓰이는 것이므로 pt, ps 따위와 같은 자음들만의 결합은 본래는 없었는데 후대에 발달된 것으로 보고 있다. 그런데 한국어에서 보면 중세어에서는 어두자음군 ps. pt. pt^h, pst. psk. st 등등이 있고 보면 이와 같은 현상도 알타이어의 특징에 많이 어긋나는 현상이라 하겠다. 그런데 람스테트는 한국어의 '딸'은 옛날 자음과 자음 사이에서의 모음의 생략에 의하여 그리된 것으로 보고 있으나, 왜어역어에 보면 썩을 シ卜ク라고 음을 달아 놓았는데, 이것을 보았을 때 과연 옛날 우리말로 떡을 '스덕'이라 했을는지 의심스럽기도 하다. 뿐만 아니라, 이들은 후대로 오면서 모두 된소리화하게 되었는데, 그 이유 또한 애매하여 한국어에서의 자음법칙은 다소 어려운 데가 없지 않다고 생각된다.

4.3. 두음법칙(Law of initial sound)

두음이란 말의 첫 음에 오는 소리를 말하는데, 말에 따라서는 말의 첫소리로 취할 수 있는 자음이 있고, 말의 첫소리로 취할 수 없는 자음이 있는데, 이와 같이 말의 첫소리로 올 수 있는 자음에는 어떤 규칙이 있는 것인즉, 이와 같은 현상을 두음법칙이라고 함은 이미 주지의 사실이다. 알타이어에서 일반적으로 인정되고 있는 두음법칙을 예로 들면 다음과 같다.

① 말의 첫소리에 거듭된 자음을 피함

싸모예드말과 핀란드어와 같은 것이 이에 속한다고 한다. 그러므로 거듭된 자음으로 시작되는 외래어는 여러 가지로 변화를 시킨다는 것이다. 예를 들면, 첫째 strand는 스오미말로는 Ranta로 나타내고, 에스토니아말로는 Randa라 하며 Glass란 말은 스오미말로는 Lasj로 나타내고 에스토니아말로는 Laas라 함과 같이 첫소리들을 떼어 버린 것이다. 둘째, Floren을 마지아르말로는 Foinr라 한 것은 둘째 자음을 떼어 버린 것이다. 셋째, stall을 마지아르말로는 Istallo라 함과 같은 첫머리에 모음을 더하여 표기하고 있다. 넷째 Prior를 마지아르말로는 Pejel이라 함과 같은 것은 중간에 모음을 집어넣은 것이다. 이와 같은 현상은 일본어나 현대 한국어에서도 볼 수 있는데 school을 한국어로는 '스쿨'이라 하고 일본어에서는 'スクール'라 함과 같다.

그런데 앞의 자음법칙에서도 자세히 말하였지마는 중세 한국어에서는 어두에, psk, pst, pt, ps, pt^h, st…… 등이 사용되었는데 이런 점으로 보면, 고대 한국어가 알타이어였겠는가 하는 점이다.

② 첫소리에 탁음을 피한다.

유라크, 사모예드말과 핀란드어에서는 첫소리에 탁음이 오는 것을 피한다. 타우지말은 b, dj를 쓰지 아니하고 예니세이, 사모예드말은 g, d 이외의 모든 탁음을 다 첫소리에 아니 쓴다. 일본어에서도 순수한 일본어에서는 탁음을 어두에 쓰는 일은 극히 드물다. 이에 대하여 한국어는 말의 첫소리로 탁음을 쓰는 일이 아예 없다. 이 특징은 알타이어의 특징에 합당한다.

③ 첫소리에 r(ㄹ)음을 피한다.

알타이어에서는 말의 첫머리에 r음을 사용하는 일이 전혀 없다. 일본어도 고유한 일본말에서는 ㅋ행의 첫소리를 사용하는 일이 없기 때문에 러시아를 '오로시아'라 하였던 것인데 근자에 와서는 교육의 힘으로써 그러한 발음 습관을 만들어서 'ㅁシヤ'로 발음하게 된 것이다. 이와 같은 외래어의 경우는 우리나라에 있어서도 쓰이고 있다. 예를 들면, 라이터, 라이카, 러시아, 라면, 라도시계, 라이온 즈클럽…… 등등 얼마든지 있다. 그러나 중세어에서 보면 라귀(석상 9: 15), 라온(초두언 7: 25), 러울(훈민정음 해례), 러피다(영가서 7), 렴통(구급간이방 1: 97), 로룻바치(초박통상 5), 림빅(악학궤범) 등과 같이 몇몇 단어를 볼 수 있으나 위에 예로 보인 말 중에서 '라온', '러울', '러피다', '로룻바치', '림빅' 등은 아마 우리말인 것 같고 한자음 계통에서 온 말은 ㄹ로 시작되는 것이 많다. 그런데 두음법칙에서 본 예에 비교하여 보면, 한자계 ㄹ어두음도 잘 사용하였다는 점을 가지고 보면 또한, 한국어가 알타이어 특징 중에 당당히 들어갈 수 있다고 할 수 있을는지 의심스럽다. 사실 오늘날 우리가 우리의 고유한 단어로 알면서 쓰고 있는 일상용어 중에는 지나계 한자어 음을 그

대로 따와서, 우리말 발음화하여 사용하고 있는 것이 너무도 많다. 몇 개만 예를 들어 보면 다음과 같다. 종지(鍾子), 덕석, 벼락, 바조(笆子), 광주리, 가지(茄子), 시근채(赤根葉)>시금치, 접시(뎌즈(楪子)), 사접시(츠뎌즈(磁楪子)), 조릭(쪼리(笊藜)), 호롱(火龍), 젹쇠(鐵撑 텨충, 덩충), 키(箕箕 보기, 붜기), 사즈(刷子 솨즈), 궤(櫃子 귀즈), 보(包袱 뽀부), 방마치(棒槌 방취), 작도(鍘刀 자쏘), 밧솔(篦」刷子 비솨즈), 먹(墨 머), 사공(梢工 쏘궁), 근두질하다(跟陡 근투), 점심(點心), 퍄하(百雄 버흥), 쇠새(翠崔 취쵸), 총이말(靑馬 칭마), 노새(騾子 로즈), 약피(駱駝 람뙤)……등등 얼마든지 있다. 이와 같이 단어 몇 개를 가지고, 우리말의 어원을 운운하는 것은 아주 삼가야 할 일이오, 어떤 법칙이 발견될 때, 우리는 올바른 우리의 조어를 믿을 수 있을 것이다.

4.4. 말음법칙(Law of final sound)

말음이라 함은 말의 끝에 붙는 소리를 말하는데, 이것도 말의 첫소리와 같이 말의 종류에 따라 제한이 있다. 알타이어의 말음법칙을 보면 말의 끝소리는 원칙적으로 모음 또는 자음으로 되고 간혹 중자음을 쓰는 일도 있다. 일본어나 만주어는 모음으로만 끝나는 데 반해 우리말은 모음, 단자음, 중자음 등으로 끝남은 주지하는 일이다. 그런데 우리말의 끝닿소리가 두 개 이상 쓰일 때를 보면, 그 다음에 모음으로 된 조사나 어미가 오면 두 받침 중의 하나는 그 토시나 어미의 초성으로 쓰이나, 단어 단독으로만 쓰일 때는 다음과 같이 발음된다. 즉 ㄼ, ㄿ, ㄺ, ㄻ 등은 ㅂ, ㅍ, ㄱ, ㅁ만이 발음되고 ㄵ은 ㄴ만이 발음되며 ㄾ, ㅀ, ㄽ 등은 ㄹ만이 발음된다. 그리고 ㅄ, ㄳ 등은 ㅂ, ㄱ만이 발음된다.

앞 두음법칙과 말음법칙 두 가지를 가지고 보면 우리말은 인도-유럽어와 유사한 면을 엿볼 수 있다. 왜냐하면 그 음절의 구성법이 같기 때문이다. skate는 cc+oo+c로 되어 있고 cream은 cc+o+c로 되어 있다. 이와 같은 구조는 '씨다'나 '뜯' 등에서 볼 수 있을 뿐 아니라, little과 같은 음절의 구조는 '닭'과 같은 단어에서 찾아볼 수 있기 때문이다. 그러므로 이런 점을 종합하여 볼 때, 유럽어의 구조가 알타이어의 구조와 거리가 있지 않을까 하는 생각도 전혀 없지는 않으나 몽고어에서 보면 onguča(배), gurbau(3), činga(엄중한), nikta(세밀한), ütgen(진한), terge(차) 등과 같은 단어가 있어 단어를 중심으로 한 음절의 구조를 가지고는 어떻다고 확실히 단언하기는 어려울 것 같다.

4.5. 문장의 구성법

알타이어는 부착어이므로 첫째 문장의 구조가 부차적 성질을 가졌고, 둘째 주어+목적어=동사와 같은 순서의 성분으로 되며, 셋째 수식어는 피수식어의 앞에 오는, 이 세 가지가 알타이어의 특질이다. 이들 이외에 알타이어에는 관사, 성, 관계대명사 등이 없는 것도 중요한 특질의 하나이다.

5. 언어의 계통적 분류상에서 본 한국어의 위치

앞에서 알타이어의 특질과 한국어와의 관계에서 살펴보았지마는 한국어의 몇 가지 면에서 알타이어의 특징에서 어긋나는 일면을 보왔다. 그러나 람스테트에 의하여 최초로 한국어가 알타이에 속한다고 주장함에 이르러 그의 제자에 의하여 오늘날까지 한국어가 알타이어에 속한다고 보는 이가 있는데 포페도 조심스럽게 한국어가 최근에 알타이어에 속하게 되었다고 말하고 있음과 같다. 이에 대하여 미국의 언어학자들은 대개가 한국어는 알타이어가 아니라고 주장하고 있어 참으로 계통적 분류상에서의 한국어의 위치는 묘한 처지에 놓여 있는 셈이다. 이제 유럽계 학자가 분류한 계통적 분류와 미국학자가 분류한 것과를 비교해 다음에서 소개하기로 하겠다.

5.1. 유럽 학자의 계통적 분류

이 분류표는 한결 선생님의 『한국문자급 어학사』에 의거하였음을 밝혀둔다.

    A. 인도·유럽어족(Indo-European family)

    B. 함셈어족(Hamito-semitie family)

    C. 우랄·알타이어족(Ural-Altaie family)

    D. 인도·지나어족(Indo-chiness family)

    E. 말레이·폴리네시아어족(Mnalay-polynesian family)

    F. 반투어족(Bantu family)

    G. 드라비다어족(Dravidian family)

    H. 아메리카어족(American family)

이제 이것을 더 자세히 하위 구분해보기로 하겠다.

A. 인도·유럽어족

(1) 인도·이란말(Indo-iranian)

　① 인도말(Indian)

　　i 고대 인도말

　　　ㄱ) 베다(Vedic)

　　　ㄴ) 범어(Sanscrit)

　　ii 중세 인도말

　　　ㄱ) 팔리(Pali)말

　　　ㄴ) 시머(Gāthadialekt)

　　　ㄷ) 프라크리트(Prakrit)

　　iii 근세 인도말

　　　ㄱ) 서북부어(Sindhi, Kashmiri, West Pānjabi)

　　　ㄴ) 중앙부어(East Pānjabi, Gujārati, Rajputāni, Hindi, Paharl, Nepāli)

　　　ㄷ) 동부어(Baiswäri, Bihāri, Marathi, Bengali, Assam, Uryā)

　② 이란말(Iranian)

　　i 고대 이란말(Old persian, Avestan)

　　ii 중세 이란말(팔시안 왕조, 싸사니 안 왕조 시대의 파기어)

　　iii 근세 파기말(회회교 치입 후의 파기(波斯語)

(2) 알메니아말(Armenian)

　　i 고대 알메니아말(Grabar라는 문학어, 교회어)

　　ii 중세 알메니아말(11세기 경~15세기 경까지)

　　iii 근세 알메니아말(15세기 경 이래의 말, 동서 두 파가 있음)

(3) 헬라말(Greek)

　　i 에올리아말(Aeolic, B.C.600년대)

ⅱ 도리아말(Doric B.C.600~2500년경)

　ⅲ 이오니아말(Ionic 대개 750~400)

　　ㄱ) 일리아드 오딧세이 시대의 옛 이오니아말

　　ㄴ) 미무넬무쓰 같은 에레지아의 시인으로 대표된 중세 이오니
　　　아말

　　ㄷ) 헤로도투스, 히포크라테스들이 쓰던 근대 이오니아말

　ⅳ 아티카말(Attic B.C.3세기 경의 헬라의 표준어, 문어가 되었던
　말)

② 중세 헬라말(11세기~16세기까지)

③ 근세 헬라말(16세기 이후)

아티카말이 기초가 되어 알렉산더대왕 이후 여러 가지 방언이 혼합
된 '코이네'란 공통어가 발달되어 왔다. 이 코이네에서 중세·근세의
헬라말이 발달하였음

(4) 알바니아말(Albanian)

(5) 이탈리아말(Italian, 또는 Rumanic)

① 루미니아말(Rumanian)

　ⅰ 다코·루마니아말(Daco-Rumanian): 루마니아와 지벤부룩 지방
　　에서 쓰이는 말

　ⅱ 마케도·루마니아말(Macedo-Rumanian): 헬라에 쓰이는 말

　ⅲ 이쓰트로·루마니아말(Istro-Romanian): 이쓰트리아에 쓰이는 말

② 레토·로만스말(Rheto-Romanian): 고대 로마 제국의 레티아(Rheetia)
지방어로서 지금의 스위스의 동부와 아드리아해 부근 지방에 쓰이
는 말

　ⅰ 그라운뷴드네르말(Grandundner)

　ⅱ 티롤말(Tirol)

iii 프리아울말(Friaul)

③ 이탈리아말(Italian): 토쓰카나 방언이 발달하여 된 협의의 이탈리아말

④ 프랑스말(French)

⑤ 프로벤살말(Provencal): 프랑스 남쪽에서 쓰이는 말

⑥ 에스파니아말(Spanish)

⑦ 포르투갈말(Portugues)

(6) 겔트말(Geltic)

① 깔리아말(Gallian): 북부 이탈리아와 스페인에서 쓰던 말인데, 이제는 소멸함.

② 키므로말(Gymric)

i 웰스말(Walsh): 웰스 섬에서 쓰이는 말

ii 뿌리톤말(Breton 또는 Aremorican): 뿌리타니에서 쓰이는 말

iii 코른말(Cornish): 코른웰에 쓰이던 말인데 이제는 소멸함

③ 까델말(Gadhelic)

i 얼스말(Erse): 스코틀랜드의 하일랜드 지방의 껠말(Gaelic)

ii 아일랜드말(Irish): 아일랜드의 껠말

iii 만 섬의 방언

(7) 게르만말(Germanic)

① 동부 겔만말

i 서고트말(West Gothic)

ii 동고트말(East Gothic)

iii 반달말(Wandalic)

iv 부르군드말(Burgund)

② 북부 겔만말

원시 노르드말(Urnordish)인데 한편으로 이에서 스칸디나비아, 아이슬랜드, 그린랜드 등지의 통일적 문자어라고 할 고대 노르드말이 발달하였고 한편으로는 고대 노르웨이말, 고대 아이슬란드말, 고대 스웨덴말, 고대 덴마크말, 고대 꾸르말들이 분립하게 되었다. 그리하여 각각 그 현대어의 근원이 되었다. 그러나 오늘날의 노르웨이말만은 고대 노르웨이말이 발달된 것이고 비교적 후대에 덴마크에서 갈린 것임

③ 서부 게르말

   i 영어(English)

   ii 프리스말(Frisian): 동, 서, 북의 세 갈래가 있음.

   iii 저부 독일말(Low German): 저부 프랑크말과 저부 삭센말의 두 가지가 있다.

   iv 고부 독일말(High German)

(8) 발트 슬라브말(Balto-Slavonic)

① 발트말(Baltic)

   i 고대 프러시아말(Old Prussian)

   ii 리트아니아말(Lithuanian)

   iii 레트말(Lettish)

② 슬라브말(Slavonic)

   i 남부 슬라브말: 쎌보·크로아티아말(Selbo-Kroatian)과 슬로베니아말(Slavenic)로 갈림

   ii 러시아말(Russian): 대 러시아, 백 러시아, 소 로시아의 셋으로 나눔

   iii 서부 슬라브말: 플랜드말(Polish), 벤드말(Wends), 보헤미아말(Bohemian) 골췌크말(Tcheck)과 슬로바키아말(Slovakja)들이 그

것임

B. 함셈 어족

(1) 함말(Hamitic)

　① 고대 이집트말(Old Egyptian): 이제는 없어졌음

　② 메모드말(Demotic): 이제는 없어졌음

　③ 콥트말(Coptic): 입말로는 죽은 말이나 글말로는 지금도 쓰임

　④ 리비아말(Libyan Berber): 이제는 소멸

　⑤ 누미디아말(Numidian): 이제는 소멸

　⑥ 소말릴랜드말(Somaliland)

(2) 셈말(Semitic)

　① 아라마익말(Armaic)

　　i 시리아말(Syrian): 소멸함

　　ii 아시리아말(Assyrian): 소멸함

　　iii 바빌로니아말(Babylonian): 소멸함

　② 카나안말(Ganaantic)

　　i 히브리말(Hebrew): 말은 없어졌으나 글로는 쓰임

　　ii 페니시아말(Phoenician): 소멸함

　③ 이디오피아말(Ethiopian)

　④ 아라비아말(Arabic)

　⑤ 시나이말(Sinai)

　⑥ 암하리크말

　⑦ 티론말

　⑧ 칼레아말: 소멸함

　⑨ 신 시리아말

C. 우랄·알타이어

(1) 우랄말(Ural)

  ① 사모아말(Samoyed)

    ⅰ 유라크말(Yurak)

    ⅱ 타귀말(Tagwi)

    ⅲ 예니셰이말(Yenisei)

    ⅳ 오스챡(Ostyak): 즉 오스챡·사모아말

  ② 핀노·우그리아말(Finno-Ugrian)

    ⅰ 핀말(Fin)

      ㄱ) 수오미말(Suomi) 즉 핀란드말

      ㄴ) 에스토니아말(Esthonian)

      ㄷ) 리보니아말(Livonian): 소멸해 감

      ㄹ) 크레비아말(Krevinian): 거의 소멸한 말

      ㅁ) 래프말(Lapponic)

      ㅂ) 췌레미쓰말(Cheremissian)

      ㅅ) 몰드빈말(Mordvinian)

    ⅱ 페르미아말(Permian)

      ㄱ) 시레니아말(Siryenian)

      ㄴ) 우오티야크말(Wotyak)

    ⅲ 우그리아말(Ugrian)

      ㄱ) 우오글말(Wogul)

      ㄴ) 오스챡말(Ostyak)

      ㄷ) 마지아르말(Magyars Hungarian)

(2) 알타이어(Altaic)

  ① 터키말(Turkish, Tataric, Tartaric)

i　야쿠르말(Yakut)

　　ii　위굴말(Uigus)

　　iii　알타이말(Altaic)

　　iv　바라바이말(Barabaic)

　　v　키르기스말(Uzbeks)

　　vi　바스키르말(Turkomans)

　　vii　우즈벡말(Nogai)

　　viii　털코만말(Turkomans)

　　ix　노가이말(Nogai)

　　x　쿠뮈크말(Kumuks)

　　xi　오스만말(Osmanlis, Ottoman)

② 몽고어(Mongolian)

　　i　동몽고어(협의의 몽고어)

　　　ㄱ) 찰차 몽고어(Chalcha-Mongolian)

　　　ㄴ) 샤라 몽고어(Shara-Mongolian)

　　　ㄷ) 샤라이골 몽고어(Schaigol-Mongolian)

　　ii　서몽고어: 즉 칼묵말(Kalmuks)

　　iii　북몽고어: 즉 브리에트말(Buryets)

③ 퉁구스말(Tungus)

　　i　협의의 퉁구스말

　　ii　만주말

　　iii　한국말

　　iv　일본말

D. 인도·지나어족

(1) 서부의 인도·지나말(즉 Tibet-Barmese)

　① 티베트말(Tibet)

　　　ⅰ 협의의 티베트말

　　　ⅱ 네팔말(Nepal)

　　　ⅲ 렙차말(Lepcha)

　　　ⅳ 디말말(Dhimal)

　　　ⅴ 북아삼말(North Assam)

　　　ⅵ 보도말(Bodo)

　　　ⅶ 나가말(Naga)

　　　ⅷ 카치말(Kachi)

　② 바르마(Barma)

　　　ⅰ 쿠커·틴말: 인도의 마니부르의 마이타이(Meithei)말까지도 포
　　　　함한 것임

　　　ⅱ 협의의 바르마말

(2) 동부의 인도·지나말(Siamo-Chinese)

　① 타이말(Tai)

　　　ⅰ 남부 타이말

　　　　ㄱ) 싸이암말(Saimese)

　　　　ㄴ) 라오말(Laos)

　　　ⅱ 북부 타이말

　　　　ㄱ) 아홈말(Ahom)

　　　　ㄴ) 캄티말(Khamti)

　　　　ㄷ) 샤니말(Shani))

　② 카렌말(Karen)

③ 지나말(Chinese)

   i 복부말(북경 관화)

   ii 남방말

      ㄱ) 점강 방언

         ⓐ 상해말

         ⓑ 영파말

         ⓒ 온주말

      ㄴ) 복건 방언

         ⓐ 복주말

         ⓑ 하문말

         ⓒ 산두말

      ㄷ) 광동 방언

         ⓐ 광주말

         ⓑ 각가말

E. 말라요·폴리네시아 어족

(1) 인도네시아말(Indonesian)

  ① 필리핀말(Philipines)

  ② 셀레베스말(Celebes)

  ③ 보르네오말(Borneo)

  ④ 자바말(Java)

  ⑤ 마수라말(Mazura)

  ⑥ 발리말(Bali)

  ⑦ 수마트라말(Sumatra)

  ⑧ 마다가스카르말(Madagasgar)

⑨ 말레이말(Malay)

⑩ 기타: 북은 바탄(Batan)제도와 대만, 동은 롬보크(Lombok)로부터
  뉴기니아 사이의 제도, 서남은 수마트라 끝의 시말루르(Simalur)와
  니아쓰(Nias)와 멘타웨이(Mentaway)제도에 이르는 범위의 방언

(2) 폴리네시아말(Polynesian)

① 마오리말(Maori)

② 통가말(Tonga)

③ 사모아말(Samoa)

④ 롤로통가말(Ralotonga)

⑤ 마르퀘사스말(Marquesas)

⑥ 타히티말(Tahiti)

⑦ 하오이말(Hawaii)

⑧ 샌드위치말(Sandwitch)

(3) 멜라네시아말(Melanesian, Micro-Melanesian)

① 카롤린말(Caroline): 미크로네시아

② 마샬말(Marshall): 미크로네시아

③ 길버드말(Gilbert): 미크로네시아

④ 뉴·헤브릴쓰말(New Hebrides): 멜라네시아

⑤ 피지말(Fiji): 멜라네시아

⑥ 솔로몬말(Solomon): 멜라네시아

⑦ 뉴·칼레도니아말(New Caledonic): 멜라네시아

⑧ 로얄리티말(Loyality): 멜라네시아

⑨ 비스마르크말(Bismarck): 멜라네시아

⑩ 뉴·기니아말(New Guines): 멜라네시아

F. 반투어족(Bantu)

(1) 동부 말

　① 산시바르말(Zanzibar)

　② 삼베시말(Zambesi)

　③ 술루·카피르말(Zulu-Kafir)

(2) 중부 말

　① 추아나말(Chuana)

　② 테게사말(Tegeza)

(3) 서부 말

　① 콩고말(Kongo)

　② 헤레로말(Herero)

G. 드라비다어족

(1) 문화가 열린 지방 말

　① 타밀말(Tamil)

　② 말라얄람말(Malayalam)

　③ 텔루구말(Telugu)

　④ 카나리스말(Kanarese)

　⑤ 톨루말(Tulu)

　⑥ 쿠다야말(Kudaya)

(2) 문화가 열리지 않은 지방 말

　① 코다말(Kota)

　② 투다말(Tuda)

　③ 꼰드말(Gond)

　④ 콘드말(Khond)

⑤ 라지마찰말(Rājimahal)

⑥ 우라온말(Uraon)

H. 아메리카어족

에스키모족을 제외한 아메리카 토인의 언어로서 그 수는 400 이상이라는 학자도 있으며 혹은 510 이상이나 된다는 학자도 있다. 따라서 그 계통적 분류가 불가능하다.

5.2. 미국 학자의 계통적 분류

세계언어학회에서는 한국어를 어원 미상의 언어로 다루고 있는데 발맞추어 미국의 구조주의의 창시자라 할 수 있는 부룸필드(Bloomfield)는 그의 저서 『언어(Language)』에서 세계의 언어를 계통적으로 분류하고 그 끝부분에 가서 말하기를 극동지방에는 그 어원을 알 수 없는 언어가 4개가 있다고 하여 한국말, 일본말, 아이누말, 길약(Gilyak)말의 네 개를 들고 있다. 이에 따라서, 그의 후학의 한 사람인 글리슨은 그의 『기술언어학 입문』의 제28장에서 세계의 언어를 계통적으로 분류하면서 한국어를 독립된 언어로 분리, 분류해 놓고 있는데 그것을 모두 소개하면 다음과 같다.

A. 인도-유럽어족

1. 겔만어족

(1) 영어-프리시아어계: 영어, 프리시아어(Frisian)

(2) 네덜란드-독일어계: 독일어, 네덜란드어, 플랜터어(Flemish)

(3) 스칸디나비아계: 덴마크어, 스웨덴어, 리크스말어, 랜드말어, 아이

슬란드어

〈옛기록〉 고딕어, 고대 아이슬란드어, 고대 색슨어, 고대 고지 독일
어, 고대 영어

(4) 겔트어계(Geltic): 브레톤어, 웰쉬어, 에이레어, 스콧트게일어

(5) 로만스어계: 포르투갈어, 스페인어, 불어, 이태리어, 루마니아어
〈옛기록〉 라틴어

(6) 슬라브어계: 러시아어, 뷔엘로 러시아어, 우크라이나어, 폴란드어,
카젯크어, 슬로바키아어, 세르보크로아티아 불가리아어
〈옛기록〉 고대 쳐어취 슬라브어

(7) 발틱어계: 리투아니아어, 라트비아어

(8) (알바니아어)

(9) (미국어)

(10) (희랍어) 〈옛기록〉 고대 희랍어

(11) 이란어계: 쿠루드어, 페르시아어, 아프칸어, 블로키어
〈옛기록〉 고대 페르시아어, 아베스탄어, 팔라비어

(12) 인디어계: 힌디어, 우르두어, 베가리어, 앗사미이스어, 오리야어,
마라티어, 구제라트어, 신디어, 판자비어, 카쉬미르어, 네팔어, 신
하레스어
〈옛기록〉 산스크리트어, 프라크리트어

(13) 토카라어

(14) 일리아어와 프리그어

(15) 힛티테어

B. 핀노-위구르어족
핀란드어, 에스토니아어, 헝가리아어, 라피어, 모르드비어, 체레미스

232

어, 보트약어, 사모이드어

C. 알타이어족
  (1) 터키계: 터키어, 아제르바이얀어, 키르기즈어, 우즈벡어, 투르크멘어, 카자크어
  (2) 몽골계: 몽고어
  (3) 퉁구스-만주어계: 퉁구스, 만주어

D. 코카시아어계족
  (1) 남부 코카시아계: 조오지어, 밍크렐어
  (2) 북부 코카시아계: 아브카시아어, 아바르어, 체첸어, 카바르디어

E. 바스크어족

F. 아프리카계 아시아어족(함·셈어족)
  (1) 셈어계: 헤브류어, 아랍어, 압하리어, 티그리어, 티그리나어, 게메즈어
    〈옛기록〉 아카디아어, 수메리아어, 아라마이어, 시리아어, 푸니크어, 헤브류어
  (2) 함어:
    ① 이집트어, 코프티어
    ② 베르베어계: 카빌레어, 쉬일어, 제나가어, 투아레그어
    ③ 쿠시티어계: 소말리어, 칼라어, 베야어
    ④ 차드어: 하우사어

G. 차리-나일어족

　(1) 닐로티어계: 딘카어, 누에르어, 쉴루크어

　(2) 중앙 수단어계: 바기르미어, 모루어.

H. 중앙-사하라어족

　(1) 카누리어

I. 니거-콩고어족

　(1) 서대서양어계: 템네어, 불룸어, 울로프어, 푸말리어

　(2) 만딩고어계: 크펠레어, 로마어(Loma), 멘데어, 말린케어, 밤바라어

　(3) 크와어계: 아칸어, 바오울레어, 에베어, 폰어, 요루바어, 이보어, 누페어, 밧사어, 크루어

　(4) 구르어: 못시어

　(5) (산데 상고어)

　(6) 중앙부어계: 에피크어, 티브어

　(7) 반투어계: 스와힐리어, 콩고어, 루바어, 느갈라어, 소나어, 니냐니냐어. 간다어, 키쿠유어, 킴바어, 차가어, 냠웨시, 룬디어, 롼다어, 벰바어, 줄루어, 츠바나어 등

J. 코이산어족

　산다웨어, 하차어

　부쉬만어, 호텐톳트어

K. 한국어((알타이어에 속할 가능성이 있음))

L. 일본어

M. 신노-티베트어족
   (1) 테비토-부르만어계: 티베트어, 버마어, 가로어, 보도어, 나가어, 쿠
       치친어, 카렌어
   (2) 지나어계: 만다린어(우우어, 수초우어, 푸키아어, 하카어, 카노튼
       제 방언)

N. 카다이어족
   타이(시암어), 라오틴어(Lao), 샨어

O. 말라이-폴리네시아어족
   (1) 서부어계(인도네시아어계): 말라이어, 인도네시아어, 자바어, 수단
       어, 마두라어, 바타크어, 타가로그어, 밧사야노어, 일로카노어
   (2) 동부어계:
       i   미크로네시아어계
       ii 폴리네시아어계: 하와이어, 마오리어 등
       iii 멜라네시아어계: 피지아어

P. 파부아니아어족

Q. 오스트레일리아어족

R. 드라비다어족
   텔레구어, 타밀어, 칸나리어, 말라얄람아, 브라휘어, 곤디어, 쿠루크

어, 퀴어

S. 오스트레일리어-아시아어족
  (1) 문다어계: 산탈어 등

T. 남·중미의 토어족
  쿼추아어, 아이마라어, 케크치어, 사포테크어, 믹스테크어, 토토나크
  어 등

U. 알곤퀸어족
  포화탄어, 델라와레어 등
  폭스어, 크리어, 메노머니어, 오지바어 등

V. 나쳇크-무스코게아어족
  희랍어, 촉타와어 등

W. 기타 북미 토어

위 분류에서 보면 한국어는 독립어로서 11번째 따로 분류해 놓았
는데 (( )) 속에 알타이어에 속할 가능성이 있다고 한 것은 국내 학
자의 소견을 나타낸 것이다. 그렇다면 우리가 앞으로 해야 할 일은
무엇이겠느냐 하면, 우리나라 학자들이 적극적으로 연구를 거듭하
여 우리말의 어원을 분명히 밝힌 다음 세계언어학회에서 올바른 인
정을 받은 후에야 알타이어가 되든, 아니면 독자적인 한국어가 되
든 뭔가 판결을 내야 할 것이다.

그러므로 다음 장에서는 한국어와 일본어를 비롯하여, 터키어, 만주어, 몽고어 등과를 비교해 봄으로써 그 혈연 관계가 어떠한가를 알아보기로 하겠다.

제5장

한국어와 알타이 제어와의 비교 연구

지금까지 한국어와 일본어를 비롯하여 알타이 제어와를 대비, 연구한 것은 이미 오래 전부터의 일인데 여기서는 어휘면, 음운면, 통어면의 실제 대비를 통한 그 유사성을 검토해 보기로 하겠다.

1. 일본어와의 어휘 대비

일본 학자들 중에는 특히 무라야마(村山) 님의 말에 의하면 현재의 'ハヒフヘホ'는 'Fa Fi Fu Fo'에서 발달하였고 후자는 다시 'pa pi pu pe po'에서 왔다고 보고 있다. 즉 일본어 /h은 p〉F〉h의 변천과정을 밟았다는 것이다. 그런데 이 p는 다시 b로 나누어진다고 하면서 또 일본어 n은 ŋ의 고형을 갖는다고 하는데, 'Baŋg〉Bana(꽃)'로 변천되었다고 보고 있다. 그런데 'Bana'의 고형 'Baŋa'는 泉井 님이 조사한 바에 의한 것인데, 이것은 인도네시아의 쟈모르어이며 또 대만의 'vaŋal(꽃, 과일)'에서도 그 자취를 볼 수 있다 하여 이 'Bana'는 남방계어임을 설명하고 있다.

그런데 일본의 마부지(馬淵) 교수의 말에 의하면 일본어 h계음은 한국어의 ㅎ과 ㅂ음과 대응이 된다는 것이다. 이제 이들 음을 갖는 두 나라 사이의 단어를 좀 비교해 보기로 하겠다. 한국어에서의 붕알(불알의 경상도 방언)을 일본말에서는 후구리(huŋuri)라고 하며, 여자의 생식기는 일본말로 호도(hodo)라고 하는데 이 호(ho)를 보(bo)로도 볼 수 있으므로 호도를 보도(bodo)로 본다면, '보지'는 '보댕이'라고도 하므로 '보댕이'와 'bodo'는 서로 통하게 된다. 이와 같이 인체의 가장 중요부의 단어가 상통하는 것을 보면, 한국어와 일본어는 같은 계통의 언어일 것으로 보이는데 물론 이 두 단어만 가지고 결론처럼 내리는 것은 성급한 일이지마는 그 이유는 한국어에서 보면 이 두 단어에 대해서는 사투리가 없이 전국 각지에서의 말이 한결같기 때문이다. 즉 어디 가서든지 이 두 단어는 다 같기 때문이며 각 부위의 명칭도 꼭 같기 때문이기도 한다. 이와 같이 똑같은 부위의 말은 아무리 세월이 흘러도 어디를 가도 조금도 변하지 않는 모양이어서 신체 각 부의 말 또한 마찬가지이다.

다음에는 한국어의 밭, 밭데기는 일본어에서는 하다게(hadage)인데 하다게는 바로 밭데기에서 그대로 따간 것임을 알 수 있다. 더구나 우리말의 이야기는 경상도에서는 이바구라고도 하는데, 일본어에서 '말하다'를 '이와구(iwage)'라고 한다. 이것 또한 우리말 이바구를 그대로 따간 것임을 알 수 있다. 이 이외에도 보면 우리말의 배(腹)는 하라(hara), 밥은 항(haŋ), 팔은 우데(ude)인데 이것은 아마 pude에서 hude로 바뀌고 이것이 다시 ude로 변한 것은 아닌지 모르겠다. 벌은 하지(hači), 뺨은 히다(hida), 밖은 호가(hoka), 뱀은 헤비(hebi), 배추는 하구사이(hakusai), 빛은 히까리(hikari), 뼈는 호네(hone), 봄은 하루(haru), 붓은 후데(hute), 부엉이는 후구로(hukuro), 불무는 후이고(huigo), 불은 히(hi), 빗자루는 호우기(houki), 방은 헤야(heya), 붙이다는 하루(haru), 비둘기는 하도(hado)… 등등 얼마든지 있는데 대체적으로 우리말 초성의 ㅂ은 일본말 초성에서 h으로 나타남을 알 수 있는데 이와 같은 사실을 가지고 보더라도 일본어의 h은 p>b>h의 단계를 거쳐서 이루어진 것임을 알 수 있고 따라서 우리의 ㅂ음은 일본어 h의 고대형임을 알 수 있으며 이 음은 분명히 한국어와 유관함을 추측할 수 있겠다. 더구나 위에서 예로 든 여러 단어 중에서 hari, hoke, hute 등은 우리말을 그대로 일본어로 적어 둔 것임을 알 수 있다.

그리고 또 다른 예를 보면, 우리의 감은 일본어로 가기(kaki)요, 섬은 시마(sima), 중세어의 ᄆᆞᆯ는 마로(maro), 구름은 구모(kumo), 곰은 구마(kuma), 대개 다게(take), 때는 도기(toki), 칼은 가다나(katana), 무리는 무레(mure), 아저씨는 오지(상)(oʒi(saŋ)), 누나는 네에(상)(ne(saŋ)), 씨름은 스모우(simou), 샅바는 삿바(sat-p'a), 닭은 도리(tori), 기와는 가와라(kawara), ……. 얼마든지 우리말과 유관한 것을 찾을 수가 있으며 더구나, 오늘날 일본 사람들의 이름에 낭(郎)자나 종(宗)자가 많이 붙는데 이것은 모두 신라가대의 우리말 이름과 유관한 것으로 보인다. 예를 들면, 향가에서 〈모죽지랑가(慕竹旨郎歌)〉에서 죽지랑(竹旨郎)은 화랑의 이름인데 오늘날 우리가 총각을 도령님이라고 하는 것이 모두 낭(郎)에서 유래한 것으로 보인다.

뿐만 이니라, 우리말의 '해'의 옛말은 '히'였는데 일본에서는 이것을 'ヒ(hi)'라고 했다. 해는 밝은 데서 일본어에서는 불도 'ヒ(火)'라고 한다. 일종의 유추작용에 의한 것이다. 오늘날 대마도는 일본말인데 본래 우리말은 두 섬이었다. 대마도는 본래는 우리땅으로 두 개

의 섬으로 되어 있기 때문에 이렇게 불렀다는 것이다. 그런데 일본인이 이것을 자기들 것인양 차지하고는 두 섬을 음 그대로를 따서 스시마(sisima)라 이름하였다는 연구논문이 한글지에 나와 있다. 일본에서는 들을 노하라(野原)라 하는데 노하라의 하라(hara)는 옛날의 우리말 벌, 즉 서라벌, 새벌 하는 벌과 관계가 있을 것으로 보인다. 또 일본말에서 고추를 도우가라시(toukarasi)라 하는데, 아마 내가 보기에는 평안도 방언에서 고추를 당가지(정인승 박사님의 말씀)라고 하는데 이것을 그대로 따가서, toukarasi라 한 것이 아닌가 한다. 그리하여 karasi에서 맵다는 karai라는 형용사가 생긴 듯하다.

그러면 다음에서는 김사엽 교수의 『기기만요노 조생고』라는 책에서 많은 예를 인용하여 참고에 이바지하고자 한다.

첫째는 고유명사에서의 예를 보기로 하겠다. 앞에서도 잠깐 언급하였지마는 일본 고대어 세바루(se-ba-ru)는 우리 옛말의 식볼계통의 말이다. 그런데 동이(東夷)의 여러 민족은 그들의 원거주지를 '한바루(han-ba-ru)'(한불: 뜻은 대광명 큰 들판)라 믿고 그들의 거주지에 이 말을 붙여서 사용하고 있다. 그런데 세(se)는 에(e)로 바뀌고 바루(ba-ru)는 아루(a-ru)로 바뀌게 된다. 그러므로 한바루(han-ba-ru)는 한아루(han-a-ru)로 바뀌게 되어 고대 일본인들은 동부여를 '세후요(se-ɸu-ri)' 등으로 불렀으며, 그 말뜻은 동원(凍原), 동토(東土), 동국(東國)을 각각 나타내었다.

그런데 세(se)의 관형사형은 셍(seŋ)인데 따라서 일본 사람들은 진국(辰國)을 셍고구(seŋkoku)라 읽었고 진한을 셍강(seŋ-kaŋ)이라 읽었는데, 그 뜻인즉은 '동국', '동한'이란 뜻이 되는 것이다. 이에 대하여, 마한은 마강(ma-kaŋ)이라 불렀는데 마(馬)의 일본말 뜻은 마(南)

의 훈을 딴 것이다. 그러므로 마한이란 남한이란 뜻이 된다. 또 변한의 변은 관(冠)인데 이 말의 뜻은 일본어로 가라(ka-ra)인데 그 뜻인즉 '分, 岐(기)'이다. 따라서 변은 가라 가야의 훈을 빌어서 표기한것인데 가야는 왜 가야라고 이름을 붙였는가 하면 그 나라는 본래낙동강 하류의 분기지점에 위치하고 있었기 때문에 붙여진 이름인데, 진한, 마한, 변한이라 한 것은 모두 그 나라가 위치하고 있는지역의 특성을 나타낸 것에 기인한 것이다.

고대 동이인(東夷人)은 군주나 시조는 해의 아들이라고 믿고 있었는데 시족명이나 왕의 이름에 '바루(ba-ru)', '아루(a-ru)'라는 말을갖다 붙였다. ba-ru→a-ru는 해, 광명을 나타내며, a-ru는 또 알(卵)과도 그 뜻이 일치하고 있다. 그러므로 군주의 시조의 탄생신화에난생설이 많은 이유는 바로 여기에 있다.

이 예를 옛 왜국이란 문헌에서 보면 바리국(巴利國=ba-ru-koku), 기백지국(己百支國=ki-ba-ri-koku) 등의 어례에서 볼 수 있을 뿐 아니라 『일본서기』에서도 그 예를 볼 수 있는데, 즉 아리나례하(阿利那禮河=ari-na-rei-ga)가 그것이다. 이렇게 보면 신벌계의 말이 일본어에서도 있다는 것이다. 이것은 바로 우리말에서 들어간 좋은 보기이다.

다음에는 '노(奴)'계의 단어를 보기로 하자. '川'의 훈 '나이(ni-i)', '나(na)', '네(ne)', '노(no)' 등이 부락 지방의 뜻으로 바뀌어 쓰이고있다. 지(地), 지방(地方)의 뜻을 나타내는데 '양(壤)'자 이외에 음차자로서 '노(奴)', '내(內)', '나(奈, 那)', '뇌(腦)', '로(盧, 路)', '난(難)' 등의글자가 옛문헌에서 쓰이고 있고 동이전에도 그 용례가 많다. 이것을동이전 이외의 문헌에서 그 예를 보이기로 하겠다. 변진(弁辰)에는반로국(半路國), 낙노국(樂奴國), 호로국(戶路國), 사로국(斯盧國) 등이있고, 일본에서는 말로(末盧國), 노국(奴國), 소노국(蘇奴國), 오노국(烏

奴國), 구노국(狗奴國) 등의 예를 볼 수 있다. 이와 같은 일로 보면, 일본어에서도 '노(奴)'계의 단어가 많다는 것을 보이는 좋은 본보기가 된 것이다.

이제는 관직명과 사람의 이름에서도 우리말계가 일본말에서도 많다는 예를 들어 보기로 하겠다.

먼저 '가(加), 구(狗), 획(獲)'계의 예를 보기로 하겠는데, 이 말의 뜻은 '大, 長'이다. '大'의 훈은 '하'인데 원형은 '하'이다. '하'의 관형사형은 '한'인데 이 '한'에서 '한'과 '곤(곤=큰)'의 뜻으로 나뉘게 되며 이들의 표기는 옛문헌에서는 '가한(可汗)', '간(干)', '건(鞬)', '견(遣)' 등의 글자로 표기되어 있고 관직명이나 인명에는 존칭으로 쓰이고 있다. 『동이전』에는 '가(加)', '구(狗)', '고(觚)', '획(獲)' 등의 글자로 표기되어 있다. 『동이전』 중에서의 예를 보면 부여에서는 마가(馬加), 우가(牛加) 등이 있고 고구려에서는 상가(相加)가 있으며 일본에서는 비구(鼻拘), 구고(狗古), 요마고(凹馬觚), 병거고(柄渠觚), 설모고(泄謨觚) 등이 있어 역시 고대 한국어, 일본어에서도 찾아볼 수 있다.

다음으로는 '知, 智'계의 단어를 알아보기로 하겠다. 'チ(지)'(知, 智, 디, ti)는 인명, 관직명에 첨미되어 미칭(美稱), 존칭을 나타내는 일이 있는데 『동이전』 중에도 그 예가 많다. 『일본서기』 권5 숭신천왕조에 보면 "임나왕 견소나갈ㅅ지(任那王, 遣蘇那曷叱智)"가 있는데 여기에서 그 예를 찾아볼 수 있고 '知', '智' 이외에도 '측(側)', '기(祇)', '차(借)', '지(支)', '지(遲)', '치(致, 축(祝))' 등의 음차자도 사용되고 있다. 예를 일본 관계 옛문헌에서만 보면 iki(爾支), ičima(伊支馬), mimakoki(彌馬獲支) 등에서와 같다.

이번에는 『왜인전』 중의 고유명사에서 보면 hitomori(卑奴母離)라는 말이 있는데 'hi(卑)'의 음은 'ビ(pi)'로 빛을 나타내고 pito(卑奴)는

광야(光野)→대지(大地)를 나타내고 mori(母離)는 mö-ri 로서 ᄆᆞᆯ(宗)를 나타낸다. 따라서 bitomori(卑奴母離)는 pitokoku(卑奴國)의 장관 대 지방의 장의 뜻을 나타낸다. 또 두ᄆᆞ(投馬)라는 말이 있는데 이것을 우리말 음을 그대로 따서 'si-ma'라고 읽는다. 그 뜻은 '원(円), 사위 (四圍)'를 나타낸다. 즉 동이 제국의 지명에 지형이 분지이거나, 삼면 이 산으로 둘러싸이고, 앞이 바다로 되어 있는 곳이 많은데 이 말은 그런 지명에 붙여지는 이름이다. 예를 들면, i-tu-mo(出雲)가 그 한 예요, 우리나라에서 보면 탐나(耽羅)도 그 음역표기요, 한라산의 원 명 두무산(頭無山, 즉 圓山)도 tu-ma인데, 이 tu-ma에서 섬 전체를 tamna라 한 것이다.

둘째는 일반 용어에서의 공통성을 찾아보기로 하겠다. 부여에 영고(迎鼓)라는 제천행사가 있었다. 이 말의 뜻을 보면, '영(迎)'의 일본 어는 mu-ka-Fë(牟可倍)로 muku(향하다)와 kae(마주치다, 교환하다)의 두 어근이 부합한 단어이다. '迎'의 우리말은 '마, 맞'이다. 여기서 보면 /mu/는 /ma/에 대응한다. '고(鼓)'의 일본어는 tu-tu-mi(都豆美) 로 mi(美)는 용언을 체언화하는 접미사이므로 어간은 'tu-tu'이다. 이 tu-tu와 대응하는 한국어는 '두두(tu-tu)'인데 그 뜻은 '두들기다' 이다. 이 용언을 체언화하여 '두들기는 것'의 뜻을 나타내기 위해서 는 접미사 'i, ki, hi, ri' 등과 같이 윗말의 음에 의하여 그 어느 것인 가를 첨가하여야 한다. 이때는 'リ'이다. 그리하여 영고는 일본말로 'ma-tu-tu-li'가 되는데 이것이 축약되어 'ma-tu-li'화하여 오늘날 일본어의 masili는 귀신을 맞이하여 두들기는 북이란 뜻을 반영하고 있다.

다음으로 물(水)에 관한 어류를 보기로 하자.

물의 만주어는 'mi-ke'이고 퉁구스어는 'mu'이다. 그런데 한국어

246

는 물론 '물'인데 한국어의 '뫼', '마(장마)', '마시다', '마르다', '말(藻)', '맑다', '많다', '미나리', '밋그럽다', '무지개', '무르다', '물외', '물뤼(雹 우박 박, 현대어로는 무리)', '우물', '묽다', '머금다', '못', '무르다' 등은 물계통과 관계가 있는 말들이다. 그런데 일본어의 경우를 보면 mi-su(水)는 a-ma(海), mai-su-ru(舞鶴, su-ru는 들의 훈으로 앞쪽에 냇가나 바다가 있는 들의 지형을 지명으로 한 것), ma-ze-ru(混), ma-ru(大小使), mare(稀 물기가 조금 있는 것을 뜻함), u-mi(海), I-su-mi(泉), mu-sa(중기), mo(藻), mosiro(연하다. '약하다'의 일본어) 등이다.

이상은 /m/계의 단어를 보인 것인데 이제는 /n/계의 단어를 보기로 하겠다. 한국어에는 '내', '나리(내의 고어)', '나부리', '나락', '나리다', '느끼다', '눅다', '누지다', '늪', '누리', '눈(雪)', '노(川, 地方)', '녹다', '놀(풍파)', '논(水田)' 등이 있는데, 일본어에는 nagareru(흐른다), naku(울다), nasumu (진흙), nami(물결), nigoru(탁하게 되다), numa(늪), neru(칠하다), nerusi(따뜻하다), nomu(마시다), nori(김, 苔) 등이 있고, 알타이 제어에서는 바다를 'namu'(퉁구스어), 'nam'(몽고어), 내(川)를 'no-gor'(몽고어), 'na-bor'(터키어) 등이라 하여 이들 /n/계 단어는 한국어와 일본어의 관계가 더 많다는 것을 알 수 있겠다.

이제부터는 불(火)계통의 단어들을 비교해 보기로 하겠다. 불(火)의 한국어는 중세어에서는 '블'이었는데 이 말은 많은 파생어를 가지고 있다. 일본어도 불은 hi(肥·Fi)로서 두 나라말은 서로 대응할 뿐만 아니라, 일본어도 역시 많은 파생어를 가지고 있다. 이 말은 원시 기본어의 하나임은 말할 필요도 없다. 불의 어류에는 /p/계, /k/계, /n/계, /t/계가 있다.

먼저 /p/계의 어류를 보기로 하자.

한국어에서 보면 '피다', '혀다(불을 켜다)', '벼락', '부엌', '부쇠',

'붙이다(불을 붙이다)', '붑괴다(끓다)', '붇두막', '불꽃', '불무', '불이다(쇠를 단련하다)', '븥다(인화하다)', '불다', '복다', '복닥거리다', '복닥불', '복닥복닥', '번개' 등이 있고, 이들의 친족어에는 'ᄇᆞ다(부수다)', '바ᄃᆞ랍다(위험하다)', '샏ᄅᆞ다(빠르다)', 'ᄇᆞᄅᆞᆷ', '부풀다', '부러나다', '배아다(멸하다)' 등이 있으며, 일본어에는 'hiku(끌다)', 'hiru(干)', 'Fuku(불다)', 'Fu-zi-jama(富士山인데 富士는 불에 대등하므로 화산의 뜻)', 'hosi(말리다)', 'hotaru(반딧불)', 'hode-hi(불이 비침)', 'hotobiru(조금 따뜻한 것)', 'hotobori(열)', 'horamu(불꽃)', 'hoja-hoja(열이 있는 모양)', 'horeru(황홀하다, 혹하다)' 등이 있고, 이의 친족어에는 'hajasi(빠르기)', 'Fueru(증식하다)', 'hukureru(부풀다)', 'heru(적어지다)', 'horobu(멸하다)' 등이 있다.

/b/계의 말을 보면 알타이어에서 '불'을 몽고어로서는 kal이라 하고 화염을 만주어로서는 gur-ge라 한다. 그런데 한국어에서 /g/계 단어들을 보면 '가마', '가믈(가뭄)', '구들', '굴(굴뚝의 굴)', '끓다', '그스리다(그을다)', '글(끓)히다', '굽다', '그으다(그을다)', '고오다(고우다)', '격격하다', '고ᄉᆞ다(복다)', '그슬다(검게 타다)', '고다', '싀다', '그트렁이(재)', '곫다', '그르다(풀다)' 등이 있고, 일본어에는 'gasumi(봄안개)', 'kama(가마)', 'karu(마르다)', 'ki(누른것)', 'kieru(없어지다)', 'kiru(불을 붙이다)', 'ikiru(열)', 'kuberu(굽다)', 'kujuru(연기, 불같이 치솟는 것)', 'keburi(연기)', 'kokeru(복다)', 'kowasi(세다)', 'kowasu(부수다)' 등이 있다.

/n/계의 단어를 우선 알타이어에서 보면 화염을 몽고어에서는 muə-lə라 하고 숯을 몽고어에서는 nə-kʰu-lə-su라 한다. 그리고 구들을 만주어로는 na-han이라 하는데 한국어에서 보면 'ᄂᆞ올(불불)', '닉(연기)', '나됴(초)', '납', '남비', '니앗곳(불)', '녀름(여름)', '니기다

248

'열하다)', '닉다(익다)', '누기다', '눋다', '느리다', '노(黃)', '노을(노을)', '노가다(녹다)', '노고(작은 솥)', '놋(놋쇠)' 등이 있고, 일본어에서는 'naeru(위축하다)', 'nagu(和合하다)', 'nata(짧은 창)', 'nasu(여름)', 'nahe(남비)', 'namari(아연)', 'ni(丹)', 'nigi(和)', 'niru(찌다)', 'nugui(따뜻하다, 한국어로 눅눅하다, 눅진눅진하다, 누긋하다 등에서도 볼 수 있다)', 'no-ko-ki-ri(톱)', 'nobasu(연장하다)', 'nomi(끝)' 등이 있다.

이제는 /t/계의 단어들을 보기로 하겠다.

만주어의 불은 tu-wa이고 불을 붙이는 것은 ta-pum-pi이다. 그런데 한국어에서는 '다사다', '듯다(따뜻하다)', '드마다(쇠를 녹여서 틀에 붓는 것)', '다히다(불을 피우다)', '다리다', '디다(드마다와 같음)', '디르다(굽다)', '데오다', '데다(화상입다)', '데치다', '되다(마르다)', '드급다(더운 것)', '듬(뜸)', '덥다' 등이 있고 일본어에서는 tagigi(장작), taku(불을 때다), takumi(바치), takesi(사나움), tasogare(황혼), tamu(무늬), ata-takesi(따뜻함), itasi(아픔), suku(광채 있는 쇠), sukeru(점화), swamo(무기), teru(비치다), atsui(덥다) 등이 있다.

셋째는 불(火)의 친족어, 특히 '光(色)'의 어류에 관하여 보기로 하겠다. 한국어에서는 '光'과 '色'의 두 단어를 모두 '빛'이라는 하나의 단어로써 나타낸다. 이것은 옛 사람들이 '빛'과 '色'을 동일시한 때문이다. 이 '光(色)'이란 말은 모두 불(火)이라는 말에서 파생한 것이다. 한국어와 일본어에는 물론 알타이 제어에 공통한 '光(色)'을 나타내는 어류에는 /p/, /k/, /m/의 세 계통이 있음을 알 수 있다.

그러면 먼저 /p/계의 '光(色)'에 관하여 알아보기로 하겠다. 만주어의 '光'은 'po-cho'와 같이 /p/자음을 가지고 있음을 볼 수 있다. 한국에서의 옛 문헌에 나타나는 '光'의 예를 보면 다음과 같다. 즉 신라 진흥왕(24대, 540~575년)이 국토를 확장하고 그것을 기념하기 위하여 세운 창녕비(昌寧碑)에 창녕의 옛 지명을 '比子伐'이라 썼는데 『삼국사기』 지리지에는 "比自는 불(火)이요, 比斯는 伐"이라고 설명하고 있다. 그런데 『일본서기』의 신공황후조(神功皇后祖)에는 "比自炑"라 기록되어 있는데 이것은 '光(昌)'의 현대어 '빛'이 고어에서는 '비지 pi-ci'였음을 알 수 있다. 이에 따라 다음에서 /p/계의 어류에 관하여 그 예를 들면 '브이다(빛나다)', '밤뷔다', '붉다', '반쟉', '반도(반되)', '빗음(꾸밈)', '빈다(번영)', '빛(景色)', '벗뉘(日光)', '별', '뷔치다', '부시다', '보다', '번듯', '번ㅎ다(명료하다)' 등이 있다. 그리고 일본어에는 'haeru(비치다)', 'hana(꽃)', 'hara(光, 들)', 'hareru(개이다)', 'hikari(光, 比可利)', 'pika-pika(번쩍번쩍)', 'hiroi(넓은)', 'humi(文)', 'mepusi(눈부시다)', 'hosi(별)' 등이 있다.

이제는 /k/음계의 어휘에 대하여 보자.

알타이어 중 '光'에 해당하는 몽고어는 gerel이다. 한국어에는 '곳는(赤子)', '감(柿)', '깔(色)', '깁(비단)', '구슬', '구리(銅)', '구름', '광이', '개다', '거우루(거울)', '곳(꽃)', '낫곳(顔色)', '검(黑)', '그믐', '거믈다(해가 지다)', '그리다(그림을 그리다)', '그르메(그림자)', '골(모양)' 등이 있으며, 일본어에는 'kagami(거울)', 'kagayaku(빛나다)', 'kaki(감)', 'kagiroi(陽炎)', 'kaku(그리다)', 'kage(光)', 'kazari(꾸밈)', 'kata(形)', 'kane(金)', 'ki(黃)', 'kinu(비단)', 'kira-kira(반짝반짝)', 'kirameku(반짝 빛나다)', 'kuwa(괭이)', 'kumo(구름)', 'kurasi(어두움)', 'kuru(저물다)', 'kuro(검다)' 등이 있다.

/m/계의 단어들을 보면 한국어에는 '밋밋ㅎ다', '미근하다(수려하다)', '무(色)', '무늬', '물감', '므르다(난만하다)', '몬(물건)' 등이 있고, 일본어에는 'magafu(분)', 'masasugo(미모)', 'madara(반점)', 'maborosi(幻)', 'mi-ka-ku(갈다)', 'mi-zu(瑞)', 'mi-su(光)', 'mitori(녹색)', 'miru(보

다)’, ‘mura(반점)’, ‘magirasaki(자색)’, ‘moku(무성)’, ‘mono(물건)’ 등이
있다.

이상에서 상당히 많은 단어들을 비교하여 보았지마는 일본어에는
우리말 계통의 말이 얼마나 더 많은지 알 수 없다. 앞에서도 말하였
지마는 이와 같은 사실을 가지고 볼 때, 일본어는 한국어계통에 속한
다는 것을 절대로 부인할 수 없을 것이다. 더구나 다음에서 우리말
계통의 말이 고대 일본어에 얼마나 많은지를 더 보기로 하겠다.

紅(kurenawi(久禮奈爲))

이 말은 우리의 『삼국사기』 지리지에 의하면 지명의 하나에 “屈
於押 一云紅西”라는 기록이 있다. ‘紅西’의 ‘西’는 일종의 받침 /s/를
표기한 것이요 ‘屈於’는 ‘구려’의 음차 표기이다. 그리고 ‘押’의 훈은
‘누루(nu-lï)’이다. 그러므로 전체로는 ‘kuro-nuï’인데 이는 ‘흑황’이
다. 여기에서 일본어 ‘kure nawi’와 우리말 ‘kula-nu-lï’는 같은 말임
을 알 수 있다.

朝臣(a-tso-mi)

일본어에 이 말은 천무제(天武帝)의 제정한 팔색성의 제2위이다.
朝臣을 a-tso-mi라 훈하는 데 대하여 그 말의 뜻을 ‘A-tse’(나의 형),
‘o-mi’(신하)의 복합어라고 풀이하고 있으나, ‘o-mi’를 신하로 보는
것은 좋으나 ‘a-tse’(나의 형)는 일종의 대명사로 주로 여자가 남자를
친하게 부를 때 쓰는 말이다. 그런데 한국의 고어에 ‘아줌’이란 말이
있는데 뜻은 ‘친척’, ‘종족’이다. 고로 a-tso-mi와 a-zʌm과는 잘 대
응된다. 조정에서 임금과 신하와의 관계를 일족, 동족 혹은 친척과
같은 사이라고 보았기 때문에 ‘朝臣’을 ‘azʌm→a→tso-mi’라는 말로

써 나타낸 것 같다. 더구나 신하를 일본에서는 'ö-mi(於瀰)'라 하나 이에 해당하는 우리말은 '어미(牙)'라 하는데 임금에 있어서 신하의 관계는 '엄(牙)'과 같은 존재라는 관념이 옛날부터 우리나라, 지나, 일본에서는 공통된 것이었다.

za-ne(核)

이 말의 뜻에 관하여 za는 접두사, ne는 '뿌리(根)'이라고 풀이하고 있으나, 명의초(名義抄)에는 '진(眞)', '성(誠)', '실(實)', '신(信)' 등을 모두 za-ne라고 하고 있다. 이 zane라는 말은 일본 만요수(萬葉集 九의 一七五四)에 나오는데 이것은 우리말의 'ᄌᆞᆺ', 'ᄌᆞ의'에 해당한다. 우리말에서는 일본말에서처럼 추상적인 용법으로는 절대로 사용하지 아니하였다. 우리나라에서는 이 말이 합성어를 이룬다. '눈자위', '노란자위' 등과 같다.

na-gö-ri(名殘, 名凝)

이 말의 뜻은 바다 물결이 스치고 간 후에 남은 해조 등이라고 풀이하고 있는데 'na(波)·nogöri(殘川)'의 합성어인데 여기에 음운축약 현상이 일어나서, 즉 'nami+no-gö-ri→nam+nogöri→namugöri →nan-göri→na-gö-ri'로 변했다고 한다. 그런데 한국어에 '나모디(지)'가 있는데 이것이 그대로 일본어에 들어간 것이다.

ka-dza-si(揷頭, 加射之)

이 말은 상고시대, 초목의 꽃이나 가지를 머리에 꽂아서 꾸민 것을 나타내는 말로서 kami+dza-si로 된 합성어라고 설명하고 있다. 그런데 한국어의 '삽(揷)'의 훈은 '곶'이다. ka-dza-si의 si는 한국어의 '치'인데 뜻은 '물건, 代(시로)'이다. 따라서 ka-dza-si는 '꽂는 것'이란 뜻이다. '머리'의 뜻은 포함되어 있지 않다. 옛날 사람이 초목의 꽃을 머리에 꽂고 있었던 자취는 한국어의 '관(冠)'의 훈에서 찾아볼 수 있다. '관(冠)'을 '곳갈'이라고 하는데 '곳'은 꽃이요, '갈'은 관(冠)이다. 꽃이나 나뭇가지를 꺾어서 머리에 꽂았던 관습이 드디어는 갓이나 모자로 변한 것을 이 말로 미루어 알 수 있다. 따라서 이 말 또한 한국어에서 간 것임을 알 수 있다.

ma-Fo-ra(麻保羅)

이 말은 일본의 만요슈에 많이 나오는데 이 말의 뜻인즉은 ma는 아름다움을 칭하는 접두어, Fo는 돌출한 곳, ra는 장소를 나타내는 접미사로 보고 곧 훌륭한 곳, 도덕을 잘 지켜야 하는 장소 등으로 풀이하고 있다. 이 말은 한국어의 마슬, 마을에서 간 말인데 마슬의 뜻은 '관아', '부', '서', 즉 공공의 관청이나 조정을 나타낸다. 따라서 이 말은 서로 잘 대응이 된다.

si-kö-ri(思許里)

이 말의 뜻은 분명하지는 않으나 si는 sa의 변동사, su(爲)의 부사형, kori는 잘못된 일을 해 가지고 징계한다는 뜻이라고 풀이한 것도 있으며 또 siko는 추한 것, ru는 동사를 만드는 어미라고 풀이한 것도 있다. 이 말은 한국어의 진리와 대응한다. 이 말의 뜻은 '분명하게 하다'이다.

kami(神), ö-mö(母)

신(神)의 한국어는 굼으로서 일본어와 대응한다. 이 굼의 어원은

'현(玄), 흑(黑)→유현(幽玄)'이다. 굼의 k음은 /t/, /ð/음으로 바뀌든지 또는 탈락하는 경우도 있다.

*kʌ-mï čʌ-mï → 주몽(고구려의 시조명) 기미(祗味: 신라 6대왕명)

  tʌ-mï → 도미(都慕, 백제의 시조왕명, 동명왕의 이칭)

*kʌ-mï→ʌ-mï(母), 암(雌), 아(芽, 牙), 모(栂)

굼→움에서 '어미(母)', '암(雌)' 등의 말이 파생한 것을 보면 굼은 본래 여신(女神)을 지칭하였으나 뒤에 신 일반을 가리키는 말로 바뀐 것임을 알 수 있다. 굼은 여신의 뜻에서 왕호, 지명 등에 쓰이게 되었다. 신라 초기의 왕호 이사금(尼叱今, 尼師今), 잇금(爾叱今) 등은 모두 '니ᄉ금', 즉 닛금의 표기로 왕의 훈에 쓰이고 있으며, 어의는 '잇는 신', '사왕(嗣王)', '계군(繼君)' 등이다. 굼과 곰은 그 음이 비슷하므로 한국의 단군신화가 생겨서 환웅과 웅녀의 설정은 남녀 양성의 상혼을 뜻하고 있다. 더구나 일본어의 ömö(母)는 한국어의 어머니(母)의 훈 '어머', '엄'과 대응한다.

utsï-si-omi(현신, 現神), toKoYo-no-kami(常神)

utsï-si-omi를 현신(現臣)이라 한역하고 천황의 존칭이라 풀이하고 있다. 이것의 한국어로는 현신(現神)이라고 풀이해야 한다. utsaï-si의 utsï는 '현(現)'으로 한국어의 '열'과 대응한다. '열'에 'ᄒ다'의 'ᄒ'가 합하여 '열ᄒ'가 되어 'utsïsi'와 일치한다. 따라서 utsï-si-omi는 현신의 뜻으로 사람의 모습이 되어 나타난 신 즉 천황이라고 옛날 사람들은 생각했다는 것을 이 말로 알 수 있다.

그리고 tokoYono-kami를 상세(常世)의 신으로 한역한 것은 우리나라 말에서 보아도 일치한다. 한국의 고어 '덛'은 중세 문헌에서는 '경(頃), 사이 때'의 뜻으로 쓰였다. 이 말을 반복한 '덛덛'은 항상의 뜻으로 되어 있다. 일본말에서 보면, 우리나라도 옛날에는 '덛' 하나로써 '항상'의 뜻으로 사용했다는 것을 알 수 있다. 한편 '덛덛'으로 말을 하면 영구불변의 뜻의 말과 대응한다.

sora(공(空·蘇良)), wata+sumi(海神, 和田津美)

sora는 하늘, 공중, 공간의 뜻 이외에도 '생각하는 하늘', '감탄하는 하늘'과 같이 '기분'과 같은 추상적인 뜻에도 사용되고 있다. 한국어에서는 '봉우리, 위'의 훈을 수리라고 하는데 이 말의 뜻은 sï(雄神), ra(거처)의 합성어로 옛날부터 산이름에 많이 쓰이고 있다. 『위지』 동이전의 고구려조에는 '그 나라 동쪽에 큰 굴이 있는데 수혈(隧穴)'이라 하였다. 시월에 나라 안이 크게 모여서 수신(隧神)을 맞이하여 나라 동쪽으로 가서 이에 제사를 지냈다. "목수(木隧)를 신좌에 앉히다"라는 기사가 있는데 여기의 수(隧)는 음이 sï로서 숫(雄)의 훈이요, kami는 여신인 데 대하여 '숫신, 남신'이 수신(隧神)이다. 이와 같이 동이전의 한조(韓條)에 보이는 '소도(蘇塗)'도 소(蘇)=남(男)의 신을 제사하는 성역이다. 이 'sï, so'는 지명에 '所, 蘇, 省, 숫(炭)'의 자나 '수리(鷲), 수리(鵄), 술(述), 수리(車), 솔(率), 수리(所乙)' 등의 글자로 음차 또는 훈차자를 사용하여 지명에 쓰이고 있다. 고대인은 산 또는 하늘은 남신의 사는 곳이라고 믿었다는 것을 이 말에 그 자취를 남기고 있다.

上忽 一云 車忽(『삼국사기』 권37 지리四)

한국어에서는 위에서와 같이 '위'를 '수리(車)'라 읽고 '땅 위', 즉 '하늘'의 뜻으로 사용하고 있는 것은 마치 일본어의 공간, 하늘의 뜻으로 사용하고 있는 것과 일치한다.

wa-ta-tsu-mi의 해석을 일반적으로 wata는 바다요, tsu는 '지(之)=의', mi는 신의 축약음 등이 결합한 합성어로 보고 있다. 한국어의 바다의 훈은 ᄇᆞᄅᆞᆯ, 바다로 두 나라말이 일치한다. 신(神)의 훈 kami가 음운 전이에 의하여 tomi로 되는 것은 이미 앞의 kami(神)조에서 본 바와 같다. 따라서 tsu-mi는 kami → tsu-mi로 보아서 wata-tsu-mi는 해신(海神)으로 보아야 한다.

천황(天皇), 천황조(天皇祖)

천황, 천황조의 훈을 고문헌에 'tsu-me-ra-ki-mi, tsu-me-rö-ki'라고 훈하고 있다. 이것은 tsume(皇)과 ro-ki-mi, ra-ki-mi의 합성어임을 알 수 있다. 이것을 한국어에서 보면, tsu-me는 ka-mi의 k가 t음으로 전이한 말로서 역시 신이다. ra-ki는 한국어의 '넋'으로 뜻은 '정기', '혼', '백' 등이다. tsumeraki는 '신의 정기, 신들 중의 대표신, 신의 진수'의 뜻을 나타내고 있다. tsumeroki의 ro는 일종의 조사로 보아야 하는데 말을 조정하여 친애하는 뜻을 나타내는 것일 것이다. 황(皇)을 접두어로 하여 사용하는 용례에 의하면 tsumera-mi-kuni의 ra도 위에서 말한 ro와 같이 조음적 조사로 보아야 하며 tsume는 한자로 '황(皇)'자로써 쓰나 신(神)의 뜻에 불과하다.

巫(kamu-nagi)

이 말의 뜻은 '신에게 제사하고 신을 내리게 하는 사람'이라고 풀이하고 'kami(神)+nagi(和)'로 된 합성어라고 한다. 그러나 우리나라

말로 보면 kamu를 신으로 보는 것은 같다. nagi를 nagu로 보지 않고 난(現)과 대응한다고 보아야 한다. '이'는 사람을 나타내는 대명사, 고로 '난이→나지→나기'가 되어 신을 현현시키는 사람이란 뜻으로 된다. 여기에 하나 덧붙인다면 우리말에 '풋나기→풋내기'라는 말이 있으므로 이 '나기'도 여기의 'nagi'와 유관할 것으로 보인다.

祝(Fo-Fu-li)

이것은 Fa-Fu-ru(放)의 명사형으로 보고 뜻은 '죄를 털어버리고 깨끗하게 하다'로 풀이하고 있다. Fo-Fu-li는 일종의 신직(神職)으로 신주를 총칭하기도 하는데 보통은 신중의 버금 위치에 있으며 주로 축사(祝詞)를 주하는 신직의 호칭이다. 이 말에 대응하는 한국어에는 '플'로서 뜻은 '풀다', '빌다', '축하하다'이다. 이 뜻으로 풀면 Fa-Fu-li는 달라붙어 있는 마귀나 재앙을 풀어 버리는 자의 뜻이 된다.

祈(negu)

이 말의 명사는 negi인데 이것도 신직의 일종이다. 뜻은 '원하다'로 풀이하고 있으나, 한국어의 니르(告, 設, 謂)의 뜻이 있어 negi는 이 말과 대응이 된다.

kamunabi(神奈備)

이 말은 kam(신)+na(조사)+bi(불)의 합성어로 보고 신을 제사지내는 숲, 신사가 있는 숲 등으로 풀이하고 있다. 우리 중세어에 보면 큰 수목을 '즘게(나모)'라고 하는데 '즘'은 '神'을 나타내고, '계'는 기본 명사(천지, 자연현상, 인체, 수사 등)에 첨가되는 조사이며 namo는 '나무'

로 이것은 신목(神木)을 뜻한다. 옛사람들은 큰 수목에는 신이 있는 것으로 믿고 있었다. 따라서 kamu-nabi도 신목에 지나지 않는다.

nu-sa(幣)

옛날 신 앞에 바치는 폐백을 nu-sa라 하여 고대에 있어서는 삼이나 무명 등을 사용하였다. nu-sa는 한국어의 '닙'에 대응하는데 이 말은 '입다'로서 명사형 'ni-sa'는 '옷, 生地'의 뜻을 나타낸다. 고로 nu-sa는 '오의 난 곳(땅)'을 말하는 것으로서 베를 신 앞에 바치는 것은 '신의 옷'을 바치는 뜻에서 행하여진 것이다. 지금도 한국에서는 행인이 재를 넘어갈 때 그 재에 있는 신목(神木)에 베조각이나 종잇조각을 매달아 여행의 무사함을 비는 일을 볼 수 있다.

mori(杜)

뜻은 '신사가 있어서 나무가 무성하게 서 있는 토지'라든가 '나무가 매우 무성한 곳'인데 한국어의 '뫼'산의 고형과 같은 말이다. 그 곳은 많은 신이 강하하는 곳으로 여기고 있었다고 풀이되고 있다. 한국어에서 본다면 mori는 토지라든가 산을 가리키는 말이 아니고 '모시다'의 '모'에 '곳'의 훈 '디, 리'와의 합성어로 뜻은 '신을 모시는 곳'이다.

mi-mo-ro(御諸)

뜻은 '주소의 경어, 신을 안치하는 방' 또는 mi는 접두사 mori는 신이 내리는 곳으로 풀이하고 있다. 우리말에서 보면 mi는 '모시다(待)'의 훈이요, moro는 malo와 대응하는데, 뜻은 '상(床), 안방의 옆에 만들어놓은, 판자로 만든 마루'이다. 한국에서는 사람이 죽으면 이상에 제단을 만들고 1년 또는 2년 동안 조석으로 상식을 드리고 넋을 슬퍼한다. mi-mo-ro는 신이나 망령을 모시는 상이라는 뜻이다.

u-kë-Fi(祈誓)

이 말에 대한 뜻풀이는 일정하지 않은 듯하다. 이에 해당되는 한국어에 '우훔'이 있는데 현대어로서는 '우름'이 있는바 이것과 대응되는 말이다. 그 뜻은 움켜쥔다는 것인데 '바치다'의 뜻도 있다. 신에게 빌고 소원을 바라기 위해서는 두 손으로 물을 움켜쥐는 것과 같은 짓을 했기 때문에 이 말에 '바치다'의 뜻도 포함하게 된 것이다. 한국인이 부처님 앞에 빌 때나 소원을 말할 때의 전후에는 이와 같이 '움켜잡는' 모습의 절을 하는데 오늘날도 역시 볼 수 있다.

ka-si-ri(呪願)

만요수(萬葉集 卷三, 三二七)에 어떤 을녀(乙女)가 어떤 마른 전복을 통관(通觀)이라는 중에게 주면서 농담으로 ka-si-ri를 하여 이 전복을 살려 보낼 수 없느냐고 하니까 중은 그것은 할 수 없는 의논이라고 거절하는 내용의 노래가 있는데 이 ka-si-ri의 뜻을 불교의 술어, 신에게 빌어서 사람을 주술하는 것 등으로 해석하고 있다. 위의 예에서 '사람을 주술한다'는 것은 당ᇂ지 않을 뿐만 아니라 불교 전래 이전에 이미 있었던 기원의 주사이므로 불교의 술어로는 보아지지 않는다.

한국의 민간신앙에서 기원하는 말에 '고스레 또는 고시레(경상도 지방)'라고 하는 말이 있는데 현재에도 한국의 농촌에서 행해지고 있다. 특히 농사일을 하다가 점심을 먹을 때, 신농씨에게 식사를 먼저 제공함으로써 풍년을 비는 뜻에서 밥이나 술을 조금 사방으로

던지거나 부으면서 '고시레'라고 하는데, 이 말의 뜻은 '정상(頂上), 최고'이나 이상과 같은 민간신앙에서는 '전지전능의 신'의 이름으로 사용하고 있다.

ti-Fa-Ya-bu-ru(千磐破)

이 말의 뜻은 '천의 바위를 깬다'고 풀이하여 신령의 힘이 경이적임을 나타내는데 이 말은 우리말과도 아주 일치한다. 즉 천(千)의 우리말은 '즈므'인데 '므'가 탈락하여 '즈'가 남아서 ti와 대응한다. 수사에서 일본어와 우리말이 대응하는 것은 '一, 三, 七, 八, 十'이다. 이외에 백은 '온'이라 한데 이것은 터키어 '온(열)'과 대응하고 일본어 'ho(記下)'와도 대응이 가능하다. 萬과 대응하는 한국어는 '여럿'인데 i-so(五十), Ya-so(八十) 등의 so(素)는 한국어에서는 's, h, t' 등의 음으로 나타나서 제멋대로이나 이것은 위에 오는 소리에 따라 변한다. 이와 같은 일도 두 나라말이 대응이 된다. Fa-Ya(磐)은 한국어로는 '바회, 바외'이므로 대응이 된다. '분쇄하다'의 한국어는 'ㅂ ᄋ'이므로 bu-ru와 대응된다.

ku-si(鬼神, 奇)

고지기(古事記)나 니혼쇼끼(日本書紀)에 보이는 천손강림은 산이름 ku-zi-Fu-ru-ki(久土布流多氣)나 다까지미네(高千穂)의 구미후루미네 (穂觸峰), 구시히(穂日)의 다까지미네(高千穂峰)의 '久土, 구시후루(穂 觸), 구시히(穂日)'는 음이 'ku-zi ku-si'이다. 이것은 『삼국유사』「가락국기」에 보이는 육 가야의 시조가 하늘에서 강림한 봉우리의 이름인 구지(龜旨)와 일치함은 이미 많은 학자에 의하여 지적된 바이지마는 이 '구지, 구시'의 뜻에 대해서는 아무도 언급하지 않았다. 귀신을 한국의 고문헌에서는 '귓' 또는 '가싀'라 기록하고 있다. '『삼국유사』권1 도화녀(桃花女) 비형랑(鼻荊郎)조'에는 죽은 왕(신라 25대 왕 진지왕)의 영혼이 도화라는 여성과 통하여 낳은 아들은 귀신이며 그 아들의 이름을 고가쉬(鼻荊)라고 한 이야기가 있다. 이 고가석(鼻荊)는 신라시대(진지왕, 576~578)의 귀신의 훈이다. 고가석의 '고'는 '大(크다)'의 뜻인 미칭(美稱)으로 '가싀'가 귀신이다. '가싀→구시'는 '久士 kuzi, 樻 kusi, 구지(龜旨)' 등의 말과 대응한다. kuzimine(久士峰)나 구지봉(龜首峰)은 함께 영위(靈威)의 봉(峰)을 나타내는 말임은 'kusi'에서 'kisi'(영묘하다, 불가사의하다)라는 형용사가 파생된 것으로도 알 수 있다. 이 ku-si는 귀신, 위령의 뜻을 가지고 있으므로 그 상징으로서 동음어의 ku-si(빗)의 설화가 파생하고 있다. 기기(紀紀)의 신화의 하나에 이장약존(伊奘若尊)이 죽은 아내의 이장약존(伊奘若尊)을 황천국으로 방문하였던 바 그 추악한 모습에 놀래서 달아나니까 쫓는 사람인 천진추녀(泉津醜女)를 격퇴시키기 위하여 마괴가 싫어하는 흑적색을 상징하는 검은 고운 머리와 복숭아씨와 함께 빗(櫛)을 등장시키고 있다. 신 앞에 바치는 폐백의 일종, 사철나무 가지에 무명을 붙인 것을 옥관(玉串)이라 하는데 이 관(串)도 빗과 같이 kusi(奇, 鬼)에서 온 말이다.

tu-ki(月)
이것은 한국어 '돌(tʌl←*tʌ-li)'과 대응한다. 어원은 tu-li(都利)이다.

Fo-si(星, 保之)
이의 한국어는 '별(pjəl→*pjə-li)'과 대응한다.

ku-mo(雲, 久毛)

이것은 앞에서 말하였지마는 여기서 좀 더 자세히 설명하기 위해 재차 인용한다. 한국어는 구름인데 어원은 '그울 kï-ul(굴르다)'이라는 동사로 이 명사형이 구름이 되었다. kuruma(車)도 그 명사형의 하나이다.

simo(霜, 斯毛)

한국어는 '서리(sə-li)'로 서로 대응된다. 서리를 신라어의 표기로는 '雪是'로, 고구려는 '率'로써 나타내고 있다.

ka-tsu-mi(霞, 可須美)

이것은 ka-tsu-mu(분명하게 보이지 않는다)의 명사형인데 이것과 대응하는 한국어는 '거슴(ka-sïm)'인데 '눈이 멍하다'는 뜻이다.

kami-nari(雷)

이것을 일본어로 kami-nari(神鳴リ)로 풀이하고 있으나 na-ri는 '울다'가 아니고 '강림'의 뜻을 나타낸다. 그리하여 한국어 'ᄂᆞ리(nʌ-li)'로 보아야 한다. 일본어에서도 na-ru(奈利)에 출현이란 뜻이 있고 go-na-ri(御成リ)는 '내리다'의 뜻을 나타낸다. 따라서 kami-na-ri는 신의 강림으로 보아야 한다.

Fi-ka-ri(光)

이 말은 Fi-ka-ru의 명사형인데 'Fi-ka'를 의태어라고 풀이하고 있는 듯하다. 이 말은 한국어의 '빛갈(pit-kal-*pi-ka-li)'와 대응하는데 의태어는 아니다.

ö-tö(音, 於登)

이것은 한국어의 '향(響), 명(鳴)'의 훈 '울(ul←*u-lï)'과 대응한다.

tu-ti(土, 都地)

이것과 대응하는 한국어는 '쌋 stʌ←*sï-tʌ'이다.

ya-ma(山, 夜摩)

우리말에서 보면 '다각(多角)→악(岳)'이 어원인 것으로 보인다. 'Ya, ヤ, 夜, ハ'는 한국어의 '야 ja, du jə(ハ, 다수(多數)'와 대응하는데 'ma'는 '산(山), 악(岳)'의 한국어 '모, 뫼'와 대응하나 어원은 '각(角)'의 훈 'mo'에서 왔다. 산(山)을 mu-re(武例)라고도 훈하는데 이것은 한국어 산의 고어 '모이, 모리'와 대응한다.

ta-kë(多氣)

이것은 영(嶺)의 훈인데 한국어 '덕(育阜)'과 대응한다. 이 '덕'을 고지명에서는 '덕(德)'자로써 쓰고 있다. 또 kukï(岫, 具奇)라고 훈하는 일이 있는데, 이것은 정상의 한국어 '고개'와 대응한다.

Fu-ru(布流)

이것은 봉(峰)을 말하는데, 그 훈을 보면 기기(記紀)에 천손강림의 산명(久土布流)에 그 예를 볼 수 있다. 이것은 한국어 '부리(峯, 觜)'와 대응한다.

tsa-ka(坂, 佐可)

이것은 한국어 '재ㅎ'와 대응한다. 이 말은 '위, 앞'의 훈 'ㅈㅎ'의 명사형이다. '먼저 앞'의 훈 'tsa-ki'는 '자ㅎ'와 대응한다.

u-mi(海, 宇海), wa-ta(和多)

u-mi의 u는 한국어의 u(우)와 대응하며 '위, 크다(大)'의 뜻이요, mi는 '수(水)'로 한국어로는 mï-mïl, 즉 대수(大水)의 뜻과 통한다. wa-ta는 한국어의 '바ᄃ, 바들, 바를'과 대응한다. 기기(記紀)에 보이는 '波珍, 波鎭'(신라의 관위명)을 'hatori'라 훈하고 있는 것은 이 '바들'과 대응한다. 거기에 wata-ru(건너다의 일본어)라는 말도 '바들'에서 전이한 말이다.

na-mi(波, 斯麻)

한국의 남부 방언 '나부리'와 대응하나 뜻은 na는 발(發), 기(岐)의 훈 '가ᄅ'이다. '가와(川)'를 na-ri라고 훈하고 있는 예도 있다. '아리나레(阿利那禮河)'(신라의 수도, 경주에 있는 산), '아리나리(閼川)'(仲哀紀九年), '구마나리(久麻那利)'(백제의 영 내에 있었던 웅진(齊明紀六年).

한국어의 '川'의 훈인 '나리'는 'na-ga-re-ru'의 동사의 명사형이다. 이 말은 일본어의 na-ga-re(川), naga-reru(奈河列流)와도 대응한다.

또 se(瀨, 勢)의 한국어는 소(潭, 沼)요, Fu-ti(淵)는 한국어의 '몯'과 대응되며 si-Fo(鹽, 志保)는 한국어 '소음'과 각각 대응된다. 용언의 예를 들면, a-tsa(淺)는 '열'과 Fu-ka(深, 夫可)는 '깁' 등과 대응된다.

a-tsa(朝, 阿佐)

이는 한국어 '아침'과 대응된다. 아침을 신라어에서는 '朝于萬=아스무', 고려어의 표기는 '阿慘'으로 기록하고 있다.

Fi-ru(晝, 比流)

한국어로서는 '블(明, 光明)'으로 '日中'의 뜻을 나타낸다.

yu-Fu(夕, 由布)

우리말의 '어올'과 대응한다.

이 말은 '석(夕) 석각(夕刻)'의 고어이며 '우, 아'의 복합으로 반모음 'Ya' 'ə-ʌ=ya'가 된 것이다.

yo-ru(夜, 用流)

위에서 보인 '夕'의 한국어 '어올'과도 대응하나 이것은 '야(夜)밤 (한밤중)'과 대응된다.

ya-mu-si(寒, 左牟之)

한국어 '춥'으로 'tsa-mu'와 '춥'과는 대응된다. tsu-dzu-si(서늘하 다)는 한국어의 '서ᄂᄒ'와 서로 일치한다.

a-tu-si(暑)

이것은 한국어의 '더버'와 대응하고 ataraka(暖, 溫)는 한국어 '드둣 ᄒ'와 대응한다. 일본어의 어두에 있는 'a'는 조음을 위하여 붙인 것이다.

ha-ru(晴)

이것의 한국어는 '개, kaj', kumoru(曇, 具毛利, kumori)의 한국어는 '그믈 kï-mï'(曇子, 暗(なる))과도 서로 대응한다.

si-gu-si(時雨, 四具體)

한국어로 보면 'si'는 '자 ča(繁)', 'gu-re'는 '굳(kut)'(일기가 불순하게 됨)과 일치하고 어의는 '가끔가끔 일기가 나빠진다'로 '時雨'라는 한 자의 표현은 의역이다.

ti(父知), ö-mö(母, 於母)

한국국어의 父는 '압, 업, ap←a pa, əp←əpə' 母는 '암, 엄 am← a-ma, əm←əmə'으로 母의 훈은 두 나라말이 일치하나, 父는 일치하 지 않는다. 혹 /t/와 /p/가 대응한다는 일로 미루어 보면, 'ti'와 'apa, opo'가 유사하다고도 하겠다. 조부모의 ö-Fo-ti(於保知), ö-Fo-ba(於 保婆)에 있어서의 o-Fo는 '大'의 훈이며 한국어는 '하'이므로 고음은 '햐 xa'이며 '大父 大母'(한아비, 한어미)라 부르는 것과 일치한다. 兄 을 'e'라 호칭하는 것은 한국어에서는 'ən, ə'라 하는 것과 일치하며 'se(勢)', 'se-na(狹名)', 'i-rö-se(伊呂勢)' 등으로 부르는 것은 한국어의 '형, 남자, 장정' 등의 뜻을 가지는 말 '사나, 세나'와 대응한다. 'i-ro' 는 교합, 동복(同腹)의 뜻의 말 '얼'과 일치하는데 'i-ro-se'는 '동복의 형'이란 뜻이다. 'o-to(弟)'의 한국어는 '앗as→a-si'인데 이것은 서로 일치하여 'a-ne'의 한국어는 '언', 'i-mo'는 한국어 '암, 엄'과 서로 일치한다. 한국어에는 '처, 녀'의 뜻이 있다. 일본어의 'i-mo'도 남자 가 여자를 친하게 부르는 말이며 때로는 처를 말하므로 이 두 말의 호칭과 용법은 같다.

wo-ti(부모의 형), wo-ba(부모의 누나)

이에 대한 한국어는 '아즈비', '아즈미', 일본어의 'wo'나 한국어의 '아즈', '아'도 다같이 '小'의 훈으로 두 나라말은 '小父, 小母'의 뜻을 나타내고 있는 것은 모두 같다. 'tu-ma'는 고대에 있어서는 부부 사이에서 서로 상대를 부르는 말로서 쓰였으며, 오늘날과 같이 아내만을 가리키는 것은 아니었다. 이 말과 대응하는 한국어는 '도리', '도래'로서 뜻은 나이나 정도가 같은 친구 또는 그와 같은 자 서로가 상대를 친하게 부르는 말이다. '己'를 'na(奈)'라 하고 'na-ne(名泥)'라 하면 '나의 누나', '나의 사랑하는 여성'의 뜻이 된다. '己'를 한구어로서는 '나'라 하므로 서로 일치한다.

wa, ware(和, 和禮)

한국어에서는 '우리'라 하는데 이 말은 '우(吾)'에 복수를 나타내는 '리'가 붙은 것으로 'ware'와 대응한다.

na(汝, 奈)

한국어의 '너'와 일치한다.

ka, kare(彼)

'ka'는 한국어의 彼의 훈 '그'와 일치하므로 두 국어 모두 사람이나 사물에 쓰는 것도 같다. 'kare'와 대응하는 말은 '그듸, 그디, 그딍'로 한국어에는 'so-na-ta, ki-mi'의 뜻이 있다. '其, 汝'의 훈 'si(斯之)'는 한국어의 '겨'와 일치하며 한국어에는 '其, 彼'의 뜻이 있다. '親'의 훈 'ö-ya'는 한국에 '어싀'는 본래 '母'의 뜻을 가진 단어였으나 父母의 뜻으로 바뀌었다.

ki-mi(君, 伎美)

'국가의 원수, 주인, 경칭(여자에게서 남자의 경칭)' 등의 뜻을 가지

는 말, 이것과 대응하는 한국어는 '님(nim←ni mu)'(/k/와 /n/이 대응)이
므로 어원은 '앞, 머리'에서 '군주', '임자', '경칭', '연인' 등의 뜻을
가지게 되었다.

tami(民, 田徵)

어원은 '田, 身'이라고 풀이하고 있으나 한국어는 '아름 a-lʌm←
*lʌ-mi'이다. 어원은 '나(私)'이다. 공(公)에 대한 '나(私)'에서 '民'으
로 전의한 말이며 'lʌm'은 'tʌ-mi'와 대응하는데 합성어는 아니다.

族

훈은 ka-ra(何良), u-ka-ra(宇我遲)는 친척, 'Fa-ka-ra(波良何良)'는
'일족', '형제', '자매'의 뜻이다.

한국어의 족(族)의 훈은 '겨릭'로서 'ka-ra'와 대응한다. u-ka-ra의
u는 '吾, 我'의 훈의 'u'이요 Fa-ra- ka-ra와 Fa-ra는 '腹'의 훈 '빅'와
같으며 '동북의 족'의 뜻을 나타낸다.

u-si(大人, 于志)

주인이나 귀인의 경칭이다. 한국어의 '우치'와 일치한다. 'u'는
'上', '치'는 '사람'으로 되는 말로 '위에 서는 자'의 뜻이다.

wo-tsa(長, 우두머리 사람, 우수 등의 뜻)

대응하는 한국어는 '으뜸'으로 뜻은 '두목', '최상'을 나타낸다.
'wo-tö-na(大人, 成人)'는 성인의 뜻을 나타내는 한국어 '어른'과 대
응한다.

wo-tö-ko(男子, 아들)

wo-to(苦)+ko(子)의 합성어라고 일반적으로 추이하고 있으나 '남자', '아들'의 뜻의 한국어는 '아들'이 있는데 이들은 이 말과 일치하며 합성어는 아니다. 친하게 상대를 부르는 인칭대명사에 'a-gi'라는 말이 있다. 한국어에도 '아기'라는 말이 있어서 '어린이'의 뜻 이외에 '처녀'의 뜻도 있어 고대부터 미칭이나 경칭에 사용하여 인명에도 첨미되어 있다.

Ka-Fo(顔)

대응하는 한국어는 '거푸', '거풀'로 그 뜻은 '표면의 충', '몸의 윗부분', '막' 등이다.

이외에 '늘(面)'이란 말이 있는데 이것은 일본어의 'tu-la'와 대응한다.

tu-bu(mu)-ri

한국어 '딍고리'와 일치한다.

nu-ka(額, 奴香)

'니마'와 같다.

me(目)

또는 'ma' 이외에 'na'도 있다. 예를 들면 'na-mi-ta(눈물)'는 'na(눈)+mi-ta(물)'로 된 말인데, 'mi-ta'는 한국어 '水'의 훈 '물'과 대응한다. 이 'na'는 한국어의 '누, 눈'과 일치한다.

Fo-Fo(煩, 保保)

한국어는 '볼', '밤'인데 '볼'과 대응한다. 'mi-mi(耳)'의 한국어는 '귀'인데, 이외에 '부니', '분', '쏸'이란 고어도 있다. 'mimi'는 이 '부니'와 대응한다(/m/과 /p/가 대응, /m/과 /n/이 대응).

ku-ti

한국어는 '입'과 '구레'의 두 단어가 있는데 '구레'와 대응한다. 즉 '아구리'의 '구리'와도 대응된다.

bi-ru, hi-ru(脣)

한국어 '시울', '술'과 서로 대응한다.

'si-ta'(舌)의 남부 한국어 방언은 '세', '세바닥'이 있는데, 이것과 일치한다.

mu-na, mu-ne(肺, 武奈)

'身, 根'이라 풀이하고 있으나 한국어의 '심장'의 훈은 'ᄆᆞᆷ'으로 'mu-ne'와 대응한다. 'mʌmʌ←mʌ-mï', 즉 'mʌ-ʌ-mï' 'mʌmï'에는 '마음' 등과 각각 대응된다.

si-či(남자의 신)

한국어의 '자지'와 일치하고 여자의 Fo-to는 '보지←보디'와 일치함은 이미 앞에서 필자가 제시한 바와 같다. 그리고 'tsu-bi(通鼻)', '십'과 일치하고 '보지'는 '음구(陰口)'를 뜻하고 '십'은 '종자의 이구'의 뜻을 나타낸다.

mari(麻里)

대소변을 가리키고 있으나 이 말은 '大小便'의 훈 '물'과 같은 말이다. 우리는 '소변이 마렵다'는 말을 하는데 그때의 '마렵다'는 '물'에서의 파생어이다.

kuso(糞, 俱蘇)

대응하는 우리말은 찾아볼 수 없으나 우리의 '구리다'라는 말의 자취는 'kusai'에서 찾아볼 수 있다. 그렇다면 '구리' 또는 '굴'이 명사라고 보면 'uso'의 자취가 바로 여기에 있다고 할 수 있겠다.

te(手)

한국어는 '손'과 '대(손잡이 柄)'의 두 단어가 있는데 'te'와 '대'는 일치함을 알 수 있다.

a-si(足)

한국어는 '발'과 '아리'의 두 단어가 있는데 '발'은 '밟다'의 명사형이요, '발브'는 'Fu-ma'(踏, 布麻)와 대응한다. '아리'는 '다리(脚)'의 뜻으로 'a-si(足)'의 훈은 'a-ri' 이외에 '다리'도 있다. 일본어에도 'a-si'를 'ta-ri'라고 훈하는 예가 있다. '足人, 후지하라가마다리(藤原鎌足)'가 그런 것들이다. 현대 일본어에는 'ta-ri-ru(足 る=만족하다)'라는 동사만이 남아 있고 명사는 보이지 않으나, 한국어에는 동사적 용법은 없다. 다음 각 용어도 각각 대응하고 있음을 나타내고 있다.

Fi-dza(膝 比射)：무릎(mu-lup←mu-li)

ka-Fa(皮)　　：갖(kač←ka-ta)

Fa-ta(膚波太) : 바닥(patak←pa-ta)

si-si(肉 之之) : 술(sʌl←sʌ-lʌ)

모(毛), 발(髮)의 훈에 'ka-mi(可美)'와 'tö-re(登禮)'가 있다. ka-mi와 대응하는 우리말에는 '감 kam←ka-mi'로 뜻은 '현(玄), 흑(黑)'이다. 'tö-re'라는 말은 'ö-Fo-tö-re(於保登禮)'라는 말이 있고 봉두(蓬頭)라 풀이하고 있으나, 'ö-Fo'는 '산(散), 란(亂)'의 한국어 '홑'과 대응하고 'tö-re'는 '모(毛), 발(髮)'의 훈 '터럭'과 대응하며 'ö-Fö-Tö-RE'는 '오물아든 머리'의 뜻이다. 'kë(毛)'는 우리말 '거우(毛)'와 대응한다.

mi(身, 微)

'mi(實)'와 어원이 같다고 풀이하고 있으나 'mi(身)'의 한국어는 '미'가 있고 어원은 '매다'로 양국어가 일치한다. 'Fo-me(骨)'와 대응하는 한국의 남북 방언 '베다구, 베다, 베대'이다(/n/과 /t/는 대응). 'tu-ma(爪)'는 '돕(top←to-pa)'과 일치한다.

a-ku-bi(欠伸)

우리말 '하회홈'과 일치하고 'ko-bu(혹)'는 '혹'과 일치하며 'si-mi(染み, 피부의 반점)'는 우리말 '기미'와 동일하다. 'tsu-ga-ta(姿, 須賀多)'의 한국어는 '꼴, skol←su-ko-lï'로서 서로 대응된다.

신체의 생리적 현상으로부터 서로 관계하는 용어에서 대응어를 보면 다음과 같다.

ma-bu-si(眩)   : 눈부시(num-pu-si)

hi-ku	: 비티(발을 비티다)
si-bi-re-ru	: 져리(발이 져리다)
i-ta-si	: 앞(a-phï)
ka-Yu-si(가려움)	: ᄀ랍(kʌ-lja-pï)
hi-ru(放)	: 귀(kuj)
tsu-ru-bu(交尾)	: 홀려(hïl-ləj←hï-lï-lə)
ku(食, 具比, ku-Fi)	: 머그(mə-ki)

nomu(飮, 能麻, nö-ma)

'마시 ma-si'로서 대응하지 않는다. 'no-mu'를 우리말에서 보면 '월(越)'의 훈 '넘(nəm←nə-mə)'이다.

ua-ru(生, 成)

한국어도 '나 na'(出, 生)이며 'si-nu(死, 斯農)'도 '싀(sïj)'와 일치한다.

či(血)

이것에 일치하는 한국어는 오늘날 많이 쓰는 '선지피'가 있다. 아마 '선'은 '鮮'일 것이요, '지=피'일 것이다. 우리의 언어 습관으로서는 같은 말을 거듭 쓰는 일이 많기 때문이다. 예를 들면 '역전', '족바르 신발'······ 등과 같이 '지'와 '피'는 같은 말의 거듭일 것으로 보인다. 따라서 우리말 '지'에서 일본어 '지(血)'를 따 갔을 것이다.

ku-ni(國, 久尔)

한국어에서 보면 'ku'는 '크(大)', 'ni'는 '나'(na)(지방)이 합하여 된 합성어로 대부락, 대지방의 뜻이 '나라'로 바뀌었다.

일본어 ku-ni를 우리나라 말로는 '나라'라 한다. 그리고 이것은 일본어 'nara(奈良)'라는 도시 이름과도 일치하는데, 그 뜻은 '川'의 훈 '내'로 그보다 더 옛날 말은 '나라(na←na-ra)'였으며 '지방', '나라'의 뜻으로 전의한 것이다. 고문헌에는 '那, 奴, 難, 內, 乃' 등의 글자로써 나타내고 있다.

ko-Fö-ri(郡)
'읍, 촌' 등을 나타내는 말이나 한국어에서의 'ㄱ올'과 같은 말이다.

mu-ra(村)
한국어의 'ㅁ올'과 일치한다. 'mu-ra'의 어원을 'mi-ra(群)'과 같은 어원으로 보고 있으나 한국어의 'ㅁ올'은 '심부(心部)', '중심부'의 뜻에서 파생한 것이다.

tsa-to(里, 佐刀)
한국어로 '작은 토지'의 뜻이다. 'tsa'는 '小'의 훈 'ㅈ'요, 'to'는 '기(基), 장(場), 지소(地所)'의 훈 '도, 터 to→ᄯᅥ'로서 각각 대응되기 때문이다. 『위지』 동이전의 한조에 나오는 '소도(蘇塗)'를 'tsa-to(里)'와 같다고 보는 견해도 있으나 '소도'는 '숫신'을 제사하는 성역을 표시하는 말로서 'tsa-to(里)'와는 아무런 관계도 없다.

성(城)의 훈에는 몇 가지가 있어서 'si-ro', 'ki', 'tsa-ki(射岐)'(齊明紀六年), 'tsa-si'(應神紀 十六年) 등이 있다. 한국어에는 '잣, 재, 기'(ki 고문헌에는 支, 己) 등이 있다. '잣, 재'의 어원은 '上'의 훈 '자, 자이'에서 파생한 말로 이 이외에 '현(峴), 영(嶺), 치(峙)'의 뜻으로도 쓰인다.

i-ti(市, 伊知)

한국어는 '저자'로서 'i-ti'와는 대응하지 않는다. 이것은 한국어의 득(得), 심(尋)의 뜻을 나타내는 itï '얻(ət←ə-tï)'과 대응된다.

m-Yo-ko(京, 美夜古)

'miYa(宮, ko(處))'의 합성어이다. '京'의 한국어의 훈은 '셔울'로 'mi-Ya-ko'와는 대응하지 않는다. '셔울'이란 말은 신라의 국호 '셔 ᄇᆞᆯ', 한자로서는 '徐伐'에서 전이한 것으로 어의는 '東野, 東土→京'으로 되었다. 일본『고지기』에 나오는 'tsö-Fo-ri(曾富里)神'은 역시 '셔 ᄇᆞᆯ'과 일치하며 '경도(京都)'를 신격화한 것이다.

'시골'을 의미하는 일본어 'Fi-na(比奈)'는 '향(鄕)', 우리말의 옛 훈은 'ᄉᆞ니, ᄉᆞᄂᆡ, ᄉᆡᄂᆡ'로 한자의 표기로는 '사노(詞腦, 思內, 詩惱, 辛熱)'이다. 'Fi-na'와 'ᄉᆞᄂᆡ, ᄉᆡᄂᆡ'는 일치한다.『삼국사기』지리지에 지명의 '쇠내(金川)'를 개명하여 '鄕'이라 표기한 예가 있다.

이제부터는 농업 관계 어류에 대하여 살펴보기로 하겠다.

ha-ta(火田)
한국어 '밭'과 일치함은 이미 앞에서 이야기하였다.

a-ze(畦)
한국어로 '이럼'이다.

Fo-ro(畔)
한국어 '고랑'과 일치한다.

tu-tu-mi(場)

한국어 '두들'과 일치한다.

wi(井)

한국어 '얼 əɪ←ə-lï'와 일치한다. '밭갈다'의 일본어는 'ta-ka-he-sï(田返す)'인데 한국어에서는 '받가르', 즉 '밭을 가르다(나누다)'에서 온 말이다.

ma-sa(牧)

'ma-no-ki(馬の城)'의 합성어로 보고 있으나 '목(牧)'의 한국어는 '모히'로 어의는 'mo-u(飼う)'로 'mo-hi'는 그 명사형이다.

i-ne

한국어로서는 '나락' 또는 '벼'이므로 대응하지 않으나 'i-ne'를 우리말에서 보면 'i-ne'는 '경미', '백미'라는 말이요, 'ne'는 '나락'과 대응하므로 'i-ne'는 '경미의 벼'라는 뜻이다. '도(稻)'를 'se'라 할 경우에는 '과(禾)'의 한국어 '쉬'와 대응한다. 'u-kë(宇氣)'라는 말은 '식사'라는 뜻이나 한국어의 '우케'는 '벼의 열매', '조세'의 뜻이다.

kö-më

쌀이란 뜻 이외에 조나 피 등의 곡류의 열매를 총칭하는 말이다. 'ma-me'는 두류의 총칭이다. 이들 'ma-me, ko-me'의 'me'는 'mi(열매)'의 뜨이고 'ko'는 '세소(細小)', 'ma'는 '장(長), 최(最), 대(大)'의 뜻이 있어 알맹이의 대소를 이들 말로 나타내고 있다. 'ko-me'의 한국어는 '보슬'로서 고려어의 표기는 '보살(菩薩)'이다. 이것과 대응하는 일본말은 'wase←Fe-se'이나 일본어로서는 '조도(早稻)'의 뜻으로 쓰이고 있다.

mu-gi(麥)

대응하는 한국어는 '밀'로서 어의는 소맥이다. 대맥의 한국어는 '보리'다. 이와 같은 일은 일본에는 밀이 먼저 들어오고 그 뒤에 보리가 들어왔는데 그 알맹이의 대소에 의하여 대맥이니 소맥이니 하였을 것으로 추정된다. 그런데 이것은 본교 화학가 박면용 교수로부터 들은 이야기인데 영국에서 연구할 때 인도 사람과 같이 있었는데 인도 사람의 말이 그 나라에서 보리를 우리말과 똑같이 '보리'라 한다고 하더라는 것이다. 이러고 보면 보리는 그 이름과 함께 인도에서 우리나라에 들어온 것은 아닌지 추정되기도 한다. 옛날 김수로왕의 부인이 인도에서 왔다고 하는 사실(史實)을 보면 옛날에는 우리나라가 인도와 무역 관계가 있었거나 아니면 뭔가 서로 왕래가 있었음을 추정할 수 있다. 그렇다면 위의 나의 추측이 전혀 무관한 것만은 아닐 것 같기도 하다.

ki-bi

한국어는 '기장', 'Fi-ye'는 '피'로 다같이 대응된다.

nu-ka(겨)

한국어는 '니겨'인데 'ni'는 'i-ne(稻)', 'kyo'는 파괴, 또는 과피의 가루를 나타내는 말이다. 'ka-ra'의 한국어는 '가찰', '거플'인데 뜻은 '막', '외피'이다. 'ka-ra'를 'kara(空)'과 어원이 같다고 풀이하고 있으나 우리말에서 보면 인정하기 어렵다. '팥'의 일본어는 'a-du-ki'인데 한국의 남부 방언에서는 '팔기'라고 하므로 이 두 말은 상응한다. 일본말에서는 어두의 /p/가 탈락하였을 뿐이다.

a-sa, so

어근은 'sa, so'로 삼(麻)의 한국어는 물론 '삼'인데 서로 일치한다. 'mu-si'의 한국어는 '모시'로 역시 일치한다. 식용초목의 총칭을 'na (葉)'라고 하나 한국어도 '나'이다. 현대어의 '나물'은 '청물(靑物), 菜(채)의 종류'의 뜻이다. 씨를 일본어로는 'tu-ne'라 하는데 이것은 한국어의 '들'과 일치하며 어의는 '근원'이다. 'ku-tsa'라는 경우는 '種, 조(條)'의 훈은 '가지'와 대응한다. 'ma-ku(蒔)'의 한국어는 '비ㅎ pi-h←pi-hu'와 같은 말이다. 'hu-mu'는 '블브'와 일치한다.

Fa-na(花)

어원은 'hi(火)'의 친족어로 'hi-ka-ri(光)'라는 말에서 파생한 말이다. 'Fa-na(花)'를 나타내는 한국어는 '곳', '블', '나리', '어루' 등 /k/, /p/, /m/, /o/ 등의 음계가 있다. 'Fa-na'는 '블'과 일치하여 어원은 '光, 明'이다. 'sa-ku(꽃이 피다)'의 한국어는 '삭(sak←sa-kï)'으로 '아(芽), 망(芒), 묘(苗)'의 어의이며 'sa-ku'의 뜻의 용례는 보이지 않는다. 한국어의 '프'는 '發, 開'의 뜻으로 'hi-kиku'와 대응된다.

다음 각 단어는 서로 대응된다.

ku-gi(莖)　　: 줄기(čulki←tulï-ki-←tu-ki)

me　(芽)　　: 엄(əm←əmï)

ha　(葉, 波): 닙(nip←ni-pa-←pa)

ye-ta(枝)　: 가지(ka-či←ka-ti←a-ti)

농기구의 예를 보면 다음과 같다.

ku-wa

한국어는 '괭이, 광이'와 일치하며 'ka-ma(鎌)'의 한국어는 '낟'로 대응하지 않으나 'na-ta'(鉈, 奈太)와 일치한다. 'tsu-ki'는 '장기'로 대응되며 'tsa-Fi'(鉏)의 한국어는 '다뵈 ta-pï'로 서로 공통된다. 고대의 'ha-to-o-ri'나 그 각 부품이 거의 일치하며 고대에는 이 기계를 양국에서 사용하였는데 그것이 한국에서 수입된 것임을 알 수 있다.

Fa-ta(機)

한국어는 '배틀', 'hi(杼)'의 한국어는 '북, 부', 'ta-te-ma-ki'(柚)의 한국어는 '도두마리', 'wo-tsa(筬)'는 '바듸'로 모두가 공통된다.

ku-Fi-ze(株)

한국어는 '그르호', 'ku-sa'의 한국어는 '골'로 서로 대응된다. '束'을 'ta-ba'라 훈할 때는 한국어의 '다발, 다바', 'tsu-ka'라 훈할 때는 '줌'과 각각 일치한다.

ka-ru(刈)

한국어는 '베ᄒ'인데 이들은 서로 대응된다. 일본의 『만요슈』 중에 'ka-ri-pa-ka'라는 말이 나오는데, 여기에서 'pa-ka'는 한국어의 '바미, 배미'와 대응하는 말로 그 뜻은 200평에 해당하는 면적을 말한다. 현대 한국어에서 '논배미'라는 말을 많이 쓰고 있다. 그러므로 일본어의 'kari-paka'의 뜻은 '베는 논의 면적'으로 풀어야 한국어의 뜻과 일치하므로 옳은 풀이가 될 것으로 보인다.

옷의 일본어는 'kö-rö-mö'라 할 때는 의류에 대한 총칭으로 한국어에는 '고름'이란 말이 있는데, 이것과 아주 일치한다. 그런데 현대 한국어에서의 '고름'은 옷고름이라는 뜻으로 쓰니까 아마 일본어에서는 고대에는 고름이 달린 웃옷을 지칭한 말이었다고 추정된다. 또 옷을 'ö-tsu-hi'라 할 때는 그 뜻이 '머리로부터 끼어서 입는 의류'를 뜻했던 것 같다. 상대(上代)는 남녀가 함께 사용하였으나 후에는 여자의 전용물이 되었다고 풀이하고 있다. 이 말의 한국어는 '옷ㅎ'와 일치하며 어의는 옷의 총칭이다.

so-te
'so(衣)의 te(手)'라고 보통 풀이하나 이에 대응하는 한국어는 '스민'이며(/t/와 /m/은 대응), 어의는 '통(通), 투철'이다. 'zu-so(裾, 須蘇)'는 '자락'과 일치한다.

ki-Fu(木棉)
'소음'은 서로 일치한다. 섬유의 'nu-ki'는 한국어로는 'ㄴㅡㄹ'이며 'ta-te(縱系)'는 '셔이'인데 서로 대응한다. '셔이'는 한국어 '셔'의 명사형이다.

nu-Fu(縫)
한국어는 '누비', 'o-ru(織)'는 한국어 '얽'과 각각 일치한다.

ki-ru(着)
'니브', 'ka-ka-Fu-ru(被)'는 '갇쓰'와 서로 공통된다. '물을 들이다'를 일본어로는 'so-me-ru'라고 하는데 한국어의 '덦'과 같다.

me-si(밥)

우리말 '뫼'와 대응하며 또 'i-hi'는 백반을 뜻하는 '이밥'과 대응한다. 또 'ku-u(食)'는 '먹, 묵'과 대응하며 'Fa-mu(食)'는 '반(飯)'의 한국어 '바브'와 대응한다.

sa-ke(酒)

'수불'과 대응하며 중세 한국어의 떡은 '썩'이었는데 일본어의 'si-to-gi'는 쌀가루로 만든, 긴 계란형의 떡이다. 일본에서는 떡을 'mo-ti, mo-ti-hi(餅)'라 하여 떡류의 총칭이 되어 있으나 이 말과 대응하는 한국어의 '모둠실'은 떡의 총칭이 아니고 찹쌀가루에 과실류, 특히 밤·대추·팥 등을 섞어서 쪄서 만든 떡을 가리키는 말이다.

su(식초)

한국어 '초', 'su-i'의 형용사는 한국어 '싀'와 같은 말이다. 'si-ru(汁)'는 '진', 'ko-na'는 '스룻'와 각각 일치한다.

si-ba(紫)

우리말 '섭'과 일치하며 'su-mi'와 '숫기'와 대응한다. 'ka-ma'의 한국어는 물 '가마'이며 'sa-či(匙)'는 한국어의 '술'과 대응한다.

다음 각 단어들은 서로 대응한다.

ta-ku, 焚   : 다히
mo-e-ru, 燃 : 무희
i-ki-ru, 熱 : 이글
ni-ru, 煮   : 닉

ko-su, 漉   : 거르

u-ma-si, 美味 : 맛

Zu-Yu-ru, 饐 : 쉬

i-e, 家   : 이페(戶, 民家)

mu-ro, 室   : ᄆᄅ

to, 戶, 斗   : 도(『삼국사기』 권44의 가라말로 나타남)

ha-si-ra(柱)

대응하는 한국어는 '바퇴'와 대응되며 뜻은 '지탱하다, 支柱'이다.

mu-ne(棟)

한국어 'ᄆᄅ'와 대응하며 뜻은 '宗, 中心, 長上'이다. 또 부엌을 일본어로 'ku-ri-Ya'라 하는데 뜻을 'ku-ri(泥土)'라 풀이하고 있으나 한국어 '구리'의 뜻은 '모으다, 처리하다'이다. 따라서 'kuku-ri-Ya'를 한국어에서 보면 '식사를 조리하는 곳'이 되며, 이것이 일본어 'kuku-ri-Ya'의 뜻에 합당하다.

ni-Fa

우리말 '전면'을 뜻하는 '님비'와 대비하면 일치한다.

ku-ra(食)

한국어 '값'과 일치하며 'toki'의 한국어는 '듬'이며 'i-o-ri(仮小屋)'는 'a-na-ku-ra'를 나타내는 '움터'와 같고 'su-mu(住)'는 한국어의 '살(生)'과 일치한다.

다음 각 생활용구는 서로 대응된다.

tu-bo, 병   : 듐(盆)

tu-ki, 坏   : 독

be, 瓶   : 병

tsu-we, 陶   : 딜

ha-ko, 箱   : 바고니

ku-si, 櫛   : 빗(/k/와 /p/ 대응)

ma-tsu, 斗   : 말(斗)

sa-si, 尺   : 자ㅎ

ki, 寸   : 치

ka-ku, 쓰다   : 그리

ka-ta, 形   : 골(꼴)

e-lu, 彫   : 어르

wa-dza, 業   : 바치 신라시대는 良志(아지)

wo-dö-ri, 踊   : 도리, 두리(뜻은 '돌다'임)

ku-gu-tu, 괴뢰   : 곡되

ha-ya-si, 번영함   : 바ᄉ(뜻은 '바치다'임)

Fu-si, 節   : ㅁ디

Fu-ru, 舊, 故   : 헐(헐다)

wa-ka-i, 苦イ   : 아기, 아가

kö-Fa-si, 强   : 고붓지(강장, 강열)

si-hi, 강요   : 세(세다)

tö-Fo-si-rö, 雄大   : 드위힐(뒤집다, 반복)

yo-wa-si, 弱   : 여리(여리다)

u-mu, 倦   : 잇브

ha-dzu-ka-si, 恥   : 붓그리(붓그리다)

sa-ka-si, 賢	: 착ᄒ(착ᄒ다)
i-tsu-ku-si, 嚴	: 잇ᄀ
ö-rö, 愚	: 어리(어리석다)
yö-rö-kö-Fo, 喜	: 즐겁
tu-ku, 好	: 됴ᄒ(/k/와 /h/대응)
i-si, 美	: 읻(이쁘다)
wa-ra-u, 笑	: 웃브
u-ru-wa-si, 麗, 秀	: 아릇답
ku-Fa-si, 細, 美, 妙	: 고브다(곱다)
mi-dzu-mi-dzu-si, 瑞	: 맑(뜻은 분명하다, 또렷하다)
mo-Fu, 思	: 먹(思, 念)
ko-u, 戀	: 그리(그리다)
na-ky-ya, 부드럽다	: 너그러(너그럽)
o-si-mu, 惜	: 앗기(惜)

　이상에서 필자는 김사엽 박사의 『기기만요노 조셍고(記紀萬葉の朝鮮語)』라는 저서 35~109쪽까지를 우리말로 옮겨서 여러분에게 읽을 기회를 제공하게 되었다. 그 이유는 종래 본인은 우리말을 연구할 때마다, 일본말은 우리말과 깊은 관계가 있는데 틀림없이 우리말에서 갈라져 나간, 한 갈래가 아닐까 하고 생각해 왔으나 김 박사와 같은 깊은 비교연구를 할 수도 없을 뿐만 아니라, 할 기회도 없었다가 너무도 좋은 연구를 김 박사께서 하셨기에 종래 소신을 밝히는 근거는 물론 독자 여러분들도 확실한 것을 알아야 되겠다는 생각이었기 때문이다.

　그런데 일찍이 일본인 학자 긴다이찌 게이쓰게(金田一 京助)는 모

음조화면에서 일본어를 알타이어라고 보고 다음과 같이 알타이어
족의 계보를 나타낸 적이 있다.

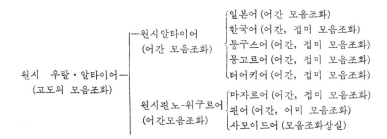

다음의 긴다이찌 교수의 분류표에 대하여 미국의 몽고어 연구가
J. C. 스트리이트(Street)는 람스테트의 논문에서 생각하던 바와 같이
비슷하게 알타이어의 계보도를 다음과 같이 나타내고 있다.

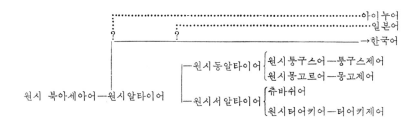

나는 위의 스트리이트의 계보도가 상당한 근거가 있는 것으로 보
이는 바 이를 다시 다음과 같이 볼 수 없을까 한다.

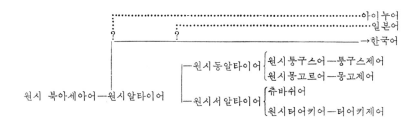

물론 위의 그림은 위에 인용한 김사엽 박사가 비교 연구한 어휘 면에 근거를 두고 그린 것인데 그 이유를 더 밝혀서 말한다면 다음과 같다.

첫째, 인체어의 대부분이 우리와 대응하거나 일치한다.

일본 학자 오오바야시(大林) 교수도 그의 저서 『일본어의 기원』 221쪽에서 말하고 있듯이 "신체에 관한 어휘 중에 남도계(남방계)의 것이 있다는 것은 남도계가 기층어였다고 보는 것과 모순하지 않는다고 생각한다."고 할 만큼 신체어의 대비는 중요한 것인즉 한국어와 일본어는 거의 대부분의 신체어가 일치하는데, 특히 남녀 성기의 명칭마저 일치하니 한국어와 일본어는 어딘가 서로 유관하지 않을까 생각된다.

둘째, 신에 관한 말, 천황에 관한 말, 무당어 등이 한국어와 일치하는 게 또한 많다는 것이다. 천황을 일컫는 말이 한국어에서 갔으니 이 또한 우연한 일은 아니라 생각한다.

셋째, 천지·자연 관계의 어휘 중 특히 기본 어휘의 대부분이 한국어와 대응하거나 일치한다는 사실이다.

넷째, 인륜 관계의 어휘류가 또한 그러하다. 즉 부모, 형제, 자매, 숙부모, 아내 및 인칭대명사, 친족, 임금, 백성, 장유를 나타내는 어류 등에 그처럼 일치하거나 대응되는 말이 많다는 것은 누구도 부인할 수 없기 때문이다.

다섯째, 행정구획의 용어는 물론 농사 관계의 어류 중 기본적인 것은 모조리 같다는 것이다. 원시시대에 있어서 가장 중요한 용어는 이것 이외에 또 무엇이 있었을까? 뿐만 아니라, 이에 더하여 의·식·주에 관한 기본 어휘 또한 모두가 대응되거나 일치한다는 것도 부인할 수 없다. 뿐만 아니라 고대의 예능 관계 어휘나 오락 관계

어휘마저 같으니, 우리 언어의 기본 어휘는 거의 같다는 결론에 이르고 마는 셈이니, 어찌 위에서와 같은 결론이 나오지 아니하겠는가 하는 것이다.

2. 일본어와의 음운 대비

이번에는 음운의 비교를 조금 해보기로 하겠다.

먼저 모음의 대비를 보기로 하겠다.

오오노 스스무(大野 晋) 교수의 『일본어의 기원』이라는 책에 의하면 고대 일본어에는 8개의 모음이 있었는데 이 중 모음조화에 관계가 되는 것과 모음조화에 관계가 되지 않는 것의 두 부류로 나눌수 있는데 전자에 속하는 것은 (a)와 같고 후자에 속하는 것에는 (b)와 같다고 하였다.

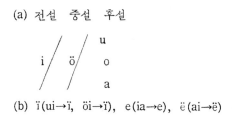

(a) 전설 중설 후설

i / ö / u o a

(b) ï(ui→ï, öi→ï), e(ia→e), ë(ai→ë)

(a)의 모음들의 모음조화 현상을 보면 다음과 같다. 즉 고대 일본어에는 사이가 좋은 모음과 사이가 나쁜 모음이 있었는데 사이가 좋은 모음은 a, o, u로 이들은 서로 결합하지마는 ö를 배제한다. 특히 o와 ö는 고립파로서 그 자신만이 말을 만들고 u, a와는 별로 결합

하지 않는다. 그러나 여기에도 중립파가 있다. 그것은 i이다. i는 a, o, u와도 결합하고 ö와도 결합한다. 따라서 고대 일본어의 모음조화는 위의 다섯 개의 모음 사이에는 분명히 인정된다. 후설모음 a, o, u와 중설모음 ö와 전설모음 i가 그 구실을 하였다. 그러면 이들 이외의 ï, ë, e는 어떠했는가 하면, 그들 모음은 옛 일본어 본래의 모음이 아니고 후세에 새로이 발달한 모음인 것 같다. 그 이유는 ï, ë, e라는 모음은 단어의 끝부분이나 활용어미에 많이 나타나고 단어의 처음에 오는 일은 전혀 없다. 『현대어사전』에서 'エ, ケ, セ, テ, ネ' 등으로 시작되는 エ열의 부분은 페이지 수가 아주 적다. 그것은 고대 일본어에서 'エ, ケ, セ, テ, ネ' 등으로 시작되는 단어가 거의 없었기 때문이다. 만일 거기에 수록되어 있는 한자어를 제외하면 한층 더 그러한 것이 분명해질 것이다.

또 e나 ë의 모음을 거듭하는 단어가 없다는 것도 エ열의 음이 후세에 발달했다는 사실을 보이는 것이다. 예를 들면 'taka, mata, naga' 등과 같이 aa와 같이 모음을 거듭한 단어는 많이 있으나 'tökö(トコ), mötö(モト)' 등과 같이 öö라는 모음을 거듭한 단어도 많이 있다. 그러나 'take, mete, nëgë(ネ グ)' 등과 같은 모음이 결합한 단어는 하나도 존재하지 않는다. 이와 같은 사실은 결국 'e, ke, se, te, ne' 등 エ열의 음이 고대 일본어의 본래의 음이 아니고 ai→ë, ia→e와 같은 변화에 의하여 후세(후세라 하더라도 나라시대 이전이지마는)에 발달한 모음이기 때문일 것이다. ï도 ui→キ, öi→キ와 같은 변화에 의하여 후세에 발달한 것 같다. 그러므로 ï, e, ë의 세 모음은 일본어의 모음조화에는 관계가 없는 것 같다(이상 오오노 스스무 교수의 『일본어의 기원』, 162~163쪽에서 따왔음).

그러면 우리의 중세어 모음은 어떠했는가를 알아보면 중세 한국

어의 단모음은 음양 및 중립모음의 셋으로 구분된다. 즉,

・ ㅗ ㅏ ─(ㄱ) (양성모음)
─ ㅜ ㅓ ─(ㄴ) (음성모음)
ㅣ   ─(ㄷ) (중성모음)

우리의 위의 모음들은 (ㄱ)그룹은 (ㄱ) 그룹기리 잘 어울리고 (ㄴ) 그룹은 (ㄴ)ㄱ그룹대로 잘 어울리는데, (ㄷ) 그룹은 (ㄱ) 그룹과도 어울리고 (ㄴ) 그룹과도 잘 어울린다. 그래서 중성모음이라고도 하게 된다. 이제 예를 좀 들어보기로 하겠다.

(a) /ㅗ/와 /ㅡ/의 대립

｛늙고(古)   ｛푸르다(碧)   ｛조ᄉ (씨)
｛늙근(老)   ｛프르다(靑)   ｛즈의 (찌꺼기)

(b) /오/와 /우/의 대립

｛곧다(直)   ｛노기다(融)   ｛보드라운(軟)
｛굳다(堅)   ｛누기다(弛)   ｛부드러운(柔)

(c) /아/와 /어/의 대립

｛갓(皮)   ｛남다(餘)   ｛갓가(刻)
｛것(表)   ｛넘다(溢)   ｛것거(折)

위의 예와 일본어와의 예를 비교하여 보면 한국어의 모음조화는 음양에 따라 이루어지는 데 반하여 일본어의 경우는 후설모음은 후설모음끼리 어울리고 중설모음은 중설모음씨리 어울린다. 여기에 큰 차이가 있다. 그런가 하면, 두 언어에 공통적인 것은 /i/는 한국어의 경우, 음양 두 모음과 다 잘 어울리는 데 반해 일본어는 중설, 후설 모음과 잘 어울린다는 점이다. 따라서 한국어와 일본어에서

다같이 /i/는 중설모음인 것이다.

두 번째 다른 점은 한국어의 모음조화는 어간과 어미는 물론 체언과 조사 사이에도 성립하는 데 반하여 일본의 경우는(물론 나라시대를 중심으로 하여) 어간에서만 이루어진다는 것이다.

다음으로 자음의 대비를 한번 해 보기로 하겠다. 우선 현대 한국어를 가지고 보면

(아)	ㄱ ㅋ ㆁ	(설)	ㄷ ㅌ ㄴ ㄹ
(순)	ㅂ ㅍ ㅁ	(치)	ㅈ ㅊ ㅅ
(후)	ㆆ		

와 같음은 주지의 사실이다. 그런데 일본어를 보면 /k s t n h m r ŋ/ 등인데 이것을 한국어의 '아, 설, 순, 치, 후'에 맞추어 보면 다음과 같다.

(아)	k, ŋ	(설)	t, n, r
(순)	m	(치)	s
(후)	h		

위의 것을 비교해 보면 일본어에는 거센소리가 없다는 것과 /p/가 없는 대신 'ba, bi, bu, be, bo'와 같이 /ㅂ/이 있는가 하면 'p'a, p'i, p'u, p'e, p'o'가 있어서 /ㅃ/이 있다. 그러고 보니까 예사소리로서는 한국어 /ㅈ/이 일본어에는 없는데 이것은 'ta, tsi, tsï, te, to'의 'tsi'에서 찾아볼 수 있다. 그러고 보면 한국어나 일본어는 예사소리는 다 가지고 있는 셈이 되는데 특히 여기서 하나 덧붙일 것은 한국어와 일본어에는 모두 사잇소리가 있다는 것이다. 우리는 /ㅅ/이 쓰

이고 일본어에서는 작은 '쓰'로서 나타낸다. 이것은 양국어가 꼭 일치하는 일로서 자음면에서 볼 때 한·일 양국어는 일치한다고 보아도 괜찮을 듯하다. 일본어에 거센소리가 없는 것은(된소리는 있는 반면) 일본의 문자가 음절문자인데 그 이유가 있는 듯하다. 왜냐하면 거센 소리는 /h/와 예사소리가 합하여야 이루어지기 때문이다. 더구나 일본어가 원시 한국어에서 분파되어 갔다면 우리말에서 거센 소리가 발달하기 이전에 갈라져 갔는지도 모를 일이기도 하다.

그런데 여기서 하나 더 첨언할 것은 일본어에서는 /k/의 유성음 /g/가 있다는 것이다. 그것은 'ŋa, ŋi, ŋu, ŋe, ŋo'에서 찾아볼 수 있다. 이 점은 한국어와 크게 다른 점이다. 한국어의 /ㄱ/은 유성음 사이에서만 유성화하는 데 불과하기 때문이다.

3. 한국어와 알타이 제어와의 어휘 대비

이에 관하여는 람스테트의 『한국어 어원 연구』라는 그의 저서에 의하되 상당히 신빙성이 있는 단어에 국한하여 다루기로 하겠다. 그리고 편의상 abc…순으로 다루어 갈 것이다.

아바님(aba-nim)

이에 대한 방언은 수없이 많아서 '아버지'가 표준어인 데 대하여 '아바지', '아비(비칭)', '아버니', '아범(비칭)'…… 등으로 나타나지만, 어간은 'aba'이다. 몽고어도 어간이 aba이고, 칼묵어는 awa이고, 아저씨는 abaga, 부인은 abagi이다. 그리고 텔레우트어에서는 abai는 아버지요, 형은 abač이며, 할아버지는 abaš라 한다. 퉁구스어는

ama, ami가 독립단어이며 이와 같이 고대 터키어는 apa는 할아버지 (<*papa)이고 몽고어는 baba이며 칼묵어에서는 아버지 대신에 아저씨나 형을 bāwε라고 한다.

아구리(aguri)

‘아가리’ 또는 ‘악빠리’라고도 하는데, 이 말은 손아귀의 ‘아귀’와 같은 말로 람스테트는 보고 있으나, 내가 보기에는 ‘아귀’는 ‘어귀’ 즉 ‘마을어귀’ 할 때의 ‘어귀’와 관계가 있는 말이 아닌가 하는데, 그는 ‘손아귀’를 ‘집게손가락과 엄지손가락 사이의 공간’이라고 풀이하면서 ‘악빠리’와 유관하다고 보고 있다. 그런데 어간은 ag이고 -ui, -gri, -uri는 접미사로 보고 있다. 이에 해당하는 위구르어와 터키의 차가타이어는 aguz이오 야쿳어는 vos인데 모두 입을 나타낸다고 한다. 이들은 모두 고대 터키어 aguz<*agur로 되고 중세 터키어 aγ가 되었다.

그런데 몽고어에서는 ‘~사이의 공간’, 또는 ‘안각 즉 엄지손가락과 첫째손가락(집게손가락) 사이와 같은 안각’, 혹은 ‘갈라진 사이’, ‘그물눈의 넓이’ 등의 뜻을 나타내는 어간이 ag라고 한다. 사실 한국어의 ‘입’의 낮은 말에는 ‘아가리’, ‘아구지’, ‘악바리’, ‘악빠리’, ‘아구리’…… 등이 있고, 일본어에서는 하품을 ‘akubi’라고 하는데 이것도 뭔가 우리말 ‘아구리’와 관계가 있지 않나 싶은데, 『새한글사전』에 의하면 ‘아귀’는 ‘물건의 갈라진 곳’이라 풀이하고 있으며, 예를 ‘손아귀’, ‘입아귀’ 등을 들고 있다.

우리가 흔히 쓰는 말에 ‘아가리 닫쳐’라는 비속한 말을 하는데, 뜻인즉 ‘벌린 것을 닫쳐라’는 것이다. 그러고 보면 람스테트가 본 것이 크게 어긋나지는 않을 것으로 보인다.

아흐, 아희, 아해

이것은 현대어로는 '아이'이나 람스테트 당시의 표기로 보면 이 조어의 '아히'가 쓰였을 것이다. 이에 해당하는 만주어에는 axa인데 그 뜻은 '하인, 소년(소위 뿌이)'이라고 한다. 옛날 우리나라에서도 '아히'를 심부름하는 동자로 본 것이 많이 있다. 예를 들면,

봄이 가려하니 내혼자 말릴소냐
못다 핀 도리화를 어이하고 가려는다
아희야 선술 걸러라 가는 봄 전송하리라.

위의 종장에서 '아희'는 분명히 심부름을 하는 사동 아니면 계집 아이종을 지칭하고 있다.

아까(akka)

이 말은 '조금 전에'의 뜻이다. 카라카스말에서는 aha〈*aga이고, 퉁구스말에서는 aγ '조금 전에'이다. 그런데 한국어에 '바야흐로' 라는 말이 있는데, 터키어말에 baja라는 단어가 있고 카라카스말에 도 paja라는 말이 있다.

알(al)(아래의 알)

이 말이 현재 쓰이고 있는 데는 '배알이 꼴린다' 할 때에 '알'이 나타나는데, 위구르어에서도 이 '알'이 있다고 한다. 그 뜻은 물론 '밑, 아래'이다.

그런데 그 나라말에서는 alym-da(내 밑에), alyn-da(그것 밑에) 등 으로 쓰인다고 한다. 몽고어에서는 alyn-da aliusun (undergrowth), 만

주어로 alisun이며 카잔-터키말로는 al-syn이라 한다. 사실 국어에서는 '아래' 할 때의 '애'는 접미사이다.

알(al)(씨, 곡식알)

이것의 몽고말은 alisun이요. 터키말은 aš인데 뜻은 '유식'이라고 하는데 그와 같은 뜻으로 야쿳말, 북부 터키의 코이발 방언 및 카라카스말에서도 쓰인다고 한다.

그런데 코이발 방언과 카라카스말 'toŋ-as, toŋ-aš'(cold food)는 '곡식 알, 옥수수' 등의 뜻으로도 역시 쓰인다고 한다.

알다(alda), 아다(āda)

이 말의 뜻은 '알다', '이해하다', '~와 알게 되다' 등인데 어간은 물론 'al'이다. 이에 해당되는 만주말에 보면 algi-'알려지다', ala-'알게 하다, 사람들에게 명령을 발표하다' 등인데 이 ala-에서 올차말의 *ala-a, alau-si'가르치다'가 발달한 것 같고 골디어 alo-si도 생긴 듯하다. 퉁구스말에는 '가르치다'의 뜻을 나타내는 말에 ala-wu, alau-가 있고 '배우다'는 말에 alawu-w-가 있다. 사실 한국어의 '알다'라는 말은 그 어원이 무엇인지 확실하지 않으나, '알맹이'의 '알'과 무슨 관계가 있지 않나 생각된다. '알'이란 명사에 용언의 파생접사 '다'가 붙어서 '알다', 즉 '알맹이 같다'가 오늘날의 '알다'에 해당하는 뜻의 말로 쓰이게 된 듯하다. 사실 '알다'는 '어떤 사실의 내용을 아는 것'이기 때문이다.

암-(am-)

이것은 여성을 나타내는 접두사처럼 보이나 옛날에는 하나의 독립단어였다. 한국어의 '암'은 '엄'과도 상통하는데 '엄지손가락'에서 보면 '엄'은 '큰, 제일가는'의 뜻을 지니고 있다. 따라서 이 말은 원시 모계사회에서 어머니가 제일이라는 뜻에서 또는 모계사회의 장(어른)이라는 뜻에서 생긴 어원의 말이 아닌가 하는데, 그럼으로써 여성을 나타내면서 엄지손가락, 어금니 할 때의 '큰, 제일'이란 서로 합일하는 것이 아닌가 한다. 그런데 몽고어에서는 eme가 여성, 부인, 아내 등을 나타내고 eme-gen은 나이 많은 부인, 마누라를 낳내며 eme-tobčī는 단추구멍을 나타내고 예니쎄이-오스챠어에서는 ām은 부인을 나타낸다.

암죽(ām-ǯjuk)

어린이가 젖이 부족할 때, 쌀을 어른들이 입에 씹어 가지고 그 물로써 죽을 끓여서 어린 아기들에게 먹이는 오늘날의 아기-먹이인데 그 맛이 달고도 영양분이 있어 아주 좋다. 그런데 이 말과 발음이 비슷한 만주말에 amsun이 있는데 『만화사전』에 의하면 '신에게 바치는 음식'으로 되어 있다. 사실 고대에서야 신이 최고의 존재이지만 사람에 있어서는 어린 아기 또한 신과 같이 소중한 존재임에는 틀림없다. 그러한데서 '암죽'과 만주말의 '암순'이 같은 어원에서 유래했는지도 모르겠다.

그런데 우리말에서 '혹'을 어린이에게 말을 할 때 '암'이라 하고 '먹이'를 '맘마'라 하는데 혹 시늉말(상징어)에서 온 것은 아닌지 의문이나 '암죽'의 '암'과 이 '암'과는 무엇인가 상통하는 것이 있을 것 같기도 하다. 그러나 사실 더 따지고 보면 '암죽'은 '암'＋'죽'으로서 합성어인데, '어머니의 죽, 즉 엄마의 젖과 같은 구실을 하는 죽'이라 뜻일 것이다.

안(an), 아니(ani)

이 말은 부정사의 '아니'인데 골디어와 올차어에는 ana가 있는데 우리의 ani와 같은 말이다. 예를 들면 올차어에는 ana가 있는데 우리의 ani와 같은 말이다. 예를 들면 올차어에서 amtana(〈amta ana)는 '맛이 없다'이고, balana(〈bala ana)는 '오래 전이 아니다, 오래지 않다'의 뜻이라 한다. 그러나 골디어에서는 ana가 부정동사 *a-와 가끔 결합하여 쓰이는 수가 있다. 만주어의 ani는 aku이며 주첸어는 asu이라 한다.

안(an)

이 말은 '내부', '속'의 뜻인데, 퉁구스어의 angi에 있어서의 an은 '오른쪽의', '~의 오른쪽에'의 뜻이요, angidā는 '오른쪽', an-tiki는 '오른쪽에'의 뜻을 나타낸다.

안다(anda)

'무엇을 안다'의 뜻을 나타내는 말인데, 퉁구스말에는 ani-가 있다. 이 말의 뜻은 '주다, 선물을 주다'라고 람스테트는 설명하고 있으나, 내가 보기에는 '안(속)＋명사'＋'다(파생접사)'로써 이루어진 동사로 보아진다. 그런데 한국어의 현대어 '아내'는 고어에서는 '안해'인데 이것도 '안ㅎ('안'은 ㅎ종성체언)＋애(접사)'로 된 명사 같은데 람스테트는 한국어의 aṅ-a에 해당하는 말에 퉁구스어의 ana-ka가 있다고 한다. 그렇다면 이것은 함경도 방언에서 부녀자들을 '아낙네(a-naŋ-ne)'라고 하는데 이 말과 대응이 될 법도 하다. 왜냐하면 ana＋ka이므로 접사 끝의 a를 떼면 'anak'이 될 것이오, 이것이 함경도 방언의 '아낙'과 같이 되고 끝의 'a'는 'e'로 바뀔 가능성이 있기 때문이다.

아오(ao), 아우(au)

이 말의 고어는 '아ᅀ'이다. 흔히 경상도 사람들이 '아시 본다'는 말을 하는데 이때의 '아시'는 '아ᅀ＋이(주격조사)'가 '아싀〉아시'로 된 것이다.

길리어에서 aśx(동생), 퉁구스말에는 ahuw-kān이라 하는데 아마 길리어 aśx과 관련이 있음직하다.

아오르다(aorida)

이 말은 '어우르다'인데 이에 해당하는 몽고어에는 agul-ža-가 있고 칼묵어에는 ūlza-가 있다. 그리고 서남만주에 있는 솔론-퉁구스어는 ōlzi-가 이에 상응한다고 보고 있다. 야쿳어에서는 이 말에 상응하는 것이 uoluk인데 그 뜻인즉 '셔츠의 쪼개진 앞부분을 서로 붙이다'이다. 그 뜻으로 볼 때, 모두 우리말과 상응하는 것으로 충분히 볼 수 있으리라 믿는다.

앞(ap)

이 말의 고어는 '앒'인 것은 우리가 이미 다 알고 있다. 위구르어에서는 이 alp이 '영웅, 전쟁에 있어서의 지휘자'의 뜻이며 카잔-터키어에서는 alyp 또는 alp으로 나타난다고 한다. 여기서 하나 첨언할 것은 위구르어에서는 '전쟁에서의 지휘자'라 했는데 전쟁에 있어서의 지휘자는 언제나 선두에 서므로 우리말 '앒'과 그 나라의 alp은 상응할 것으로 보인다.

아랑주(araŋ-ǯju)

이 말은 '아랑(우리말)+주(한자의 酒)'로 된 합성어인데, 경상도 지방에서는 술동이 밑에 깔아 앉은 것을 '아레기'라고 하는데 이 말이 아마 옛날에는 '술'의 뜻이었는지도 모르겠다. 우리말 '술'의 옛말은 '수울'인 데 비하여 너무도 거리가 있는 것을 보면, '아레기'는 아마 술을 만드는 효모나 아니면 누룩 종류를 두고 한 말인 것 같은데 우연인지 필연인지 이 말이 몽고말과 일치한다. 몽고어에서는 araki이요, 터키 말에서는 araqy이다. 이에 대하여 만주어는 arki요, 퉁구스어는 araka이다. 고대 문명어로서의 앵글어(angl)로는 arrack, 아라비아어로는 araq, 체레미스어로는 äräkä, 아이누어는 arakke이며 일본어는 sake이다.

아름(arim)

이 말은 '한 아름, 두 아름' 할 때의 '아름'인데, 그 뜻은 '두 팔을 벌려서 껴안은 둘레의 길이'이다. 그런데 이 말의 어간은 물론 '알'일 것인데 이에 상응하는 만주말은 ali-로 뜻은 '받다'요, ali-bu도 '주다(제시하다)'이다. 이에 대하여 퉁구스어 ali-w-는 '건네주다', '양도하다'요, 골디어 역시 alo로서 뜻은 마찬가지이다. 그러나 터키어는 al-로서 뜻은 '취하다'이다. 그런데 단어의 형태상으로는 비슷하나 의미상으로 볼 때는 거리가 있는 것 같아 마음에 썩 내키지 아니한다.

아시(a-ssi)(또는 a-si)

'아씨'는 남의 처녀를 높여서 이르는 말이다. 그런데 이 말의 어원은 '순결', 또는 '최초'의 뜻일 것이다. 왜냐하면 이 말이 우리말의 부사에 남아 있기 때문이다. 예를 들면 '이 빨래는 아시(앗이) 썩었나?' 하는 경상도 방언이 있는데 이때의 '처음'의 뜻이다. 그러므로 처녀를 '아씨'라 할 때는 '처음 태어난 그대로'의 뜻으로 아무도 침범하지 않은 상태의 처녀라는 뜻이다.

이에 해당하는 퉁구스어는 asi(aši, ahi)인데, 뜻은 '아내', '처녀'이다. 골디어는 asi인데 뜻은 '결혼한 여자'이며 aszuanm aščou, asčuha 는 '처녀', '젊은 숙녀'의 뜻이며 만주어로서 aša는 '형님의 부인'을 뜻한다.

아자(aža), 아재(ažä)

이 말은 말할 것도 없이 '아저씨'의 사투리이다. 이에 해당하는 퉁구스말은 ači인데 뜻은 '조상'이다. 코이발어와 카라카스어의 aža 는 '아버지의 남동생, 또는 아버지의 여동생'이다. 따라서 코이발어와 카라카스어의 aža는 한국어 '아자/아재'하고 일치한다.

아지랑이(ažiraŋi)

이에 해당하는 퉁구스어는 adal, alil 등이 있는데 adil의 i 앞의 d는 구개음화할 수 있기 때문에 우리말과 일치한다고 하겠다.

자다(čada)

잠을 잔다는 말이다. '잠'은 아마 '자다'의 어간에 명사형 어미 /ㅁ/이 붙어서 된 말일 것이다. 이에 해당되는 터키말에 ja-t-이 있는데 '침대에 눕다', '잠자다'의 뜻이다. 이 ja-t-은 아마 *ža-t-으로 발달되었을 것이다. 이때의 -t-은 접미사일 것이다.

작은(čada)

이 말에 해당되는 말은 키르키즈에서 찾아볼 수 있는데 거기서는 čaqan이라 한다. 우리말과 일치하는 것 같다.

재(čai)

이 말은 나무를 태우고 남은 가루를 말한다. 터키말에서는 ča-이며 위구르어에서는 čadar이다. 이 말들도 우리말과 상응하는 것 같다.

짝(ččak)

이 말은 람스테트도 말하고 있듯이 '쪽'과 같은 말일 것이다. 그런데 야쿳어의 이에 상응하는 것으로는 žaktar인데 뜻은 부인을 두고 하는 말이다. 이에 해당되는 터키말은 bučuq인데 사실 고대 한국어의 '짝'은 '딱'이었다면 터키말의 음절이 축약되어 형성된 것으로도 볼 수 있겠다. 람스테트는 야쿳어의 žakdar는 한국어에서 빌어온 말이라고 하고 있다.

잘다(čalda, čara, čan)

람스테트는 이 말을 몽고어 ʒala-gu(젊은)과 칼묵어 및 부리앗어의 zalū, 칼카-몽고어의 Dzalū와 대비하고 있다. 이 말은 '작다'와 무슨 관계가 있는 말은 아닌지 모르겠다. 왜냐하면 '적다'와 '절다'가 무슨 관계가 있을 것으로 보아지기 때문이다. 사실 다리를 저는 것은 한쪽 다리가 적은 데서 오는 현상이기 때문이다. 그런데 보기에 따라서 '짧다'와 '잘다'가 유관한 것 같기도 하다. 짧게 자르면 잘게 되기 때문이기도 하다. '짧다'라는 말을 '저르다'라고도 하는 지방이 있으므로 이 말이 줄어서 '잘다'가 되었을 가능성도 있고 '저르다〉자르다〉잘다'로 되었을 가능성이 있기 때문에 람스테트가 '젊다'는 몽고어, 칼묵어 등과 비교한 것은 무리가 있지 않을까 한다. 그런데 여기서 하나 첨언할 것은 채소에 소금을 쳐서 간치는 것을 '저리다'라는 말을 하는데 이 말은 '다리가 저리다'고 할 때의 '저리다'와 상통할 것으로 보인다. 고어로는 '다리가 저리다'고 할 때의 '자리다'는 '절웨다'인데 이 뜻은 '마비하다'이다. 그러므로 채소의 기운을 죽여서 마비상태에 빠뜨리는 것을 '저리다'와 비슷한 데서 전용한 것은 아닐지 모르겠다.

자므다(čamida, čamgida)

이 말의 고어는 '줌다(沈)'이다. 따라서 어간은 '줌(잠)'이다. 그런데 터키어의 이에 해당하는 어간은 čom-이다. 차가타이어도 이와 같은데, 뜻은 '목욕을 하다'이다. 그런데 카라임의 터키말은 '수영하다'의 뜻을 나타낸다.

접다(čapta, čaba, čabin)

이 말은 '책을 잡다' 할 때의 '잡다'인데 만주말은 그 어간이 ʒafa-이고, 골디어는 ʒapa-이며, 퉁구스어는 ʒawa-, 라뭇어는 ʒaw-이다. 아마 공통어간이 ʒapa였는데, 이것이 ʒaba, ʒafa, 또는 ʒawa- 등으로 음운변동에 의해 다양한 형태로 변한 것 같다.

자라다(čarada)

이 말과 어간이 같은 말로는 퉁구스어 ʒara-가 있는데 그 뜻은 '반복하다', '계속하다'로서 다소 어긋나지만, 보기에 따라서는 자라는 것은 크는 상태가 계속된다고도 볼 수 있으므로 일맥상통하는 것으로도 볼 수 있겠다.

자자기(čaʒagi, čaʒägi)

자작나무를 두고 한 말인 것 같은데 이의 만주말은 ʒaʒiхi라고
한다.

자지(čaǯi)

남자의 생식기를 두고 이르는 말인데, 골디어는 čulči 또는 čilču
이고 올차어는 čiču, 만주말은 čočo, 터키, 타타르어는 čočaq이다.
아마 한국의 고어는 'ᄌᄉ(核)'일 것으로 보고 있는데 이것이 'ᄌ+
이>ᄌ시>ᄌ지>자지'로 되었을 것이 아닌가 한다.

제, 졔(če, čje)

이 말은 경상도에서 '저기'를 줄여서 '졔'라 하는데 아마 람스테트
가 that yonder(저쪽)이라 한 것을 보면 그런 것 같다. 이에 해당하는
만주말은 tere이고, 몽고어 역시 tere이며, 퉁구스어는 ter-i, teri로서
만주어나 몽고어 공히 어간은 te이다. 마치 '거기'를 뜻하는 tende에
있어서와 같이 몽구오르어로는 t'je(톄)이다. 터키어는 ti-gi인데 뜻
은 'that', 'there'이다.

졔비, 제비(čjĕbi, čĕbi)
이에 해당하는 만주말은 cibin이다.

적(ček)
이에 상응하는 터키어는 čap이요, 몽고어는 čag으로 뜻은 'time',

'hour'이다. 서로 일치함을 알 수 있다.

적다(čjekta, čjege, čjegin)

이 말은 '글을 쓰다'에 해당되는 말인데 터키어로는 čäk-이다. 이에 더하여 '적다(čekta)'는 '소(少)'의 뜻인데 몽고어로는 čögen이요, 칼묵어로는 tsōn, tsōr-인데 tsōr-은 '수가 줄어드는 것'을 뜻하므로 한국어 '줄다'와 일치하는 것 같다.

절다(čjelda, čjeda)

앞에서 나는 '잘다'를 설명할 때 '절다', '잘다' 등에 관하여 언급한 일이 있는데 퉁구스어에 čullugde라는 말이 있는데 그 뜻은 '한발로 뛰다'이다. '소금으로 저리다'의 '저리다'에 해당되는 퉁구스어에는 ǯerpču, 골디어는 ǯejersi- 만주어는 ǯusu-χun 등이 있으나 그 뜻은 맛이 '시다', '짜다'이다.

젊다(čjelmda)

이에 해당하는 몽고어 특히 바야트 방언에 ǯerme-gi라는 말이 있는데 뜻은 '젊은-이'이다. 그렇다면 ǯerme와 '젊(čjelm)'과는 상응하는 것 같다.

접시(čepsi)

이에 해당하는 몽고어는 tebši, 차가타이, 오스만어 등도 täpsi이다. 아마 옛날 우리가 이 접시를 그쪽 지방에서 수입해 와서 만든 것이 아닌지 모르겠다. 말이 아주 일치한다.

지다(čida)

'살이 찌다' 할 때의 '지다'인데 이것을 람스테트는 퉁구스어의 ʒibteme, ʒibtime, 골디어 ʒibbi하고 대비하고 있는데 이들 말의 뜻은 '조밀한', '단단한'인데 이 말의 뜻은 '살 위에 또 살이 더한다'의 뜻이다. 현재 우리가 흔히 하는 '빚을 지다', '빚을 진 위에 또 빚을 진다' 할 때의 '지다'가 바로 '살찌다'의 어원이기 때문이다. 그러므로 외국인이 한국어를 연구해 놓은 책을 익을 때는 세심한 검토가 필요한 것을 이런 점에서 다시 한 번 더 발견하게 된다.

직이(čigi)

지키는 사람을 이른 말이다. 오늘날 우리가 많이 쓰는 말에 '문직이'가 있다.

이에 해당하는 퉁구스어는 tigilō, tigi-t 등이 있는데 i 앞의 t는 구개음화하므로 우리말과 일치한다고 볼 수 있겠다.

질다(čilda, čire, čin)

이에 대응되는 터키어는 *čüli-, 도 터키의 차가타이어는 jilik, 야쿳어는 sili 등이다.

짚(čip)

키르키즈어는 typyn이요. 만주어는 cifaχan 등이다.

집다(čipta)

이에 해당하는 만주어는 ʒifu-이다.

지레(čire)

'지레짐작' 할 때의 '지레'는 '미리', '~보다 앞의'의 뜻인데, 퉁구스어는 ʒulē, 골디어는 ʒulsi, 만주어는 ʒuleri이다.

지르다(čirida)

'누르다'의 뜻인 이 말에 상응하는 것에는 퉁구스어의 tire-, tirū-, 만주어의 čireŋku, 골디어의 čire-, čire-či 등이 있다. 이에 더하여 '고함을 지르다' 할 때의 '지르다'에 상응하는 말에는 퉁구스어의 čirgi-, čirŋa-, 몽고어 čirgi-, ʒirge- 등이 있는데 이들 단어는 고대 몽고어 jyr, 야쿳어 yr과 같이 오노마토포에어 čir, ʒir 등이다.

짓(čti)

행동, 행위의 상태를 나타내는 이 말에 대응하는 말에는 퉁구스어의 žehe, ʒese, ʒesē 등이다.

찢다(ččitta, ččiʒe, ččiʒin)

이에 해당하는 몽고어는 ʒisu- 칼묵어 züs- 등이 있다.

좀(čom)

이것은 '조금'의 준말인데 이에 상응하는 퉁구스어는 čumun이 있다.

주먹(čumek)

이에 상응하는 말에는 터키어의 동사 jumur-에서의 *jüm ~*jum 과 일치하는데 터키어 동사어간 Jumur-는 국어에서도 '주무르다'라 는 말이 있다. 여기에서 '줌, 주먹'이 왔을 가능성이 있다.

주머니(čumeni)

퉁구스어에는 '물집', '공기주머니'의 뜻을 나타내는 čumknkte가 있다.

차다(čha, čhan)

이 말의 어간은 물론 '차-'이다. 이에 해당하는 만주말의 어간은 ča-이 있다.

얼(얼골의)(elgol)

몽고의 글말은 erigün, erügün, 칼묵어는 örgn, 터키어의 erin은 뜻이 '입술'이다.

얽다(elkta)

이와 이치하는 퉁구스어에는 erke-가 있다.

어머니의 어머(eme)

퉁구스어 emni〉-mni로 변하였는데 ewengki-mni는 '퉁구스의 부인', '부인'이란 뜻이다. 올차어에서는 emi요, 몽고어의 '어머'는 eme이며, 츄바쉬어에서는 ama(ammi, anni)로 뜻은 '부이', '어머니', '여성'을 나타낸다.

엄지(emǯi)

엄지손가락의 '엄지'에 상응하는 만주어, 골디어는 emuči, 올차어는 emun, 퉁구스어는 emun, 만주어는 emke 등이다.

해(hai, hä)

태양을 나타내는 이 말의 고어는 '히'인데 그 뜻인즉은 '밝은 것', '흰 것'을 나타낸다. 이에 상응하는 말은 퉁구스의 siun, 그 방언의 hiun, hiwun 등이 있고 골디어는 siun, 만주어는 šun 등이 있으나 음으로 볼 때 거리가 멀다. 아마 이 말은 광명을 좋아하고 흰 것을 좋아했던 우리의 조상들이 만들어낸 말이 아닌가 한다.

헤염(hejem)

이에 상응하는 올차말은 höjöndi에서 hejende-로 변했고 골디어는 heje-jni가 있다.

이, 예, 요(i, je)

이것은 'this'에 해당하는 말로 람스테트는 이렇게 보았다. 사실 '이'는 'ï'요, '예'는 '여기'의 준말이요, '요'는 '이것'을 달리 '요것' 할 때의 '요'이니까 '이'를 더 가깝게 이르는 말이다. 이에 해당하는 만주말에는 ere(this)와 ese(there)에 있어서의 *e-가 있고, uba(here)가 변해서 e-ba가 된 e와 ebe(this place)에 있어서 e가 다 여기에 해당된다. 퉁구스어에 있어서의 this는 ere이고, 몽고어의 것은 ene이다.

람스테트가 굳이 '이'를 영어의 this의 뜻을 가진 알타이 제어들과 견주려고 한 것에는 다소 잘못이 있다. 왜냐하면 this에 해당되는 것에는 '이'도 있을 수 있으나 '이것'이다. 한국어의 '이'는 삼인칭 대명사의 근칭 '이'인 것이다. 따라서 굳이 대비하려고 하면 만주어의 'ï'나 'ere'하고는 대비하지 않았는지 모르겠다. 그런데 람스테트는 주격조사 '-이'조에 가서 이것을 마주말 i(he, she, it)에 대비하고 터키말 -i(이것은 뒤에 ~-y로 변함)와도 대비하고 있다. 여기에서 우리는 또 한 번 어원 연구를 할 때에 주의하여야 할 점을 발견하게 되었다. 이런 사실을 보면 람스테트는 우리말을 깊게는 몰랐다는 사실을 미루어 알 수 있다. 그러므로 무조건 그의 학설에 찬성한다는 것은 잘못된 결과를 초래할 위험이 전혀 없지 않다.

이랑(iraŋ)

카잔-터키어에서는 yzaŋ, yzan이며 심비르스크 방언은 yzaŋ〉azaŋ, zaŋ, 츄바쉬어는 jǒran, 만주어는 irun, iri, 골디어 또한 irun이다.

이리(iri)

'이리'는 'here'에 해당되는데 퉁구스어는 eli이다.

이슬(isil)

이 말의 퉁구스말은 isan이다.

열다(jelda, jeda)

open의 뜻일 때에 해당되는 터키어는 jar-, 몽고어는 jara이고 '꽃이 피다'의 뜻일 때의 '열다'에 해당되는 만주어에는 ila-가 있다. 그리고 '열매가 열다'의 뜻일 때에 해당되는 퉁구스어는 irin 등이 있다고 하나, oγen의 뜻을 나타내는 터키어 jar-, 몽고어 jara와만 유관한 것 같고 다른 뜻의 말은 거리가 있는 것 같다.

융(juŋ)

이 말은 'wool', 'velvet'의 뜻인데 퉁구스어는 iŋa-kta, eŋa-kta요, 몽고어는 ungusun, nungu sun, 터키어는 juŋ, 차가타이어, 알타이족의

언어, 오스만-터키어 등은 jüg 등인데 한국어는 터키어와 일치한다.

가(ka)

의문형 엄인데 이조시대는 의문사가 있는 의문문에서는 '고'가 쓰였다. 그런데 일본어에도 의문형 어미로서는 'ka'가 쓰인다. 예를 들면

> (a) toko-he ikimasu<u>ka</u>?
>
> kore-wa nan-desi<u>ka</u>?
>
> kore-wa dare-<u>ka</u>

그런데 골디어는 의문의 어간이 ha-로 대명사이다. 이에 대하여 퉁구스어는 a-이다. 이것은 앞의 말에 붙은 조사 -ka처럼 자주 쓰인다. 예를 들면

> (b) ēda-ka(⟨ja oda ka)=what doing? 〉why?
>
> ekure-ka I did not what he is doing?
>
> or-ka I did not what he is doing?
>
> eče-wsare I did not what he is doing?

몽고어에서는 의문대명사 'what'에 해당되는 qaj-와 qam-과 함께 쓰인다. 그러나 터키어에서는 qa-가 앞에 온다. 예를 들면

> (c) qańu, qaju=where?(위구르어)
>
> qajysy, qajysy, qjsy=which of them?(알타이족 언어)

qana=where?(중세 몽고어, 고대 몽고어)

xas=how much(야쿳어)

qačan=when, atwhat time?

qajda=where(카잔-터키어)

위의 예 (a) (b) (c)에서 보면 (a)와 (b)는 일치하므로 우리말 의문형 어미는 퉁구스말에서 왔다고 보아야 할 것일까 의문이 난다. 어쨌든 '-ak'가 의문대명사이고 보면 첨가어의 놀라운 첨가 사실을 다시 하나 알게 되었다.

가(-ka)

여기서의 '-ka'를 주격조사인 '이'에 대하여 람스테트는 다음과 같이 설명하고 있다. 즉, 주어 뒤에 오는 연결조사인데, 이제는 모음 뒤에서만 쓰인다. 즉 자음 뒤에서 '-i'와 동등한 값어치를 가지고 사용된다. 예를 들면

(a) näga, nega, nuiga,

그런데 일본어에서도 한국어에서와 같이 주어 뒤에 쓰이는데, 아이누어에서는 ka는 '역시'인데도 불구하고, '그리고'의 뜻으로 쓰이며 퉁구스어의 ka, 골디어, 올차어의 ka도 '그리고', '그러니 등등'의 뜻으로 사용된다. 그런데 한국어에서 -ka가 동명사 뒤에 쓰일 때, 즉 -taga와 같이 쓰일 때는 그 뜻이 '그러나'로 된다.

이상이 람스테트의 설명인데, 그렇다면 한국어, 일본어, 아이누어, 퉁구스어, 골디어, 올차어의 주격조사로 -ka가 쓰인다는 것이

니, 앞으로 이것의 어원을 밝히는데 큰 도움이 될 것으로 생각된다.

개(kä)

우리의 고어는 '가히'였는데 이 말이 줄어서 '개'가 되었고 몽고어는 'gani'인데, 뜻은 '야생의', '주인 없는 개'이다. 터키어는 qančyq인데 뜻은 암캐이다. 개의 새끼는 '강아지'라 하는데, 물론 '-아지'는 접미사이다. 그런데 퉁구스어는 kācikān인데 여기서의 -kān은 접미사이다. 오로크어는 köjöči, 골디어는 kyjeće이다. 몽고어에서는 개를 부를 때는 kēči라고 한다.

가을(kail)

우리의 고어는 '가슬〉가을〉가을'로 변천해 왔는데 퉁구스의 이에 해당하는 말의 어간은 kasi-이다. 이 말은 꼭 가을과 일치하는 것은 아니지만, '낙엽' 또는 '채소의 수확', '채소의 시들음' 등의 뜻으로 미루어 그렇게 볼 수 있다는 것이다.

깔(kkal)

'까락', '가락', '거럭' 등은 '손가락'을 뜻하는데 퉁구스말의 손가락은 šara-kal 몽고어는 sarālʒin인데 몽고어의 뜻은 '아주 갈라진 어떤 것'이다.

갈다(kalda, kāda)

이것은 '바꾸다'의 뜻인데 만주말은 χala-요, 퉁구스어는 kala-이며 몽고어는 qala-, 칼묵어는 χale-로 한국어와 상당히 일치한다.

갈비(kalbi)

만주어는 kalbi, kalbin인데 그 뜻은 '위의 양쪽의 고기(살)'이다. 퉁구스어도 같은 뜻으로 kalbi이다. 몽고 방언에서는 karbiŋ이다. 이 말은 우리말과 만주어, 퉁구스어 모두 일치한다.

가마(kama)

일본말과 아누어 모두 'kama'이며 텔레우트어와 알타이족의 언어에서는 kämäbägä이다.

이들 말은 모두 일치하는 것으로 보여진다.

감다(kamda)

퉁구스어는 kamdan, 몽고어는 qama-, 부리앗어는 xama-, 터키어말은 qama- 등으로 한국어와 일치한다.

감투(kamthu)

머리에 쓰는 의관의 일종인데 만주어에서의 kamtu는 투구 밑에 쓰는 부드러운 모자를 말하고 kamtun은 일하는 동안 머리카락이 헝클어지지 않도록 머리 주위를 감싸는 베조각을 말한다. 아마 한국어가 만주말의 차용어가 되었음으로 보인다. 왜냐하면 'kam+tiu'로 이 말은 합성어인데 kam은 kamda의 어간이요 tu는 머리를 나타내는 말로 보아지기 때문이며 이와 비슷한 말에 감발(kam-bal)이 있기 때문이라는 것이다.

가라(kara)

검은 말을 '가라말'이라고 할 때의 'kara'인데 몽고어는 qaγa, 퉁구스말은 karā이다. 아마 옛날 말은 몽고에서 사들여 왔기 때문에 'kara-mal'은 몽고말 그대로일 것이다.

가라앉다(kara-antta)

여기서의 '가라'에 해당되는 야쿳어는 kā, xā요, 퉁구스어도 ka인데 그 뜻은 '강산', '강바닥'을 뜻한다. 그러니까 '가라-앉다'라는 말은 '강바닥으로 내려가 앉는다'는 뜻이 된다.

가람(karam)

이 말의 고어는 'ㄱ름'이다. 몽고어는 garim, garam이요, 부리앗어도 garam인데 뜻은 '샛강', '시내', '만' 등을 나타낸다.

가새(kasä)

이 말은 '가위'의 경상도 사투리인데 만주말의 xasa-xa요, 올차어는 xaʒa, 골디어는 haʒa, 오로크어도 haʒa이다. 아마 일치하는 것처럼 보인다. 이 단어는 김형규 박사의 『국어사 연구』에 자세히 다루어져 있다.

가삼(kasam)

이것의 고어도 '가슴'인데 람스테트는 ka(side)＋sim(근육)(안심이라는 말이 있기 때문에)으로 된 합성어로 보고 있는데 아주 탁견이다. 그런데 *ka는 몽고글말에서는 qa, 칼카-몽고 방언에서와 칼묵어에서는 xā인데 뜻은 '아래, 가슴쪽'을 나타낸다. 퉁구스어는 kase-인데 그 뜻은 '가슴에 어떤 통증을 느끼는 것'을 나타낸다.

가시(kasi)

이것은 현재의 '각시'의 고어이다. 그런데 퉁구스어의 asi가 이에 해당되는데, 음은 우리말 '아씨'와 같다.

가지(kaʒi)

이것은 고대 몽고어 kači에서 발달한 것 같고, 오르도스어는 qači 이다. '갖(kas)' 이것에 일치하는 골디어나 올차어는 kač-이며 골디 어에서의 kačama는 '털로 만든 겨울 벙어리장갑'을 뜻한다.

거문고(kemungo)

만주말에서 음악을 'kumun'이라 하고, 오스만말에서는 kämänca 이라고 한다. 아마 '거문'이라는 말은 만주말 kumun에서 왔을 가능 성이 있다.

결(kjet)

터키어는 qyt, 퉁구스어는 kētarā이다.

금(kim)

퉁구스어 kümüs는 은을 나타내고, 야쿳어 kümüs는 귀중한 금속 을 나타낸다. 일본어에서는 kin이다.

골(kōl)

골짜기라는 말인데 몽고 글말은 gool, 칼카-몽고어 방언은 gol, 칼묵어는 gol인데 뜻은 '강', '강골짜기', '중심부', '가운데' 등이다. 어떤 지리상의 이름에서 고대 터키어 qol이 있음을 볼 수 있다. 만주

어는 golo, 골디어는 gol, 올차어도 gol이다. 따라서 한국어의 '골'은
이들 언어들과 일치한다고 보여진다.

곰(kōm)

일본어는 kama, 라뭇어도 kama(큰표범) 퉁구스어는 kuma인데 뜻
은 라뭇어와 같다.

퉁구스어 kunaksa는 표범껍질을 뜻한다.

고마(koma)

'아버지의 다른 부인'을 '고마'라고 하는데 터키어는 qoma, 오스
만어, 자가타이어, 터키어 가라임어는 quma 등인데 모두 우리말과
일치한다 하겠다.

공주(koŋ-ču)

왕의 딸을 말하는데 위구르어는 qončui인데 뜻은 여왕이다.

곱(kop)

'한 곱, 두 곱' 할 때의 '곱'인데 카라카스의 터키어는 qop으로
kof-adeš는 '두 손, 또는 두 손 가득히'의 뜻이다. 우리안카이어는
qowadys, 야쿳어는 kopytys 등이다. 우리말은 터키어 qop과 일치하
는 것 같다.

곱다(kopta)

이에 상응하는 몽고어는 gub-či-ji-이다.

곱다(kōpta)

이에 해당되는 몽고글말은 goa인데 뜻은 '아름답다'이다. 부리앗
어는 gōxoŋ이다.

고래(kōrä)

이것은 '비옥한 벼논'을 이르는 말인데 만주어는 koloi이다. 뜻은
'골짜기', '물길', '고랑' 등을 나타내고 달리 χolo라고도 하는데 만주
말도 χolo이다.

고라니(koranni)

이에 해당되는 통구스어는 guran인데 뜻은 '산양'이다. 몽고어는
guran인데 숫염소를 나타내고 카라카스어의 guran은 몽고어에서 빌
린 것이다.

고랑(koraŋ)

'쇠고랑' 할 때의 '고랑'이다. 이에 해당되는 터키말은 qolaŋ, 오스
만어는 qolan, 키르키즈어와 텔레우트어는 qoloŋ, 유럽어는 qolon,
북부 터키의 소르 방언과 사그어는 qalaq인데, 뜻은 '말 가슴통에
둘러서 메는 끈'을 나타낸다.

몽고어 olaŋ은 안장의 끈을 뜻한다. 그리고 몽골어는 olaŋ이다.
oloŋ은 아마 몽고어 '줄', '삼줄'을 뜻하는 olo-sun의 영향으로 만들
어졌을 것이다. 아니면 그것은 차용어일 것으로 보인다. 그런데 터
키어는 qolaŋ>ólaóŋ(>olaŋ?)에 의하여 대치되었을 것이다.

고리(kori)

물건을 넣는 상자인데, 버드나무 가지로 만든 것이다. 이에 해당되는 일본어도 kori는 새장을 뜻한다. 퉁구스어 korigan은 사방으로 포위된 곳, 뜰인데 이에 해당하는 만주말은 χorin으로 아마 차용어일 것이다. 몽고어 qorija, qoriga, 칼카-몽고 방언은 χorio인데 뜻은 '울타리를 두른 곳'이다. 터키어는 qory-이요, 만주말은 -go-이요, 올차말은 kori라는 차용어에서 왔을 것이다.

골회(korhii)

이것은 현대어의 '고리'이다. 몽고어는 gorgi, 만주어도 gorgi, 텔레웃어 gorjy에서 몽고어가 발달했다. 퉁구스어도 gorgi인데 뜻은 '들메끈', '안장끈'이다.

구두(ku-du)

이에 해당하는 일본어는 kutu에서 tutsu가 되었는데 한국어의 구두는 일본어에서 왔다. 몽고어는 gutul 또는 gutusun이다. 부리앗어는 gotal, gotohoŋ이고 칼묵어는 gosŋ, 만주어는 gulxa.

굴뚝(kūlttuk)

골디어는 kolan, 올차어는 kula, koka, 만주어는 χulan이나 이들은 한국어 kul과는 상응하나 ttuk과는 거리가 먼데 그 이유는 한국어의 'kul+ttuk'은 합성어로 보여지기 때문이다.

곱(kup)

이 말은 배꼽의 '곱'을 말하는데 몽고어는 küji, küjisün, 칼묵어는

ki, kisŋ인데 이 말에서 퉁구스어 kuler가 발달되었다.

칼(khal)

고어는 물론 '갈'이었다. 만주어는 χalmari에서 보듯이 *χal이다.
χalmari는 샤만에 의하여 헤어진 짧은 칼날 같은 칼을 뜻한다.

코(kho)

이에 해당하는 만주말은 oforo이다.

마듸, 마듸(madai, madii)

이에 해당하는 올차말은 mada-χa에 있는 *mada이다. 만주말은
madaga인데 이 말은 *madagai에서 온 것이다. 퉁구스어는 mata-이
다. 아마 퉁구스어의 mata-와 우리의 '마듸/마듸'가 상용하는 것 같
다. 더구나 올차어 mada와도 상응한다. 만주어의 madaga는 뜻이
percent, part이기 때문이다.

말(mal)

터키말로는 mor이다. (그런데 말을 터키에서는 일반적으로 at라 한다.
그것은 근원적으로 거세하여 타는 말을 뜻하는 말이다. 몽고어 atan은 거세
한 말이다.) 몽고어는 marin, 만주어, 골디어도 morin, 올차어는 mujin,
퉁구스어는 murin, 퉁구스어 murda-는 '말을 타다'는 뜻이다. 이것으
로 미루어 보면, 한국어에서 '말을 몰다' 할 때의 '몰다'는 '믈'에 접사
'다'가 붙어서 '말을 부리다(다루다)'라는 동사가 된 것임을 알 수 있
겠다.

318

말(mal)

곡식을 되는 '한 말', '두 말' 할 때의 말인데 몽고어는 malu, mal이
요 만주어는 ḿalin인데 ḿail-는 '곡식을 되다'의 뜻이다.

맑다(malkta)

차가타이어, 키르키즈어, 카잔-터키어는 balqy-이고 텔레우트어
는 mal γyl, malgy 등인데 이들은 한국어의 '맑다', '밝다'에 일치한다.

말로(mallo)

이 말은 고어로 'ᄆᆞᄅᆞ'요 현대어로는 '마루'이며 방언은 '말래', '말
랭이'…… 등이다. 만주어로는 mulu인데 아마 한국어는 만주말에서
온 듯하다.

마루(mallo, maru)

골디어 malu는 방 뒤에 있는 다락마루를 뜻한다. 통구스어로는
malu인데 부엌 뒤에 있는 방안의 공간이다.

마늘(manil)

몽고어는 maŋgir, maŋgisun인데 몽고어는 통구스어 maŋgehun에
서 발달해 온 것 같다. 아마 만주말 mandu, seŋkule는 야생마늘을
말한다.

마리(mari)

'두루말이'의 '말이'인데, 이것은 만주어 mari에서 온 것 같다.

마르다(marida)

만주말 어간은 mari-이다.

맏(mat)

몽고어는 -mad이다. 예를 들면 aqamad(맏형), egečimed(맏누이)이다. 아마 고대 터키말은 mati bäglär에서의 mati가 '맏'에 해당되는데 위의 터키어의 뜻은 '터키의 나이 많은 장관'이다.

모(mo)

일본어도 mo이다. 예를 들면 yomo(사방), sotomo(바깥쪽) 등과 같다.

모개(mogä)

보리나 밀의 한 줌을 묶은 다발을 모개라 하는데, 몽고어는 bogča, 카라카스말은 baqča, 카라카스말은 boqčo, 역시 몽고어는 boγu-, 칼묵어 부리앗어는 bö-, 위구르어는 boγ, 키르키즈어는 bö- 카잔-터키어는 bū- 등인데 우리말과는 음운상 상응하지 않는다.

뫼(mo)

숲, 산림을 우리말로 '뫼'라고 하는데 퉁구스어, 골디어는 mo라 하고 몽고어는 modun, 고대 몽고어는 moči(대목), 일본어는 mori이다.

물(mul)

이것은 고어 그대로이나 현대어는 무리이다. 이에 상당하는 퉁구스어는 murbu(:murbuwe)인데, murbuke는 '스스로 쌓아올리다'의 뜻이요, murbuli는 '산더미같이'의 뜻이다.

물(mui, 水)

이에 해당되는 일본말의 mi, 아이누어의 mintu-chi(물의 요정)에서 볼 수 있듯이 mintu가 '물'에 해당되는 것 같다. 몽고어는 mören(강), 퉁구스어는 mū, 만주어는 muke(물)(-ke는 조사이다) 등인데, 우리말도 '무-지게', '무-자위' 등에서 보면 '물'이 물론 기본형이나 퉁구스어 mu와 별다른 점이 없다. 따라서 이 말들은 모두 일치하는 것으로 보여진다.

나(mā)

표준말은 '나이'요, 고어는 '나'의 ㅎ종성체언이다. 몽고어는 nesun으로 뜻은 '나이', '일생' 등이다. 필자가 보기에는 동사 '낳다'와 관계가 있는 것 같다. '낳'이 '나'로 되고 '나이'로 변해 온 것이 아닌가 한다.

내(nä, 煙)

여기서 '냅다'라는 형용사가 생겼는데 퉁구스어는 ńū-sa ńuh'a이오, 오로크어는 ñūksa, 골디어는 ńukse, nūksę이다. 골디어의 nū-p-ki가 발달해 왔고 올차어 ńūkpi-는 '냅게 되다'의 뜻이오, 역시 퉁구스어는 nuli, ńuil(연기)이다. 현재 경상도 방언에서 보면, '내구럽다'라는 말이 있고 보면 '내'와 ㄱ과는 유관함을 알 수 있을 뿐만 아니라 위에든 여러 단어들은 서로 상응하는 것으로 보아서 크게 무리는 없을 것이다.

날(nal)

날고기 할 때의 '날(生)'을 뜻하는 말인데 골디어는 nealun, ńalun,

몽고글말은 nilagun, 칼카몽고 방언은 ńalūn, 칼묵어는 nilūn 등으로 한국어 '날'과 상응하는 것으로 보인다.

날다(nalda)
이에 상응하는 퉁구스어는 na-로 '날개로 퍼덕이다'의 뜻이다.

나라(nara)
고대 일본어 *na-는 지구(땅)이란 뜻을 나타내었다고 하는데, 만주어, 골디어, 올차어 등의 na는 '땅', '토지', '나라', '지구', '들'을 나타낸다.
따라서 골디어 nanaj는 '시골사람'을 뜻하고, 골디어, 올차어, 오로크어 nani는 '시골사람'을 뜻하는데 올차어나 골디어에서 'ŋai'는 '사람'을 뜻한다.

나르다(narida)
이것에 해당되는 골디어는 nava인데 역시 '운반하다'를 나타내는 말이다.

낫(nat)
이에 해당되는 일본어는 nata(도끼, 큰 칼)요, 아이누어도 nata이다.

너기다(negida)
'여기다'의 옛말이다. 퉁구스말은 neke, 몽고어도 neke이다. 서로 상응하는 것 같다.

-님(nim)

존칭의 접미사 '님'이다.

이에 해당되는 퉁구스어는 -nim인데 eni-ni(어머님), ani-ni(아버님)과 같이 쓰이고 있다. 그리고 형님은 aki-ni이다. 따라서 이 말은 양국어에 일치하는 듯하다.

니르키다(nirikkhida)

오늘날은 '이르키다'이다. 퉁구스어는 ilit-ki-이니 서로 일치한다.

늑대(ŋktä)

올차어는 neteͅ, 오로크어는 nekeͅ, 골디어도 nekteͅ, nykta, nekta, nikta인데 뜻은 멧돼지이다. 그런데 람스테트가 알기에는 한국어의 늑대를 멧돼지로 알고 예를 든 모양이나 사실은 그런 것이 아니다. 여기에 또 하나의 잘못을 발견하게 된다.

늘다(nilda)

이에 상응하는 퉁구스어는 nil-bu-이다.

-는(nin)

조사 '은/는'을 말한다. 이에 대한 람스테트의 설명을 보면 이러하다 즉 퉁구스어 -nim는 뜻을 강조하는 데 있어서 동시동사(converb) 뒤에 사용되는 조사로 emeni-nun-gw̄nen(그는 오자마자 말했다)에서 처럼 쓰인다. 파생어 nun-gan(바로 그 사람)은 he, she, it=person(-gan)에서 발달했다. 골디어 nuán nōani, 퉁구스어 nuŋar-tin, nuŋar-tan은 '그들의 사람들', '그들'의 뜻이다.

높다(nopta)

만주말 nofi(존경받는 사람, 귀적)에서 발달했고 일본말 noppo(키 큰 사람)으로 발달했다고 람스테트는 보고 있다.

누(nu, sister)

보통 누나, 누이 등으로 나누어 부르는데 퉁구스어에서는 누이를 nuŋai라 하니 이는 우리말과 일치할 뿐 아니라 라뭇어는 nuh이니 이 또한 우리말과 일치한다.

눅다(nukta)

퉁구스어는 nuk-im, luk-im, luk-um인데 luku-rga-는 '누그러지다'의 뜻이다.

눈(nun) eye

퉁구스말은 ńundun인데 여기서 몽고말이 생겼다. 그런데 몽고글말의 '눈'은 ńwdwŋ, 아이누어는 nukara이다. 이것은 마치 '눈깔'과 일치하는 것 같다. 그리고 '눈(雪)'의 퉁구스어는 ńuńe이고, ńuńe-은 '눈이 오는 것'을 나타낸다. 방언으로 luńe는 '젖은 눈'을 나타내고 luńi-는 '젖은 눈이 내리다'의 뜻이 된다.

눕다(nupta)

고대 일본어 nu-에서 현대 일본어 neru가 발달했는데 고대 퉁구스어는 *nini+ā-(자다)인데 여기에서 현대 퉁구스어 nińā-가 생겼다. 퉁구스어 ā-와 같은데 ni-, *nü-와 퉁구스어 ā는 상징어적 어원을 갖는 것 같다.

눌다(nutta)

퉁구스어는 ńure-m인데 ńurekin은 '덥다', '뜨겁다'이다.

방언 lur-gī-는 '불타다'이며, lurgī-는 '타다', '타서 까맣게 되다'의 뜻을 나타낸다.

오금(ogom, ogim)

퉁구스어는 ogoni, egeni인데 뜻은 '팔 밑의 소매의 부분' 또는 '겨드랑이 밑'을 나타낸다. 어는 ogfasun인데 모두 상응하는 것 같다.

오라비(orabi)

고대 터키어, 위구르어는 ory인데 뜻은 '아들'로 ory, orul도 같다. 몽고어는 ori로 뜻은 '젊다', '소년', '젊은 남자'이다.

오르다(orida)

퉁구스어는 oro-요, 골디어는 o-rini인데 이 말은 고대어 *or-에서 발달했다.

바(pa)

밧줄의 '바'를 말하는데 터키어의 ba-는 '매다'의 뜻이오, 야쿳어 bai- 또한 같다. 그런데 이 말은 bā로 바뀌고 bar로 바뀌었다. 그리하여 그 파생어 bagla-는 '매다'의 뜻이다. baju에서 터키어 bajla-(매다)가 생겼다.

바(pa, 所)

아이누어는 pa, -p 일본어는 wa(강조조사)이다. 만주어 ba는 '장소', '사물'을 나타내고 ubade는 '여기'인데 babai는 '어디든지'의 뜻이요, 올차어 Xalama는 고향을 뜻하며(Xala는 종족), Xawasi는 '어디에', '어느 곳에'를 나타낸다.

바닥(padak)

만주어는 fatan이요, 퉁구스어는 hata인데 hatamu, hatta도 마찬가지이다. 한국어 patak는 pat-ak으로 된 것인데 pat은 퉁구스어의 고어 pata와 같다. 확실히 만주어 fatxa와 같이 어원은 고대어 pata인 것 같다.

바고리(pagori)

퉁구스어는 haku, 중세 몽고어는 gypaqor인데 여기서의 aqor는 한국어 pakori(바고리)와 같다.

배(pat, 舟)

고대 몽고어는 pai인데 여기서 haiʒuga에서의 hai(배, 보트)가 생겼다. 일본어도 고대어는 pai였는데 여기서 hesaki(뱃밑)이란 단어에 있는 he로 바뀌었다. 그리고 hama(항구)라는 말에 있는 ha로도 바뀌어 쓰인다.

바퀴(pakhoi)

여기 람스테트가 인용한 단어는 '바회'인데 그는 아마 바퀴를 바회라 한 모양이다.

만주말은 fahun, 퉁구스어는 hakū이다.

발(pal)

골디어는 palgan, palga이다. 올차어는 falʒa, 퉁구스어는 halgan인데 방언은 algan이며 이는 고대어 palga에서 발달했다. 재미있는 일은 류큐(琉球)말 'foot'에 대한 것인데 pági, faǵi, haǵi, pai, pā는 고대어 'bangi' 또는 'palgi'에서 발달한 것이다. 한국어 '발바닥'은 류큐어 pan-nu-bata와 유관한 것처럼 생각된다.

-발(잇발의 발)(-pal)

여기의 고대어 '발'은 골디어 palo와 같고 올차어는 pali, palu인데 뜻은 '이중 잇발', '가는 물건' 등을 나타낸다. 아마 이들 말과 상응하는 것같이 보인다.

바늘(pani)

이 말은 일본으로 건너가 hari가 되었다. 만주말, 퉁구스말과는 거리가 좀 먼 듯하다.

발(apri)

소에 실은 짐의 분량을 이르는 말인데 '한 발이 두 발이' 할 때의 '발이'이다. 만주말은 fali, fari인데 fali-의 뜻은 '묶다', '다발로 모으다'이다. 한국어는 몽고말이나 주헨말에서 발달했을 것이며 주헨말은 만주말에서 발달한 것으로 보인다.

바르다(parida)

이 말은 골디어, 올차어, 만주어 barū, 골디어 barō 등에서 발달했을 것이다. 몽고어는 baragun, baran이고 칼묵어, 부리앗어는 barūn

이다, 퉁구스어 bāren에서 한국어 parin이 왔는지도 모른다.

바르다(parida)
골디어는 pa-gda, 퉁구스어는 jagda인데 일본어는 hary이다.

바셔지다(pasje-ǯida)
만주어는 fasi와 farsi이고 골디어, 오로티어, 올차어는 pasi인데 그 뜻은 '작은 조각'이다.

받다(patta)
만주어, 골디어는 ba-인데 그 뜻은 '발견하다', '받다', '되다' 등이요, 골디어는 basuu인데 뜻은 '받는 손'이다. 그리고 bago-는 '되돌려받다'인데 고어는 baldi이다.

벌(pēl)
벌판의 벌을 말하는데 퉁구스어는 hile-kēn이요, 만주어는 fila(판금), 올차, 골디어는 pile와 pili인데 뜻은 마찬가지이다. 일본어는 hira, 아이누어는 pira인데 뜻은 평야를 가리킨다. 앞에서도 말하였듯이 일본어 hira는 한국어의 pēl에서 발달한 것이다.

벗다(petta)
골디어는 pasi-, posi-요, 퉁구스어는 husi-, hus-이다.

벼르다(pjerida)
흔히 '별르다'고 발음하는데 만주어는 feri-로 뜻은 '바쁘다', '어

떤 일에 종사하다', '주의를 하다', '전력을 다하다' 등이다. 퉁구스어
는 heri-w-če-는 '주의하다', heriču-는 '어떤 생각을 가지고 보다',
'관찰하다'인데 서로 상응하는 것 같기도 하다.

빌다(pilda)

이 말은 '소원을 빌다' 할 때의 '빌다'이다. 만주어는 firu-요, 퉁구
스어는 hiruge-인데 hiruri하면 '무당'을 뜻한다. 다구르어는 birw̄-
인데 여기에서 만주말 firu-가 발달했다.

비녀(pin-a, pin-hje)

만주말은 fina, 퉁구스어는 hinna, hinda이며 hinna-l-, hinna-t는
'굽이다'이다.

빗(pit)

머리빗은 '빗'이다. 퉁구스어는 is-(isten)인데 이에 일치하는 방언
에 his-이 발견된다면 한국어와 일치할 것이다.

불, 불알(pil, pir-al)

몽고어는 böltegen, 역시 삼쥬르어는 ouer, T어는 fürü, 옌어는 furo
이고 류큐어는 furi, furu이다. 일본어는 물론 fuguri이다.

불(pol)

골디어는 polči, 올차어는 pūli, 퉁구스어는 huldi(얼굴)이다. 일본
어는 ho, hō이고 류큐어는 fu, fū, fūtaji(볼)이다.

봄(pom)

만주어는 fon(시간, 일년, 경우)이다. 쿠비라이 시대의 쿠아드란구라의 기록은 hon으로 되어 있고 몽고글말은 on(일년, 나이)으로 되어 있으며, 칼묵어는 on인데 뜻은 '일년', '봄'으로 되어 있다. 한국어의 pom은 간격동화의 연속에 의하여 형성된 것으로 보인다. 그리고 한국어의 '보내다'는 만주어 'bene-'에서 발달했다.

보라(pora)

만주어는 fulɣan, 퉁구스어는 hulama, 몽고어 ulagan이다.

보람(poram)

만주어는 orum, 칼묵어는 orm인데 뜻은 '자취', '표지' 등이다.

삵(salk)

퉁구스어는 sulaki(여우), 골디어는 solaki인데 여기서의 -ki는 동물이름 뒤에서 자주 찾아볼 수 있는 접사이다. 이를 제하면 골디어 soli는 '여우'라는 뜻의 말이 된다. 라뭇어는 holi, huličan 등이다.

삼(sam)

만주어는 samsu(엷은 삼베옷), 몽고어는 čamča(셔츠)이다. 이 말은 몽고의 고어 samča에서 발달한 것이다.
čamča는 만주어, 몽고어 čamči(셔츠)로 발달했다.

삽(sap)

터키어 spa은 '손잡이'이고, sapan은 '장기', '홀칭이'이다. 만주어는 sapka는 '젓가락'이며 신몽고어는 sabxa이다.

사리(sarai)

'한 사리, 두 사리' 할 때의 '사리'이다. 터키어는 sar-(감는다), sary
도 같은 말이다. 오스만어는 saryq인데, 뜻은 '숄'이나 '머리 주위를
감싸는 천'이다. 몽고어는 sarign, 칼묵어는 sarū, sarǖ로 뜻은 '감은',
'구부러진'이다.

사슴(sasim)

퉁구스어는 sašýn, häsyn, sesin인데 뜻은 '새', '짐승의 떼', '무리'
이다. 골디어 sesij도 같다. 만주어는 sesileŋge인데 뜻은 '야생의 순록
의 떼'를 말한다. 위의 몇몇 예를 가지고 볼 때 만주어에서 우리말
사슴이란 말이 생긴 것 같다.

세(se)

만주어는 sertei(세곱, 셋째), 몽고어는 serē(serege)(창이 셋인 작살),
퉁구스어는 sere(장식품)을 나타내는데, 터키어(fork)가 몽고어로 발
달했다.

섬(sjem)

이 말에서 일본말 shima가 생겨 나갔다.

신겁다(sjengepta)

퉁구스어는 sini-, 골디어는 sinezi- 만주어는 siŋgira- 올차어는
siŋgere- 등이 있다. 서로 상응하는 것 같다.

송골매(soŋkhol-mai)

몽고어는 šoŋχor, 위구르어는 šuŋqar, 키르키즈어는 soŋqar, 몽고어 način šoŋχor, 위구르어는 šuŋqar, 키르키즈어는 soŋqar, 몽고어 način šoŋχor(유럽에서 온 송골매) 등이다.

이들은 모두 일치한다.

소스라지다(sosira-ǯida)

퉁구스어는 sohiŋ-인데 이게 sosi-로 발달하였고, 몽고어는 soči-이고, 위구르어와 고대 터키어는 soč-이다.

달구지(talgu-ǯi)

터키어는 täz-(달린다), 몽고어는 ter-ge, tergen(차)인데 이 말은 터키에서 발달했다.

닭(talk)

몽고어는 taraki, 칼카몽고어는 t'àrχị이다. 모두 일치한다.

담(tam)

위구르어는 tam, 칼묵어는 tamɐ, 오스만어는 dam이다. 모두 일치한다.

단(tan)

중세 터키어는 taŋ-(같이 묶다), taŋuq(짐) 등이다. 아마 일치하는 것같이 보인다.

단(tān)

만주어는 ten(경계, 끝), 올차어는 tönö(시작), 골디어는 teni(옷의 아랫부분의 경계) 등이 있는데 보통 한국어에서는 '옷단' 또는 '옷에 단을 댄다' 등으로 말하며, 모두가 일치하는 것같이 생각된다.

당긔(tangii)

처녀들이 머리에 매는 끈을 말한다. 터키어는 taŋ-, baš taŋyl-(머리 주위를 메다)인데 모두 일치한다.

들(-til, -dil)

터키어는 tür, 위구르어, 차가타이어는 türlüg(여러 종류의 다른 몇몇의, 모두)이다. 키르키즈어는 türlü, 타르타르어는 türlük, 키르키즈어는 türlü, türlü인데 뜻은 '여러 종류의'이다. 아마 모두 일치하는 것처럼 생각된다.

도(-to, -do)

우리말 보조조사 '도'이다. 퉁구스어는 -ta, -da, 골디어, 올차어도 -ta-da이다. 몽고어는 -da~-de이고 터키어는 -da~-dä, 야쿳어는 -ta~-tä, 츄바쉬어는 -ta~to(-Da~-DE)이며, 뜻은 '그리고 역시'이다. 이 조사들은 음으로나 뜻으로 보아 아주 일치하는 것 같다.

도마(toma)

퉁구스어는 tomo(말 안장의 나무로 된 부분, 안장에 있는 판자)이다. 한국어 toma는 아마 몽고어에서 발달한 것 같다.

뒤(tui)

퉁구스 dui에서 di로 발달했다. 퉁구스어는 digida(뒤쪽), diski(뒤쪽), 올차어는 duile(뒤), 골디어는 duisi(숲을 향하여, 뒤로)인데 due는 '마을', '사건', '줄의 끝'을 나타낸다.

우(ü)

퉁구스어는 ugi, uwi, ui이고 uile는 '~의 위에'이다. 올차, 골디어는 ujsi(우쪽에), uje(위쪽)인데 이것은 u+ja(쪽)으로 발달했다. 일본어는 ue에서 u를 찾아볼 수 있다.

지금까지 람스테트의 『한국어 어원 연구』에서 한국어와 알타이 제어와를 비교적 관계가 깊은 것 끼리를 뽑아서 대비 관찰해 보았는데 여기서 결론지어 말해 본다면 다음과 같다.

첫째로, 알타이 제어들은 그 유사성에 있어서 일본말보다 한국어와 가까운 어휘 수가 절대 다수라는 사실을 알 수 있다. 따라서 람스테트는 한국어를 서슴지 아니하고 알타이어에 소속시켰으며 포페도 조심스레 한국어를 알타이어에 소속시킨 그 이유를 알 수 있게 되었다.

둘째로, 아무리 뛰어난 람스테트라 하더라도 우리말에 대하여 자세하게는 몰랐기 때문에 때때로 잘못 대비가 되었거나 뜻을 잘못 파악하여 잘못된 해석을 하게 된 단어들이 있었는데 이런 점은 앞으로 우리가 더 바로 잡고, 기워가야 할 것으로 생각한다.

셋째로, 한자어를 가지고 비교 연구한 단어들이 많았는데 이런 것들은 나는 여기서 제외하였다.

넷째로, 앞에서 나는 일본어가 원시 한국어에서 갈라져 나갔다고 말하였는데 그와 같은 실마리는 람스테트의 어원 연구를 깊이 탐독함으로써 더욱 더 깨닫게 해 준다. 현재 일본 학자들은 가급적 우리 말과의 관계에 대하여 언급하기를 회피하지마는 우리는 앞으로 더욱 우리 고대어 연구를 깊이 하여 기필코 나의 소신이 그르지 않다는 것을 밝혀야 할 것으로 생각한다.

다섯째, 람스테트는 한국어와 알타이어의 대비에 있어 뜻은 다르더라도 음만 비슷하면 비교하여 설명한 것이 많은데 이런 일만은 삼가야 할 것이다. 어원이 같지 않는 것은 아무리 음이 같다손치더라도 소용이 없기 때문이다.

4. 한국어와 알타이 제어와의 수사 비교

람스테트는 『한국어 어원 연구』 77쪽에서 우리말의 수사와 알타이 여러 나라 말과의 대비를 아주 재미있게 해 놓았는데, 일본 학자 오오노 스스무(大野 晋) 교수도 그의 설을 따서 한국어의 수사 설명을 그의 저서 『일본어의 기원』에서 그대로 해 놓았다.

이제 그 설명을 아래에 인용해보기로 하겠다.

한국어의 열(jel)은 동사 '열다(to open)'에서 발달해 왔는데, 그 뜻은 '연 손', '즉 손을 열었다'에서 왔다는 것이다. 이와 같은 사실은 만주어에서도 볼 수 있는데 만주어의 수사 žuan(10)은 원시 žuanka가 žuan-으로 발달한 것인데 이것도 '열다'라는 뜻에서 온 것이다. 몽고어 arban은 harban에서 오고, harban은 고대어 parba-(10)에서 왔는데 이 열(10)도 arba-lža- '죽 펴지다', '위쪽으로 잡아당기다'에서 온 말이다. 몽고인들은 엄지손가락을 안으로 굽히면서 손가락으로 수를 헤아린다. tabum(다섯)이면 손이 다 닫힌다. 한국어 ta-sas(tā 는 '모두'의 뜻 sas는 '손'이 아닐까?)은 닫은 손을 펴기 시작하면서 한 번 더 계속하는데, 이때는 첫째로 엄지손가락을 펴면서 여섯을 나타낸다(그리하여 열손가락을 다 편다). 그리고 역시 집게손가락(몽고어 dolān(7)은 lickfinger에서 왔고 터키어 jeti(7)는 식지(食指)에서 왔다)을 편다. 그리고 세 손가락은 굽힌 대로 둔다(한국어 일곱은 퉁구스어 ilan (셋) kop(bending)에서 왔다). 그리하고 역시 가운데 손가락을 편다(만주어 ʒaxun(8), 퉁구스어 ʒapkun(8) 즉 ʒabdar(길다)와 비교할 것). 그것은 여덟을 가리킨다(한국어 여덟은 열-두, 즉 열에서 둘이 모라자란다에서 왔거나 아니면 2개 이외는 다 폈다는 뜻에서 왔다). 그 다음에는 한국어 아홉이 뒤따르는데, 새끼손가락만 굽히고 있다. 마지막 새끼손가락까지 펴면 열이 된다.

이상이 람스테트의 설명이다 여기서의 의문은 한두 가지가 아니다.

첫째로, 다섯과 열은 손을 닫고 열었기 때문에 그런 숫자가 생겼다고 한다면 하나, 둘, 셋, 넷, 여섯은 어디에서 왔는지 어원이 전혀 언급이 없다.

둘째, 여섯을 헤아릴 때 닫았던 손을 엄지손가락을 먼저 편다고 하였지마는 한국인은 절대로 그렇게 하지 않는다. 새끼손가락을 펴면서 여섯을 헤아린다.

셋째, 다섯의 설명에서 '다'는 '모두'의 뜻이오, '섯'은 '손'을 뜻하는 것이 아닌가 하고 말했지마는 그것도 전혀 맞지 않는 말이다.

넷째, 여덟의 설명에서 '열'에서 '둘'이 적다. 또는 '둘을 제외하고 열었다'는 뜻으로 풀이하고 있으나 그런 뜻을 어디에서 찾아볼 수 있는지 나로서는 알 길이 없다.

다섯째, 아홉은 새끼손가락을 굽히고 말한다 했지마는 거기서도 그 설명법은 석연하지 않다.

이사오가 같은 람스테트식 우리말 수사의 어원을 연구하는 것은 위험하므로 우선 여기서는 알타이 여러 언어의 수사를 대비하여 보고 그 친분 관계를 골라보는 데 그치기로 하겠다. 우선 다음에서 알타이어 수사의 대비표를 보이기로 하겠다(뮐러의 일본어와 알타이 제어에서 인용함).

알타이어 수사 대비표

	고대 튜르크어(오르혼 비문)	츄바쉬어	몽고문어	타타르어	원통구스어	시만주어	고일본어	대본어	중세한국어
1	bir	pĕr	niken> nigen	neke	ämün	eme	Fitö-tu	hana (hɔnah)
2	iki(eki)	ikĕ	qoyar¹	hoire²	ǯör	ǯuwe	Futa-tu	tul(tulh)
3	üč	viśĕ	vurban̥	guarebe	ïlan	ilan	mi-tu	sëy(s)~ sëk(sëyh)
4	tört	tăvată	dörben	durube	dügün	duin	yö-tu	ney(s)~ nëk(nëyh)
5	biš	pilĕk	tabun	taau	tuñga	sunǯa	itu-tu	tas(ës) (tasɔs)
6	altï	ultă	ǯiryu-van	jireuoo	ñöŋün	niggun	mu-tu	yës(ës) (yësïs)
7	yiti (yeti)	śíčĕ	doloyan	doloo	nadan	nadan	nana-tu	ilkop (nilkup)
8	säkiz	sakăr	nayman	naime	ǯapkun	ǯakûn	ya-tu	yëtëlp (yëtïlp)
9	toquz	tăxăr	yisün	ise	xüjägün	uyun	kökönö-tu	ahop(ahop)
10	on	vună	arban	harebe	ǯuwan	ǯuwan	töwo (*töwö?)	yël(yëlh)

1. ǯirin 두 (사람의 여자)참조
2. jiee 「두번째의 것」참조

	원시알타이어	고대츄르크어	원시몽고어	원시퉁구스어	원시한국어	고대일본어	한국어
1	*bir- (*bïr$_2$-?)	bir	—	—	*pil-ɜ-	Fitö-	pilos
2	*dir$_2$->*ǯir$_2$-	—	*ǯir-	*ǯör	*dul	Futa-[2]	tul
3	—	—	(*vu)[1]	—	—	//mi-//[3]	—
4	*dör-	[tört]	*dör-	*du-	—	yö-	—
5	*ta-(?)	—	*ta-	*tu-	*t-ʔ-	i-tu-	ta-s(ës)
6	—	—	《*ǯir'2' +*vu '3'》	[*ñöŋ-]	—	//mu-//	—
7	—	—	*dal-	[*nada]	—	nana-	—
8	*de-(*dä-)	《säkiz '10,2'?》	—	*ǯa	—	ya-	—
9	—	—	—	《*ʊu '3' + *ʊu+-n》	—	《kökönö-》	—
10	—	—	—	*ǯuw-	—	*töwö	—

1. 고대 일본어와 퉁구스어의 「九」및 원시몽고어의 「六」참조.
2. *yuta-에서 새로 만들어진 것
3. 다만 츄바쉬어 viśĕ「三」등 참조?

부호 :
[ ] 차용어
( ) 고대 일본어와 어원이 같지 않은 것
《 》 복합수사
// // 알타이어와 확실히 통하지 않는 것

위의 표에 의하면, 필자가 보기에는 고대 츄르크어와 츄바쉬어의 수사는 서로 친근성이 있는 것 같고 몽고문어의 타타르어와도 친근성이 있으며, 원시 퉁구스어와 만주어도 서로 친근성이 있어 보이나 일본어와 한국어는 이들 알타이제어와는 상당히 연이 먼 것처럼 느껴진다. 한국어와 일본어를 두고 유사성이 있는 것이라면 '하나, 둘, 셋, 일곱, 여덟, 열'이라고 김사엽 박사는 말하고 있다. 한국어의 '천(千)'은 본래 만주어 tumen이 들어와서 '즈믄'으로 되었는데 일본어에서는 '즈므'의 '므'를 빼어 버리고 '즈(チ)'로 읽고 있으며, 백(百)을 '온'이라 하는데 이 말은 본래 터키어 '온(10)'에서 우리나라에 들어온 것이 일본으로 건너가서 일본어에서는 'ho(백)'가 되었는바,

이것도 우리말과 대응이 가능하다. 그리고 일본어 '만(萬)'은 '요로두(Yö-rö-du)'인데 이 말은 우리말 '여럿'으로 대응된다. 우리나라에서는 이 말이 '만'으로 쓰인 예는 나타나지 않는다. 그런데 뮐러 교수에 의하면 수사는 신구 여러 시대에 있어서나 지역에 있어서 서로 빌려 쓴 흔적이 있음이 분명하며, 특히 수사는 종교상의 신앙이나 미신에 의하여 복잡하게 바뀌기 쉽다고 하면서 일본에서는 '사(四)'를 '죽을 死(사)'자와 같이 취급하여 '네시'를 '시지'라 하지 않고 '요지'라 하면 '일곱시'를 'shichi či'라 하지 않고(shi와 shichi의 shi가 공통이므로) '나나지'라 한다는 등의 예를 들고 있다.

그런데 마틴 교수에 의하면 고대 일본어 Fitö-와 한국어 poilos(비롯)과를 관련시켜서 원시 한-일 공통수사 *pilɔ*(su)를 재구성하고 있는데 이것은 고대 츄르 수사 bir 및 그 관련 제형과 규칙적으로 대응시키고 있다. 그 이외의 언어는 이 수사를 여러 가지 바꾼 형태로 사용하였는데, 예를 들면 원시 퉁구스어는 ämün, 만주어는 emu(하나), 일본어는 omo(주로), 고대 일본어는 omo, 또는 amo로 나타나게 되었다.

다음에는 '둘'에 해당하는 원시 알타이어는 '하나'를 나타내는 '*bir-'와 나란히 '*dir₂'이 있었다고 보고 있다. 그렇다면 이것이 그대로 dir>dur>tur>tul로 되었을 가능성이 있다. 그런데 한국어의 '둘'은 원시퉁구스어 zör라도 음운상 관계가 있을 것으로 보인다. 왜냐하면 /ʒ/는 파찰음인바 마찰을 제외하면 /d/나 /t/로 소리날 수 있을 뿐만 아니라 이것이 /tör/가 되었다면 /tür/>/tul/로 바뀔 가능성이 전혀 없지도 않기 때문이다. 그러면 한국의 '셋'은 어떻게 형성되었을까? 람스테트는 만주어 sertei(세곱, 셋째), 몽고어는 세 발이 있는 작살(serē)이 있는데 이들과 무슨 관계가 있다고 보고 있는데, 필자가 보기에는 우리말 '셋'은 만주어 sertei와 유관한 것으로 보이는데 뮐러는 한국어 '일곱, 여듧, 아홉'에 대하여 오구라 신뻬이 교수와 람스테트의 설을 옳다고 하면서 다음과 같이 설명하고 있다.

즉, '일곱'은 'yël(10)+*γ(셋)+ëp(s)(없)>likop'으로 이루어졌다는 것이다. 이 말의 뜻을 풀어 본다면 우리말 일곱(7)은 '열(10)에서 γu(셋)이 없다'라는 합성어에서 이루어졌고, '여듧'은 'yël(10)+tul(둘)+ëp(s)>yëtëlp'이 되었는데, 이것도 풀어 보면 한국어의 여듧은 '열에서 둘이 없다'라는 합성에서 이루어졌고, '아홉'은 'yël(10)+hɔnah(하나)+ëp(s)>ahop'이 되었다는 것이다. 다시 말하면 한국어의 아홉은 '열에서 하나가 없다'라는 합성어에서 이루어졌다는 것이다. 이와 같은 설명을 위하여 한국어의 '하나'는 '홀, 혼, 홀'에서 형성되었다고 하면서 '둘'에 대한 설명은 없다. 그리고 한국어의 '셋'은 일본어의 'γu'에다 갖다 붙였는데 이것은 도저히 인정할 수 없다. 한국어의 '하나'가 '홀, 혼, 홀' 등의 계통에서 왔다고 하자. 그러면 '둘'에 대한 설명은 왜 하지 않았는지 의문이다. 사실 필자는 앞에서 '둘'이 원시 알타이어 *dir₂에서 왔을 것이라 추정했으나, 이 조시대의 한국어에서 보면 쌍(雙)의 뜻이 있다.

(3) ㄱ. 幽人이 貞正호물 둘흘 오올에 호물 붓그리노라(幽貞愧雙全) (두해 6: 37)

ㄴ. 큰 것과 져근 것괘 반드기 둘콤ㄴ 눗다(大小必雙翔) (두해 8: 68)

(3) ㄱ~ㄴ의 예를 가지고 보면, 한국어의 둘이란 옛날 한 쌍이 되어 있는 사물을 나타내는 말에 '둘'이라는 말이 있었는데 이것을 그대로 수자 '둘'에 가져와서 사용한 것 같다. 이렇게 볼 때 한국어의

셋은 람스테트가 본 것도 상당히 일리가 있는 것으로 보인다. 그런데 일본말 'mi'는 『삼국사기』 지리지의 고구려지명에는 '三'을 '밀(密)'로 대응시키고 있는데, 일본말의 'mi, mitu'는 바로 우리말 '밀(密)'에서 같음을 알아야 한다. 이 'mi'는 고구려어뿐만 아니라 신라어에도 있었으니

(4) ㄱ. 密: 三峴縣, 一云 密波衣 (『사기』 권37 고구려 지리지)
ㄴ. 推: 推良火縣 一云 三良火 (『사기』 권37 고구려 지리지)

위의 (ㄱ)~(ㄴ)에서 보면, 더 변명할 여지가 없다.
우리말 '넷'은 '네, 너, 넉' 등의 이 형태도 나타나는데 『계림유사』에 보면 다음과 같이 나타난다.

(5) 迺(내): 四曰迺 (계림)

여기서의 迺는 乃와도 통하는데, '셋'이 'sere'에서 왔든, 'sertei'에서 왔든, 이것은 '넷'과 대를 이루고 있다. 따라서 필자의 생각으로는 '셋' 다음이 곧 '내'라 하는 생각에서 '내'가 되고 이것이 다시 '너' 또는 '네'가 된 것이 아닌가 한다. 그렇다면, 한국어의 'nëy' 또는 'ne'와 일본어의 'nyö〈yö'가 여기서 생긴 것이 아닌지 모르겠다.
한국어의 '다섯'을 『계림유사』와 『삼국사기』의 기록에서 보면 다음과 같다.

(6) ㄱ. 打戌: 六曰 逸戌 (계림)
ㄴ. 弓次: 五谷郡 一云 弓次云忽 (『사기』 권37 고구려 지리지)

이때의 兮次는 일본어 itu에 대응됨을 알 수 있다. 따라서 위에서 본 바 mi yö itu 등의 수사에 의하여 보면, 앞에서 필자가 말한 바와 같이 일본어는 한국어의 한 갈래로 보아도 큰 무리는 없지 않을까 생각된다. 그런데 우리말 '다숫(다섯)'을 굳이 알타이어와 대응시킨다면 몽고문어와 타타르어에 대응시킬 수도 있을 것 같기는 하지만 (다븐, 다아우>(다붓) 다아웃>아어웃>다엇>다섯 등으로) 상당한 무리가 있을 것 같다.

'여섯'은 '여숫', '엿' 등으로 나타나는데, 『계림유사』에서 보면 다음과 같이 기록되어 있다.

(7) 逸戌: 六日 逸戌 (계림)

이것을 음대로 읽으면 '일술'이다. 알타이어나 일본어와는 대응되지 않으나 일본어 mu는 일본어 mi와 대응이 되고 있는데 '여섯'은 '셋＋셋'의 뜻으로 된 말이 'mu'이다. 이 대응이 되는 점에 대하여는 뮐러 교수도 모음교체 i/u에 의하여 이루어진다고 설명한 바 있다.

'일곱'은 이조시대에는 '닐곱'이었는데 다음 예를 보자

(8) ㄱ. 逸急: 七日 一急 (계림)
   ㄴ. 難隱: 七重縣 一云 難隱別 (『사기』 권37 고구려 지리지)

(8)의 ㄱ의 '一急'은 오늘날의 '일곱'이겠고 ㄴ의 '難隱'은 일본어 수사 na-na와 대응되고 있다. 따라서 일본말 na-na는 우리말 이외의 어떠한 알타이어와도 대응이 되지 않는다. 물론 한국어의 '일곱'

도 알타이 제어와 대응되지 않는다.

'여덟'의 관수사로는 '여듧'인데 『계림유사』에서 보면 '逸蒈'으로 기록되어 있다. 이 음을 그대로 읽으면 '일답'이다. 이것은 아마 '여듧'을 표기한 것으로 보이는데 여듧은 일본어에서 八을 ya, yatu라 하는 것과 상응하는 것같이 보여진다.

'아홉'은 『계림유사』에서는 '鴉好'라고 기록하고 있는데 이것을 그대로 옮기면 '아호'이다. 여기에 /ㅂ/이 뒤에 '일곱', '여듧'과 같이 첨가되어 '아홉'이 된 것 같다. 그런데 일본 수사 kökö와 鴉好(akö)도 대응이 전혀 되지 않는다고는 할 수 없을 것이다.

'열'의 이조어도 '열'인데 『계림유사』와 『삼국사기』의 기록을 보기로 하자.

(9) ㄱ. 噎: 十日噎 (계림)

　　ㄴ. 德: 十谷縣 一云 德頓忽 (『사기』 권37 고구려 지리지)

噎은 '열'이오, 德은 '덕'인데 일본어 'to'와 상응한다. 이러고 보면, 일본어는 '一, 二, 三, 四, 五, 六, 七, 八, 九, 十'은 모두 일본어와 상응하거나 일치함을 알 수 있겠다. 이와 같은 결론은 다음과 같은 사실을 첨언함으로써 그 근거가 확실해질 것이기 때문이다. 밀러 교수가 *pilo(su)로서 일본어 Fitö-와 관련시키고 있다고 하였는데, 사실 신라어에서는 '하나'를 '一等'으로 표기하고 있다. 이것이 바로 Fitö인 것이다. 더구나 『계림유사』에서는 河屯이라 표기하고 있는데 이것 또한 Fitö와 전혀 무관하다고 할 수 없지 않을까? 이에 더하여 둘을 나타내는 『계림유사』의 途孛은 '도발'로서 일본 발음으로는 'to Fai'인데 이것이 'Fota'로 되었다가 다시 'Futo'로 될 가능성이 전혀 없지도 않을 것이다.

이상에서 살펴본 바와 같이 수사에 있어서도 일본어는 알타이어 들보다도 한국어와 더 가까움을 부인할 수 없음을 알게 되었다.

5. 통어론의 비교

여기서는 알타이 제어와 일본어와를 가지고 우리말의 문장의 짜임새를 살펴보기로 하겠다. 먼저 다음 몇 개 나라의 문장을 예로 보이기로 하겠다.

5.1. 만주어

5.1.1. 문장의 짜임새

ㄱ. bolhoji bi geli emu baita be anggoho

　주인아! 내 또 한　　일　을 잊었노라

ㄴ. sini ere tara ahūn deo

　　네 이 사촌 형　　제

ㄷ. bi dobəri inenggi akū genemb

　나는 밤　　　낮　없이 간다

ㄹ. sini əma eniye taci sembio

　　네　부 모 배우라 ᄒ더냐?

5.1.2. 수사

먼저 기본 수사를 보이고 다음에 차례 수사를 보이기로 하겠다(이것은 박은용 교수의 만주어 문어연구에 의지함).

eme 1		juwe 2	
ilan 3		duin 4	
sunja 5		ninggun 6	
nadan 7		jakūn 8	
uyun 9		juwan 10	
juwan emu 11		juwan juwe 12	
tofohon 15		orin 20	
gūsin 30		dehi 40	
susai 50		ninju 60	
nadanju 70		jakūnju 80	
uyunju 90		tanggū 100	
minggan 1,000		tumen 만	
jwan tmen 10만		anggū tumen 백만	
minggan tumen 천만			
bunai	억	서장어 bum, hbum	
saja	조(兆)	서장어 saya	서장어 saya
jirun	경(京)	서장어 jewa	희흘어 jawa
dungšun	자(秭)	서장어 dungcun	몽고어 dungsigur
terbun	해(垓)	서장어 terbum	몽고어 tarbom
cakcin	양(壤)	서장어 cakc'ik	몽고어 cakcik

jabsun	구(溝)	몽고어 rabjam	몽고어 tam
damdan	간(澗)	서장어 dam	
jiri	정(正)	희홀어 jar	
mišun	재(載)	희홀어 mar	
cata	극(極)	희홀어 car	
gangg	항하사(恒河沙)	한자어 항하	
jamur	아승기(阿僧祇)	희홀어 jam	
samur	나유타(那由他)	희홀어 sam	
samina	불가사의(不可思議)		
buju baja	무량수(無量數)		

위의 수들은 모두 몽고어계 아니면 서장어계의 외래 수사이다.
위의 기본 수사에 대하여 차례 수사를 보면 다음과 같다.

emuci	첫째	(uju, ujui, ujuci, tuktan이라고도 함)
juweci	둘째	(jai, jaici라고도 함)
lilaci	세째	
duici	네째	
sunjaci	다섯째	
ninggūci	여섯째	
nadaci	여듧째	
uyuci	아홉째	
juwanci	열째	
tofohoci	열다섯째	
orici	스물째	

gūsici	서른째
dehici	마흔째
susaici	쉰째
ninjuci	예순째
jakūnjuci	일흔째
uyunjuci	백째
tanggūci	천째
minggaci	만째
uduci	몇째

5.2. 몽고어

5.2.1. 문장의 짜임새

ㄱ. Tere-büi sain χün baina
　　그　는 착한 사람 입니다.

ㄴ. Bi　mongol biĕik ūjiji baina
　　나는 몽고의 책을 읽고 있다.

ㄷ. Jam-du yü　sonosba?
　　도중에 무엇을 들었습니까?

ㄹ. Yabusan-du tere gertên baisan ügei
　　갔을(때)　그는 집에 없었　다.

5.2.2. 수사

기본 수사를 먼저 보이고 다음에 차례 수사를 보이도록 하겠다.

〈기본 수사〉

nige	1	düči	40	
χoyar(χoyir)	2	tabi	50	
gurba	3	jara	60	
dürbe	4	dala	70	
tabu	5	naya	80	
jurga	6	yere	90	
dolô	7	jû	100	
naima	8	minga	1,000	(천)
yisü	9	tümen	10,000	(만)
arba	10	bum	100,000	(십만)
χori	20	saya	1,000,000	(백만)
guči	30			

몽고어는 기본 수사는 보통 일본어나 한국어와 같이 만까지이고 그 이상은 소장어에서 차용한 것으로 특수한 수자가 있으나 이것도 차용한 것이다. 이 숫자는 아라비아수자와 같이 옆으로 사용하나 만 이상의 수라면, 즉 10만이면 arban tümen, 백만이면 jûn tümen이 라 한다. 이 이상의 수자는 실제로는 거의 쓰이지 아니하나 다음과 같은 것이 있다.

jiwa(천만)   donšûr(억)   köldi(조)

그리고 열 이상의 수의 예를 몇 개 본다면 다음과 같다.

   12: arban χoyar

   25: χorin tabu

   33: gučin gurba

1258: nigen mingan χoyar jŭn tabin nama

 102: nigen jûn bolôt χoyar

1028: nigen mingan bolôt χorin naima

다음은 차례 수사를 보기로 하자.

첫째: nige düger 이외에 teryün, anχadugar라고도 한다.

둘째: χoyadugar

셋째: gurbadugar 이외에 gudugar라고도 한다.

넷째: dürbedüger 이외에 duduger라고도 한다.

부리앗 방면에서는 다음과 같이 말한다.

첫째: nigedeχi

둘째: χoyardaχi

셋째: gurbadaχi

5.3. 일본어

5.3.1. 문장의 짜임새

ㄱ. anata-wa toko-he iki-masuka?

당신-은 어디-에 가-십니까?

ㄴ. kore-ka watakusi-no hon-tesu.

이것-이   나 -의 책-입니다.

ㄷ. koko-wa utsikusi-tesune.

여기-는 아름답습-니다

5.3.2. 수사

기본 수사부터 먼저 보이고, 다음에 차례 수사를 보이도록 하겠다.

1: ichi(Fi-tö-tu)	2: ni(Fu-ta-tu)
3: san(mi-tu)	4: shi(yö-tu)
5: ko(itu-tu)	6: roku(mu-tu)
7: shichi(nana-tu)	8: hachi(ya-tu)
9: kyu(kökönö-tu)	10: chu(tow)
11: chu-ichi	12: chu-ni
101: hyaku-ichi	110: hyaku-chu

차례 수사는 한자말 다이(第)를 붙인다.

첫째: tai-ichi   둘째: tai-ni

셋째: tai-san   넷째: tai-shi

등과 같다.

   위에서 보아온 통어론은 만주어 몽고어, 일본어가 모두 우리말과
같은데 수사에 관하여 우리말과 비교하여 보면 차이가 있다. 먼저
만주어와의 비교를 해 보기로 하자.

한국어	만주어
열	juwan
스물	orin
서른	gūsin
마흔	dehi
쉰	susai
예순	ninju
일흔	nadanju
여든	jakūnju
아흔	uyunju
백(온)	tanggū

   여기에서 보면, 어디에서든지 그 유사성을 찾기가 힘들 듯한데
또 하나 만주어의 수사와 우리의 수사가 다른 점은 다음과 같다.

한국어	만주어
열하나	juwan emu

열둘	juwan juwe
열셋	juwan ilan
열넷	juwan duin
열다섯	tofohon

　여기에서 보면, 열다섯부터는 우리말의 헤아리는 법과 달라진다. 우리말은 열 단위의 명칭만 다르고 그 다음부터는 하나부터 아홉까지는 다 같은데, 만주어에 있어서는 그렇지 않다. 더구나 차례 수사에 있어서 보면,

우리말	만주말
첫째	emu-ci
둘째	juwe-ci
셋째	ila-ci(ilan의 n 생략)
넷째	dui-ci(duin의 n 생략)
다섯째	sunja-ci
여섯째	ninggū-ci(ninggun의 생략)
일곱째	nada-ci(nadan의 n 생략)
여덟째	jakū-ci(jakūn의 n 생략)
아홉째	uyu-ci(uyun의 n 생략)
열째	juwan-ci(기본 수사의 n 생략)
스물째	ori-ci(기본 수사의 n 생략)
서른째	gusi-ci(기본 수사의 n 생략)
마흔째	dehi-ci(기본 수사에 -ci첨가)
쉰째	susai-ci(상동)

예순째	ninju-ci(〃)
일흔째	hadunju-ci(〃)
여든째	jakūnju-ci(〃)
아흔째	uyunju-ci(〃)
백째	tanggū-ci(〃)

만주어에서 보면 juwe-ci에서 (sunja-ci=다섯째를 제외하고) gusi-ci (서른째)까지는 기본 수사의 끝 'n'을 생략하고 접미사 '-ci'를 붙이고 마흔째부터 백째까지는 기본 수사에 그대로 접미사 '-ci'를 붙이고 있다. 이와 같은 일은 한국어의 차례 수사에서 '첫, 두, 세, 네'까지는 '하나 째'란 말은 없고 '첫째'가 되고, '두, 세, 네'까지는 받침 'ㄹ, ㅅ'이 줄어지면서 명사 '째'가 붙는 것과 비슷한 점과 아울러 열부터 백까지는 기본 수사에 '째'가 붙어서 차례 수사가 되는데, 이 점은 만주어 dehi-ci(마흔째)부터 tanggū-ci(백째)까지와 일치한다. 그런데 만주어에서 한 가지 재미있는 것은 기본 수사 끝의 '-n'은 '-ci' 앞에서 줄어든다는 사실이다. 그런데 한 가지 유의하여야 할 것은 만주어의 차례 수사의 접사 '-ci'는 어쩌면 한국어의 '째'(고어에서는 '자히')와 상통한다는 점이다. 이런 점에서 보면, 차례 수사에서의 '-ci'와 '째'는 전혀 무시할 수 없다는 결론이 된다.

몽고어와를 대비해 보면, 우리말 수사는 '하나, 둘'을 제외하고는 '셋, 넷'과 '다섯, 여섯', '일곱, 여덟' 등은 말끝이 일치되어 있는데, 몽고어의 수사에서는 그런 것을 찾아볼 수 없다. 그리고 '열하나'부터 보면,

열둘	arban χoyar

스물다섯	χorin tabu
서른셋	gučin gurba

위의 예에서 보면 우리말의 십 단위에는 뒤에 접사가 붙지 않는데 몽고어에서는 십 자리 수에 접사 -n이 붙는 점이 다르다. 또 기본 수사는 모음이 끝나는 수사는 명사 또는 다른 수사에 이어질 때는 접사 -n을 붙인다.

예를 들면, '다섯 사람'은 'tobuv χün'이 된다. 그러나 만(tümen)은 그 뒤에 n이 있는데 단독으로 쓰일 때 이것을 제외하지 않는다.

그런데 우리말 수사와 다른 점은 다음과 같은 경우에도 나타난다. 즉, '백둘'은 'nigen jûn bolôt χoyar'로서 이것을 우리말로 그대로 옮겨보면 '일 백 영 둘'이 된다. 그리고 이때 '백'의 jû 뒤에는 접사 -n이 붙었다.

몽고어의 차례 수사는 기본 수사에 -dugar(-düger)를 붙여서 만든다. 그러나 약간의 예외가 있다.

우리말 '첫째'에 해당하는 차례 수사는 nigedüger 이외에 teryün, anχadugar라고도 한다.

'둘째'에 해당하는 차례 수사는 χoyadugar이다.

'셋째'에 해당하는 말은 gurbadugar 외에 gudugar라고도 한다.

'넷째'에 해당하는 말은 dürbedüger 이외에 düdüger라고도 한다. 이와 같이 '열다섯째'에 해당되는 말은 'arban tawdugar'이라 하고 '스물 여덟째'에 해당되는 말은 χorin namadugar인데 부리앗 방언에서는 -dugar(düger) 대신에 -daχi(-deχi)를 붙인다. 예를 들면

'첫째'는 nigedeχi

'둘째'는 χoyardoχi

'셋째'는 gurbadaχi

등과 같다. 그런데 여기 -daχi는 그음이 우리 고어의 '-다히'(의미는 '~과 같다'임)와 통하는 듯한 느낌을 준다. 어떻든 기본 수사나 차례 수사에 있어 그 헤아리는 법은 우리말과 거의 같으나, 수사와 따라서는 중간에 접사가 끼어드는 것이 우리말 수사와 다르다고 할 수 있다. 다시 말하면, 우리말 수사와는 일치점을 찾기가 매우 힘드는 것 같다. 그런데 한 가지 언급하고 싶은 것은 몽고어 기본 수사에서 조(兆)를 köldi(골디)라 하는데 우리말에 '골백번'이라는 말이 있는바 여기서의 '골'과 통하는 말이 아닌가 한다. 즉 만주어와 몽고어에서 Tümen(투먼)은 만인데 이것이 우리말에 들어와서는 '즈믄'이 되었는데, 그렇다면 '골디'의 '골'이 우리말에서는 '억(億)'을 나타내는 말이 아니었던가 하고 한 번 추정해 보는 바이다. 그러면 우리말 '만'은 무엇이었겠느냐 문제이다. 이조초기부터 우리말 '만'에 해당되는 말은 찾을 수가 없고 모조리 한자 '萬'으로 나오는데, 아마 이때도 음이 Tümen의 men만 따서 '만'이었던 것이 아니었던가 생각되나 단언할 수는 없다.

끝으로 일본말 수사와를 대비해 보기로 하자.

기본 수사는 다음과 같다.

하나	hitotsu
둘	hutatsu
셋	mitsu
넷	yotsu

다섯	itsutsu
여섯	mutsu
일곱	nanatsu
여덟	yatsu
아홉	kokonotsu
열	to
서른	mitso
마흔	yotso
쉰	itso

등인데 hitotsu는 우리 향가의 ㅎ든(一等)과 무슨 관련이 있지 않은가 싶으며 yatsu도 여덟과 비슷한 데가 있는 듯이 보이나 분명한 근거는 잡기가 어려울 듯하다. 그런데 일본어는 위의 기본 수사의 끝부분을 제외하고 'hi, hu, mi, itsu, mu, nana, ya, kokono, to'라고 헤아리는 일이 있는데 이들의 'hi'는 우리말의 '한'과 유관한 듯하고 'hu'는 '두', 'yo'는 '네' 등과도 무슨 관련이 있어 보인다. 그러나 전체적으로 어떤 유사성을 찾기는 어려운 듯하다.

차례 수사는 한자말이어서 우리말과 음만 다를 뿐 같으니 여기서 어원적인 입장에서는 논급할 필요가 없다. 다만 수를 헤아리는 방법은 우리말과 일치할 따름이다.

제6장

한국어의 어원

1. 들어가는 말

우리는 앞에서 우리말이 알타이어일 가능성을 람스테트의 연구를 통하여 보아 왔다. 따라서 앞으로 이것을 더 밝히려고 하자면 먼저 우리말의 어원을 깊이 알아야 할 것으로 생각한다. 따라서 이 장에서는 내가 아는 범위 안에서 우리말의 어원을 밝힘으로써 앞으로 이 방면을 연구하고자 하는 학생 여러분에게 흥미와 호기심을 자아내게 하고자 한다.

그런데 본래 어원을 밝히기란 그리 쉬운 일이 아니다. 어원이 분명한 것은 말할 것이 없으나, 그렇지 않은 것은 추정을 해 가면서까지 밝히려는 점도 없지 않을 것이나 이 추정도 전혀 근거가 없어서는 아니 될 것이다. 즉 가능성이 있는 추정이어야만 할 것이다.

이제 다음에서 몇 갈래로 나누어 한국어의 어원을 밝혀 보고자 한다.

2. 한국어의 어원고

2.1. 친족 관계어에 관한 어원

아버지와 어머니

이 말의 이조어인 '아바님', '아비', '아바'에서 보면 어간이 '압'이
오, '어버이'에서 보면 '업'이다. 우선 '업'부터 그 뜻이 무엇인지 알
아보기로 하겠다. 이 '업'은 두 가지 면에서 추정해 볼 수 있는데
하나는 '한 집안에 있어서 살림이 그 덕이나 복으로 잘 보호되고
늘어간다는 동물이나 사람'의 뜻을 나타내는 '업'이다. 사실 '아버
지'란 집안에서 그 살림살이를 책임지고 있는 제일가는 사람이다.
여기에서의 '업'이 '아버지'를 뜻하는 말로 전의된 것이 아닌가 한
다. 왜냐하면 부모를 각각 단독으로 말할 때는 '아버지', '어머니'라
고 하면서 이를 합하여 하나의 단어로 말할 때는 '아버지'는 '압'이
안 되고 '업'이 되면서 '어머니'도 '엄'이 안 되고 '엇'이 되느냐 하는
점에 있기 때문이다. 따라서 '업'은 '업드르다', '업들다'의 어간으로
보면 어떨까 한다.

그러면 '엇'은 무엇인가 하는 점인데 이 '엇'은 '엉'으로 되고 드디
어는 '어이'로 되었는데 이 '어이'는 뜻을 알아보면 우리말에 '어이
동자(어이 童子)'라는 것이 있는데 그 뜻은 '머름의 간막이에 있어서
기둥에 붙여 세운 동자주(童子柱)'라 풀이되고 있다. 그런가 하면 또
'어이머리'란 말이 있는데 이것은 일명 '어여머리'라고도 하는데 그
뜻을 보면 '부인이 예장할 때 머리에 얹는 큰 머리'라 풀이하고 있
다. 이러고 보면, '어이'는 '어떤 사물에 부수적으로 딸리거나 얹히
는 물건'이라는 뜻임을 알 수 있겠다. 그렇게 되면 '어버이'의 '어이'

는 '업에게 딸린 사람' 또는 '업에게 제공되는 사람'의 뜻으로 풀이할 수 있는데, 그러고 보면 '업'은 위에서 말한 '집안의 업'이라 할 때의 '업'이오, '엇(어이)'은 '업에게 딸린 사람, 즉 오늘날 어머니'에 해당되는 말인 것 같다.

그러면 '아버지' 할 때의 '압'과 '어머니' 할 때의 '엄'은 어떤 뜻의 말인가 고찰해 보자. 우선 '압'과 '앞'을 뜻한다고도 볼 수 있는데, '앞'은 선도자요, 그 뒤에는 많은 사람이 따르게 된다. 따라서 '압'은 뒤에 많은 가족을 거느리는 사람이라는 뜻으로 추정해 볼 수도 있다. 『대한화사전』에 보면 '父'는 '처음'의 뜻이 있다고 한다. 따라서 '압'을 '앞'과 같이 보면(받침법칙에 따라 그렇게 볼 수 있음), '앞'이면 자연히 모든 것의 '처음', '시초', '시발'이 되는 것이다. 그런데 '아버지'를 나타내는 말에 '爹(아버지 다)'라는 한자가 있는데 이 한자의 풀이를 보면 '관장의 존칭', 또는 '어른의 존칭'이라 설명해 놓았다. 이러고 보면, 우리말에서는 직접적으로 그 어원을 찾기는 어려우나 한자말과의 대비에 의하여 보면, '압'이라는 말은 가정에서 제일 처음 가는 사람 또는 어른을 높인 말(여러 어른 중에서도 자기 아버지가 제일 높은 사람이니까)로 보면 크게 잘못은 없지 않을까 생각된다. 그러면 '압+어지(아지)'의 '(어/아)지'는 무엇이냐 의문이나 아마 이것은 사람이나 짐승 일반에게 붙는 접미사로 보아진다. 즉 송아지, 강아지, 박아지 등의 '아지'와 같은 '아지'로 보고자 한다. 그리하여 '압+어지'가 소리대로 '아버지'로 된 것이다. 그러면 '어머니'는 어떻게 볼 것이냐 하는 점도 여간 어렵지 않은데, '어머니'의 어간은 물론 '엄'이다. 어떤 교수는 '엄'과 '암'은 서로 같은 말이라 하나 내가 보기에는 그렇지 않다. '암'이라 할 때는 '수(수놈)'에 반대되는 말로서 '엄'과는 근본적으로 다르다. 그런데 『고어사전』에 보면 '암'

을 '암컷', '계집'의 뜻으로 쓴 예를 많이 들어 놓았으나, '암'이라 할 때는 낮추어 이를 때 쓰는 말이지 절대로 '엄'과 동등한 말은 아니다. 다음에 예를 몇 개 들어 보기로 하겠다.

(1) ㄱ. 이 함흔 모다 됬논 거시어늘 엇뎨 ㅎ오사 더브러 잇논다
　　　　(월석 7: 16)
　　ㄴ. 제 겨지비 죽거늘 다른 암홀 어른대 (월석 7: 16)
　　ㄷ. 네 어디 암홀 내야 주디 아니ㅎ논다 (월석 7: 17)
　　ㄹ. 鳳은 암홀 조차 니거늘 (두해 6: 50)
　　ㅁ. 암히 수홀 좃놋다 (두해 17: 5)

위의 ㄱ~ㄷ까지를 보면 모두 낮추어 이른 말이다. 따라서 이때의 '암'은 오직 '여성'이라는 뜻에 불과함을 간과해서는 아니 될 것이다.

그렇다면 '엄'은 어떻게 보아야 할 것이냐가 문제인데, 경상도 방언에 '엄이'라는 말이 있다. 이때의 '엄'은 표준말의 '덧이'의 '덧'에 해당한다. 우리가 보통 '엄지손가락' 할 때의 '엄'이 그것인데, 이 '엄지'는 '덧붙어서 난 손가락'이란 뜻이다. 왜냐하면 손을 펴 보면 네 개의 손가락은 가지런하게 났는데 엄지손가락만이 옆쪽에 따로 붙어 있기 때문이다. 이와 같은 사실은 영어에서도 볼 수 있다. finger를 보면 'thumb을 제외한 네 개의 손가락'이라 풀이하고 있다. 따라서 엄지손가락은 따로 붙어서 난 손가락이란 뜻이다. 그런데 우리나라에서는 남자가 장가를 들면, 처가 쪽을 중심으로 하여 그 장가든 사람을 가리켜 췌객(贅客)이라 하는데 그 뜻은 '군더더기 손님'이란 뜻이다. 즉, 여자로 말미암아 군더더기로 덧붙어 생긴 손님이란 뜻이다. 이러고 보면 혼인 관계를 두고 볼 때, 남자는 주가 되

고 여자는 남자에게 덧붙은 사람이 되는 것이다. 따라서 '엄'이란 '아버지에게 덧붙은 사람'이란 뜻이다. 이 '엄'에 '어니'라는 접미사가 붙어서 '어머니'가 된 것이다. 이러고 보면 '어버이'나 '아버지', '어머니'는 어원으로 볼 때 서로 밀접한 관계가 있다는 것을 알게 된다.

아우(앗, 아ᅀᅳ)와 맏(몯)

'아우'의 이조어는 '앗', '아ᅀᅳ'로 나타남은 주지의 사실이다. 고 유창돈 교수는 『어휘사 연구』에서 이를 한자 '小, 次'의 뜻으로 보고 우리말 '앗, 앚(아촌 아들)'과 같이 설명하고 있다. 그런데 '몯'과 대비하여 보면 반드시 그렇게만 보아야 할까 하는 생각이 드는데, '몯'의 뜻을 알아보기 위하여 다음의 예를 보기로 하자.

(2) ㄱ. 몯兄 눈섭 히니를 또 하ᄂᆞᆯ히 여러 내시도다(長兄白眉復天啓)
　　　(두해 8: 17)

　　ㄴ. 몯아자비 빅(伯) (훈몽상 31)

　　ㄷ. 몯 형(兄), 몬 곤 (훈몽상 32)

　　ㄹ. 몯ᄠᅳᆮ: 첫ᄠᅳᆮ(初志), 몯ᄠᅳᆮ지(志) (유합하 1)

위의 예 ㄱ~ㄹ까지를 보면 '몯'의 뜻은 '우두머리', '최초', '으뜸' 등을 가지고 있다. 이에 대하여 '앗', 특히 '弟'를 보면, 그 뜻은 '나이가 아래인', '나이가 젊은', '차례' 등을 나타낸다. 따라서 '앗, 아ᅀᅳ'의 뜻은 '몯'보다 차례가 다음인 사람, 또는 '몯'보다 나이가 아래인 사람을 나타낸다. 따라서 우리의 형제에 대한 옛말은 '몯아ᅀᅳ' 등으로 불렀을 것이다. 아버지 밑에서 난 형제 중의 제일가는 이는 '몯'

이요, 그 다음에 몇 사람이 태어나든지 '믇'이요, 그 다음에 몇 사람이 태어나든지 '믇'에 대하여 모두 '아ᅀᅳ'라 한 것이다.

그러면 '앗'과 '아ᄎᆞᆫ'과는 정말 무슨 관계가 있는 말일까? 유창돈교수에 의하면 '앗'과 '앗, 앛'은 같은 어근이라고 보고 있다. 그러나 내가 항상 주장하는 바는 형태가 다르면 뜻도 다르고 뜻이 다르면 어원도 달라야 한다는 결론인데, 과연 어떠할지 다음의 예문을 보기로 하자.

(3) ㄱ. 아ᄎᆞᆫ아ᄃᆞᆯ: 아ᄎᆞᆫ아ᄃᆞᆯ딜(姪), 아ᄎᆞᆫ아ᄃᆞᆯ싱(甥)

ㄴ. 아ᄎᆞᆫ쏠(姪女): 동싱형뎨게 난 아ᄎᆞᆫ ᄯᆞᆯ: 姪女 (노해하 31)

ㄷ. 아ᄎᆞᆫ설: 아ᄎᆞᆫ설날 ᄉᆞ경의(歲暮夕四更中) (瘟疫方 4), 아ᄎᆞᆫ설(歲暮) (역어상 4)

ㄹ. 아ᄎᆞᆫ 설밤(除夜) (역어상 4)

ㅁ. 아ᄎᆞᆫ 아ᄃᆞᆯ: ① 從子 (내훈 1: 11). 아ᅀᆞ와 아ᄎᆞᆫ 아ᄃᆞᆯ왜 비록 이시나(第侄雖存) (두해 11: 13)

위의 예에서 보면 '아ᄎᆞᆫ'은 '조카', '질녀', '생질', '종자' 등 다양한 뜻을 가지고 있다. 그런데 오늘날 '섣달 그믐날'을 '작은 설날'이라 하는 것을 보면 '아ᄎᆞᆫ'은 '작은'에 해당되나, 호칭 관계면에서 보면 나와 조카뻘 되는 사람에게 '아ᄎᆞᆫ'이란 말이 붙어 있다. 그렇다고 조카를 작은 아들이라고는 절대로 하지 않는다. 그래서 내가 보기에는 조카를 종자(從子)라 하고 있는 것을 보면, '일가'의 뜻이 있는 듯하다. '일가'란 동종(同宗)으로 친척의 뜻이 있다. "친척이란 친족과 외척 또는 고종, 이종, 외종 등을 말한다"고 『우리말 큰사전』에 풀이되어 있다. 그러나 위의 예문에서 보면 화자와 서로 혈통이 통하는, 자기에게 조카벌이 되는 사람에게 '아춘'이란 말을 쓰고 있다. 따라서 조카는 자기와 혈통이 통하는 아들이요, 딸임이 틀림없고 작은설도 설날과 서로 시간적으로 연결되어 있다. 그러므로 아춘을 단순히 '小, 次'의 뜻을 가진 것으로 볼 것이 아니라, '핏줄이 서로 통하는'의 뜻으로 보아야 옳을 것이다. 왜냐 하고 굳이 한 말 덧붙인다면 '생질'도 '아춘아들 싱'이라 풀이하고 있는데 그것도 '작은 아들'이라 풀이해서 되겠는가 반문하고 싶기 때문이다.

그러므로 '아저씨, 아자비'가 '아춘'에서 왔다면 '아춘아비〉아차나비〉아자비'로 되었을 것이오, 자기와 같은 혈통의 '아버지뻘 되는 관계에 있는 사람'의 뜻이 될 것으로 생각된다. 그러므로 '아춘'과 '아ᅀᆞ, 앗'과는 어원이 다르다는 것을 밝혀 둔다.

2.2. 신체 부분어에 관한 어원

발과 다리

'발'은 '밟는 것'의 뜻일 것이요, '다리'는 한자로 '脚'인데, 이것을 그 기능상으로 보면 '받치고 있는 물건'으로 볼 수 있으나, 사실은 '다리'란 형태소를 갖고 풀이해 보면 '달다'의 어간 '달'에 명사의 접미사 '이'가 붙어서 된 말인데 '다리'란 우리 신체에 매달려 있는 물건인 것이다. 고로 '몸에 매달려 있는 물건'을 '다리'라고 한다고 보아야 한다. 여자들 중에 머리숱이 적은 사람은 남의 머리카락을 잘라다가 자기 머리털에 덧드리는 꼭지를 맨 딴 머리를 매다는 일이 있는데 이것을 '다리'라고도 하는바, 그 어원은 아마 같을 것으로 보인다.

발가락과 손가락

'가락'은 'ᄀ락'이라고 이조시대에는 썼는데 '가락'은 "엿이나 가래떡처럼 기름하게 토막진 물건의 낱개"라고 『우리말 큰사전』에 설명해 놓았는바 발이나 손에 붙어 있는 가락이나 해서 그렇게 부른 것이다. 그러면 '발'에 대해서는 그 어원을 말했으나 '손'은 왜 손인가에 대해서는 아직 알 수 없으나, 물건을 잘 잡는 물건을 옛날에 '손'이라 하지 않았나 생각된다. 오늘날 '손바닥'을 옛날은 '손바당'이라 했는데 '바당'은 오늘날의 '바닥'이다. 그런데 '버텅'을 보면 '뜰 층계'라 풀이되어 있고, 또 윤선도 시에 보면 '일터'를 버텅이라고도 하니 버텅의 본래 뜨은 일을 할 수 있는 너른 장소나 또는 편편한 장소를 이른 듯하다. 그러므로 손바닥은 '손의 편편한 부분'을 가리킴이오, 발바닥은 '발의 편편한 부분'을 이르는 말이다.

손톱과 발톱

손톱과 발톱은 모두 '손(발)+톱'으로 된 합성어이다. 오늘날 '톱'은 물건을 자르는 물건이나 옛날의 '톱'은 그런 것이 아니었다. 즉, 오늘날 '톱'의 옛말은 '돕'이다. '톱'에다 접미사 '다'를 붙이면 '돕다'가 되는데, 이 '돕'은 '돕는 물건'을 뜻한다. 그런데 '돕다'라는 말은 오늘날 '돑다'로 변했는데 옛날, 삼을 삼기 전에 삼뿌리 부분을 물에 오래 담가 두었다가 톱(이때의 톱은 칼의 양끝을 위로 휘게 하여 거기에 나무자루를 박은 것이다)으로 그 뿌리 부분의 껍질을 갉아 벗겨내는 일을 '돑는다'고 한다. 이 돑는 물건을 옛날은 '돕'이라 했는데 손에 붙어 있는 돕을 손돕, 발에 붙어 있는 돕을 발돕이라 했다. 오늘날 이 돕이 거센 소리로 바뀌어 손돕, 발돕이 손톱, 발톱이 되었다. 이와 같이 볼 때, 옛날 우리 조상들은 말을 만들 때, 먼저 그 모양을 따거나, 구실을 따거나, 기능을 따서 말을 만들었음을 알 수 있다.

팔과 팔뚝

'팔'의 고어는 '볼'이다. 그리고 또 한 발, 두 발 할 때의 '발'도 '볼(丈)'이다. 오늘날 한 발(一丈)은 사람의 키(신장)의 길이, 즉 두 팔을 쫙 벌린 길이를 말한다. 그러므로 팔을 '볼'이라 한 까닭은 '밝는 물건, 즉 길이를 재는 물건'이란 구실을 하는데서 그 이름을 딴 것이다. 그리고 '팔뚝'은 고어로는 '볼독'인데, 내훈에 보면 "肚는 볼독이라"(1: 15)고 설명되어 있다. '肚'는 '배 두'로 설명되어 있다. 따라서 팔에서 배(腹)처럼 불룩 튀어나온 데라고 해서 '볼독'이 오늘날 '팔뚝'으로 변한 것이다. 물론 음운 변천에 의해 그리 된 것은 두말할 나위도 없다.

입, 코, 귀, 눈

고어에 보면 '읊다'를 '입다'라고 하였다. 따라서 '입'이란 '읊는 물건, 즉 시를 읊조리는 물건'이란 데서 생긴 말이다. 그리고 '코'의 옛말은 '고'였다. 앞에서도 내가 잠깐 말하였듯이 우리 조상들의 조어법은 사물의 모양, 구실을 따서 만든다고 했는데 이 '고'도 모양을 따서 만든 말이 아닌가 한다. 현대어 '고'에 대한 설명을 『우리말 큰사전』에 의하여 보면 "옷고름인 끈 따위를 잡아 맬 때 한 가닥을 매듭에서 약간 잡아 빼어 고리처럼 내 놓은 것"이라 풀이해 놓았다. 따라서 옷고름의 '고'의 모습은 사람의 '코'의 모습과 일치한다. 거기에서 따온 것임이 틀림없을 것으로 생각된다.

'귀'의 고어는 역시 '귀'인데 이것도 다음과 같은 여러 사실을 가지고 보면 얼굴에서 튀어나와 구멍이 있으면서 붙은 것이란 뜻에서 유래된 말로 보아진다. 즉 '귀대야'라는 옛말이 있는데 설명을 보면 "액체 담는 그릇에 따로 내민 부리, 액체를 그 구멍으로 따르게 된 것"으로 해놓았다. 따라서 '따로 내민 부리'에 우리는 유의하여야 할 것이다. 더구나 미역에 붙어 있는 오글오글한 부분을 미역귀라고 하는 것을 보아서 귀의 어원을 대개 짐작할 수 있을 것 같은데, 『우리말 큰사전』에 따르면 "① 모가 난 물건의 모서리, ② 주머니의 양쪽 끝이나 또는 저고리, 두루마기 따위의 섶끝, ③ 바늘에서 실을 꿰는 구멍……" 등등 많이 설명되어 있다. 더구나, "두루마기의 양쪽 겨드랑이 아래로 손을 찌르게 만든 구멍"이란 설명을 보면 '귀란 본 물건에 붙어 있으면서 구멍이 나 있는 물건'이란 뜻으로 귀결된다. 그렇다면 사람의 '귀'란 얼굴 양쪽에 붙어 있으면서 구멍이 나 있다. 여기에서 우리는 '귀'의 어원을 충분히 이해할 것 같다.

　'눈'의 고어도 '눈'이다. '눈'의 어원은 무엇일까? 아마 생각해 보면 우리 몸엣 가장 중요한 부분 즉 태양과 같은 부분을 뜻하는 부분이 눈이다(물론 눈 이외도 모든 기관이 다 중요하지마는 그 중에서도 가장 중요한 부분이 눈이다). 우리의 생명은 '눈'에 달려 있다. 살아 있는 동안은 눈을 뜨고 있으나 죽게 되면 눈을 감게 된다. 따라서 눈이란 생명이 있다는 상징이 될 수도 있다. 그러므로 나무에서 새 잎이 나오는 부분을 눈이라고 한다. 그런데 눈자위란 말이 있다. 이 고어는 '눈ᄌᆞᄉᆞ, 눈ᄌᆞᅀᆞ, 눈ᄌᆞᅀᆡ, 눈ᄌᆞᅀᅵ, 눈ᄍᆞᄉᆞ, 눉ᄌᆞᅀᆞ, 눉ᄌᆞᅀᆡ' 등 다양하게 나타나는데 아마 기본형은 '눉ᄌᆞᅀᆞ'인 것으로 보인다. 그 이유는 이조 초기 『월인석보』에서 나타났기 때문이다. 다시 말하면 'ᄌᆞᅀᆞ'가 '자위'의 기본형인 것 같다. 이 'ᄌᆞᅀᆞ'에 해당하는 한자를 보면 핵(核)자이다. 그러니까 오늘날 눈자위는 '눈의 핵심'이란 뜻인 것이다. 이와 유사한 예를 보면 '노른자위'란 말도 있는데 역시 가장 중요한 부분이란 말이다. 그런데 이 자위란 말이 쓰이는 부분은 우리 인체 중 외부로 나타난 것 중에는 '눈자위'라 나타내는 것 밖에는 아무데도 쓰이지 않는다. 이와 같은 사실을 보더라도 '눈'이란 '생명의 상징으로서의 중요한 부분'이란 뜻으로 생긴 말임이 틀림없을 것 같다.

얼굴

이 말의 이조어도 '얼굴'이다. 다음에 몇몇 예를 보이기로 하자.

ㄱ. 相은 얼구리라 (월석 서 1)

ㄴ. 이 얼굴과 얼굴 아니왜며(是形非形) (능엄경 2: 83)

ㄷ. 다 能히 얼구를 밧 사ᄆ며(皆能外形骸) (법화 6: 144)

ㄹ. 얼굴 상(狀) (훈몽상 35)

ㅁ. 얼굴 모(模) (훈몽상 16)

ㅂ. 얼굴 용(容) (유합하 51)

얼굴 상(象) (유합하 51)

ㅅ. 한 양의 얼굴 사다가(買一箇羊腔子) (초박상 67)

위의 예를 보면, '얼굴'에 해당되는 한자어는 '相, 形, 形骸, 狀, 模, 容, 象, 腔子' 등 다양한데, 한 말로 하면, '얼굴'은 '꼴'이나 '모양'을 나타내는 말이다. 즉, '얼굴'이란 '사람의 감정을 나타내는 모양'이란 뜻일 것으로 보인다. 사실 얼굴이란 사람의 감정, 심적 상태, 건강 상태 등 다양한 모습을 나타내는 데가 아니겠는가? 그러면 '낯'은 어떤 말에서 왔으며 '얼굴'과 어떻게 다른가? 살피지 않으면 안

되겠다. '낯'의 이조어는 '눛'이다. 이 말도 그 어원을 알아보기 위하여 몇몇 예를 보기로 하겠다.

ㄱ. 닐흐늬 ㄴ치 맞거늘(中七十面) (용가 40)
ㄴ. 늘근 ㄴ추란(衰顔) (두해 21:4)

위의 ㄱ~ㄴ에서 보면 '눛'에 해당되는 한자어는 面과 顔 두 자뿐이다. 그래서 『한자대전』에 보면 '面'을 다음과 같이 설명해 놓았다. 즉 "① 얼굴면 낯 면, ② 향할 면, ③ 앞 면(前), ④ 보일 면(見), ⑤ 겉면(衰)……" 등 여러 가지로 설명해 놓았다. 이들을 종합하여 보면 '눛'이란 '표면상으로 나타내서 보이는 곳'이란 뜻이 된다. 사실 우리 인체에서 밖으로 들어내어 남에게 그 사람을 대표할 만한 곳으로 나타내어 보이는 데는 낯밖에 또 무엇이 있을까? 이에 반하여, 다 같은 낯이라도 감정의 표현이나 그 심적 형상을 보이면 '얼굴'이라 하여 구분하였던 것이니, 우리 조상들의 논리가 얼마나 정연한가를 다시 한 번 깨닫지 않으면 안 될 것이다.

이와 더불어 여기서 하나 더 첨언할 것은 '이마'는 어떤 말에서 왔을까 하는 것이다. 이의 이조어는 '니마'이다. 이에 관하여도 예를 몇 개 보기로 하자.

ㄱ. 니마히 넙고 平正ᄒ야(顔度平正) (법화 6:14)
ㄴ. 니마익(額), 니마뎡(頂), 니마샹(顙) (훈몽상 24)

위의 예문에 나타난 한자를 하나하나 검토해 보면 다음과 같다.

액(額): ① 이마 액, ② 현판 액

뎡(頲): 이마 정(題—額也)

상(顙): 이마 상(額也)

위의 모든 사실을 종합하여 보면 '얼굴에서 액자와 같이 생긴 부분'이라 뜻이 되겠다. 사실 이마는 얼굴에서 액자와 같이 생긴 부분이다. 그런데 이것을 또 달리 생각해 볼 수는 없을까? '니마'의 '니'는 '이다'의 어간 '이'에 해당되고, '마'는 '마파람(南風)' 할 때의 '마'로 본다면 '마'는 '앞'과도 통한다. 그러므로 '니마'는 얼굴의 '앞(얼굴)을 이고 있는데(부분)', 즉 '얼굴의 제일 위에 붙어 있는 부분'이란 합성어로 보면 어떨까 생각해 보기도 한다.

2.3. 기타 명사 및 용언의 어원

뒤
이 말의 고려시대의 말은 '둛'이라 한다. 이것이 둛>두버>두위>뒤로 변한 것이 오늘날의 '뒤'이다. 예를 보면 다음과 같다.

둛: 山前 磨阿迫(뫼알퍼) 山後 磨堆迫 (뫼둛히) (화이)

위의 '둛'에서 두비다>두위다>뒤다로 된 예가 보인다.

앞
이 말의 중세어는 '앒'이었다. 그러던 것이 ㄹ이 탈락되어 '앞'이 되었는데 '앒'의 본딧말은 '알'이라는 것이다

알: 이런 고지 아래 업더니라 하시고 (석상 11: 32)

앒: 도ᄌᆞ기 알ᄑᆞᆯ 디나샤 (용 60)

앞: 아프로 옷기슬 ᄃᆞ긔고 (小언 5: 70)

위와 같이 유창돈 교수는 설명해 놓았는데 '아래'는 '전일(前日)'의 뜻이고 '앞'의 뜻과는 다르다. 따라서 '아래'의 '알'은 '앞'과 직접적으로 관계가 없는 것으로 보인다. '아래'는 오히려 '아래(下)'와 서로 관련이 있을 것으로 느껴진다. (물론 방점에는 차이가 있다. 즉 ':아·래'와 '아·래'와 같다.)

해

이 말의 중세어는 '희'이다. 이 말은 '희다', 즉 오늘날의 '희다'와 상통하는 말이다. '희=해'는 '밝은 것', '광명'을 뜻하는 말이다. 태양은 광명한 것이다. 이 말에서 '희다>희다'라는 말이 생겼다. 우리 민족을 백의민족이라 하는데, 그 이유는 흰옷을 입는 민족이기 때문이요, 원시시대부터 우리 조상들은 이 광명을 좋아하였다. 그러므로 우리 국문학에도 이 광명 사상이 아주 분명히 반영되어 있고 아울러 우리들은 동방숭배사상이 자손 누대로 전해 오고 있는 것이다.

어른

이 말의 이조어는 '얼운'이었다. 그러므로 '어른'하면 '결혼한 사람'을 지칭하는 것으로 보았다. 왜냐하면 '얼다'는 '결혼하다'의 뜻이었기 때문이다. 그런데 유창돈 교수는 '얼다'가 '장존(長尊)하다'의 뜻을 나타내므로 '어른'을 이 '알다'의 명사형으로 보고자 한다고 하였다.

알다: 알온 거스란 그 알오믈 무더니 너기고(長者란 任其長ᄒ고)
(금三 4-45)

그러나 '알다'에서 '얼다'가 왔다고 보는 모양이나 얼우고 나면, 즉 결혼하고 나면 자연히 어른(존장)이 되는 것은 필연적이다. 그러므로 필자는 유창돈 교수의 설을 따르지 않는다.

노래

이것은 '놀다'의 어근 '놀'에 접미사 '애'가 붙어서 '놀애'가 된 것이다. 여기서도 유창돈 교수는 필자와 의견이 다른데, 접미사 '개'가 붙은 것으로 보며 '개'의 /ㄱ/은 /ㄹ/ 밑에서는 탈락하는 현상이 있으므로 ㄹ탈락에 의하여 '놀개>놀애>노래'로 되었다고 보고 있다. 그러나 '개'가 붙어 명사가 된 말들의 예를 다음에서 보기로 하자.

'지다'에서 '지개'가 오고 '집다'에서 '집개'가 왔으며, '덮다'에서 '덮개', '찌다'에서 '찌개'가 왔다. 오늘날 보면, /ㄹ/ 밑의 /ㄱ/이 보존된 단어가 얼마든지 있다. 즉 '들개-바람(구풍), 갈개, 갈개-꾼, 갈개-발, 걸게-장이, 골갱이, 굴-개, 끝개, 날개, 날개-맥, 날개-열매, 날개-옷, 달개, 달개-집'…… 등 얼마든지 있다. 보통 접미사 '-개'가 붙을 때는 실존하는 사물을 가리킨다. 따라서 '모래'의 고어는 '몰개'에서 발달하였을 것이다. 그러나 '놀애'는 형체 없는 일종의 추상물이다. 따라서 '놀'에 접미사 '애'가 온 것이지 구체적인 실존물을 나타내는 '개'가 온 것은 아니라고 생각한다.

나이

이 말의 이조어는 '나이'이다. 아마 필자의 생각으로서는 '나이'는

'나'의 주격형이 명사로 굳어진 것 같은데, '나'의 어원은 무엇일까? 아마 '나다'의 '나'에 무형의 접사가 붙어서 '나'가 된 것이 아닐까? 추정해 본다. 왜냐하면 우리가 나이를 물을 때, "네 나이 몇 살이지?" 하고 묻는데, '나이'와 '살'이 밀접한 관계가 있을 것으로 보이기 때문이다. '살'이란 본래 '설(정월 초하루)'이 모음변이에 의해 '살'로 바뀌었는데 우리가 헤아리는 '나이'는 나가지고 설을 몇 번 지냈느냐에 따라 결정되기 때문이다. 이와 같은 인과 관계로 미루어 볼 때 '나'는 '나다'의 어근에 무형의 명사를 만드는 접사가 붙어 된 것임에 틀림없지 않을까 미루어 보는 것이다.

구지람, 구숑(꾸지람, 꾸중)

유창돈 교수에 의하면 현대어의 '꾸지람'과 '꾸중'은 얼핏 보기에는 같은 어근일 것 같으나 그러나 이 말들은 전혀 그 어원이 다르다는 것이다. 15세기의 기록은 동사에 '구짇다'와 '구짖다'의 쌍형어가 있는데 '구짖다'의 명사형으로는 '구지돔', '구지담', '구지덤' 등을 형성하게 되었고, '구지담', '구지덤'은 이미 '구지람', '구지럼'으로 변하여 있었다. 그리고 '구짇다'에는 '구지줌', '구지줌' 등의 명사형이 있었다. 그리고 한편 '꾸중'의 15세기 말은 명사인 '구숑'으로만 쓰이고 있었는데, 이 말은 16세기에 이르면 'ㅅ〉ㅈ' 현상을 일으켜 '구죵'으로 변하게 되고, 16세기 말에는 경음화가 되어 '꾸죵'으로 쓰이게 되었는바, 지금은 '꾸중'으로 쓰이게 된 것이다. 이 '구숑'은 아마도 한자어에서 형성된 말이 아닌가 한다.

그림자(그림에, 그림제)

그림제란 지금 말은 이조 초기에도 쓰이었지만, 당시에는 '그리메'로 더 많이 쓰였던 것이다. 이로 보면 이 말의 어원은 '그림'이었고, 여기에 '그림에'와 '그림-ㅅ-에'의 두 가지 형태의 조어가 형성된 것인바, 여기서 /ㅅ/가 중 조음은 /ㄴ/ 밖에 /ㅁ/ 아래서도 이루어진다는 새로운 유형을 발견할 수 있다. 이 설명은 유창돈 교수에 의한 것인데 새로운 조어법을 알 수 있을 것이다.

술(수블)

오늘날의 '술'은 '수블'로서 숩을〉수블〉수울〉술의 변화를 거쳐 지금에 이른 것이다. 고려 때의 기록에 의하면

　　　수블 酒曰 酥孛 (계림)

　　　　　酒 數本 (화이)

등의 기록은 있으나 수블〉수울〉술의 변천 과정을 설명하려면 '술'의 어근은 '수블'이 아니라 '숩'이라야 된다. 그런데 『계림유사』에 기록된 酥는 '타락죽 수'로서 낙속우양유(酪屬牛羊乳)라 설명되어 있다. 이것으로 보면 '숩'이란, 즉 '술'이란 타락죽과 같은 물건이란 뜻에서 붙여진 이름인 것 같다. 앞에서도 말했지마는 모양이 비슷한 데서 지어진 말인 것으로 보인다. 이것을 뒷받침할 근거는 『새한글사전』에 보면 '숩-쌀'이 나오는데 그 풀이를 보면 '술쌀'로 되어 있다. 따라서 필자의 주장이 그리 잘못은 없을 것이라 보아진다.

동동주(동두쥬(銅頭酒))

유창돈 교수에 의하면 요즈음의 동동주라는 말은 좋은 술을 가리키는 말인데 이 말은 18세기의 문헌에는 동두주라 기록되어 있다.

곧 술주자에서 갓 떠낸 술을 '고조목술'이라 하는데 이를 한자어로는 銅頭酒라 하였고, 동두주에서 동동주로 전환한 것이다. 그런데 사실 동동주란 말이 한자어에서 왔을 가능성은 있으나, 동동주를 자세히 보면 거기에는 밥알이 삭아서 동동 뜨고 있다. 그래서 생긴 이름은 아닌지 모르겠다. 왜냐하면 이조시대 선비들은 우리의 고유어를 가급적이면 음이 비슷한 한자말로 부르기를 좋아하였고 또 그렇게 해야만 유식한 척 인정을 받았기 때문이다. 아마 한자어를 끌어대어 우리말의 어원으로 보는 것보다는 순수한 한국식 조어법에 의하여 고찰하는 것이 더 나은 방법일 것이다.

하늬바람

유창돈 교수에 의하여 보기로 하겠다. 바람의 명칭에는 샛바람(東風), 마파람(南風), 하늬바람(西風), 뒤울이(北風) 등의 명칭이 있고, 그 밖에 놉새바람(東北風), 늦하늬, 늦마(西南風) 등이 있음을 보게 된다.

그런데 '하늬바람', '하느바람'의 '하늬', '하느'는 그 어원이 무엇일까? 이 '하늬바람'의 기록은 이조 초기의 문헌에서는 『두시언해』에 비슷한 기록이 있는바, 곧 다름 아닌 "하눐 ᄇᆞ름(天風)"이란 기록이 그것이다. 이 '하눐 ᄇᆞ름'과 후세의 '하늬바람'과는 과연 동일한 것인지는 몰라도 '西風'이나 '西北風'을 중국에서는 '天風'으로 표기하였는데 그 직역이 '하늘바름'이 되고, 마침내 '하느, 하늬'로까지 변한 것이나 아닐까 하는 추측을 하여 보게 된다고 하였다.

이와 같은 사실을 가지고 보면 동(東)은 '새', 서(西)는 '하늬', 남(南)은 '마', 북(北)은 '뒤'인 것으로 보이나 유창돈 교수는 북(北)을 '놉'이라고 추정하고 있으나, 필자가 보기에는 '뒤'가 옳을 것으로 생각된다.

스라기(屑)〉싸라기(籽)

유창돈 교수에 의하면 '스라기'는 지금 '싸라기'라 하여 '쌀+아기(子)'로 인식되어 있으며 어형도 '싸라기'로 쓰이고 있다. 그러나 이 말은 이조 초기의 가록을 검토하면 '쌀'과는 아무 관계도 없는 말인데 음운과 의미의 유사성으로 해서 변형된 것임을 알 수 있다. 다음 예를 보자.

스라기: 아마커나 金 스라기를 가져(試將金屑) (남명 上-71)
     : 黎民이 겨오 사라기도 훤히 몯 얻어 먹놋다(黎民糖粃窄)
     (초두 16-71)

위의 예로 보면 '스라기'는 부스러기의 뜻으로, 금이나 은이나 쌀이나 모든 부스러기는 다 '스라기'라 하였음을 알 수 있으나, 다만 '쓸스라기'의 경우는 약어로 '스라기'라 하였음을 알 수 있다. 여기서 어느 정도의 유추적인 변형이 움트기 시작한 것 같다. 사실 이 '싸라기'에 대해서는 유창돈 교수의 본 바가 옳은데 지금도 경상도 방언에서는 '쌀싸래기'라고 하고 있다. 이 말을 '쌀+사라기'인데 '사라기'의 초성이 '싸'로 발음되는 것은 '쌀'의 받침 'ㄹ' 때문인 것이다.

새벽

이 말의 중세어는 '새박'이었다. 그런데 그 처격 활용형인 '새박의'의 줄어진 표기가 '새배'로 쓰이게 됨으로부터 이것이 하나의 명사적 용법으로 되어, 급기야 『훈몽자회』에서 '새배 신'이란 표현을 하기에 이른 것을 보게 되는데, 이는 '이적의'가 '이제'로 됨과 같은 변화이다. 이 '새박'은 18세기에 이르면 '새벽'으로 쓰이는데 이 대체어가 지금에 이르고 있다.

새박 (원 서 46), 새배 (초두 7:14) (자희 상 1), 새벽 (동문 상 3)

등으로 유창돈 교수는 설명하고 있는데 '새벽'의 어원은 15세기에 '새박'이라고 했다. 필자가 보기에는 '새박'의 '새'는 새(新)의 명사요, '박'은 '밝다', 즉 '光明'의 뜻을 나타내던 명사였다고 본다. 그러니까 '새박'은 그날의 '새로운 밝음'이란 뜻으로 이루어진 합성어인 것이다.

손(사나이)과 갓

『훈몽자회』에 의하면 장점은 '순뎡(丁)'으로 나타나고 여성인 '갓'은 "가시나 겨지븐(婦女)"(중두 12-20)에서 볼 수 있는데, 그러고 보면 '순'은 남성이고 '갓'은 여성을 나타내며, '순'의 뜻은 '부리는 사람'으로 보인다. 그렇다면 옛날에도 부리는 사람은 오늘날과 같이 사경을 주고 사야 했으므로 '스다'의 어근 '스'에 명사형접사 'ㄴ'을 붙여서 '순'이 되고, 여기에 '아히'가 붙어 '순아히'가 '스나히'가 되고 다시 '사나이(애)'가 되었을 것으로 보인다. 이에 대하여 여성을 나타내는 '갓'은 경상도 방언에 다음과 같은 뜻의 부사와 명사가 있다.

갓: 갓 난 아이(최초로 난 아이)
    갓에 나무가 많다(산에 나무가 많다).

위의 두 예에서 필자가 보기에는 부사 '갓'과 여성을 나타내는

'갓'이 무슨 관계가 있을 것 같다. 즉 '갓'이란 '최초', '처음'이란 뜻이 있으니까, 여성을 뜻하는 '갓'은 처음 태어날 때 그대로의 사람, 즉 순결성을 지닌 사람이란 뜻이 아닐까? 그래서 오늘날 '가시내' 또는 '가시나'는 미혼 여성, 즉 처녀를 두고 하는 말이 아닐까 추측된다. 이 '갓'이란 명사에 무형의 접사가 붙어서 부사가 된 것이 아닐까 한다.

가랑비

이 말은 '가라+ㅇ+비'로 된 말인데 15세기의 '가라'는 'ᄀᆞᄅᆞ'로 오늘날의 '가루'에 해당된다. 따라서 오늘날의 '가랑비'는 15세기는 'ᄀᆞᄅᆞ비'였다. 즉 가루처럼 아주 가늘게 내리는 비란 뜻이었다. 여기에 유포니 현상으로 ㅇ(이응)이 들어가서 'ᄀᆞᄅᆞ+비〉ᄀᆞᄅᆞ+ㅇ+비〉가ᄛ비〉가랑비'로 변한 것이다. 이와 관련하여 '가랑이'란 말이 있는데, 즉 '아주 잔잔한 새끼'란 뜻으로 이 '가랑'도 위에서 말한 '가랑비'의 '가랑'과 같은 말로 보아진다. 즉 '가루처럼 아주 가는, 작은'이란 뜻으로 그렇게 부른 것 같다.

그러나 '가랑잎'의 '가랑'은 무엇인가 문제인데, '불을 너무 때지말라', '갈다'와 같이 말을 하는 일이 있는데, 이때의 '갈다'는 '불기가 너무 세어서 타다'의 뜻이 있다. 이 어근 '갈'에 '앙'이 붙어서 '갈앙〉가랑'으로 변하고, 여기에 '잎'이 더해져서, '가랑잎', 즉 시들어서 떨어지는 잎이란 뜻으로 변한 것은 아닐지 모르겠다. 그러나 일단 이와 같이 추정해 보기로 한다.

농사

농사의 순수한 우리 옛말은 '녀름'인데 이 말은 동시에 여름(夏)이기도 하다. 왜 농사를 녀름(夏)의 이름을 따서 녀름이라 했느냐 하면 농사는 녀름에 짓기 때문이다. 따라서 농사짓는 일을 '녀름지싀〉녀름지이'라고 한다.

꽃

15세기의 이 말은 '곶'이다. 앞에서 '고깔'을 말할 때 설명했지마는 '꽃을 꽂은 관'이란 뜻이다. 그러고 보면 '곶'은 '초목의 봉오리'를 뜻하였는데, 봉오리는 아름다운 데서 오늘날의 꽃으로 변한 것 같다. 다시 말하면 '첩'을 '곳겨집'이라 하는데 여기에서 '곳'은 '곶'인데, 즉 첩은 예쁘게 보이는 법이므로 옛날 아름다운 것을 나타내던 말이 '곶'이었다. 꽃이 아름답기 때문에 '꽃'에 전용된 듯하다.

갈래, 가랑이

이 말의 중세어는 '가롤'이다. 이 '가롤'은 '가르다'의 어근에 명사형접사 /ㄹ/이 붙어서 '가롤'이 된 것이다. '가르다'는 '가르다', '갈라지다', '나누이다'의 뜻이므로 다리는 갈라진 것인 데서 만들어진 단어이다. 앞에서도 말하였지마는 '다리'와 '가랑이'는 어원이 다른데, '가랑이'는 '이모음동화'에 의해 '가랭이'라고도 하며, 다리의 낮은 말이다. '가랑이'가 갈라진 데서 생긴 말이라면 '갈래' 또한 마찬가지로 갈라진 한 가닥을 뜻한다.

갈림길

중세어는 '가름길'인데 이것은 '가름＋길'의 합성어로 '가름'은 '가르다'의 명사형이다. 그러므로 '가름길'이란 '나누어지는 길'이란 뜻이다.

가무치, 가물치

이 말은 본래 '가모티', '가몰티'였다. 이 고기는 색깔이 검은 게 특징인데, 아마 어원은 '가물＋티'가 아닌가 한다. 왜냐하면 현(玄)을 '가물＋현'이라고 하는 데서 '가물'은 '검은색'을 추출할 수 있고, '티'는 '치'로 변하는데 고기류에 붙는 접사와 같은 것이다. 즉 '갈치', '멸치' 할 때의 '티'인 것이다.

가위

팔월 한가위를 뜻하는 말로서 '가뵈〉가뵈〉가위'로 변천한 말이다. 이 말의 어원은 본래 우리 옛말에 반(半)을 나타내는 말에 '갑다'가 있었는데, 그 자취를 오늘날이 '한자 가옷(갑옷)' 하는 데서 찾아볼 수 있다. 이 '갑다'의 어근 '갑'에 명사파생접사 '이'가 붙어서 '갑이〉가뵈〉가위'로 변해서 이루어졌는데, '한가위' 할 때의 '한'은 '큰'의 뜻을 가진 말로 '팔월 한가위'라 하면 팔월대보름, 즉 추석이란 뜻의 말이다.

집

이 말의 어원은 '짓다'의 어근 '짓'에 명사파생접사 'ㅂ'이 붙어서 '집'이 된 것으로 보인다. 왜냐하면 다음과 같은 예문이 보이기 때문이다.

    짓: 술 프는 짓 노를 위ᄒ야 얻노라 (두언 2: 18)
       아ᄎ미 가ᄋ면 짓 맛보니 (두언 2: 70)

위의 두 번째 '짓'은 '집'의 뜻이 된다. 그렇기 때문에 '집'은 '짓＋

ㅂ〉집'이 형성된 것으로 보고자 한다.

밖

중세어는 '밧, 밧ㄱ, 밧ㄱ, 바' 등으로 나타나는데, 이 말은 '밧다(뱉다)'와 유관하지는 않을까 하는 생각이 든다. 왜냐하면 '침을 밧는 것'은 입 안에서 입 밖으로 내보내기 때문이다. 경상도에서는 지금도 '춤을 밧는다'고 한다. 그러므로 '밧'에서 '밧는다(뱉는다)'가 온 것인지 '밧다'에서 '밧'에 무형의 접사나, 아니면 받침과 같은 'ㅅ'이 왔다가 이중이 되기 때문에 하나가 생략되어 명사가 된 것인지는 단언할 수 없으나, '안'의 반대되는 말로 '밧다'와 관련이 있는 것만은 확실하다.

바다

이 말의 중세어에는 '바다'와 '바ㄹ'의 둘이 있는데 아마 필자가 보기에는 '바다'는 오늘날의 양(洋)에 해당되고 '바를'은 해(海)에 해당되는 것 같다. 왜냐하면 '바다'에 해당되는 한자어에는 '海, 溟, 洋'의 셋이 나타나나, '바를'에 해당되는 한자어에는 '海, 溟' 두 글자밖에는 나타나지 않기 때문이다. 그런데 '바다'나 '바를'이나 그 어원은 분명하지 않으나 아마 넓고 넓은 바다를 바라보니까 천지가 물뿐이고 모두가 물로만 되어 있는 것처럼 느낀 데서 '바다'라 한 것 같다.

밋남진

이 말의 뜻은 본남편이란 뜻인데 '밋'은 '밑', 즉 '본래', '기본', '근본'의 뜻인 것 같고, '남진'은 아무리 생각하여도 한자말엣 온 것 같다. 유창돈 교수는 '男人'이 '남신〉남진' 식으로 변천하여 된 것으로 보고 있다.

얼룩소

얼룩소의 옛말은 '어룽쇼'이다. '어룽'은 '얼룽덜룽'하는 의태어의 일종으로 보이는데, 여기에 '쇼'가 합하여 '어룽쇼'가 되고, 이것이 음운 변천에 의하여 '얼룩소'가 된 것이다.

똥, 오줌

중세어에 보면 이들에 해당하는 말은 '물'이다. 아마 오늘날의 '마렵다'는 이 '물'에 '업다'가 합하여 '물업다'가 되고, 이것이 다시 '마렵다'로 변한 것이다. 그러니까 '물'이란 '마려운 것'이란 뜻이니까 오늘날의 '똥, 오줌'을 총칭하게 되는 것인데, 대변은 달리 '큰물'이라고 하여 '작은 물'인 소변과 구별하고 있다. 그런데 '똥'이나 '오줌'이란 말은 그 어원을 알 수 없다. 그리고 경상도 방언에서 변소를 '통시'라고 하는데, 그렇다면 이 '통시'는 '변을 받는 곳'이란 뜻인지 모르겠다. 혹 아니면 변을 보면 변소물에 변이 떨어지는 소리가 통통 나니까, 그런 변을 보는 곳이란 뜻인지 확실하지 않다.

난장이

이 말은 옛날에도 쓰인 말인데 이것은 '난+장이'로 된 합성어이다. '난'은 '나다'의 어간에 관형사형 어미 /ㄴ/이 붙은 것이고, '장이'는 '쟁이'라고도 하는 말이다. 그러니까 '난장이'는 '태어난 그대로의 사람'이란 뜻이다.

버드나무

이 버드나무는 보통의 나무보다 아주 쑥쑥 잘 뻗어나 자라는 데서 '벋+을+나무'가 '버들나무〉버드나무'로 발달하여 이루어진 말이 아닌가 추정해 본다. 나무 치고 '버드' 또는 '버들'이란 말이 붙은 나무로서 잘 자라지 않는 나무가 없다. '벋+을'에서 '을'은 동사 어근을 명사로 만드는 접사이다. 고로 '버들+나무'에서 '나무'의 /ㄴ/ 앞에서 /ㄹ/은 탈락한다는 우리말에서의 음운 규칙에 따라 '버드나무'가 된 것임을 알 수 있다.

계집

이 조어는 '겨집'인데 이 말의 조어에 대하여는 학계에서 논란이 많았던 말이다. '집에 겨다'에서 온 말이라는 설에 대하여, '번식력을 가진 말이 겨집'이라는 설 등 많았으나 필자가 보기에는 우리말의 조어법을 분석해 보면, 아주 간단한 데서 이루어진다는 것이 일반적이므로 '집에 겨다'에서 '겨집'이 생기고 여기에 동화현상이 생겨 '계집'이라는 말이 생겼다고 본다. 이것을 뒷받침할 만한 근거로서는 '발에 감는다'고 해서 '감발'이 생겼고, '발에 신는다'고 해서 '신발'이란 말이 생겼음을 보아서 '처격어+동사'가 '동사+처격어'로 된 말임을 알 수 있다. 그러니까 '집에 있는 사람', 즉 '여자'라는 뜻이다. 이런 말은 종류상으로 보면 비통사적 합성어이다.

가죽

이 조어는 '갗', '갓' 등인데 기본어는 '갗'으로 보아야 한다. 이 말은 '겉'과도 상통하는데, 왜냐하면 이 '겉'의 고어는 '겇'이기 때문이다. 이 말의 뜻은 '겉거죽'이다. '겇'은 '안'의 반대되는 말인데 이

'겇'이 '갗'으로 바뀌면 '살갗'의 표층부가 된다. 즉 '갗'과 '살갗'의 '갗'은 같은 말인데, 사실 '살갗'의 '갗'은 처음에는 '살겇'에서 온 것이 아닌지 모르겠다. '겉'과 '겇' 그리고 또 '갖'과 '겇'은 서로 대를 이룬 것으로 보아진다. 왜냐하면 이들은 모든 사물의 표피를 나타내는 뜻의 말이기 때문이다. 그러던 것이 사람의 표피와 사물의 겉과는 그 성질이 다른 데서 '갗=겇'은 '가죽'과 '거죽', 또는 '겉'으로 나뉘어진 것 같다. '거죽'과 '거죽'은 첫 음절의 모음의 차이에 불과한, 즉 근원은 같은 말에서 출발하였을 것임을 짐작할 수 있다. 그런데 '가죽', '거죽' 할 때의 '죽'은 어디에서 왔는지 밝혀야 하겠는데, 아마 '갖+욱(명사 접사)'에서 '가축〉가죽'으로 변한 것일 것으로 짐작된다. 역사적으로 보면, 거센소리가 예사소리로 바뀐 예는 많기 때문이다.

거품

이 말의 어원은 '것(겇=겉)+'품(=품다의 어근)에 명사형 어미 /ㅁ/이 붙어서 된 명사'로 보아진다. 사실 '거품'은 실속은 없으면서 겉으로만 품어 나오는 것인즉 그 모습을 따서 만든 말인 것 같다. 그러하기에 우리들은 흔히 실속 없는 일을 가리켜 '물거품' 같다는 말을 흔히 쓰고 있는 것이 아니겠는가?

싸다

이 말의 옛말은 '값이 비싸다'였다. 그런데 이것이 어떠한 의미변화의 원인에 의해서 그리 되었는지는 몰라도 '값이 헐하다'의 뜻인 아주 반대말로 바뀌었다. 이와 같은 말에 조사 '나마'가 있다. '나마'는 본래 동사 '남다(餘)'에서 발달하였는데, '남는다'는 말이 오늘날은 부족 또는 미흡, 불만 등의 뜻을 나타내는 조사로 바뀌었으니 이것 또한 정반대의 뜻인 말로 바뀌었다. 사실 이조어에서의 싸다는 '디다'이다. 아마 락(落)의 뜻이었을 것으로 생각된다. 왜냐하면 '값이 떨어지는 것'이 오늘날의 '싼 것'이기 때문이다. 그런데 이 말은 없어지고 '싸다'가 '디다'의 뜻을 대신하게 된 것이다.

눈섭

이 말은 '눈+섭'을 된 합성어로 보아진다. '눈'은 이미 앞에서 이야기하였는데 '섭'은 무슨 뜻의 말일까? 우리말에 '섶'이라는 말이 있는데, 뜻은 '잎나무', '풋나무'… 등을 말한다. 이에 유추하여 '풀 따위가 우거진 데'를 풀섶이라고 한다. '눈섭'의 '섭'은 '섶'과 같이 눈 주위에 털이 많이 난 것을 유추하여 '섶'의 절음법칙에 따라 '섭'이 되고, 이것이 '눈섭'으로 쓰이어 오늘날의 '눈썹'이 되었을 것으로 생각된다. 이와 같은 말은 그 모습을 유추하여 만든 말인데 우리가 흔히 하는 수수께끼에 이런 것이 있다. 즉 '씨부리 위에 홀쭉이 위에 깜작이 깜작이 위에 넙적이가 있는데 이게 무엇이냐?' 하는 것이다. 여기에서 '씨부리'는 입을 가리킴이요(입은 씨부리니까), '홀쭉이'는 코를 가리키며(코는 홀쭉홀쭉하니까), '깜짝이'는 눈을 가리킨다. 왜냐하면 깜짝깜짝 하기 때문이다. 그리고 넙적이는 이마를 가리킨다. 이와 같은 사실을 두고 보더라도 '눈섭'은 '눈+섭(섶)'으로 된 말임을 추측할 수 있을 것 같다.

살찌다

이조 초기의 말은 '살지다'이다. 이때의 '지다'는 한자로는 비(肥)로 나타나는데, 아마 더 근원적인 말밑은 '지다(負)'였을 것으로 보인다. 이 '지다'는 무엇을 부담한다는 뜻인데 살이 찐다는 것은 살 위에 또 살이 거듭되고(부담이 되고), 그 위에 또 살이 거듭되니까 결국은 살이 뚱뚱하게 되는 것인 데서 '살지다'에서 /ㄹ/ 밑의 /ㅈ/ 이 /ㅉ/로 바뀌면서 '살찌다'로 된 것이다. 살이 찐 것은 결국 비대한 것이니까 한자로써는 비(肥)로 나타낸 것이다.

오랑캐

오랑캐는 두만강 가에 살던 여진족의 한 부족 이름이었는데 지금 은 이 말이 야만인을 가리키는 말로 쓰이게 되었다. 그 이유는 그 부족이 아주 야만적이었기 때문인 것 같다. 이와 관련하여 오늘날 지나인을 우리는 되놈이라 하는데, 본래 이 '되'는 북방의 야만족의 통칭이었다. 아마 이 민족도 상당히 미개하였던 것 같다.

빚

이 말의 이조어는 물건의 '가격'을 나타내던 말이었다. '가격'은 내가 남에게 물건의 값을 갚아야 하는 일종의 부채이다. 따라서 반 드시 갚아야 한다. 이런 데서 그 뜻이 전용되어, 가격의 뜻인 '빋'이 오늘날은 부채의 뜻으로 바뀌었다.

빋(價): 비들 만히 니르면 몯 삵가 ㅎ야 (석상 6: 24)
빋(債): 내 네 비들 가파 (능엄 4: 31)

자유

오늘날의 '자유'는 본래 우리말로는 '쥬변'이었다. 그런데 이 말이 오늘날은 '변통성이나 주선력' 등의 뜻으로 바뀌면서 한자말이 들어와서 '자유'가 되어 버렸다.

주변(自由): 주벼느로 이 門을 여르시ᄂ니잇고 (월석 23: 84)
　　　　　펴며 거도믈 쥬변ᄒ야(舒卷自由) (금삼 3: 3)
　　　　　어뒷던 쥬변ᄃ외요믈 得ᄒ리오(何嘗得自由) (남명 상 : 62)

　이런 말을 가지고 보면, 우리는 오늘날 우리의 옛말 중에서 순수
한 우리말들을 되살려 사용함으로써 우리의 주체성을 살림은 물론
한글 전용 즉 우리말 전용운동을 범국민 운동으로 전개하여 그야말
로 고유한 우리말 문화를 꽃피워야 할 것으로 생각한다.

2.4. 한국어 조사의 어원

2.4.1. 주격조사 '이'의 어원

　주격조사 '이'의 어원을 밝히기 위해서는 먼저 향가에서 시작하
여 이조 초기의 언어에서 그 실마리를 찾지 않으면 안 되겠다. 따라
서 먼저 향가에 나타나는 주격조사의 예를 보기로 하겠다.

① 향가의 주격조사
　a. 즈ᅀᅵ 살쭘 디니져(皃史 年數就音墮支行齊) (모죽지랑가)
　b. 民이 ᄃ술 알고다(民是 愛尸 知古如) (안민가)
　c. 열치매 나토얀 ᄃ리(咽嗚爾處米 露曉邪隱 月羅理) (찬기파랑가)
　d. 기랑(耆郎)이 즈ᅀᅵ 이슈라(耆郎矣 貌史 是史藪邪) (상동)
　e. 가ᄅ리 네히어라(脚烏伊 四是良羅) (처용가)

f. 혜성(彗星)여 술본여 사르미 잇다(彗星也 白反也 人是 有叱多) (혜성가)

g. 믈흿 자싀(物叱好支 栢史) (원가)

h. 올월던 ᄂᆞ치 겨새온딕(仰頓隱 面矣 改衣賜乎 隱冬矣也) (상동)

위의 a~h까지에서 보면, 향가에서 사용된 주격조사에는 '사(史)', '이(是)', '리(理)', '이(伊)', '의(矣)' 등이 있는데, 이들 중 '사(史)', '리(理)' 등은 음을 따라 표기한 것이오, '이(是)'는 훈을 따라 표기한 것이며, '의(矣)'는 '이(伊)'와 음의 유사함에서 표기되었다. 따라서 '이'의 본체가 될 만한 것은 '이(是)'와 '이(伊)'이다.

② 균여전 소재 향가의 주격조사

    a. 부텨ㅅ찰(刹)이 찰찰(刹刹)마다 뫼시리슬본(佛體叱利亦 利利每如 邀里 白乎隱) (예경제불가)

    b. ᄂᆞ미 업곤(人米 無叱昆) (수희공덕가)

    c. 모미 ᄇᆞ삭 드트리 가매(身靡只碎良 只塵伊 去米) (상수불학가)

    d. 중생(衆生)ㅅ 쌔우미 ㄱ모들 원해(願海)이고(衆生叱 邊衣于音毛 際毛冬留 願海伊過) (총결무진가)

위의 a~d의 예를 보면, '역(亦)', '미(米)', '미(기)(靡只)', '이(伊)', '미(毛)' 등이 나타나나, 이들의 본체가 될 만한 것은 역시 '이(伊)'와 '이(是)'일 것으로 보이는데, 『대명률직해』에서는 어떻게 나타나는가 그 어례를 몇 개 보기로 하겠다.

③『대명률직해』에 나타나는 주격조사

    a. 범군이 범죄하거든(凡軍亦 犯罪爲去等) (八議, 軍官 有犯)

b. 처듭 자손이 범죄하거든(妻及子孫亦 犯罪爲去等) (八議, 應議者 之父
   祖有犯)

c. 범여동죄인이 당사하거들랑(凡與同罪人是 當死爲在乙良)…… (名例
   律, 稱與同罪)

d. 소재장관이 추문하온일(所在長官是 推問爲乎事) (刑律, 歐制使 及本
   管長官)

『대명률직해』에서 나타나는 주격조사는 '균여전'의 향가에서 나
타나던 '이(是)'와 '역(亦)'만이 나타나는데, 이것에 대한 신라의 향가
에서부터의 발달을 보면 다음과 같다.

그러면 여기에서는 '이(伊)'와 '이(是)'가 신라시대에 어떠한 단어
였던가를 알아보고, 이들 양자가 왜 고려 말에 가서 '是' 하나로 통
일되었던가를 알아보기로 하겠다.

먼저, '이(伊)'의 어원을 알아보기 위하여 모로바시(諸橋)의 『대한
화사전(大漢和辭典)』 권1 645쪽에 의하여 보면 '이(伊)'는 "kare, 彼,
사람을 가리킨다"라고 설명되어 있을 뿐만 아니라, 옛날에는 물론,
오늘날에도 사람의 이름에 '이(伊)'를 많이 사용하고 있다. 그 이유
는 '이(伊)'가 뭔가 사람과 어떤 관계가 있는 말이기 때문인 것으로
생각된다. '몽술이(蒙述伊)', '이뿐이(而分伊)', '몽괴(蒙古伊)'… 등은 이

조시대의 인명에 쓰인 예요, 오늘날에도 '순이(順伊)', '분이(分伊)', '금이(金伊)'… 등과 같은 여자의 이름에 주로 많이 쓰일 뿐 아니라, 인명 뒤의 접미사로도 많이 쓰이고 있다. 즉, '금돌이', '옥분이', '금순이', '갑돌이', '을순이'… 등과 같다. 더구나 '이'가 이조시대는 물론 근대에까지 인칭대명사로 쓰인 예가 많다.

④ a. 이 네 아슴가(是你親眷那) (초간본 노절대상 15B 이하 '초노상'으로 약칭함)

 b. 이 내 이우지라(是我御坊) (초노상 16A)

 c. 이가 내 아내요, 저 애가 내 딸이요 (三中堂 文庫 無情上, 11쪽)

이상과 같은 사실로 미루어 필자는 우리말의 주격조사 '이'의 어원은 3인칭대명사 '이'였을 것으로 보는데, 다음에는 '이(是)'에 대하여 한 번 살펴보기로 하였다.

'是'는 3인칭대명사의 근칭이요, 또 동시에 사물대명사의 근칭이기도 하다.

⑤ a. 是爲成三問(이이가 성 삼문이다)

 b. 花是紅(꽃이 붉다)

⑤ a와 b에 의하여 보면 '이(是)'는 3인칭대명사와 비인칭대명사의 두 가지로 쓰였음을 알 수 있는데, 여기에서 '이(伊)'와 '이(是)'가 고려 말에 가서 '이(是)' 하나로 통일된 이유를 알 수 있다.

그런데 이들 '이(伊)'와 '是'가 분명히 대명사였던 것이 주격조사로 발달되었다고 단정할 수 있는 결정적인 언어 사실을 찾을 수 있는가에 대하여 살펴보기로 하겠다.

⑥ a. 어늬 굳어 병불쇄(兵不碎) ᄒ리잇고 (용비 47)

b. 뉘 아니 ᄉ랑ᄒᅀᄫ리 (용비 78)

c. 사리불(舍利佛)이 흔ᄉ자ᅀ(獅子)ㅣ를 지서내니 (석상 6: 64쪽)

d. 님금 ᄆᅀ미 긔 아니 어리시니 (용비 39)

e. 불휘 기픈 남ᄀᆫ (용비 2)

f. 목련(目蓮)이 그 말 듣ᄌᆸ고 (석상 6: 2쪽)

g. 그+·이-= :긔 (용비 39)

h. 제+·이= :제 (월석 1: 62쪽)

i. 이 네 아ᅀᆷ가(是你親眷那) (초노상 15 B)

j. 이 몯ᄃ라 오니가(是相會來的) (초노상 15B)

k. 이 내 이우지라(是我御坊) (초노상 16A)

l. 이 내 녯 주신 지비니(是我舊主人家) (초노상 17A)

먼저 ⑥ i~l까지의 예문에서 보면 '이(是)'가 인칭대명사와 비인칭대명사로서 주어가 되니까, 주격조사 '이'가 생략되어 있음을 알 수 있는데, 이와 같은 사실은 3인칭대명사 및 비인칭대명사 '이'가 주격조사로 발달되었다는 결정적인 단서가 된다고 보겠다. 만일 주격조사 '이'가 전혀 다른 말에서 왔다면, 중세어의 문법체계로서는 분명히 '이이'로 나타났을 것이다.

⑦ a. 내 이제 내이 모타라수(母陀羅手)를 보라=汝ㅣ 속에 아견(我見)이 모타라수(母陀羅手) ᄒ라 (능엄 2: 13)

b. 내이 드리운 손 (능엄 2: 19)

    c. 내의 진성(眞性), 네의 진성(眞性) (능엄 2: 35)

    d. 네의 스승(두언 16: 13)

⑦ a~d의 예에 의하면 '네'와 '내'는 '너'와 '나'의 소유형인데, 여기에 관형격조사 '이'와 '의'가 사용된 것은 '내/네'와 '이/의'는 그 계통이 다르기 때문이다.

더구나 ⑥ a~b를 분석해 보면, '어늬'는 '어느+이'요, '뉘'는 '누+이'이다. '어느+이'에서 '어느'는 본래 관형사였고, '이'는 대명사로서 '어느 이것'의 뜻이었는데, '이'가 그 고유한 뜻을 잃어버리니까, '어느'에 예속되어 주격조사로 바뀌어진 것이다. 이와 같은 사실은 '뉘'와 d의 '긔'도 마찬가지이다. 이와 같은 일은 비단 주격조사의 경우뿐 아니다.

⑧ a. 내 그에 모딜언마른 (월인 上, 121)

    b. 아모 그에 ㅎ논 겨체 (훈언)

    c. 加尸王이 내 거긔감(感) ㅎ라 ㅎ게 ㅎ고 (월석 7: 15)

    d. 天子 씌 조회(朝會) ㅎㄴ다 (두언 15: 80쪽)

⑧ a~c에서 보면 '내'는 '그에'에 대한 관형어요, '아모'도 '그에'에 대한 관형어이며, '내'도 '거긔'에 대한 확실한 관형어이다. 그런데 '그에'는 그 고유한 '거기'라는 뜻을 상실하다 보니까 '그에'는 '거긔'로 바뀌는 한편 '씌'로까지 변해 버린 것이오, 그 결과 차차 조사로 바뀌고 말았다. 더구나 ⑥ c의 'ᄉᆞ조(獅子) ㅣ 를'을 풀어 써 보면 'ᄉᆞ조(獅子) ㅣ 를'로 되는데, 그 뜻을 풀이하면 '사자 이것을'로 되어 'ㅣ'가 대명사로서 '를'과 그 품사가 다르기 때문에 사용되었다는 사실과

그 본래의 의미를 살려서 표기한, 산 근거가 되는 보기임을 알 수 있다.

⑥ g~h를 보면, '그'와 '저'는 관형어요, '·이'가 대명사인 그 본래의 모습을 여실히 볼 수 있는 어례라 할 수 있을 것이다. 왜냐하면 '그'와 '저'는 평성이오, '·이'는 거성이기 때문이다. 이와 같았던 것이 '이'가 대명사로서의 뜻을 점점 잃어가니까, 그만 주격조사로 굳어 버린 것이다. 이렇게 살펴보니까 옛날의 인칭대명사와 비인칭대명사였던 '이(伊/是)'는 후대로 오면서 주격조사와 '이다'의 어간 '이'로 바뀌면서 인명의 뒤에 오는 접미사로도 바뀌고, 심한 경우는 부사형 어미로까지 바뀌었다.

⑨ a. 밤드리 노니다가(夜入伊 游行如可) (처용가)

   b. 지즈리(惠伊) (유서필지)

   c. 흘리(流伊) (유서필지)

   d. 빨리(이)

   e. 달리(이)

   f. 제일시자유(第一是自由) (표준한문법, 60쪽)

⑨ a~e까지는 이두와 현대어에서의 부사접미사임을 보이고 있으며 ⑨ f는 '이(是)'가 '이다'임을 보여주는 좋은 보기이다.

더구나 '이(是)'가 '이다'로 발달한 보기를 이두에서 몇 개 더 예를 보기로 하겠다.

⑩ a. 是旀(이며)   d. 是如(이다)

   b. 是遺(이고)   e. 是民(이나)

c. 是叱(이샫)　　　f. 是良(이아)

　⑩ a~f까지는 '이'가 지정사화한 보기인데, 특히 ⑩ c의 '이샫'을 보면, '이'가 틀림없이 실사인 자취를 엿볼 수 있다. 따라서 '이다'의 '이'는 대명사 '이'임은 확실하다 할 것이다. 더구나 이조 초나 현대에 있어서의 인칭 불완전명사 '이'도 역시 3인칭대명사 '이'에서 발달한 것이다.

　⑪　a. 공부하는 이는 성공한다
　　　b. 대신수달(大臣須達)이라 호리 앗ᄂ니 (석상 6: 28쪽)
　　　c. 어듸ᅀᅡ 됴ᄒᆞᆫ ᄯ리 양ᄌᆞ ᄀᆞ자니 잇거뇨 (석상 6: 26쪽)

　⑪ a~c의 '이'가 그것인데, 3인칭대명사 '이'가 인칭 불완전명사에서 발달한 것은 절대로 아니다.

2.4.2. 주격조사 '가'의 어원

　아직도 '가'의 어원은 확실하지 않으나, 이것도 그 어원은 대충 추정할 수 있을 것으로 보인다. 그러면 '가' 주격조사가 언제 우리 국어에 처음으로 나타났느냐 하는 것이 문제인데, 김사엽 박사는 송강의 자당 편지 "ᄎᆞ구ᄃᆞ릐 자니 빈가 세 니러서 ᄌᆞ르 ᄃ니니"(선조 5년)에서 처음으로 나타났다고 한 것에 대해 김일근 교수는「효종대왕 재심양시 언간의 문제」에서 효종대왕의 재심양시에 한 언간, 다음 ① a에서 처음으로 나타난다고 하고 있어 좀처럼 단정하기 어려우나 필자가 상고해 본 바로는 김사엽 박사의 말이 옳은 것 같다. 따라서 필자는 '가' 주격조사는 1572년, 즉 16세기부터 나타난 것으로 보고자 한다. 그러니까 '가'는 구어에서의 주격조사로 쓰여 오다가 16세기부터 차차 문장에도 쓰이게 되었다고 보아진다. 이제 '가' 주격조사가 쓰인 예를 알아보기로 하자.

① a. 청음은 뎌리 늘그신닉가 드러와 곤고ᄒ시니 (효조 언간)
   b. 니광하가 통례 막혀 압희 인도하올제 (숙종 언간)
   c. 죵이 미련ᄒ여 츤ᄇ름를 ᄡ여 두드럭이가 붉위에 도다 브어 오르니 (仁祖王后 언간)
   d. 다분(多分) 비가 올 거시니 원견(遠見)의 무러보ᄋ소 (첩해 1: 8)
   e. 동래(東萊)가 요ᄉ이 편티 아니ᄒ시더니 (첩해 1: 26)

위의 a에서 e까지의 예만으로는 그 어원을 밝힐 근거를 찾기가 매우 어렵다. 이를 위하여 현대 국어에서의 용례를 들어 그 문맥적 의미를 살펴보기로 하겠다.

② a. 네가 그가 또 좋나?
   b. 죽느냐 사느냐가 달려 있다.
   c. 사람이가 물이가 먹고 싶나?
   d. 어인 놈의 八字 l 가 주야장상(晝夜長常)에 곱숑그려서 잠만 자노 (가곡원류, 35쪽)

② a의 '가'는 '이'와 그 용법이 조금도 다름이 없다. 그러나 ② b의 '가'는 '이'와 다르다. ② c~d는 예나 지금이나 다같이 쓰이는 보기인데, 이때의 '이가'는 '이'로 해도 말은 되며, '가'를 첨가시킴으

로써 그 뜻을 강조하고 있다. 더구나 이것을 "사람이가이 물이가이 먹고 싶다" 식으로 말을 하여도 안 되는 것은 아니다. 그런데 ② c를 풀어서 써 보면, '사람이 가 물 이 가 먹고 싶나?'로 되는데 그 뜻은 '사람 이것 물 이것 먹고 싶나?'로도 볼 수 있고, '이것 이것' 중 뒤의 것은 '모두'나 '또'로 풀어도 뜻이 통한다. 그러나 ② a~b에서 보면 '가'의 문맥적 의미는 지정의 뜻을 나타낸다. 어떻든 이런 문맥적 의미는 조사의 어원을 찾는데 크게 도움이 됨은 말할 나위도 없다. 그러므로 '이가'에서 '가'의 문맥적 의미를 찾아야 할 것으로 보인다. 이두에서 보면 오늘날의 주격조사에 해당되는 것에는 '이(是)'와 'ㅣ(亦)'의 둘이 있다. '이(是)'는 '이'의 어원임은 이미 앞에서 밝힌 바 있다. 그러므로 '가'의 어원은 'ㅣ(亦)'계인 것으로도 보이는데, 『이두집성』에 의하면 'ㅣ(亦)'는 음이 '이여(시)', '가히'의 두 가지로 읽혔다고 설명되어 있으며, 그 의미는 '이, 도…'의 뜻으로 쓰였던 것으로 설명되어 있다. 따라서 '이+가히'에서 '가히'의 '히'가 탈락되고 이들의 '이'와 '가'가 동시에 발음되기 시작되었던 데서 '이가'형의 주격조사가 생긴 것으로 보인다.

③ a. 사람이가 간다
　　b. 사람가히 간다
　　c. 사람이 간다

③ b에서는 폐음절 명사 밑에 '가히'가 쓰일 수 있음을 보이고 있을 뿐만 아니라, ③ a에서는 '이가', 즉 '亦'계의 '이+가히'형이 쓰일 수 있음도 보이고 있다. 그런데

④　a. 사람이 간다

　　b. 아이가 간다

에서 보면 ④ a의 '사람가'는 의문의 뜻으로 이해되니까 ④ a는 비문
법적인 문으로 되어 버린다. 따라서 '가'는 절대로 의문형 어미에서
왔다고 보는 것은 한국어 조사의 발달 원리를 너무도 모르는 문외
한적 의견에 지나지 않는다. 따라서 주격조사 '가'는 'ㅣ(亦)'계의 '가
히'에서 '히'가 탈락된 데서 발달된 것으로 보아진다. 따라서 '이가'
형과 '이가히'형의 조사가 와도 비문법적인 문이 아님에서도 그 방
증의 하나를 찾을 수 있지 않을까 생각한다.

　그러면 '가'는 본래 어떠한 뜻의 단어였던가 하는 것이 문제되는
데, 앞에서 조금 언급하였으나 아마 '또' 혹은 '모두'의 뜻을 지닌
말이었을 것으로 짐작된다. 그 이유는 『이두집성』에서 '도……'의
뜻이라고 설명되어 있을 뿐만 아니라, 모로바시(諸橋)의 『대한화사전
(大漢和辭典)』 권1(卷一) '역(亦)'자조에도 그렇게 설명되어 있기 때문
이다. 더구나 한국어 조사 발달의 원리에 따르면, '모두'의 뜻을 지닌
대명사였거나, 아니면 '또'의 뜻의 부사일 것으로 보인다. 그러나
부사는 아니었을 것인데, 그 이유는 격조사는 절대로 부사에서는
발달하지 않는다는 원칙이 있기 때문이다. 이에 대한 방증으로 제시
할 수 있는 것은 조사발달의 원리도 원리이지만은, 우리말과 가장
가까운 일본말에서는 'か' 주격조사가 'ka(我)'에서 왔음을 보아도 어
느 정도는 틀림없을 것으로 보이며, 더구나 일본어 'i(伊)'도 체언과
관계 있는 격을 나타내는 것으로 보면 필자의 주장에는 틀림이 없을
것이라 생각된다. 그러면 문헌상에는 16세기 말에 나타난 우리말
표기 '가'는 우리 국어사상 언제부터 나타났느냐 하는 것이 문제인

데, 이것이 '亦'계이라면 균여전의 향가에서부터 나타난다. 즉, 적어도 구어에서는 고려시대에도 사용되었을 것으로 보인다. 그러던 것이 양반계급에서 극히 기피당하고, 더구나 한글로써는 표기되지 않았던 데서 문헌상의 정착이 어려웠던 것이 임진왜란 이후에 평민의 언어가 양반의 언어를 승리했기 때문에 '가'도 생명을 얻어 문헌상에 정착되었을 것으로 생각한다. 끝으로 '亦'의 음에 대하여 하나 첨가할 것이 있는데, 어떤 때에 '이여(시)'로 발음되고 어떤 때에 '가히'로 발음되었겠는가 하는 것이 문제이다. 아마 '이여(시)'는 문어에서의 음이요, '가히'는 구어계의 음이었을 것으로 보인다. 그렇기에 '가히'로 나타나는 이두의 예가 극히 드물지 않겠는가 하는 것이다.

2.4.3. 관형격조사 '의'의 어원

이에 대하여는 한글학회 50돌 기념논문집에 이미 발표한 바 있으나, 조금 미흡한 점이 있었으므로 여기에서 보충하여 논하기로 하겠다. 먼저 향가에서부터의 예를 보기로 하겠다.

① a. 기랑(耆郞)이 즈싀 이슈라(耆郞矣貌史是史藪邪) (찬기파랑가)

 b. 랑(郞)이 디니다샤온(郞也持以支如賜烏隱) (상동)

 c. ᄆᆞᅀᆞᄆᆡ ᄀᆞᆴ 좇누아져(心未際叱肹逐內良齊) (상동)

 d. 서럽다 의내여(哀反多矣徒良) (풍요)

 e. 고든 ᄆᆞᅀᆞᄆᆡ 명(命)ㅅ 브리ᄋᆞᆸ디(直等隱心音矣 命叱使以惡只) (도솔가)

 f. 삼화(三花)이 오름 보샤올 듣고(三花矣岳音見賜烏尸聞古) (혜성가)

 g. 울월던 ᄂᆞ치 겨샤온ᄃᆡ(仰頓隱面矣改衣賜乎隱冬矣也) (원가)

 h. 제ᄆᆞᅀᆞ매(自矣心米) (우적가)

398

i. ᄆᆞᄉᆞ매 부드루(心未筆留) (예경제불가)

j. 오늘 주비ᄃᆞ릭 나무불(南无佛) 여 ᄉᆞᆯ불손 혀아익(今日部伊冬衣南
无佛也白孫舌良衣) (칭찬여래가)

k. 내몸(吾衣身) (수희공덕가)

l. 애 닷ᄀᆞᆯ손뎡(吾衣修叱孫丁) (상동)

m. 어느 인(人)의 善ᄃᆞᆯᄉᆞ(於內人衣善陵等沙) (상동)

n. 한 내익 닷ᄀᆞᆯ손(皆吾衣修孫) (보개회향가)

o. 내몸 이바 ᄂᆞᆷ 이시리(吾衣身伊波人有叱下呂) (상동)

p. 내 원(願) 다ᄋᆞᆯ 날두(吾衣願盡尸日置) (총결무진가)

① a~p까지에 사용된 관형격조사에는 '矣', '也', '末', '衣'의 넷이
있는데, 이들 중 관형격조사의 본체는 어느 것인가 하는 것이 문제
이나, 필자의 생각으로는 '矣'일 것으로 보인다. 그 이유는 '也'는 음
의 유사함에서 사용되었을 것으로 보일 뿐만 아니라 그 용례도 하
나밖에 나타나지 않았으며, '末'는 연철에 의한 표기로 보이며, '衣'
는 '矣'와 그 음이 비슷하였던 데서 표기되었을 것으로 보이기 때문
이다. 그러면 '矣'는 어떤 뜻의 단어였던가를 알아야 하겠는데, 그러
기 위해서는 이두에서의 용법을 한 번 알아보기로 하겠다.

② a. 其矣(져의) (儒胥心知)

b. 을묘이년오일 송량경의 결심이온 드듸아을 쓰아(乙卯二年五日
宋良卿矣結審是乎導行乙用良)

c. 사의계이(師矣啓以) (慈寂禪師凌雲塔碑)

d. 타인의 사지를 대할하며(他人矣四支乙截割爲旀) (大明律)

e. 남의 노비를 스스로의 노비이온양으로 망칭하거들랑(他矣奴婢

乙自矣奴婢是乎樣以妄稱爲在乙良) (上同)

f. 신의 부모분재 모도 모읍지이 삷다온(臣矣父母墳在某道某邑地是
白如乎) (攷事新書)

g. 의몸 약불직달즉 인무 유지자의(衣身若不直達則人無有知者矣)
(己丑錄)

h. 의네 부모일동(矣徒父母一同) (宣德六年監幼官貼傳書)

i. 矣徒等(의니등) (儒胥心知)

② a에서 i까지 많은 예를 인용하였는데 이들 예 중 '矣'의 어원을
밝힐 수 있는 근거가 될 어례는 ② g, h, i 등이 될 것 같은데, 이에
대하여 오구라 시삐이(小倉進平)는 "이와 같이 '의(矣)'는 원칙으로서
명사 밑에 붙어서 '의'의 뜻으로 쓰였으나 후세에 이르러서 많이들
재귀대명사(self)에 쓰인 듯하여 위에 명사를 받지 아니하고 초두에
서 '의(矣)'자를 써서 '자기의'의 뜻을 나타내기에 이르렀다" 하고

③ a. 의집(矣家) (자기 집에) 일일유숙후(一日留宿後) (亂中雜錄)

b. 갑진년의모(甲辰年矣母) (自己의 母가 신사지시(身死之時) (光海
君日記)

등에 있어서의 '矣'가 바로 용례라 하였다.

그러나 필자의 생각으로는 小倉 님으 우리말을 잘못 안 것으로
생각된다. 따라서 필자는 현대 한국어의 대명사를 한 번 살펴본 후
에 '矣'의 어원을 말하고자 한다. 현대 한국어에서 3인칭의 근칭에
는 '이이'가 있는데, 이의 소유형은 '이이의'가 된다. 이에 해당되는
것이 바로 '矣'인 것이다. 본래 이두에서 '의몸(矣身)'의 '의몸'이라고

읽는데, 그 뜻은 어른 앞에서 자기 자신을 제3자식으로 가리켜서
'이것의 몸'이란 뜻으로 하대하여 말할 때 쓰는 말이다. 따라서 '이
(是, 伊)'가 3인칭 근칭의 주격형이라면, '矣'는 '이'의 소유형인 '의'인
것이다. 따라서 '의네(矣徒)', '의네들(矣徒等)'의 뜻은 '이것의 무리',
'이것의 무리들'로 된다. 따라서 오늘날의 '우리네'에서 '네'의 본뜻
은 '무리'인 것이다. 그렇다면 '의'가 3인칭대명사의 소유형인 자취
를 찾아볼 수 있는가 하면 필자의 생각으로는 아마 다음에서 찾을
수 있지 않을까 한다.

④ a. 공주(公州)ㅣ 강남(江南)을 저ᄒᆞ야 (용비, 18쪽)

　　b. 신하(臣下)ㅣ 말 아니 드러 (용비, 8쪽)

　　c. 상여(相如)ㅣ ᄠᅳᆯ (두언 15: 35)

　　d. 쇠 머리 ᄀᆞᄅᆞᆯ씨 (월석 1: 27A)

　　e. 내 모미 장자(長者)ㅣ 노(怒)를 맛나리라 (월석 8: 98)

　　f. 뉘 제자(弟子)인다 (법화 7: 135)

　　g. 용(龍)ᄋᆞᆫ 고기 중(中)에 위두ᄒᆞᆫ 거시니 (월석 1: 27)

　　h. 병(病)ᄒᆞ늬 넉시 (석보 9: 61)

　　i. 가시 양(樣) 무르시고 (월석 7: 13)

　　j. 아기 일홈을 (월석 8: 83)

④ a~j까지에서 h를 보면 '병(病)ᄒᆞᆫ'이 관형사형으로 되어 있는데
그 바로 밑에 '의'가 와 있다. 이것은 그때는 '의'가 틀림없이 실사였
다는 좋은 증거일 뿐 아니라, ④ d, e, f, g, i, j 등에서 보면 '쇼의'가
'쇠'로 되고, '나+의'가 '내', '누+의'가 '뉘', '고기+의'가 '고기', '가
시+의'가 '가시', '아기+의'가 '아기' 등으로 된 것은 '의'가 실사의

일부와 겹쳐져서 '아기' 대 '아기', '아비' 대 '아비'(석상 13: 36), '가
시' 대 '가시', '나' 대 '내', '너' 대 '네', '고기' 대 '고기' 등으로 된
것은 주격형 대 소유격형의 대립으로 보아지며 실제로 대명사의 경
우를 보면 다음과 같다.

⑤

구분＼인칭	1 인 칭	2 인 칭	3 인 칭
일 반 형	나	너	저
소 유 형	내	네	제

위의 표 ⑤에서 보아 3인칭대명사 '이'가 주격형이라면 그의 소유
격형은 '의'로 보아 잘못은 없을 것이다. 왜냐하면 ④ a~j까지의 'ㅣ'
나 '의/이'에서 'ㅣ'는 '의'의 조성모음 '으'가 줄어서 된 것이 확실하
기 때문이다. 더구나 중세어에서 보면 대명사는 그 격에 따라 성조
가 ⑥과 같이 나타난다.

⑥

구분＼인칭	1 인 칭	2 인 칭	3 인 칭
주 격	·내 (석상 6-p. 7)	그 : 듸 (석상 6-p. 12) : 네 (석상 6-p. 15)	: 제 (석상 6-p. 38)
소유격	내 (석상 6-p. 10)	그듸 (석상 6-p. 18) 네 (석상 6-p. 15)	제 (석상 6-p. 23)
목적격	: 나롤 (석상 6-p. 7)	: 너롤	: 저룰

⑥에 따라 3인칭대명사 '이'의 주격형은 '·이'가 되고 '·이'의 소유
형은 'ㅣ(의)'로 평성이 됨은 ⑥과 일치한다.

그러면 '의'와 '이' 중 어느 것이 관형격조사의 본체였겠는가 하는
것인데, 필자는 '의'가 그 본체였다고 생각한다. 왜냐하면 '叱'의 음

이 그러할 뿐 아니라 신라 향가에서부터 『대명률직해』에 이르기까지 이두에서의 표기가 모두 '의(矣)'로 나타났으며, 더구나 '矣身', '의네(등) 矣徒(等)' 등의 표기에서 그 음이 '의'로 나타났고, 더구나 훈민정음 창제 이후 '익'는 그 생명이 짧았기 때문이다.

이제 만주말과의 비교를 한 번 해보기로 하겠는데 주격은 'i'요, 속격은 'ini'이다. 그리고 지시대명사의 근칭 주격은 'ere'요, 속격은 'erei'이다. 3인칭대명사의 속격은 주격에 '-ni'를 첨가하였고, 지시대명사의 속격은 주격에 'i'를 더해서 이루어진다. 이는 마치 국어에서 '나'에 '의'를 더하여 '내'가 되면 속격이 되고, '이'에 '으'가 더하면 '의'가 되어 속격이 됨과 비슷한 일면이 됨은 한국어의 주격대명사에 'ㅣ(의)'가 더하면 속격이 됨과 매우 흡사하다.

어떻든 국어의 '나'에 '의'의 '으'가 준 'ㅣ'가 더하여 속격이 됨을 보면, '의'의 '으'는 단순한 조모음으로 보는 것보다는 '이'의 속격을 만들기 위해 첨가되는 어떤 기능적 모음으로 보아야 할 것으로 생각한다.

2.4.4. 목적격조사 '을'의 어원

훈민정음 창제 이후에 나타나는 목적격조사에는 '올/을'과 '룰/를'의 넷이 있는데, 지금은 '을'과 '를'의 둘이 쓰이고 있다. 이와 같은 사실은 '올'과 '룰'이 단명했음을 말해준다. 우선 이들의 어원을 알아보기 위하여 향가에서부터의 예를 보기로 하겠다.

① a. 나홀 안디 붓호리샤돈(吾肹不喻慚肹伊賜等) (헌화가)
   b. 이홀 머기 다스라(此肹喰惡支治良羅) (안민가)

c. 이 짜흘 보리곡(此地肹捨遣只) (상동)

d. 무스민 짜홀 좇누아져(心未際叱肹逐內良齊) (찬기파랑가)

e. 맛둥바올(薯童房乙) (서동요)

f. 무루플 고조며(膝肹古召旀) (도천수관음가)

g. 즈믄눈홀 한돈홀 노한한단홀 더옵디(千隱目肹一等下叱放一等肹
除惡支) (상동)

h. 공덕(功德)ㅅ 신(身)을 대(對)한숣디(功德叱身乙對爲白惡只) (칭
찬여래가)

i. 덕(德) 바둘 홀(德海肹) (상동)

j. 불전등(不前燈) 고티란듸(佛前燈乙直體良焉多衣) (광수공양가)

k. 보살(菩提) 아은 기를 이바(菩提向焉道乙迷波) (참회업장가)

l. 연기(緣起)ㅅ ㄹ(理)ㄹ 차지보곤(緣起叱理良尋只見根) (수희공덕가)

m. 법유(法雨)를 비슬봇다라(法雨乙乞白乎叱等耶) (청전법륜가)

n. 중생(中生)ㅅ 전(田)을 저지샴여(衆生叱田乙潤只沙音也) (상동)

o. 소늘 부븨 울이(手乙寶非鳴良尒) (청불주세가)

p. 난행고행(難行苦行)ㅅ 원(願)을(難行苦行叱願乙) (상수불학가)

q. 명(命)을 시(施)홀 슣히두(命乙施好尸歲史中置) (상동)

① a~q까지의 예를 보면 신라시대는 '肹'로 나타났다가 고려시대
에 와서는 '乙'로 나타나는데, 이것은 본래 목적격조사가 'ㅎ'을 초
성으로 가졌던 어떤 실사였던 것이 후대로 오면서 'ㅎ'이 탈락되고
'을'로 굳어진 것으로 보이며, '肹'에 대하여 잠깐 상고해 보기로 하
겠다. 집운에 의하면 '흘(肹)'은 '흑을절(黑乙切)'로 설명되어 있으므
로 '홀'이 오늘날 '을'의 본체였다고 보아야 할 것이며, 이것이 '을'로
변천하였다. 그런데 '흘(肹)'은 '모양'을 뜻하던 단어였다. 그러니까

404

목적격조사 '홀'은 어떤 대상의 모습을 막연히 나타내던 단어가 ㅎ
이 탈락되고 '을'이 되면서 '모모(某某)'의 뜻으로 바뀐 듯하다. 즉,
대명률 이후의 이두에서는 목적격조사는 모두 '乙(을)'로 나타나는
데, '을(乙)'의 뜻이 '모모(某某)'를 나타낸다면 '을' 앞에 오는 명사는
한정이 없으므로 '을' 앞에 오는 명사를 통틀어서 나타내려고 하니
까 '모모(某某)'의 뜻을 지닌, 즉 일정한 뜻으로 쓰이는 단어가 아닌
'을'을 가져다가 사용하여 그 대상이 무한함을 나타내었던 것으로
보아진다. 그러면 '을'이 실사였다는 자취를 찾을 수 있는가 한 번
알아보기로 하겠다.

   ② a. 덕(德)이여 복(福)이라 호놀 나ᅀᆞ라 오소이다 (동동)
      b. 사ᅀᆞ미 짒대예 올아셔 힉금을 혀겨를 드로라 (청산별곡)
      c. ᄆᆞᅀᆞ미 ᄀᆞᆺ홀 좇누아져(心未際叱肹逐內良齊) (찬기파랑가)
      d. 노른 잣홀란 ᄇᆞ라고(遊鳥隱城叱肹良望良古) (혜성가)

  먼저 ② c의 'ᄀᆞᆺ(際叱)＋홀(肹)'을 보면, '肹' 앞에 사이시옷 '叱'이
와 있다. 이것은 '홀(肹)'이 실사라는 좋은 증거가 되며, ② d의 '잣홀
란(城叱肹良)'에서도 역시 '을랑' 앞에 '叱'이 와 있다. 이와 같은 일은
틀림없이 신라시대에는 '홀(肹)'이 실사였다는 증거를 여실히 보이
는 것이다. 이와 같은 자취가 바로 ② a와 ② b이다. '혼＋을'에서
'혼'은 관형사형 어미이다. 여기에 '을'이 왔다는 것은 '을'이 실사였
다는 증거로 볼 수 있으며 '혀겨를'을 '혀결＋을'로 분석하면 '을'도
역시 목적격조사이다. 따라서 '을'의 실사인 증거가 나타났다. 이와
같은 일련의 사실은 우연한 일은 아닌 것이다. 더구나 현대어에서
'을'의 문맥적 의미를 찾아보기로 하자.

③ a. 나는 떡을 그를 준다.

　　b. 그는 책을 읽었다.

③ a에서의 '떡을'을 본래의 의미로 풀어보면 '떡 모모' 또는 '떡 대상'으로 되고, '그를'은 또 '그 모모'로 되어 전체적으로는 '나는 떡이라는 모모(대상) 그 모모(대상)(에게) 준다'는 뜻으로 될 것이며, ③ b의 '책을'도 역시 '읽었다'의 대상이 됨을 '을'은 나타내고 있다. 이와 같은 의미는 앞에서도 '을(乙)'의 뜻을 말할 때 미리 언급하였지만은 『한자대전』에 의하여 한 번 더 보면 '乙'은 '모모을(某也)(이름 대신으로 쓰는 글)'이라고 풀이하고 있다. 여기서 우리가 하나 깨달아야 할 것은 이두라 해서 무조건 음만을 따서 한자를 사용했다고 보는 것은 잘못일 것이니, '이(是)'나 '矣'의 경우가 그러하고 여기의 '홀(肸)' 또는 '을(乙)'이 그러하다.

2.4.5. 처소격조사 '에'의 어원

'에'의 어원을 살피면 '에서'의 어원은 자연히 밝혀질 것인바 향가에서부터 이두에 이르기까지의 예를 먼저 보고 다음에 이조어로 연결지어 그 어원을 밝힐까 생각한다.

① a. 싀볼 붉기 드래 밤드리 노니다가(東京明期月良夜入伊遊行如可)
　　 (처용가)

　　b. 무량수불전(無量壽佛前)에 닏곰다가 솗고샤서(無量壽佛前乃惱
　　 叱古音多可支白遣賜立) (원왕생가)

　　c. 나애 기티샬돈(吾良遣知支賜尸等焉)

d. ᄒᆞᄃᆞᆫ 가재 나고(一等隱枝良出古)

e. 미타찰(彌陀利) 애 맛보올 내(彌陁利良逢乎吾)

f. 제 ᄆᆞᅀᆞ매(自矣心米) (우적가)

g. 눈 돌칠 ᄉᆞ이예 맛보ᅀᆞ디 지소리(目煙廻於尸亡史伊衣逢烏支惡知乎下是) (모죽지랑가)

h. 랑(郎)여 그릴 ᄆᆞᅀᆞ미 녀올길(郎也 慕理尸 心未行乎尸道尸) (상동)

i. 다봊굴허헤 잘밤 이시리(蓬次叱巷中 宿尸夜音 有叱下是) (상동)

j. 딛배 바회 ᄀᆞ히(紫布岩乎过希) (헌화가)

k. 새파란 나리여히(沙是八陵隱汀理也中) (상동)

l. 일로 나리ㅅ 자벽히(逸烏川理叱磧惡希) (상동)

m. ᄆᆞᅀᆞ미 ᄀᆞᆺ홀 좇누아져(心未際叱肹逐內良齊) (상동)

n. 바믜 몰 안고가다(夜矣卯乙 抱遺去如) (서동요)

o. 천수관음(千手觀音) ㅅ 전(前) 아히(千手觀音叱前良中) (도천수관음가)

p. 다딤 기프샨 존(尊) 어히(誓音深史隱尊衣希) (원왕생가)

q. 고ᄃᆞᆫ ᄆᆞᅀᆞ미 명(命)ㅅ 브리ᅌᆞ디(直等隱心音矣 命叱使以惡只) (도솔가)

r. 들두 ᄇᆞ즈리 혀럴바애(月置八切爾數於將來尸波衣)

s. 울월던 ᄂᆞ치 겨사온딕(仰頓隱面矣 改衣賜乎隱冬矣也) (원가)

t. ᄆᆞᅀᆞ매 부드루(心未 筆留) (예경제불가)

u. 그리슬븐 부텨 전(前)에(慕呂白乎隱佛體前衣) (상동)

v. 일념(一念) 악히 솟나가라(一念惡中 涌出去良) (칭찬여래가)

w. 법계(法界) 악잇 불회(不會) 아히(法界惡之叱佛會阿希) (청전법륜가)

x. 누리히 머믈우슬보다라(世呂中止以友白乎等耶) (청불주제가)

y. 새배루 아춤 바미(曉留朝于萬夜未) (상동)

z. 중생(衆生)ㅅ 바들악히(衆生叱海惡中) (보개회향가)

위의 향가에서 나타난 위치격조사를 주석학자들은 어떻게 읽었는가를 보면 다음 ②와 같다.

②

독해음 ＼ 이두자	향가에 쓰인 이두자
에/애	米, 衣, 未, 良, 矣, 乃
의	衣
여 (히)	(也) 中
어히	衣希
아히	良中, 阿希
악히	惡良

위의 ②를 분석하여 보면, '매(米)', '미(未)', '내(乃)', '어희(衣希)', '아희(阿希)', '의(矣)', '의(衣)', '아(良)' 등은 음을 따서 표기한 것이오, '히(中)'는 그 훈을 따서 사용한 것으로 보인다. 그러면 『대명률직해』에서는 어떻게 쓰였는지 알아보면 ③과 같다.

③ a. 대묘급아해 신어지물과 진상거여 복용물 등을 유취하며(大廟及良中神御之物果進上車輿服用物等乙偸取爲旀……) (十惡六曰大不敬)

   b. 부모몽상 아해 가취하며(父母蒙喪良中嫁娶爲齊……) (十惡七曰不孝)

   c. 왕실아해 이전친후……(王室良中已前親厚……) (八議二曰議故)

408

③에서 보는 바와 같이 『대명률직해』에서는 몇몇 예외를 제외하고는 대개 '아히(良中)'으로 나타나나 개중에는 '히(中)'으로도 나타난다. 그런데 『대명률직해』의 부록에서는 '아히(良中)'을 '아히', '아에', '아의'로 해독해 놓았다. 이와 같은 일련의 사실을 가지고 보면 '아히(良中)'을 위치격조사의 본체로 보아야 하겠는데, 그렇다면 이 것은 왜 다른 조사와는 달리 두 자로 되어 있는가 하는 것이다. 따라서 '良'은 조모음이 아니었던가 하는 생각도 드나, ③ a에 의하면 반드시 그렇지도 아니할 뿐 아니라 '良'이 단독으로 위치격조사로 쓰인 예가 있다.

④　a. 도류죄에 범하거들랑(徒流罪良犯爲在乙良) (犯罪存留養親)
　　 b. 동료관이 문안에 동착서하견 오인내 아해(同僚官亦文安良同着
　　　　 署爲在五人內良中) (同僚犯公罪)
　　 c. 관리의 합사죄에 감일등제(官吏矣合死罪良減一等齊) (囑託公事)

④에서 보는 바와 같이 '에(良)'가 쓰인 단어는 대개 일정해 있은 듯하다. 이와 같은 사실로 양주동 박사는 위치격조사의 발달을 다음과 같이 보고 있다.

⑤　良中(아히)—아이—애
　　亦中(어히)—어이—에
　　也中(어히)—여이—예

⑤에 의하면 결국 위치격조사는 두 음절이 축약에 의하여 '에'로 발달해 왔다는 결론이 된다. 그러나 중세어에서 보면 다음 ⑥과 같

은 처소격조사가 나타나는데 이에 대한 연결이 좀 어려울 것 같다.

⑥ a. 나진 도ᄃ니 (용비 101장)

　b. ᄀ슬히 상로(霜露) ㅣ와 (월석 서: 16)

　c. 바ᄆᆡ 비취니 (용비 10장)

⑥ a~c와 같은 조사에 대한 설명으로 양주동 박사는 신라시대에는 '의/익'가 처소격이었는데, 이것을 가지고 소유격과 처소격에 같이 쓰다가 후대로 오면서 문법의식이 발달하여 '의/익'는 소유격으로 사용하고, 처소격조사 '에/애'는 새로 만들게 됨으로써 인습에 의하여 '익'가 처소격에도 중세어에서 사용되었다고 하나, 필자의 생각은 그렇지 아니하다. 왜냐하면 고려시대에 '아히(良中)', '히(中)'이 있었기 때문이며 '히'가 'ㅎ'탈락되고 '익'로 되어 그것이 바로 나타난 것이 중세어의 '익'로 보아지기 때문이다. 이렇게 보면, 결국 처소격조사의 본체는 '中'이라고 단정하게 되는데, 그러면 '良'은 왜 같이 사용되었겠느냐 하는 문제가 대두하게 된다. 그것은 '中'의 우리말은 '어히(아히)'의 두 음절인데 이두로는 한 자이므로 이것을 우리말 발음대로 적어 주자니까 부득이 두 자로 적지 않을 수 없었던 것이었기 때문이다. 왜냐하면 향가나 『대명률직해』에는 '아(良)'나 '히(中)'가 단독으로 사용된 예가 가끔 있으나, 특히 『유서필지』를 위시하여 『이문』, 『이두편람』, 『이문집예』, 『이두집성』 등에서는 '히(中)' 하나가 이두로서 설명된 것은 없다. 따라서 '이/어(良)'는 '어히(中)'를 소리대로 적어 주기 위한 목적에서 사용했던 것으로 보인다. 그러면 '中'이 '히'나 '에'로 읽혔다면 '中'은 어떤 뜻의 단어였을까가 의문인데, 필자의 생각으로는 '히'가 필경 '히(中)'의 훈으로 읽

혔을 것으로 생각되기 때문에 오늘날 '가운데'의 뜻이었을 것으로 생각한다. 왜냐하면 오늘날 '해'가 방언에 따라서는 '것'의 뜻으로 많이 쓰일 뿐만 아니라 고어에서도 많이 나타나며 더구나

⑦ a. 내히 됴타ᄒ고 눔 슬혼 일 ᄒ디말며…… (변계량)

에서의 '히'는 분명히 '에게'의 뜻이거나 아니면 '에'의 뜻이요, 실사에서 발달한 자취를 간취할 수 있는바, 그것은 '내'가 소유형인데 그 아래 '히'가 왔기 때문이다. 이러고 보면 '히' 또는 '에'의 본뜻은 '가운데' 또는 '안'이었을 것이다. 그러던 것이 '가운데'의 뜻은 없어지고 '것'의 뜻인 '해'만이 살아남은 듯하다. 그러면 어떻게 '히/에' 하나가 두 가지 뜻을 가졌을까 하고 의심할는지 모르나 우리 고어에서는 그런 단어가 부지기수로 많다. 예를 좀 들어 보면 '녀름'은 '여름'과 '농사'의 뜻이었고, '스랑ᄒ다'는 '사랑하다'와 '생각하다'의 두 가지 뜻을 가졌으며, '하다'는 '크다'는 뜻과 '많다'는 뜻을 가졌었다. 그리고 '나조'는 '낮'과 '저녁'의 뜻을, '뫼'는 '산'과 '진지'의 뜻을, '섭'은 '시량'과 '섶(薪)'의 뜻을 '붙다'는 '부(附)'와 '자(自)'의 뜻을 나타내었음과 같다.

따라서 '히'가 '안', '가운데'의 뜻을 나타내었다면 "ᄒ룻 아ᄎ미 명종(命終)ᄒ야"(석상 6: 5)에서의 '이'의 뜻은 '하루 아침 가운데 (안) 명종(命終)하여'로 되어 아주 자연스럽다. 이와 같이 "나는 학교에 간다"의 원뜻은 '나는 학교 가운데 (안) 간다'의 뜻으로 이해되는데 조금도 이상하지 않다. 비교 연구상의 문제로 일본어의 처소격조사 'へ'를 보면 이것의 어원은 '혜(邊)'에서 왔다고 한다. 따라서 "我は學校へ行きます"의 본뜻은 '나는 학교 가 간다'로 되는데, 우리말이 가

운데 '(안) 간다'인 데 반하여 일본어는 '가 간다'로 되어 좋은 대조를 보이고 있다. 이 사실을 가지고 볼 때, 우리말이 이론상으로 훨씬 합리적임을 알 수 있다. 그런데 위에서와 같이 보니까 '가운데'라는 단어는 어떻게 생겼느냐 하는 것이 문제되겠는데, '희/에'가 '가운데'라는 의미를 잃게 되면서 형용사 '갑다'의 어간이 어미 '은'이 오고 그 다음에 불완전명사 '듸'가 와서 '갑은+듸〉가온듸〈가운데'로 바뀌어 '가운데'라는 단어가 새로 생겨난 것이다. 다시 말하면 '가운데'가 '희/에'에 대체된 것이다.

그러면 '에서'는 어떻게 형성되었겠는가도 문제되는데, 그것은 '에+이시어〉에+이셔〉에+셔〉에서'로 발달된 것임은 주지의 사실이다. 따라서 '에서'가 오면 주어가 어떤 장소에서의 동작성을 나타내는데, 그것은 '서' 때문이다. 여기에서 '에서'의 발달을 가지고 보더라도 '에'는 실사임에 틀림없다. 왜냐하면 '이시다'라는 단어는 그 앞에 반드시 사물이나 장소를 나타내는 실사가 와야 하기 때문이다.

　⑧ a. 여기에 책이 있다.
　　 b. 그는 집에 있다.

⑧ a~b에서 볼 때 ⑧ a는 '여기 가운데 책 이것 있다'의 뜻이요, ⑧ b는 '그는 집 가운데 있다'로 보아야 뜻이 합리적으로 된다. 즉, ⑧ a의 '책이'는 존재하는 사물이오, ⑧ b의 '집+에'는 '그'가 존재하는 장소를 나타내고 있다. 그러므로 '에'는 존재하는 장소를 나타내는 실사임이 현대어의 문맥적 의미에서도 도출되는 것이니, 그 어원은 상술한 것이 틀림없음을 알 수 있을 것이다.

2.4.6. 지정보조조사 '은'의 어원

이 조사의 어원도 밝히기가 상당히 어렵지만, 그런대로 시도해 보기로 하겠다. 먼저 향가에서의 용례부터 차례로 상고해 가기로 하겠다.

① a. 君은 어비여 臣은 드ᅀᆞ샬 어ᅀᅵ셔(君隱父也臣隱愛賜尸母史也) (안민가)

　 b. 民ᄋᆞᆫ 얼흔아히고 ᄒᆞ샬디(民焉狂尸恨阿孩古爲賜尸知) (상동)

　 c. 들흔 내해엇고 둘흔 뉘해인고(二肹隱吾下於叱古 二肹隱誰支下焉古) (처용가)

　 d. 善花公主니믄 ᄂᆞᆷ그ᅀᅳ지 얼어두고(善化公主主隱他密只嫁良置古) (서동요)

　 e. ᄲᅢᅀᆞ를 고자 너는 고든 ᄆᆞᅀᆞ미(巴寶白乎隱花良汝隱直等隱心音矣) (도솔가)

　 f. 생사로(生死路)ᄂᆞᆫ 예 이샤매 저히고(生死路隱此矣有阿米次肹伊遣) (제망매가)

　 g. 나ᄂᆞᆫ 가ᄂᆞ다 말ㅅ도(吾隱去內如辭叱都) (상동)

　 h. 선(善)은 안디 새집 ᄃᆞ외니다(潽陵隱安支尚宅都乎隱以多) (우적가)

　 i. 졀누온 모ᄆᆞᆫ 법계(法界) 及ᄃᆞ록 니르가라(拜內乎隱身萬隱法界毛叱所只至去良) (예경제불가)

　 j. 등주(燈炷)ᄂᆞᆫ 수미(須彌)여 등유(燈油)ᄂᆞᆫ 大海 이루가라(燈炷隱須彌也 燈油隱大海逸留去耶) (광수공양가)

　 k. 소ᄂᆞᆫ 법계(法界) 及도록 ᄒᆞ며(手焉法界毛叱色只爲旀) (상동)

　 l. 나ᄂᆞᆫ 또 나삭(吾焉頓叱進良只) (청전법륜가)

m. 나는 돈부(頓部)ㅅ 조추리잇다(吾焉頓部叱逐好友伊音叱多)

n. 각수왕(覺樹王)은 이브늘(覺樹王焉迷火隱乙) (항순중생가)

o. 부텨ㅅ 바들 이룬 날흔(佛體叱海等成留焉日尸恨) (보개회향가)

① a~o까지에 의하면 오늘날의 '은/는'은 한결같이 '은(隱)'이나 '은(焉)'으로 나타나는데 ㅎ종성체언의 경우는 '恨'으로 나타난다. 그러나 전체적인 용례를 볼 때 '은'의 기본이 되는 것은 '은(隱)'인 것으로 생각된다.

그러면 『대명률』에는 어떻게 나타나는가를 알기 위해 다음에 그 어례를 보기로 하겠다.

② a. 제자등은 형제지자 이동(弟子等隱兄弟之子以同) (稱道士女冠)

b. 속상위존호는 국대비전(屬上位尊號隱國大妃殿) (稱乘輿車駕)

c. 희자전은 의지이다(妃子殿隱懿旨是如) (上同)

② a~c에 의하면 여전히 '은(隱)'으로 나타난다. 따라서 오늘날의 '은/는'의 본체는 '은'이었음을 알 수 있다. 그러면 '은(隱)'은 어떤 뜻의 단어였을까 살펴보기로 하겠다. 『이두집성』에는 '隱'의 뜻은 '은'이라고만 설명되어 있을 뿐 달리 설명이 없다. 그런데 『자전』에 의하면 '은(隱)'의 뜻에는 여러 가지가 있으나, 조사 '은'과 토할 만한 것을 보면 '숨다', '은미하다', '쌓다'… 등의 뜻이 있다. 그러나 이것을 가지고는 그 확실한 뜻을 포착할 수 없다. 그래서 현대어에서 문맥적 의미를 한 번 알아보기로 하겠다.

③ a. 이것은 책이오, 저것은 연필이다.

b. 그는 떡은 먹어도 술은 먹지 않는다.

c. 나는 너는 좋아해도 그는 싫어한다.

③ a에서의 '은'은 서로 분별하는 뜻이 있는 것 같고, ③ b와 c에서의 뜻은 분별 또는 선정의 뜻이 각각 있는 듯하다. 그런데 공교롭게도 '은'은 관형사형 어미에도 쓰이고 있는데, 이들은 각각 어원적으로 다른 말이냐 같은 말이냐 하는 것이 문제되나, 필자의 생각으로는 동일한 것이라 생각된다.

④ a. 먹는 밥이 설되었다.

b. 우는 것이 뻐꾸기가?

c. 집에 있는 책을 보어야 하겠다.

d. 푸른 꿈을 가꾸어라.

④ a~d까지의 '는'과 'ㄴ'은 다음 말을 꾸며 주는 것으로 보이나, 사실 그 의미적인 면으로 본다면 한정 내지는 선정 또는 지정의 뜻을 나타내고 있다. ③에서 말하기를 '은'은 분별 또는 선정의 뜻이 있다고 했는데, 이 관형사형 어미는 '는', 'ㄴ'이야말로 지정해 주는 뜻이 있다. 따라서 필자는 '은'은 옛날 지정 내지 선정의 뜻을 지녔던 실사로 있었는데, 이것이 시간이 흐름에 따라 그 본디의 뜻을 잃고 허사화한 것이 아닌가 한다. 그런데 람스테트(G. J. Ramstedt)는 '는'을 기본형으로 보고 그 변이 형태에는 '은'이 있다고 하면서 이것을 강조조사, 즉 명사를 강조하기 위하여 사용된다고 하면서 동격을 나타내는 조사로 보고 있다. 그러나 앞에서 말했듯이 어원적으로는 '은'이 기본형임에는 변함이 없으며, 현대어의 문맥적 의미

로 볼 때, 지정 내지 선정의 어사였음은 속일 수 없을 것이다. 그런데 김방한 교수는 국어의 '은'을 만주말 속격형 'inu'에서 왔을 것이라고 하였으나, 이것은 더구나 말이 안 된다. 왜냐하면 필자의 연구에 의하면 한국어의 조사는 반드시 한국어에서 발달하지 외래어에서 발달되는 예는 없기 때문이다. 따라서 '가' 주격조사도 일본어에서 왔을 것이 아닌가 하고 추측하는 분이 있으나, 그것도 잘못된 것이다. 어떻든 김방한 교수가 3인칭대명사의 속격형에서 '은'이 왔다고 할 만큼 '은'은 실사에서 발달해 왔음이 확실한 자취를 엿보게 해 주는 일면이 있는 것이다.

다른 언어그룹에 대한 알타이어의 친족 관계※

　우리가 통틀어 알타이어로 알고 있는 터키어, 몽고어, 그리고 퉁구스어는 각각 파생어와 하위 방언을 가지면서, 서로 밀접한 관계를 가지고 있다. 한국어도 알타이어에 포함될 수 있는데, 그것은 아직까지 고대 중국의 영향을 받지 않은 요소가 남아 있기 때문이다. 이런 알타이어들은 세계의 모든 언어 가운데서 뚜렷한 언어집단을 이루는데, 이 언어를 연구하는 사람은 누구를 막론하고 그 언어가 선사시대 조어(祖語)의 특징을 가지고 있다는 사실을 알아낼 수 있을 것이다.

　어휘가 늘어나고, 어형이 발달하고 또는 단순화하는 과정이 있었음에도 불구하고 알타이어에 속하는 모든 언어들 속에 조어의 특징과 어휘의 많은 부분들이 잘 남아 있다. 하여간 인도-유럽어나 핀노-위구리어를 비교해 볼 때 한국어를 포함한 알타이어는 논리적인 통어론과 유추에 바탕을 둔 단순한 어형벼화의 특징을 가진 언어인 것처럼 보인다. 이런 단순성과 일관성이 옛날에 그 언어 내부에서

※ 이 글은 람스테트의 연설문을 번역하여 실은 것이다.

일어난 단순화 과정의 결과로서 그렇게 된 것인지, 아니면 그 근원은 비록 선사시대라 하더라도 나중에 외국말을 받아들임으로써 야기된 단순화 경향으로 생겨난 것인지는 결정하기가 어렵다 터키인들이 이민족의 땅에 들어가 그들로 하여금 터키화가 되도록 강요한 일이 역사상 상당한 규모로 일어났었다. 패전국의 국민을 분산시키고 그 국민들을 승전국의 노예로 삼는 것이 고대 스텝지대의 정치적 특징이었던 것과 같이 이와 같은 일은 훈적, 셈족, 몽고족이 그러하였다 해도 다를 바 없었을 것이라 생각된다. 현재 생존하거나 사멸하였거나 간에 위에서 말한 바와 같은 운명을 지닌 부족들에게 영향을 미쳤거나 혹은 단순히 그렇게 되었을 것이라고 추측하는 한이 있더라도, 알타이어는 중국인들이 보존하고 있는 문헌에서 지적한 바와 같이 남부 만주에 있는 힝안산맥의 양편과 옛날 비옥했던 고비사막 지대에 걸쳐있는 그 근원지로부터 극동 지방과 서부 지방 및 북부 지방까지 퍼지게 되었다. 어떠한 경우에는 정당하다고 생각할 수가 없을지라도 4세기까지 남만주는 문화를 꽃피웠던 역사적인 유적지였다는 사실과 알타이산맥의 경사지는 초기부터 이 언어그룹에 속했던 국민들이 거기에서 발상했다고 추측할 수 있는 그런 종류의 인종과 문화의 중심지였다는 사실이 일본 고고학자의 연구에 의해서 밝혀졌다.

이런 점에서 알타이어라는 용어는 서부 터키 언어그룹에 속하고 알타이산맥의 남서부에서 현재 사용되고 있는 몽고어의 영향을 받은 방언을 알타이어라고 부른 것이 잘못된 것과 같이 잘못 이해되고 있다. 그런데 그 방언의 지금 명칭은 오리옷(Oriot)어로서 옛날 칼묵(Calmuck)을 총칭하던 이름인데 고대 터키 이름인 오구즈(Oguz)에 일치하는 것이다.

알타이 민족은 북동쪽은 물론 동부에도 소위 고대 아시아 종족이라고 불리우는 이웃이 있었는데 그들은 길약 민족(Gilyaks)과 아이누족(Ainus)이었는데 아직도 생존하고 있다. 그들은 지금도 그렇지만 인도차이니즈 어족에 속하는 지나민족과 약간 다른 민족들이 살고 있는 남쪽에 살았었다. 중국에 있어서 창(čhjang)은 몽고족, 티벳족 등에 의해서 멸망되었는데 이들 가운데 중국어는 물론이고 티벳어는 아주 초기에 터키어와 몽고어에 그 자취를 남겼다. 그런데 이미 오래 전에 이 두 언어는 나뉘어져서 원시 터키민족과 위에서 말한 민족 사이에 교섭이 없었음은 물론 티벳족은 후대에까지 더 넓은 지역으로 확대되지 않았다는 것은 분명하다.

서부에는 그 이웃으로 역시 인도유럽족이 살고 있었다. B.C.200년경까지 현재 칸수우(Kanseu)와 알라산(Allasan) 지역에는 토카스족(Tokhars)과 헤프타리트족(Heptalites)이 있었다. 그들은 인도 유럽어족의 핵심을 이루는 민족들이었다. 중국말로는 유에찌(Yüeh-chih)와 우쑨(Wu-sun)이었다.

토카스족은 대개 B.C.160년경 티엔산(tUENšan) 지역과 코탄트(Kotand) 지역으로 옮겨갔는데 그 뒤 그들은 인도 유럽어와 그 민족들에 관하여 일찍부터 가지고 있었던 견해와는 아주 다른 내용으로 번역된 문학작품들을 남겨 놓았다. 토카하르어는 인도유럽어의 켄툼어(kentum) 혹은 k-언어(k-language)였는데 그에 일치하는 인도-이란 발음은 '싸탄(Šatan)'으로, 핀어에서는 '싸타(sata)'가 되었다. 이란족과 스키티안족 가운데 쏘그드(Sogds)가 이웃이 되고 훨씬 후에 터키 족의 문화적인 스승이 되었다. 헤프탈리티(Heptalites), 즉 백색훈족의 언어에 관한 것이 지금까지 남아 있는 것은 없다. 그러나 한번 강성했던 민족은 중국어와 일본어로는 에타(eta)라고 불렀는데 지금은 가장 낮은 계급을 나타내며, 마아샬메너하이버의 대여행기에서 볼 수 있는 것같이 아브달(Abdals)이라고 불리우는 일단의 국민에 대한 명칭으로서 동부 터어키스탄에 보존되고 있다. 그리고 그것은 토카하르와 인도 유럽어의 핵심이 되는 언어와 관계를 가지고 있었다. 옛날에는 그와 같이 서부에 다른 민족들이 있었다. 알타이어계통의 키르키르(kirkir), 키르키즈(kirgiz) 또는 키엔쿠스(kienkuns)는 중국 여행자들의 기록에 따르며 터키어가 아니었다. 일면 그들의 일부가 사이얀산맥을 건너 시베리아로 들어갔을 때 그들은 현재의 소종족인 예니세이-오스챡(Yenisei-Ostiak) 또는 켄트족에게 그들의 개별적인 언어를 유산으로 남겨 주었다. 나는 우랄 민족이나 핀노-위구리민족은 그들 속에 전혀 발견되지 않는다는 것을 지적할 수 있게 하기 위하여 가장 오래된 것으로 알려져 있는 알타이어족의 인접어에 관하여 장황하게 다루어왔다. 우랄어와 알타이어 사이에 직접적인 인접 관계가 있었다는 것은 잘못인 것 같다. 왜냐하면 거리가 너무나 멀었고 민족의 수가 많고 언어가 그들을 서로 분리해 놓았기 때문이다.

중국 사람이 말하는 덩글링족은 사모이드족이었던 것으로 추측된다. 그러나 그들은 고대 키르키즈의 북방에 너무 떨어져 살고 있었다.

알타이어족의 많은 중요한 언어들이 시간이 흐름에 따라 소멸하게 되었다. 따라서 전에는 유명했던 샘비스족은 칸수우족으로 사라졌고 아브아르스(Avars)는 유럽어로 흡수되었다. 근원적으로는 만주의 서부 국경지방으로부터 온 토파스(Topas)와 키탄스(Kitans)들은 그들의 언어마저 소멸하고 말았다. 터키어와 몽고어 사이에 중간 형태는 거의 없다.

현재 존재하고 있는 터키어, 몽고어, 퉁구스어, 한국어의 내부구조 그리고 이들 언어의 고어와 격어미는 지금까지 본래의 형태를 알아볼 수 있을 만큼 잘 남아 있다. 서아시아의 터키와 동아시아의 한국어는 외래적 요소를 많이 흡수하였다. 특히, 동부와 남부의 방언인 터키어는 페르시아어와 아랍어를 받아들였다. 또한 한국어는 중국어를 상당히 많이 받아들였고 또 다른 고대 아시아어를 흡수하였다. 그러나 몽고어와 퉁구스어는 어떤 외래적인 요소에 영향을 받지 않고 본래의 고어 형태를 잘 보존하고 있다.

알타이어의 내부구조는 아주 분명하면서 간결하다. 즉 1음절이나 2음절의 어간에 접미사가 붙게 되고 2음절인 경우에 어근 혹은 그 다음의 음에 붙게 되는데 어근 자체는 변하지 않는다. 알타이어는 또한 성, 수, 격에 관계없이 한정사와 명사가 문장 전체를 이룬다. 어근 다음에는 어미가 오는데 그것은 목적어 다음에 동사가 오는 것과 같다. 형용사와 명사 사이에 격변화가 없이 일반적으로 명사를 부사로 사용한다.

몽고어는 다음과 같이 되어 있다.

jeke≫큰≫또는≫크기≫또는≫크게

jeke bajar≫큰 행복≫큰 기쁨

bajarlaux≫기뻐하다

bajar un jeke≫기쁨의 크기≫가장 큰 기쁨≫

jeke bajarlaux≫크게 기뻐하다≫

keke bajar bajarlaxu, jeke bajar ijer baja-rlaxu≫큰 기쁨을 가지고 즐거워하다

한 문장 안에서 주어는 서술어에 나타난 의미를 한정하고 제한하는 역할을 한다. 터키어, 몽고어, 퉁구스어에서는 주어가 인칭대명사인 경우 서술어에 별 영향을 미치지 못하나 한국어의 경우에는 다르다. 터키어, 몽고어, 퉁구스어의 서술어는 원래 동사의 명사형이므로 동사의 어간에 붙은 접사의 뜻을 알아볼 수 있다. 위에서와 같이 동사의 어간에 어미가 붙어서 명사와 새로운 동사어간이 생기게 된다. 마찬가지로 명사에서 동사와 명사가 생겨날 수 있다. 일반적인 규칙에서와 마찬가지로 동사는 동사활용과 어간이 아주 다르다. 그리고 또한 전환이 불가능하며 동음이의어의 수는 별로 많지 않은데, 터키어에 ač≫배고픔, ač-≫배가 고프다≫ 몽고어에 kelke≫언어≫, kelke-≫말을 하다≫를 보기로 들 수 있다. 그러나 맨 처음 단계에서도 명사와 동사어간 사이에 차이가 없었다는 그러한 일반적인 생각을 뒷받침해 줄 만한 것이 없다. 즉 몽고어의 kelke-≫말하다≫는 원래 kelke-≫말을 하다≫를 보기로 들 수 있다. 그러나 맨 처음 단계에서도 명사와 동사어간 사이에 차이가 없었다는 그러한 일반적인 생각을 뒷받침해 줄 만한 것이 없다. 즉, 몽고어 kelke-≫말하다≫는 원래 kelke-le-였는데 지금은 축약된 형태로 남아 있다.

통어론은 논리적이면서 간단하다. 따라서 종속절은 과거와 마찬가지로 현재에도 거의 없다. 즉 다음과 같이 대답을 요구하는 문장에서는 의문대명사 다음에 그 대답이 나올 때는 종속절이 뒤따른다. 그러나 알타이어에서는 이와는 달리 그러한 관계대명사와 that절을 택하지 않고 대신 동사에서 나온 분사가 명사절을 대신하고 있다. 다음 보기를 보자.

≫Whoever wins the battle, he will receive the kingdom≫

그러므로 과거시제의 의미에서 다음과 같다.

≫The winner of battle receives the lingdom≫and
≫I foresaw his winning≫or≫his victory

　논리적인 규칙에 따라 격어미와 문장 형태가 지배되는 것이 우랄 알타이어와 아무리 유사하게 연결되어 있다 할지라도 이것은 이들 두 언어그룹 사이에 기원적으로 관계가 있다는 것을 뜻하지 않는다. 어미의 모음과 자음의 특별한 한계 내에서 어간의 모음과 자음을 조화시키는 것, 즉 다른 말로 하면 모음조화 또는 공시 조화는 전에는 우랄 알타이어의 공통적 현상으로 간주되었다. 그러나 오늘날에 이르러서는 일반적으로 이러한 음성학적 특징은 어간과 접미사가 함께 전체 문장을 형성한다는 사실로 볼 때 자연적으로 발생하는 결과로 인정되고 있다. 정확히 말한다면 공통적 기원의 증거는 현재 존재하는 상당한 공동어휘로 넓혀야 하며 동시에 그러한 공동언어들이 옛 형태와 지금의 형태를 분리시켜 주던 기간 동안에 겪어온 변화를 음성학적인 면에서 밝혀주는 것이 타당하다. 그러나 지금까지 우랄알타이어의 이론에 과학적 근거를 마련하고자 하려는 시도가 실패되어 왔으므로 그 이론은 아마 조만간 없어져버린 이론으로 간주될지도 모른다.
　한때 하인리히 윙클러는 퉁구스어는 특히 터키 몽고어에서 보다는 오히려 핀노-위구리어 그룹과 유사하고, 밀접하게 관련되어 있다고 주장했는데 지금에 와서야 흥미를 끌고 있다. 터키어와 몽고어를 비교해 볼 때 통사론에 얽매이지 않고 접미사를 풍부하게 사용하고 동사 파생어가 많다는 사실들이 윙클러의 견해를 뒷받침하고 있다. 그러나 통사론에 얽매이지 않는다는 것은 그 자체가 접미사를 대단히 많이 필요로 하며, 터키어와 몽고어에서는 찾아볼 수 없는 수많은 동사 파생어는 이와는 달리 한국어에서는 찾아볼 수 있는 낱말이며 자립동사처럼 입증할 수 있기 때문에 윙클러가 주장한 대로 그 유사성이 증거로서는 효과적이지 못하다. 왜냐하면 통사론에 얽매인다는 것은, 그 자체가 접미사를 많이 필요로 하는 것이며 또한 터키어와 몽고어에서 찾아볼 수 없는 동사파생어를 한국어의 자립동사처럼 과거에 존재했다는 것을 입증할 수 있기 때문이다. 통구스어에서 대부분의 어휘와 어미는 몽고어와 한국어로 아주 쉽게 설명할 수 있어서 원시 통구스어가 우랄 알타이어의 특징이 있다는 것은 확실한 사실이다.

변별적 의미를 갖는 접사가 어간에 붙어 어형변화를 일으키는 언어는 중국어처럼 어형변화가 없는 언어나, 혹은 샘어처럼 접두사를 붙이거나, 내적 음운변화가 일어나는 언어와는 형태적인 면에서 다르다. 인도 유럽어와 그 근원어는 계속적으로 형태를 그대로 유지하지 못한다. 왜냐하면 그들 언어에 여러 가지 어형변화가 병행되거나 덧붙여지기 때문이다. 그래서 말하는 사람은 지극히 그 구조를 다루기 힘들게 된다. 즉 한정사는 변화를 하지만 명사는 3개의 성(性)으로 구별되어 있으며 격어미는 복수와 단수가 각각 다르게 쓰인다. 보기를 들어 독일어와 러시아어에서는 현재의 소유격 표시는 어떻게 표시하고 복수는 어떻게 나타내는가? 프랑스어나 영어를 비롯한 많은 언어가 단순화된 것은 분명하다. 그러나 터키의 문법에 나타난 것처럼 그렇게 간단하고 편리한 언어 형태나 방법(mechanism)에 도달하자면 극히 오랜 발달 과정이 필요하게 된다. 그럼에도 불구하고 인도-유럽어의 가장 오래된 특징 가운데 하나는 접미사가 사용된다는 것이다. 이렇게 접미사를 붙임에 따라 강세가 옮겨지면서 어간에 있는 모음이 변화했다. 이처럼 어형변화의 수단으로 격어미가 사용되는 것은 인도-유럽어의 가장 오래된 특징 가운데 하나는 접미사가 사용된다는 것이다. 이렇게 접미사를 붙임에 따라 강세가 옮겨지면서 어간에 있는 모음이 변화했다. 이처럼 어형변화의 수단으로 격어미가 사용되는 것은 인도-유럽어, 우랄-알타이어와 그 근원어에 흔히 일어나고 있는 현상이다. 이들의 서로 비슷한 점에서 어떤 추론을 끌어낼 수 있을까? 이들 세 어족 사이에는 아주 먼 옛날부터 근원적인 관계가 있었을까?

어떤 관계가 있었는가를 확인해 보기 위해서 이들 언어의 인칭대명사를 살펴보자.

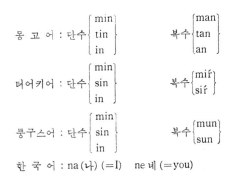

몽 고 어 : 단수 $\begin{Bmatrix} min \\ tin \\ in \end{Bmatrix}$ 복수 $\begin{Bmatrix} man \\ tan \\ an \end{Bmatrix}$

터어키어 : 단수 $\begin{Bmatrix} min \\ sin \\ in \end{Bmatrix}$ 복수 $\begin{Bmatrix} mir̂ \\ sir̂ \end{Bmatrix}$

퉁구스어 : 단수 $\begin{Bmatrix} min \\ sin \\ in \end{Bmatrix}$ 복수 $\begin{Bmatrix} mun \\ sun \end{Bmatrix}$

한 국 어 : na (나) (=I)   ne 네 (=you)

위의 보기에서 알타이어 그룹에서는 인칭대명사가 존재했던 것을 알 수 있다. 또한 우랄어에서는 같은 생각을 나타내는데 매우 비슷한 낱말들을 찾아볼 수 있다.

인도유럽어에서 라틴어의 ne, te와 대명사 is는 좋은 비교 대상물이다. 알타이어의 'e≫이것'과 'te≫저것'은 몽고어의 ene, tere 만주어의 ere, tere, 한국어의 je, tje에 각각 비교되고 있다. 이렇게 맞추어 볼 말들은 여러 곳에서 찾아볼 수 있다. 몽고어의 egun-u≫이것 의≫소유격, 퉁구스어의 ewu-≫여기에≫ e-me≫오다≫, ≫여기에 오다≫, ≫여기에 오게 하다≫는 라틴=그리스어의 ego, 산스크리트 어의 aham(⟨eghom)가 아주 유사하다. 그러나 이것은 터키어의 bäru, 오스만어의 beri≫여기에≫가 원래 '≫나에게로≫'를 의미했던 것처럼 ego가 '≫여기 이곳≫'의 의미였던 것으로 간주될 수 있을 때 성립한다.

알타이어의 의문 부정대명사는 두 쌍의 말 ke, ka와 je, ja에서 유래되는데 한국어에서는 의문을 표시할 때는 문장의 끝에 붙는다. 이것을 보면 우랄-알타이어와 인도-유럽어 사이에는 각각 거기에 해당하는 대명사가 있다는 것을 알 수 있다. 한국어와 츄바스어 (Chuvass)에는 우랄알타이어에서처럼 의무대명사의 어간이 mi-라는 것을 알 수 있다. 터키어에서는 의무불변화사(interrogative particle)로 -mi, -mu(핀스어에서는 -ko)가 있다.

인도-유럽어에는 1인칭과 2인칭대명사는 서술어 동사 다음에 붙게 되었지만 명사를 소유격으로 사용할 때는 그런 것이 없었다. 우랄어에서는 둘 모두 사용되었지만 알타이어에서는 여러 가지 용법이 나타나고 있다. 초기 단계 시대의 터키어는 소유격 다음의 명사에 격어미를 붙였지만 몽고어(칼묵어와 부리앗어)에서는 격어미가 앞에 오며 지금도 부분적으로는 반자립어로 남아 있는 소유불변화사는 그 앞에 끝난 낱말 뒤에 붙었다. 퉁구스어의 발달 단계도 이와 꼭 같았지만 명사는 여전히 계속되었다. dil이라는 단어는 '머리 (head)' nanda는 '피부(skin)'라는 뜻인데 이 말이 말하는 사람의 자신의 몸일 경우에는 dilu는 '나의 머리(my head)', nandu, nandaw는 '나의 피부(my skin)'의 의미를 갖게 된다. 그러나 내가 먹을 생선대가리 (fish-head)일 경우에는 diliŋu을 쓰고, 내가 총으로 쏜 동물의 피부일 경우에는 nandaŋu를 쓴다. momu는 나의 배(my boat), 내가 가지고 있는 배(boat owned by me)라는 뜻이며, momuŋu는 내가 말하고 있는 배(the boat of which I was speaking) 혹은 내가 타고 있는 배(the boat in which I am) 혹은 내가 노를 젓고 있는 배(the boat that I am rowing)의 의미이다. 이러한 소유의 성질을 가리키는 것을 한정적으로 다루는 것도 분명 재미있고 유용할 것이지만 그럴 수만은 없다. 왜냐하면 만주어 같은 경우는 인칭대명사를 접미사나 다른 어떤 것을 붙여 바꿀 수가 없기 때문이다.

근원 알타이어에 속하는 동사어간에서 생겨난 명사를 살펴보면 알타이어의 어미는 핀노-위구리어와 인도-유럽어의 뜻을 가진 접미사와 아주 유사하다. 이런 관계는 너무 유사하여 깊이 언급할 필요가 없다. 알타이어가 다른 언어들과 어떠한 관계가 있느냐고 물으면 그 대답은 이러하다. 알타이어는 지리학상으로 위치가 가까움에도 불구하고 인도-차이나어와 고대 아시아어와는 상당히 동떨어져 있고 오히려 우랄어와 인도-유럽어와 가깝고 유사하다. 아마 다소 옛 언어 형태일지라도 후자에 관해서는 당분간 알타이어와 대등하게 옆에 비치해 두어야 한다.

우랄어와 알타이어의 관계가 소위 우랄-알타이어 학설이라는 것에 대해 비교해 보았다. 우랄어나 사모에드핀오-위구리어를 인도-유럽에 사이의 관계와 이어보려는 시도가 수차례 있었으나 헤르만 야콥슨은 그의 저서 『Arier and Ugrofinen』에서 그런 관계를 부정하고 있다. 나의 견해로는 알타이어와 인도-유럽어를 함께 연결해보려는 시도를 해볼 만한 것으로 여겨진다. 하여간에 대명사는 제쳐

놓고서라도 유사한 것을 많이 들 수가 있다. 다음 보기를 보자.

Ai. bh*u*-≫이다≫, ≫자라다≫	Mong-Tung bi-,bii-≫이다≫
	Mo. Turk büt-≫자라다≫, ≫실현하다≫
Ai. bher-≫지니다≫, 잡다≫	Mo. (Turk) bari-≫손에 지니다≫
Ai. kert≫잘라내다≫	Mo. (Turk) kerti-≫자르다≫
Ai. *u*dna, Lat, *u*nda	Mo. *u*-sun≫물≫Hun *u* id
	Turk. *u*sa-≫물을 원하다≫, ≫목이 마르다≫
	Tung. *u*ata≫물결≫, ≫물≫
Gr. pyr, Germ. fi*u*r, Feur	Kor. p*u*r≫불≫

그러나 그렇게 서로 일치한다고 해서 그것이 유사성이 있다는 확실한 증거는 되지 못한다. 하지만 한때 동쪽에 살았던 토카하르 민족이 말을 사용한 흔적을 남겼을지도 모르는 가능성을 배제해서는 안 된다. 즉 토카하르어에서 장소와 뜰이 각각 karti, kartsi이었으므로 몽고어와 터키어의 qaršyl=prince's court 왕자의 뜰은 소그드어에서 나온 것이 아니라면 토카하르어에서 나온 것 같다. k-로 시작되는 단어를 하나 더 보도록 하자.

라틴어의 poena(벌칙, 벌금)이라는 그리스에서 차용한 것인데, 독일어 pein, 영어의 pain, 스웨덴어(핀느어)의 pina는 모두 여기에서 유래된 것이다. 그리스어의 $\pi o \iota v\acute{\eta}$(벌)와 고대 페르시아어의 Keanā (Kwoinā)는 poena가 서쪽으로 파급되어간 것처럼 동쪽으로 파급된 것 같다. 터키어에 흡수된 유일한 형태는 qyjyn인데 이 말은 벌이라는 의미로 Orkhon책에서 발견되었다. 후에 이 말은 의미가 고뇌, 고통, 아픔으로 되었으며 헝가리어의 Kin은 이 말에서 차용된 것이다. 이것은 터키어의 동사 qyina〉qyna-≫고문하다≫와 관계가 있는 것을 알 수 있다. 즉 qyjyn의 파생어가 여러 개가 있었는데, 몽고어의 qyin도 그러한 것의 일종이다. 이것은 퉁구스어 Kèra-≫고뇌하다≫ 혹은 ≫고통받다≫와 같은 것이라고 할 수 있겠다.

그리고 이 단어와 병행하여 터키어와 몽고어에는 qȳn≫vicinity(근접)≫qyin≫가까운≫, 동사 qyna-(=to approach)가 있었다. 이것은 중국에서도 찾아볼 수가 있다. ʃinokor kin hạda≫가까이하다, 친해지다, 가까와지다≫ 동사 qyna- 중에서도 '가까이 접근하여'라는 의미를 지닌 동명사 qynai는 아직도 텔루티안(Telutian) 방언에 쓰이고 있다.

알타이어가 정반대 방향으로 파급된 것을 알아보기 위해서 qyna- 동사를 보기로 들어보았다.

중국어는 모든 알타이어에 지대한 영향을 끼쳤는데, 왜냐하면 그 당시 중국의 문화는 유목민의 생활보다는 높은 단계에 있었기 때문이다. 중국어의 역량을 연구하고 점검해 볼 수 있으나 토카하르어, 헤프탈리티어와 소그드어의 영향을 파헤쳐 보기란 거의 불가능하다. 그것은 이 언어들이 이미 사라져 버려 존재하지 않기 때문이다.

보기를 들어 하늘, 하느님을 고대 중국어를 차용하여 다음과 같이 표시하고 있다. the Hun. čhangli(tjangrl?), the Ya kut. taŋara, Chuvass. turə(⟨taŋry), Uig. täŋri, Mo. teŋri, teŋgeri, Kor. thjen-ri, Skor. čhelli, Nkor. thelli이다.

중국어 thjen은 하늘을 li는 지배, 법, 명령을 뜻하며, 헝가리어의 isten은 어쩌면 옛날 터키어 eč-ten(=≫황제≫)에서 유래되었을지도 모른다. 그러나 중국어에도 지배자를 의미하는 thjen-li(=하늘의 하인≫)가 있다. 터키어와 위구르(Uigurs)에도 tüŋrikän(=≫왕후, 여왕≫)이 있었으며, 몽고어에도 teŋri≫무당≫이 있었다.

동쪽에서 유럽에 이주해 온 사람들은 모두가 중국에서 빌어 온 높은 칭호를 기억하고 있었던 것 같다. 즉, Kagan, Kapkan, Kan과 Kappan은 아바르(Abars) 사이에서 여러 가지 지위를 나타내는 칭호들이다 아바르의 Kunda는 중국어의 Kun-tai인데 중국어 Kun이라는 것은 '군대 혹은 군인'을 뜻하고 tai는 '위대한'을 뜻한다. 그런데 아바르의 Kunda라는 말은 싸움을 할 때는 총사령관이고 서열상으로 Kagan 다음으로, 오늘날 '국방부장관'이나 '원수'에 해당한다.

중국어를 빌어 쓴 언어가 어디까지 파급되어 있는가를 조사한 것이 지금까지 거의 되어 있지 않았다. 그러므로 중국어를 토대로 하여 터키어를 비추어 보는 것도 좋을 듯하다.

차용어는 현재에서 과거로 거슬러 올라가서 유추해야 한다. 그래서 무엇보다도 서로 다른 어족에 속하는 언어들 사이에 제법 그럴듯하게 똑같은 것을 찾아내야 하는데 이런 식으로 인도-유럽어와 관련 있는 어휘들로 연결해 보자.

1) Turk. *ökäz*, Hung. ökor chuv. Ai paçu Lat. pecus (gen pecoris) *UêGər*
   Mo. *äkär*, Tung h*u*k*u*r; pökü-r Germ fih*u*〉vieh(≫황소≫또는 뿔소≫)

2) Ury mor, Mo morin Tung Germ, narka(F. marhi) murin, ≫말≫(a〈o)
   Engl mare. Kor. mal(mor), mor-qa(dim)

3) Mong. ge*ii*(klam gīū), Tung. Ai gäu-s, Lat bos, Engl cow geg
   gog(〈gew)≫암말≫

사실 이런 것은 모두 거의 어림짐작이나 추측이다. 좀 더 신빙성 있는 결과나 확실한 결론이 나오려면 핀노-위구리어와 알타이어를 폭넓게 계속 연구해야만 이루어질 수가 있다. 특히 알타이어를 조사 연구할 사람들이 대단히 많이 필요하다. 이 분야를 연구하게 되면 그것은 충분히 가치가 있을 것이라는 것을 확신할 수 있다.

저자 김승곤

- 한글학회 회장 및 재단이사 역임
- 건국대학교 문과대학 국어국문학과, 대학원 졸업
- 건국대학교 인문과학대학장, 문과대학장, 총무처장, 부총장 역임
- 문화체육부 국어심의회 한글분과위원 역임
- 주요저서:『관형격조사 '의'의 통어적 의미분석』(2007),『21세기 우리말 때매김 연구』(2008),『21세기 국어 토씨 연구』(2009),『국어통어론』(2010),『문법적으로 쉽게 풀어 쓴 논어』(2010),『문법적으로 쉽게 풀어 쓴 향가』(2013),『국어 조사의 어원과 변천 연구』(2014),『21세기 국어형태론』(2015),『국어 부사 분류』(2017) 등

한국어의 기원

© 김승곤, 2018

1판 1쇄 인쇄__2018년 08월 05일
1판 1쇄 발행__2018년 08월 15일

지은이__김승곤
펴낸이__이종엽

펴낸곳__글모아출판
등 록__제324-2005-42호

공급처__(주)글로벌콘텐츠출판그룹
　　　　대표__홍정표　　이사__양정섭　　편집디자인__김미미　　기획·마케팅__노경민
　　　　주소__서울특별시 강동구 풍성로 87-6(성내동) 글로벌콘텐츠
　　　　전화__02) 488-3280　팩스__02) 488-3281
　　　　홈페이지__http://www.gcbook.co.kr
　　　　이메일__edit@gcbook.co.kr

값 27,000원
ISBN 978-89-94626-72-7 93710